東アジア古代金石文研究

門田誠一

法藏館

東アジア古代金石文研究＊目次

第四部　東アジアの祭祀と信仰の系譜と展開
――金石文とその関連資・史料――

凡　例

1　漢文史料・銘文などの原文・内容の摘要・解釈などを含め、釈字・釈読に異見があったり、本書の考察の対象となる場合を除き、原則として新字体表記で統一した。また、長文を要約した場合は最も必要な部分の史料・原文を提示した。

2　引用史料・原文のうち「……」は省略した部分を示し、とくに省略部分が長い場合は「…（前略）」「…（中略）…」「（後略）…」と示した。史料の原文・内容の摘要のなかで「（筆者注・）」とした箇所は筆者が語句や意味を補った部分である。

3　引用した金石文・出土文字資料などの表記と表示については序章で示した本書の目的と現状での引用慣例に鑑み、文意や語句・字句の検討と考察を旨とするために、①原則として出土資料および拓本・石刻文などの伝世資料は全文提示の際は改行も原文のままとし、②長文の部分提示の場合は区切りを設けず、③伝世資料を含む拓本・石刻文などの部分を提示する際は漢文としての意味の理解を優先して空格や改行は示さず、句読点を付した。ただし、各論の論旨の基本となる銘文については改行を行い、原表記に近づけた。

4　考古学的な事実提示に関しては、別の章で重複する場合もあるが、各々が完結した内容の単独の論文であるため、原論文の内容を変えず、そのまま掲載した。

5　注に掲げた中国語の論文・著作には〔中国語文献〕、韓国・朝鮮語の論文・著作には〔ハングル文献〕として明示した。

6　引用史料の用字については原則として常用漢字を用いた。ただし、意味が変わったり、あるいは慣用的に違和感がある場合は、この限りではない。

7　漢文文献などの引用箇所の巻数などについては慣用的な表記とは異なり、該当箇所の検索を優先した表記方法をとった。

8　図版に関しては出典の正式報告書などが未刊行の場合や写真・図の不明瞭な場合は掲載を見合わせた。

東アジア古代金石文研究

序章　東アジア古代金石文の研究の目的と方法

第一節　東アジア古代金石文の比較・対照検討による文化史的研究

本書で行う研究方法の立脚点である東アジア地域の金石文は、当然ながら漢字で記されており、そのために漢字文化圏の中心たる中国の思想や文化との関係を相互に考察するための好個の資料である。いっぽう、文字のある考古資料のなかでも発掘調査によって得られた資料は出土文字資料と呼ばれる。これらは出土あるいは遺存状況が明らかであり、文字情報の他に考古学的な知見を内包していることから、これら相互の資料の属性を保有し、その点で同時期性の担保された文字記載という歴史学研究における有効性をもつ。

本章第二節で詳述するが、日本古代とりわけ中国と正式の国交を重ねた奈良時代以前の碑文においても、那須国造碑などに典型化されるように『観無量寿経』『孝経』などの仏典や中国古典を典故とする語が用いられていることは、すでに江戸時代には認識されていた。出典論的な検討の指向は、実にここに始まるのであって、これを受けて出土文字資料や中国史籍を用いて検討を展開したのが本書の内容である。加えて、筆者が専門としている東アジア考古学の分野では中国や韓国における出土文字資料が質量ともに充実をみており、これらは地表に露出した状態の石碑や考古学的知見の不分明な金石文との対照によって、多元的な視点からの検証が可能となっている。

いっぽう、東アジア地域において、出土文字資料との対照による金石文の研究では、宗教や思想などを媒介とした文化史的な内容や対象がもっとも有効な対象となると考える。なぜなら、中国で撰述、編纂された漢訳仏典や儒教の経書を典型とした漢字で記された文献が多数存在し、それらは中国から東アジア各地へ移入され、一定の理解や実修において変容をとげたなかで、その変遷をたどることによって、地域ごとの史的特性を探ることができると考える。経典や漢籍が東アジアにおける地域の史的特質を考究するための媒介となるのであって、これらを介することによって東アジア各地域の文化史的な特質とその変化をみてとることができるのである。

すなわち、本書で企図する研究は金石文を対象として、出土文字資料との比較・対照を行い、語句や文章に対しては経典や漢籍による出典論的検討に基づく文化史的研究である。それによって本論で取り扱う金石文も限定されることとなり、内容的に政治的ないしは制度的に偏る史料よりは、宗教・思想や習俗などを記した金石文や出土文字資料が中心的な対象となる。

したがって、本書では東アジアの各地域に対して、次のような観点から論究するために、各々に有効な金石文を地域的に抽出した。すなわち、宗教と信仰の東アジア史的環境を検討するために日本古代、百済金石文にみる仏教の特質を位置づけるために百済、墳墓にみる葬祭と信仰の検討のために高句麗、東アジアの祭祀と信仰の系譜と展開を考察するために新羅というように、各々の研究目的を達成することを目途とした合目的的かつ有効な地域選定を行い、それに基づいて具体的な考察を行う。

このように目的によって地域と資料を抽出したことから、対象とした時代としては日本史の区分としては奈良時代の初頭まで、朝鮮半島では三国時代が中心となり、中国史では南北朝から隋・唐代にかけてであり、本書の内容からこれらを東アジアの古代として取り扱った。そのため、いわゆる時代区分論とは視点を異にして、本書の問題意識から地域と時期を措定した。ただし、このような考え方の前提として本書で主として対象とした隋・唐代を含めて五世紀から八世紀が研究史のなかでも古代東アジア世界の概念に含めて考えられており(1)、これも踏まえて本書で取り扱う時期に「東アジア古代」の呼称を用いた。

以上のような問題意識に基づき、本書では日本古代・百済・高句麗および新羅の四つの地域を媒介とした課題を設定し、それによって章ごとに、それぞれ以下のような具体的論究を行う。ただし、新羅の金石文に関しては、本書の対象となった時代である古新羅代の資料に宗教的な内容が少ないため、これを介して他地域を相対化する研究方法をとった。

第一部では日本古代とくに八世紀前半以前の地方における石碑の事例を中心として、そこにみえる原初的な仏教の実修や祖先信仰の胚胎に関して、中国の史籍や金石文との比較によって論ずる。

第二部では日本の古代仏教と密接に関係し、その淵源とされる百済において、一九九〇年代以降に明らかになってきた王室が造立した寺院址で出土した舎利信仰と関係する文字資料を考察し、百済における初期寺院の造立の基盤となった信仰の特質を明らかにする。

第三部では遅くとも紀元前後から、七世紀代にいたる長きにわたって、高句麗の造像銘と王陵に伴う広開土王碑文の内容を同時期の中国南北朝時代の関係する造像銘や文献記載とを比較検討し、あわせて高句麗の仏教信仰の実修と関わる儒教に基づく葬祭と造墓については、北朝が具体的な影響を与えたことに言及する。

第四部では金石文とその内容に関連する資・史料との相関と比較という観点から、東アジアの祭祀と信仰の系譜とその展開を考察する。具体的には朝鮮半島の古代石碑の文献記述を媒介として、動物供犠や霊山という東アジアに共通する儀礼や祭祀の系譜や相違に関する考察を行い、新羅あるいは日本古代の儀礼や信仰に対して東アジア地域における相対的な位置づけを試みる。また、五、六世紀の初期の造塔行為に対して東アジアにおける系譜と展開を考究する。

最後に終章として、以上のような個別具体的研究によって、宗教と信仰を中心とした五世紀代から八世紀にいたる東アジア地域相互の相関性を明らかにし、それによって各地域の史的様相を文化的視点から相対化することを目途とする。

本書で取り扱う金石文は石碑・造像銘などが主体となるが、これを考察するにあたっては画像石・画像磚・墓誌などの有銘考古資料を多用している。これらの検討には有銘資料の考古学的位置づけと銘文などの理解の双方が必要である。さらに銘文などの内容には日本史・中国史・朝鮮古代史に加えて、仏教・儒教をはじめとした宗教文化の知見が求められる。すなわち本書で取り扱った内容は東アジアを対象とした史的知見を動員しなければ研究が発動しない課題であって、そもそも『東アジア古代金石文研究』という著作は本書をもって嚆矢となるという現実が、東アジアの金石文の相関的研究そのものの学史的位置づけを端的に物語るところである。

第二節　考古資料としての金石文——本書における研究対象

本書の研究対象は出土遺物を含む考古資料に記された文字であり、これらの主体は研究史のなかでは金石文として取り扱われてきた。いうまでもなく、文献史料とは紙を主体として記されたものであるが、金石文とは仏像・梵鐘・鏡・石碑・甲骨・粘土板・陶磁器・木簡などの金属や石・土・木などの材質の遺物に彫刻されたり、鋳出された文字を指す。

中国古代においては甲骨文や青銅器の銘文が殷・周代には見られ、その後、漢代以降には石碑や墓誌銘などが出現する。このなかで初現期の金石文としては、殷（商）代の甲骨文があり、文字がその出現とともに卜占に用いられ、それが金石文研究の嚆矢となった。そして、これに続く春秋・戦国時代の青銅器銘文などを主な対象として金石文研究が進められる。

その後の秦・漢代に関しては、青銅器・鉄器などの記された銘文のほかに石刻文や磚などに記されたいわゆる文字磚などが現れる。とくに石刻文は漢墓に近接して建てられた石祠堂などの構築材である画像石としてみられ、当時の造墓思想のみならず、それを含めた社会背景も反映しており、本書でもこのような特質を活かして同時期の東アジアの他地域との相関的検討に用いた。

学史的に金石文と呼ばれる資料のなかでも、とくに日本の場合は木簡や漆紙文書を中心とし、中国・朝鮮半島などの場合はそれに金属器銘文や瓦磚などをも含めて、近年では出土文字資料と呼ぶことが多くなっている。出土文字資料については、ほとんど定義されることがなく、考古資料のなかで文字を有するものとして扱われている。しかしながら、厳密な意味で出土文字資料の範疇を限定するならば、出土状況などの考古学的知見の明らかな資料に限られよう。出土状況を重視した資料の概念としては、学史的に明らかなように伝世品とは異なり、出土遺跡のみならず出土状況・伴出遺物・層位などの基本的な考古学情報が備わった資料であって、資料性の担保が学史的に認められていることを前提にするならば[2]、出土文字資料とは金石文のなかでも発掘調査によって得られた資料に特定すべきであろう。

本書においても、考古資料として吟味する場合は、このような資料に限定する。具体的に本書で対象とする資料は文字のある石製品・金属器などであるが、これに加えて、歴史学・考古学の資料の分類からは文字のある考古資料となり、その意味においては発掘調査で得られたことによって考古学的知見の備わった出土文字資料を考究の対象とする。ただし、このように考古学的知見の豊富な出土文字資料のみに限定すると、とくに文章内容を考究するに際して、相互に比較する資料の絶対数に限界があり、それは比較検討資料の数的、統計的な実証性を担保しにくい状況を生ずることから、銘文などの全体的な傾向や類型性を論じる場合に限って、考古学的知見のすべてが完好とはいえない資料も参考として用いることとする。

このように金石文は出土文字資料との比較研究によって、資・史料としての属性が多様になり、かつ実証性が増すのであって、具体的に期待される成果としては、一九七〇年代の新羅金石文を対象とした調査過程のなかでつとにふれられており[3]、それは現在においても有効であると考えるため、資料としての金石文の属性にふれた本節で掲げておきたい。その一つはいうまでもなく、文献史料の補綴であり、とくに地方行政や宗教活動などの文献史料ではとりあげられることの少ない分野の内容が豊富である。とくに新羅の場合には自然石に刻字された碑があり、これは多く地方に散在しており、その後も新発見資料が増加していることから、地方における行政や宗教などが知られる同時代資料としての有効性がいっそう重視されている。この点においてすでに朝鮮古代史における金石文の重要性が指摘されていたのであり、その釈読と研究にはたんに漢字文化に対する素養や文献史学の方法だけでなく、言語・美術・宗教・考古学などの分野の知見が必要であり、まさに学際的な研究が求められる対象である。ただし、これはただ朝鮮古代史に関連する金石文にとどまらず、中国史に関する金石文であっても、東アジアの関連資料を相互に比較研究する場合には必要とされる対処である。

金石文と総称される資料のなかでも素材および研究方法の双方において、研究の基点となる文字資料である甲骨文の学史のなかで指摘されている研究の展開については、甲骨文の研究が始まってから一〇〇年を経過した時点での総括がなされており、それらを参照することができる。たとえば甲骨文研究一〇〇年の成果として、端的に次のように整理されている(4)。すなわち、

①伝世品と発掘された甲骨文資料の収集と整理が系統的になされ、検索に利便な工具書の編集がなされた。
②考古学の方法が適用されることにより、研究理論と方法がいっそう科学的になり、体系化された。
③釈字される文字種が一五〇〇字前後となり、甲骨文資料が基本的に釈読されることとなった。
④発表および出版された論著が五〇〇〇編を超え、豊富な研究文献が累積された。
⑤研究領域が開拓され、甲骨文研究の内容が豊富かつ優れたものとなった。
⑥時代区分や時期区分の理論と方法が精緻になり、甲骨文資料使用が秩序立ったものとなった。
⑦コンピューターを利用した科学的手法によって研究手段が現代化した。

という諸点である。このような観点に加えて、殷商文化における科学技術や農業技術、古代の気象環境などの関連する事項もさらなる課題として研究の展開が期されている(5)。

いっぽう、考古学・歴史学研究の素材としての金石文の特性に関しては、近年の中国における研究史の概観においても明らかであり、金石文研究の萌芽的状況はすでに漢代にあるとしても、それが宋代には文字の弁識や解釈、言語学的検討などの学術的研究として展開し、このような基礎の上に立って、清代の終わり頃から金石文研究の成熟期を迎え、二〇世紀後半以降はより文字の解釈と研究、工具書の編纂と補綴、時代および課題の選定の精緻さなどが高められるとともにより多角的、学際的な水準で研究が行われるにいたっていると総括されている(6)。

金石文の種類に即した研究史の整理や通史的研究も行われており、たとえば碑については、前漢末に出現して以来、二〇〇〇年以上にわたって、碑を媒介とした文化が形成され、さらにそれが伝播ないしは展開したことに対し

て、①社会の教化、②文化の累積、③文化の融合、④文化の増殖、⑤文化の娯楽化などの機能と効果があったとする史的総括もなされている(7)。

以上のように甲骨文の研究動向と金石文全体の研究傾向とは一致するところが多いが、異なるのは金石文の研究が一国または一地域単位で行われることが多い点である。それは金石文が一定の継時的単位の地域を対象として記されたり、作られたりしているからである。その一方では発見される地域と書写された時代や背景となる文化が限定されている甲骨文とは異なり、漢字を用い、漢字によって生成された思想や文化を背景としている点は、地域を越えて内容の比較研究が可能となる条件を内包することを示している。本書ではこのような漢字文化圏における金石文の特性に立脚して、地域を越えた比較検討、対照研究の素材としての金石文の有効性に基づいた方法によって各論を展開していく。

このような研究対象としての金石文の特性とその研究の方向性や全体的、包括的な研究目的の学史的な把握を前提として踏まえながら、本書では独自的な研究方法と目的に立脚して論述を行う。すなわち、本書では金石文の内容について、時期的に併行する東アジアの他地域の金石文の内容や考古資料としての文字資料を比較することによって、当該金石文の東アジアにおける相対的な位置づけを行うとともに、それを起点として東アジア地域の金石文の内容を文化史的な視点から比較研究することを目的とする。その具体的な方法と研究目的に対する有効性については節（本章第四節）を改めて述べることとしたい。

第三節　近年における金石文の東アジア史的研究

本書の研究方法と目的を具体的に述べるに先立って、関連する先行研究を抽出して学史的な意味を明らかにすることによって、次節で示す本書で用いる研究方法の相対的な位置づけの前提としたい。

東アジアの金石文研究の学史的な潮流としては、中国の考証学を基盤としたいわゆる金文研究があり、日本においては学史的に著聞する甲骨文の精緻な基礎研究の蓄積とともに金文すなわち殷周青銅器の銘文研究を中心として展開してきたが、(8) 近年にいたりその研究史の再認識と整理および銘文研究以外の考古学的および言語学的方法の検討方法の方向性などの現状における課題の指摘がなされ、(9) さらに新たな編纂を経た資料による研究の進展も予期されている。(10) かたや東アジアの金石文研究のもう一方の流れとしては戦前およびその延長にある朝鮮半島の金石文の集成と解説がある。(11)

東アジアにおける金石文を対照的かつ相関的に取り扱い、かつ文化史的観点から行われた研究としては佐伯有清氏の業績があげられる。(12) この研究では日本の木簡と高句麗壁画古墳の墨書銘文について、とくに後者に関しては中国の金石文を参照しつつ解釈を行っている。このような視点にも本書において、日本古代および朝鮮三国時代の金石文を対象として比較研究を行う方法的な先蹤となった。

また、佐伯有清氏は一九七〇年半ばにおいて広開土王碑の研究の総括を行っており、これによって、その時点では広開土王碑も軍政的な記述内容に関する研究が中心であったことがわかる。(13) このような傾向はその後も続くが、一九八〇年代には広開土王碑文の守墓人烟戸条に関する論考もみられるようになり、(14) その後は守墓という文化史的な側面にも研究が展開したことが跡づけられる[15]。

次に広開土王碑の出典論的研究とそれによる高句麗の文化史的位置づけに関しての論考をみていこう。広開土王碑文の出典論的研究の萌芽として、二〇世紀初めの今西龍による発言があげられる。すなわち、今西は一九一九年（大正八）に行った講演で、広開土王碑文の守墓人烟戸に関する部分について、「高句麗人が漢人に書かせたものともみられる」として、広開土王碑文の撰文に漢人が関与し、中華世界の思想が背景として存在することを示唆した[16]。これは言いかえると、広開土王碑文の出典論として、漢籍の知識が存在したことを暗に示している。

いっぽう、那珂通世は広開土王碑にみえる「自上祖先王以来墓上不安石碑致使守墓人烟戸差錯唯国罡上広開土境好太王盡為祖先王墓上立碑銘其烟戸不令差錯」（第Ⅳ面）の文意について、高句麗歴代の王陵には石碑はなかったが、広開土王代になって多くの石碑を立て、守墓人である烟戸を定めたとする。そして、これは『三国史記』高句麗本紀・故国壌王九年三月条にみえる仏教の求福に伴う国社の創設と宗廟の修築記事と関連し、この記事の主体は広開土王であるとする。そして、このような陵墓に対する対応は仏教の影響であり、『三国史記』高句麗本紀の夫余の太后廟の事例から、仏教が移入するまでは陵墓の制度がきわめて簡素で素朴なものであったと論じた[17]。

水谷悌二郎氏は碑文を新羅・真興王碑や『魏書』百済伝および『宋書』倭国伝の文章と比べると、大きな径庭があるとし、碑文には漢籍を典拠とする辞句はみえるものの、漢・魏・六朝の金石文にみえる雅語が用いられていないとして、高句麗人によって撰文されたとした[18]。

武田幸男氏は広開土王碑文にみえる「広開土境」「広開土地」などの広開土王の諡号に関する語について、「保全土境」「広開水田」「広土開境」（いずれも出典は『三国志』）などの類似の語をあげて、時期的に先行する中国文献に留意すべきであると指摘しており、広開土王碑文に関して出典論的に言及している[19]。

その後の東アジアの金石文に対する出典論的検討としては川崎晃氏による研究がある。川崎氏は中国古典や正史との対照検討を行い、出典論的方法によって広開土王碑の語句の典拠を明らかにした。そして、広開土王碑文の語句や文章が『孟子』『三国志』を中心とした漢籍を典拠として撰文され、広開土王の勲功を称えるにふさわしい語句や文章を選んで、儒教の徳治主義的な政治思想を受容し、そのなかでもとくに孟子の湯武放伐論と王道論に立脚して広開土王を中国の聖君に比したことを指摘した(20)。

また、高句麗に関する文化史・思想的研究では、金銅仏銘と壁画墨書とを扱った田村圓澄氏による徳興里古墳の「釈加《ママ》文仏弟子」という墨書の検討がある。この墨書の検討に際して、黄海道谷山郡花村面発見の金銅三尊仏光背（辛卯年銘・五七一年か）や旧・平壌市平川里で発見された金銅光背（高句麗年号の永康七年銘・五五一年か）の銘文にはそれぞれ「弥勒」の文字がみえることや、忠清北道中原郡老隠面で発見された金銅光背（建興五年・五三六年か）の銘文に「釈迦文」の文字がみられることを例証とし、高句麗の領域には弥勒信仰が存在したと考え、これにより徳興里古墳の被葬者である「鎮」が奉じた信仰の内容についても弥勒信仰と考定した。さらに田村氏は後漢より梁代にいたる翻訳経典の目録である釈僧祐（四四五〜五一八）の『出三蔵記集』などから、徳興里古墳が築かれた五世紀初頭までに流布していた仏教経典のうちで「釈迦文仏」の語と弥勒菩薩に説き及んでいる経典が少なからずあることを推定し、同じく東晋・僧伽提婆訳の『増壱阿含経』第四四巻からの抄出とされる伝・竺法護訳の『弥勒下生経』一巻が五世紀代に流布していたとみて、竺法護の訳経のなかに「釈迦文仏」の用語がみられることを指摘している。また、死後天上世界への往生を願う北魏における信仰は仏教のなかでは兜率天の弥勒菩薩と結びついたという考えをもとに、「釈迦文仏」に密着し、在家信者を含む高句麗の仏教は弥勒信仰であり、さらに天井壁画に「空飛ぶ仙人や玉女」を描いた徳興里古墳の被葬者「鎮」は、北魏の仏教信仰を受けついでおり、信仰対象は弥勒であると結論した[21]。

このような先学の研究方法を参照しつつ、本書で対象とする金石文のなかでも、日本古代における初期の碑文は東アジア史の視点からも重要な論点を内包しており、とくに現在の群馬県に所在する上野三碑と呼ばれる金井沢碑・山ノ上碑・多胡碑は七、八世紀の地域における信仰や社会の実態を示していることから、同時代の東アジアの金石文と比較研究すべき資料である。

上野三碑のうち、増尾伸一郎氏は金井沢碑文を中心として「七世父母」「現在父母」「誓願」などの語について、東アジアの金石文のなかでの位置づけを行い、これらが仏教的な語句であり、とくに七、八世紀の金石文にみえる「誓願」は仏・菩薩に対して、造寺・造仏や設斎などを通じて祖先供養や病気治癒をはじめとした功徳を祈念する場合に行われたものとされるが、金井沢碑のように「天地」に対して誓願した例はみられないとした[22]。これは文献史学の立場から東アジア的な比較検討を行った研究であり、本書の方法と立脚点を同じくする。

東野治之氏は日本古代の金石文について、中国古典などに現れる語句を検討する出典論的方法を含む包括的研究を行った。とりわけ那須国造碑文に関して、『孝子伝』を典拠として撰文されていることが証されたことや、碑の材質および形状に関して自然石の碑石は新羅に特徴的であるという指摘は、本書の研究方法の定立に大きな影響をもっている[23]。

いっぽう、山ノ上碑を墓碑とみる立場からは山ノ上古墳との関係を論ずることが、双方を包括した造墓および葬祭についての側面を検討することに繋がる。この点について、松田猛氏は山ノ上碑を墓碑とみる立場から、高句麗の広開土王碑と広開土王の陵墓である可能性が考えられる太王陵との位置的関係を参照している[24]。

金石文の範疇に入る資料のなかでも発掘調査によって出土状況などの明らかな出土文字資料としての研究も、一九九〇年代から盛んになってきた。次節でふれるように日本では数的に膨大な蓄積をみている木簡や墨書土器について、そこに記された語句の釈字や字義の検討から踏み込んで、文字種による出土傾向やその意味についての研究が行われた。また、墨書土器においても膨大な出土遺物において比較的長文の出土例が増加し、これらの釈読から出典論的研究や思想的文化的背景に関する考察が行われるにいたっている。

いっぽう、中国においても、字句や語義の詮索を主体とする清朝以来の考証学的な方向性とは異なり、出現する語句に対する時期別の統計的な検討によって、仏教信仰の時期的な変遷を明らかにしようとする試みがある。

その主な例としては、まず、北朝代の造像記にみえる願目を表す語句について、出現頻度を時期ごとに統計的に分析し、時期的な変化から信仰内容の変容を示した研究があげられる(25)。同様の方法を用いて隋・唐代の造像銘の願目に関する研究があり、その祈願の内容を隋・唐代の造像銘一四五六例から、頻用の語として平安・平安相見・百病除・平善・無滅・無滅障・安楽自在・登福慶・合家無病・無諸滅障・永無滅障・悪滅禍消・福寿延長・富貴・兄弟相見などの二十あまりをあげ、そのなかでもとくに出現頻度が高く、もっとも強い願望として記されているのが、「平安」であることが強調されている。そして、この時期の造像と発願の対象は父母・親族および自身であり、造像者である民衆の関心が自身の家庭や家族がその中心であるとされ、とりわけ、この時期の造像の主要な目的は亡親に対する祈願であると端的に指摘されている(26)。

唐から宋にいたる民衆仏教の研究においても、同様の傾向が示されており、該記の造像の主要な願目は二つであり、一つは民衆が彼ら自身に対する病気の治癒・除難などや身体の護持や福寿であり、もう一つは父母などの亡者の利益であり、保護であるとされる(27)。

このような現実的生活での実際的利益を追求する願目に関して、たとえば北朝代に属する一〇二七例（そのうち有紀年は六八四例）の造像記を分析した李静傑氏などの研究を参照すると、神亀元年（五一八）の段階で「現世安吉」などの語がみえ、北魏代から現れることから、(28) 隋・唐代造像記の系譜はここに求められることがわかる。

以上のような研究方法の学史的な展開を受けて、本書では石碑や造像銘などの銘文と木簡その他の出土文字資料を対象として、それらの資料性を有効に活かしつつ相互に比較検討する。

第四節　本書における金石文研究の方法――出土文字資料としての研究

金石文には伝世資料も含まれており、出土遺跡や遺構および出土状態が不明な場合も多い。いうまでもなく考古資料の学術的な価値は出土遺跡・遺構そして何よりも出土状態によってたつことは、学史的な方法的基礎であって、濱田耕作が発掘調査によってもたらされる出土遺跡・遺構、出土状態の分明な資料を「第一等資料」として、もっとも重用したことに明らかである（注（2）参照）。このような見方は時代を超えて考古資料による研究の基本であって、本書ではその意味で学術的方法論に基づく発掘調査によって得られる知見を包含し、なおかつ物質的情報とともに文字や文章が記された資料を本来的な出土文字資料として取り扱う。

本書の内容を位置づけるために方法的に関係する部分に限って金石文の研究を学史的に省みてみると、初期的な段階では考証学的な方法で研究が行われ、中国では金石学として展開する。金石学の萌芽としては、後漢・許慎の『説文解字』には銅器の鼎や彝などを「前代之古文」として収録していることに求められ、その後の北魏・酈道元の『水経注』(29) に古城址や陵墓・寺廟などとともにあげられた碑碣についても、金石学の初現的系統としてあげられる場合もある。

後代に続く金石学の淵源は、北宋代の欧陽修などの著録にもとめられる。その背景としては北宋代とくにその後半を中心として、銅器や陶磁器として儒教的な儀礼に用いる復古的な礼器の盛行があり、これらの倣古銅器と呼ばれる器物の使用は、その後の明・清代にも続く。宋代は礼器としての倣古銅器の画期であり、かつ盛行期であるが、その背景としては、当時の儒教が復古的な思潮を示すことと密接に関連すると説かれることが一般的である。すなわち、『宋史』巻一四九・志一〇二・輿服一に「自神宗以降、鋭意稽古、礼文之事、招延儒士、折衷同異」とあるように、神宗代以降には礼器の制度を考訂し、古制にあわないと考えられた礼器・法物を廃し、三代すなわち夏・殷・周の時代の礼器へ回帰しようとする復古的な思潮が盛んになった。この動きによって礼器に関する制度を記した著述が物されることになる。このような風潮に伴って、宋代には金石学が興起し、三代銅器の収集と器物名や文様などの研究が行われ、関連する著録が編纂される。その代表的なものには、徽宗が王黼らに命じて、宮中などに所蔵されている古銅器を鑑定・考証し、分類させた『宣和博古図』があり、その他にも趙明誠の『金石録』や呂大臨の『考古図』その他の著録が知られる。

宋代にあっては三代礼器の収集家は数多いたが、その典型として、北宋・仁宗から神宗期にかけて、政治・詩と文学・歴史にわたる多方面で活躍し、唐宋八大家の一人に数えられる欧陽修があげられる。彼は金石文研究の書として『集古録』を編み、また、自ら収集した銅器のなかから、先秦時代の資料について銘文の解釈と図像の模写を載せた『先秦古器図』を著した。このように宋代には、礼器としての古器物研究としての金石学が盛行するにいたる(30)。

その後、元・明両代は金石学そのものが隆盛となったわけではないが、とくに明代には関連する分野として、古代の印影の収集が行われ、隆慶六年（一五七二）には顧従徳の『集古印譜』として編纂された。

このような流れのもとに清代になると隆盛となった考証学の対象として、金石文も取り扱われるようになる。いうまでもなく清朝に勃興する考証学は古典などに関して、主観的な解釈を廃し、客観的に古典を読み解くことを目的とした。とりわけ、清代考証学の方法および分野のなかでも江戸時代には、文字を図形として解析し、そこに意味を読み取る文字学、文字の意味について研究する訓古学および歴史的な中国語および漢字音の音韻変化を研究する音韻学などが金石文の考究に向けられた(31)。

ただし、文字の訓詁の精緻さや博引旁証を競うこととなり、方法論と目的との整合性や結論が明確でなく、論旨が不明で冗漫な考証にたちいたることが、考証学の一つの側面であることも、また、よく知られるとおりである。

このような中国の考証学は江戸時代の思想に深い影響をもたらし、金石学も江戸時代に考証的な検討がなされる。本書でもふれた山ノ上碑・金井沢碑・多胡碑のいわゆる上野三碑に関しても、現在の研究の基盤となる基本的な指摘が行われた。本書の内容に関連する部分にふれると、藤貞幹、松平定信、狩谷棭斎、市川寛斎、西田直養などの名があげられる(32)。とりわけ、狩谷棭斎は金石文研究に漢籍のみならず仏典などを参照し、字句や内容の依拠文献を証しており、その意味では金石文の東アジア的検討の嚆矢ともいえよう。

このような金石学やその方法的基盤である考証学に対して、本章第二節でみてきたように発掘調査で出土した文字資料を媒介とした実証的な研究が蓄積されている(33)。近年では日本古代の木簡も都城・寺院・地方官衙などを中心として出土しており、当然ながら研究対象として確立をみている。また、漆紙文書に関しても総合的な研究がなされており(34)、その他にも墨書土器や刻書土器があり、これらについても集成的な図録や体系的な研究が蓄積をみている(35)。

碑文などに関しては、一九九〇年代には釈字と釈読および研究史などを網羅的に整理した図録の刊行をはじめとして、研究の総括が行われた[36]。これを参照しても、江戸時代から知られていた碑文などに関しては方法的にも新たな研究の展開をみているとはいいがたい状況である[37]。

このような研究の現状に対して、本書では、これまで金石文と呼ばれてきた類型の文字資料に対して、出土文字資料を対照し、なおかつ碑石そのものをも含む文字資料が有する考古学的年代や出土状況などの考古学的な知見を反映しつつ、関係する遺跡・遺物および背景となる考古資料などに関して、東アジアの事例を相互に検討することによって、それぞれの資料の有する史的特質を明らかにすることを目的とする。

より具体的には下記のような個別の方法により、対象によっては、これらを組み合わせて考察を行う。

（1）本書の各論に通底する基本的な方法として、考古学的情報の少ない碑や造像銘などの資料に関して、伴出遺物や出土状況などの考古学的知見の豊富な出土文字資料と比較、対照して研究を行うことによって、個別の資料の理解に対する恣意性を排除しつつ、実証性を高めることを企図する。

（2）上記のような方法的帰結として東アジア各地域の金石文について出土文字資料の比較、対照に基づく相関的な位置づけを行うことによって、それぞれの地域と時期における金石文の特質が明らかになる。より具体的には、中国の金石文そのものを対象とした論考はないが、日本および朝鮮半島の金石文の検討にあたって、同時代の中国の金石文を比較、検討の中心において考察を行った。

（3）金石文に現れる語句や文章に対する具体的な研究方法としては、儒教の経書や仏教・道教の経典、正史を主体とした史料などを中心として典拠や典故に関する出典論的な検討を行い、これらの用法や出現頻度などによって、対象とした金石文の内容と属性の考察を行う。

本書ではこれらを主たる方法として、東アジアの金石文に対して個別具体的な考察を行い、そこで得られた結果を総括することによって、同時代資料である金石文を通じて、宗教や信仰、祭祀などの文化史的な側面について論じる。

注

（1）例としては、堀敏一『中国と古代東アジア世界――中華的世界と諸民族――』（岩波書店、一九九三年）、西嶋定生・李成市編『古代東アジア世界と日本』（岩波書店、二〇〇〇年）など。

（2）濱田耕作『通論考古学』（大鐙閣、一九二二年）でいう「第一等資料」。

（3）以下の引用は下記文献による。井上秀雄「新羅金石文調査の中間報告」（『東北大学文学部研究年報』二五、一九七五年）。以上の研究の成果は、井上秀雄「Ⅷ章　古代朝鮮の金石文」（『古代東アジアの文化交流』溪水社、一九九三年）。

（4）以下の七つの点は下記の論文によっている。范毓周「甲骨文研究百年回顧与前瞻――紀念甲骨文発現一百周年」（『管子学刊』一九九九年第四期）（中国語文献）。

（5）范毓周「甲骨文研究的歴史、現状与未来展望（続）」（『史学月刊』一九九九年第二期）（中国語文献）。

（6）趙誠『二十世紀金文研究述要』（書海出版社、二〇〇三年）（中国語文献）、蔣書紅「金文研究分期」（『古籍整理研究学刊』二〇一一年第七期）（中国語文献）など。

（7）柯卓英・岳連建「論碑的文化伝播功能」（『中原文物』二〇〇六年第五期）（中国語文献）。

（8）江村治樹「日本における先秦史の研究動向と課題」（『名古屋大学文学部研究論集・史学』三九、一九九三年）。

（9）杉本憲司「中国古代史研究の問題点――甲骨学と金文学を中心に――」（『佛教大学宗教文化ミュージアム研究紀要』七、二〇一一年）。

（10）下田誠「戦国文字・戦国史研究の新展開――殷周金文集成（修訂増補本）の出版と上海博物館所蔵青銅兵器の調

査をふまえて――」(『人文』〈学習院大学〉七、二〇〇八年)。

(11) 葛城末治『朝鮮金石攷』(大阪屋号書店、一九三五年)、斎藤忠『古代朝鮮・日本金石文資料集成』(吉川弘文館、一九八三年)。

(12) 佐伯有清『古代東アジア金石文論考』(吉川弘文館、一九九五年)。

(13) 佐伯有清『研究史　広開土王碑』(吉川弘文館、一九七四年)。

(14) 趙仁成「広開土王陵碑署号司署高句麗守墓制」(李基白編『特集広開土王陵碑』韓国史市民講座第三集、一潮閣、一九八八年)、金賢淑「広開土王碑を通してみた高句麗守墓人の社会的性格」(『韓国史研究』六五、一九八九年)〔ハングル文献〕、チョ・ポプヂョン「広開土王陵碑文に現れた守墓制研究――守墓人の編制と性格を中心に――」(『韓国古代史研究』八、一九九五年)〔ハングル文献〕、キム・ラッキ「高句麗守墓人の区分と役方式」(『韓国古代史研究』四一、二〇〇六年)〔ハングル文献〕など。

(15) 門田誠一「高句麗王陵域における広開土王碑の相対的位置――「墓上立碑」の再吟味を通して――」(『古代東アジア地域相の考古学的研究』学生社、二〇〇六年)。

(16) 今西龍「朝鮮の文化」(『朝鮮史の栞』近沢書店、一九三五年)。

(17) 那珂通世『那珂通世遺書』(大日本図書、一九一五年)五〇〇～五〇一頁。

(18) 水谷悌二郎『好太王碑考』(開明書院、一九七七年)九七～一〇〇頁。

(19) 武田幸男『高句麗史と東アジア』(岩波書店、一九八九年)二四八～二四九頁。

(20) 川崎晃「第二章　高句麗広開土王碑の基礎的考察」(『古代学論究――古代日本の漢字文化と仏教』慶應義塾大学出版、二〇一二年)。

(21) 田村圓澄『古代朝鮮仏教と日本仏教』(吉川弘文館、一九八〇年)、田村圓澄「星宿劫と星宿図――高松塚古墳の星宿図によせて――」(『九州歴史資料館研究論集』七、一九八一年)、田村圓澄「古代朝鮮の弥勒信仰」(『朝鮮学報』一〇二、一九八二年)。

(22) 増尾伸一郎「「七世父母」と「天地誓願」――古代東国における仏教受容と祖先信仰をめぐって――」（あたらしい古代史の会編『東国石文の古代史』吉川弘文館、一九九九年）。
(23) 東野治之『日本古代金石文の研究』（岩波書店、二〇〇四年）。
(24) 松田猛『上野三碑』（同成社、二〇〇九年）二六～二九頁。
(25) 侯旭東『五、六世紀北方民衆仏教信仰：以造像記為中心的考察』（中国社会科学出版社、一九九八年）〔中国語文献〕。
(26) 李暁敏「造像記　隋唐民衆仏教信仰初探」（『鄭州大学学報』〈哲学社会科学版〉二〇〇七年第一期）〔中国語文献〕。
(27) 宇恒偉・李利安「唐宋時期民衆的仏教神霊信仰――以石刻、造像為中心――」（『五台山研究』二〇一〇年第一期）〔中国語文献〕。
(28) 李静傑「仏教造像碑尊像彫刻」（『敦煌学輯刊』一九九六年第一期）〔中国語文献〕、李静傑「仏教造像碑分期与分区」（『仏学研究』一九九七年臨時増刊号、故宮博物院、一九九七年）〔中国語文献〕、李静傑「仏教造像碑」（『敦煌学輯刊』一九九八年第一期）〔中国語文献〕。
(29) 中国における金石学の研究史については、下記論考を参照した。朱剣心『金石学』（文物出版社、一九八一年）〔中国語文献〕、劉式今「中国考古学小史（公元前6世紀至公元一九四九年）」（『河北大学学報』一九九三年第四期）〔中国語文献〕、陸鈴興「従金石学、考古学到古代器物学――代《南方文物》〝名物新証〟専欄主持辞」（『南方文物』二〇〇七年第一期）〔中国語文献〕、張毅巍「金石学研究史述略」（『華章』二〇一一年第二期）〔中国語文献〕。
(30) 宋代の復古的礼器の盛行と金石学研究については、下記の論考を参照した。王霞「宋明清倣制三代青銅礼器原因考」（『中原文物』二〇〇五年第五期）〔中国語文献〕、陳芳妹「追三代於鼎彝之間――宋代の「考古」から「玩古」への展開について――」（『美術研究』三九一、二〇〇二年、原載は『故宮学術季刊』二三―一〔中国語文献〕）、徐飈「宋人対古代器物研究」（『南京芸術学院学報』〈美術与設計版〉二〇〇六―四）〔中国語文献〕。

(31) 清朝考証学の分野と方法については、下記文献を参照した。近藤光男『清朝考證學の研究』(研文出版、一九八七年)、木下鉄矢『「清朝考証学」とその時代：清代の思想』(創文社、一九九六年)。

(32) これらの江戸時代の金石文研究については、下記文献を参照した。大場磐雄「金石文の研究とその課題」(『日本歴史』二九二、一九七二年)、石田肇「西田直養の『金石年表』と「古物金石相撲」：『金石年表』関係事項一覧」(『群馬大学教育学部紀要　人文・社会科学編』五三、二〇〇四年)、磯崎康彦「松平定信と文事(1)『集古十種』の刊行」(『福島大学人間発達文化学類論集』八、二〇〇八年)。

(33) 資料と研究の現況を整理した図録としては、下記を参照。国立歴史民俗博物館編『古代日本　文字のある風景』(国立歴史民俗博物館、二〇〇二年)。

(34) 平川南『漆紙文書の研究』(吉川弘文館、一九八九年)。

(35) 平川南『墨書土器の研究』(吉川弘文館、二〇〇〇年)、高島英之『古代出土文字資料の研究』(東京堂出版、二〇〇〇年)、高島英之『古代東国地域史と出土文字資料』(東京堂出版、二〇〇六年)。

(36) 国立歴史民俗博物館編『古代の碑――石に刻まれたメッセージ――』(国立歴史民俗博物館、一九九七年)など。

(37) 金石文の研究を簡潔に俯瞰した下記の論考がある。舘野和己「資料の現在――木簡・金石文等」(『国文学　解釈と教材の研究』四七―四、二〇〇二年)。

第一部　日本古代碑文の東アジア史的環境

第一章　山ノ上碑にみる孝の顕現
――古代における儒・仏混淆の地域的様相――

序　言

日本古代、とりわけ奈良時代以前の出土文字資料として、各地から出土する木簡などの資料的蓄積がみられてから久しい。ただし、文章として一定の内容を備えた文字資料としては、今もなお碑文や金属器の銘文、仏像などの造像記が重要であることはかわりない。このようないわゆる金石文は、造像や鋳造の契機や背景に存在する宗教や思想の研究にとって重要な同時代資料であることも、また言をまたない。そのなかで日本古代、とりわけ奈良時代以前の石碑は数的に寡少ではあるが、『日本書紀』『古事記』などの説話的要素が多い文献を補い、加えて地方に所在するため地域における宗教や思想あるいは教養の実際を知るために、このうえない材料を提供している。

本章で考察の対象とする山ノ上碑は古墳に近接して立碑され、碑文の内容に立碑の目的や対象が記されており、古代の祭祀や思想を知るための無二の題材であることから、学史において多くの研究が試みられてきた。ただし、議論の中心は立碑した人物と古墳および被葬者の関係であり、立碑の背景となった宗教や思想についての論究は、かならずしも十全とはいえなかった。それには山ノ上碑文そのものが、この種の問題を論じるには短文であることも原因の一つであった。本章では中国古代史料や経書などの記述を参照しながら、山ノ上碑文の宗教的・思想的な側面とそれに基づく立碑の意味について考察することを試図する。

第一節　山ノ上碑の宗教・思想的側面についての従前の研究

山ノ上碑についての基本的な知見を簡潔に記しておきたい。山ノ上碑は群馬県高崎市山名町に所在する自然石の碑で、高さ一二〇センチメートル、幅五〇センチメートル、厚さ五〇センチメートルの輝石安山岩に四行五三文字が薬研彫りで刻まれており、書体は古い隷書体の特徴がみられるとされる。碑文は下記のとおりであり、釈字についてはとくに異論はみられない。ただし、碑文の文字のなかに「辛己」とある干支については、「己」字は古代の文献史料でも「巳」と通用されることがあるため、「辛巳」と解して問題ないとされている(1)。

辛己歳集月三日記
佐野三家定賜健守命孫黒売刀自此
新川臣児斯多々弥足尼孫大児臣娶生児
長利僧母為記定文也　放光寺僧

「辛己歳」すなわち「辛巳歳」という年次については、天武天皇一〇年（六八一）であり、「集月三日記」については一〇月三日と解されている。碑文の釈読と内容とをあわせて示すと以下のとおりである。

佐野の三家を定め賜える、健守命の孫である黒売刀自が、新川臣の児である斯多々弥足尼の孫である大児臣と結婚して、二人の間に生まれた子が長利僧で、その長利僧が母の為にこの碑文を記し定めるものである。長利僧は放光寺の僧。

この山ノ上碑の東側には山ノ上古墳があり、内部施設は切石積の横穴式石室の内部構造をもつ円墳があり、終末期古墳に属するものとされ、実年代は七世紀中葉頃と考えられている。

山ノ上碑と山ノ上古墳との時期的な関係については、発掘調査によって現在の碑は原位置ではないことが判明している。また、石室などの編年観の変化によって、現状では古墳の方が時期的にさかのぼると考えられている。ただし、碑文には墓碑であるという文言はみられず、碑の建立と古墳の築造が同時であるとみる必然性はなく、碑が先祖供養などの目的で立てられたことも想定されるため、山ノ上古墳の築造後一世代という時期の範囲で山ノ上碑の建立を考えるべきであるという論点が示されている(2)。これを受けて山ノ上碑は僧・長利が両親の系譜を確認しつつ、母を顕彰した供養碑とみる説が示されている(3)。

このような山ノ上古墳と山ノ上碑の時期差をもとにして、白石太一郎氏は山ノ上古墳の石室の形態およびこの古墳より時期的に下る宝塔山古墳の刳抜式家形石棺との相対的な年代の検討から、山ノ上古墳の初葬の年代は七世紀第Ⅲ四半期をさかのぼりえないとする。いっぽう、山ノ上碑の「辛巳」年は六八一年であるから、赤城山麓を勢力の基盤とする「大児臣」と婚姻関係を結んでいた佐野の豪族の娘である「黒売刀自」が帰葬され、父親の墓に合葬されたと結論づけた。そして、このことは六、七世紀の合葬が出自に基づく同族関係を基本とするという一方の様相を端的に示すと論じた(4)。

山ノ上碑に関しては、この種の考古学的視点からの検討よりも、碑文にみえる人物名についての系譜関係についての検討が行われ、山ノ上碑の研究史のなかでは、このような方向性が主流となってきた(5)。当然ながら、このような研究は長利僧と黒売刀自とが母子関係であることを基本として展開されている。その他の視点としては、山ノ上碑を媒介として地域における仏教の展開を探ろうとする方向性もみられる(6)。

いっぽう、山ノ上碑を墓碑とみる立場からは、山ノ上古墳との関係を論ずることが双方を包括した造墓および葬祭についての側面を検討することにつながる。この点について、松田猛氏は山ノ上碑を墓碑とみる立場から、高句麗の広開土王碑と広開土王の陵墓である可能性が考えられる太王陵との位置的関係を参照している(7)。

これらと異なる視点に立つ本章と関連する所説として、田島桂男氏は碑文中でも「母為記定文」の箇所について、立碑目的が記されている点から重要視した。立碑目的は「母の為に古墳を造り、碑を立てた」と解されるが、文章の背後にあるとされる仏教思想に基づくならば、墓碑も古墳も不必要なはずの僧の長利が、孝子としての立場で立てた碑であるとする(8)。田島氏の考察は「母為記定文」の部分から立碑目的を読み取ろうとした点と、直接の立証はされていないものの、立碑の基底に孝の思想があることを示唆した点において、研究史のなかでも重要な位置を占める。

前沢和之氏も祖先祭祀の立場をとり、放光寺の僧である長利が母の墓に立碑したものであるとし、この行為を『日本書紀』推古二年（五九四）二月丙寅朔条に「君親の恩の為、競いて仏舎を造る。即ち是を寺と謂う」という記事に現れている報恩意識に基づく祖霊追善のための立碑とみて、仏教的な祖先信仰によるとする(9)。

山ノ上碑の立碑に関わる思想や宗教に関する言及としては東野治之氏が山ノ上碑の建立者が「僧」たる「長利」である点に着目し、古代仏教において祖先崇拝は当然のことであって、山ノ上碑が仏教信仰に基づくものであるかどうかは、「僧」「放光寺」以外の仏教的言辞がなく検証は難しいとしながらも、「長利」にとって母の出自を顕彰することは僧としての立場と矛盾しないと述べている。(10)

これらの見解が示されている一部の論及を除くと、従来の山ノ上碑の研究では、古墳の立碑者と被葬者の系譜的な関係についての考察に比して、造墓と立碑の背景に関する宗教的および思想的な意味や背景に関しては、ほとんど論じられることがなかったといえる。

以上に概観した研究の傾向を示すように、これまでは墓に碑を立てることそのものについての着眼がなく、墓碑と古墳についての物理的な位置関係について、太王陵や将軍塚と広開土王碑との関係が参考とされていた程度である。墓に碑を立てることの意義を検討する視点がなかったことは、従前の諸論で用いられてきた山ノ上碑の「建立」などの語に端的に現れている。

そもそも、墓側に碑を立てる行為は、中国古代の文献や金石文では「立碑」と記され、それはしばしば「立碑頌」として用いられるように、父母を中心とした故人の事績と徳を顕彰するための儒教道徳および孝の思想に基づく行為である。(11)本章では、いみじくも田島桂男氏が着眼した「母為記定文」という立碑目的を記した文章を重視した視点から、立碑そのものの思想的意味とその背景についての考察を行う。

第二節　史書と経書にみる立碑の意味と墳墓との関係

中国古代において、元来、碑は墓に伴うものではなかったことを示す根拠としては、経書にみえる以下の記述があげられることが多い(12)。

その一つは『儀礼』聘礼にみえる供物についての記載のなかに「飪一牢、鼎九を西階の前に設け、陪鼎は内廉の東面して北を上利とし、上が碑にあたるところに陳べる」とあり、この箇所は大牢などの設置場所を述べたものとされ、それらを並べるにあたって碑が目安とされているから、この記載によれば宮殿の廟に碑があったことになる。(13)この碑については、次にみる『礼記』祭義などにみえる犠牲をつなぐためのものとされている。(14)

二つめは『礼記』祭義に「祭の日に、君、牲を牽き、穆、君に答え、卿大夫序従す。既に廟門に入り、碑に麗《つな》ぐ」とあり、宗廟の祭日に君公が牲牛を牽いて、世子はこれを助け、卿大夫たちが序列によって整列して、これに従うという場面で、廟門に入ってから、牲牛をつなぐのが碑であるとされている。(15)これらにみえるのは、先の『儀礼』の記述などとあわせて麗牲すなわち犠牲をつなぐための碑とされる。

三つめに『礼記』檀弓下に「それ魯は初めにして、公室は豊碑に視《なぞら》え、三家は桓楹に視える」とあり、魯では古来から、公室の葬礼には天子の豊碑に準じ、三家は桓楹に準じると記されている。(16)ここにみえる「豊碑」とは鄭玄の註によって、塚穴のなかに棺をおろす時に綱を結びつけるための柱と解されている。(17)ただし、このような経書にみえる初現的な碑の実体とその後の碑との系譜関係は出土遺物などの傍証で跡づけられたわけではなく、多分に観念的な部分があり、そのままに事実としてよいかどうかは疑わしい。

この種の原理的なものではなく、実際に碑が墓碑として盛んに用いられるのは後漢代をまたねばならない。後漢代には故人に対する頌徳を目的として、墓側への立碑が盛んに行われるようになる。このような墓に対する立碑は孝の思想の展開のなかで説明される。すなわち、孝子とは父母の死後、その徳行を碑石に刻し、父母の名を後世に称揚することが求められるのである。そして、この思想が墳墓にも適用され、墓碑を立て墓誌を埋納する目的は、亡くなった父母の徳行と彼らが埋葬された墓の場所を後代に昭示することにあるとされる。(18)

これらにみえるように墳墓に立碑し、故人および父母の頌徳を行うことは、厚葬の基盤となる思想として後漢代にいたって展開し、それとともに墓碑が流行し、社会的に父母の墳墓に立碑することは孝の表徴として儒教道徳の規範として奨励され、政治的な教化の効用もあった(19)。

文献の記載を検索してみると、士人などが死んだ場合に立碑することは後漢代を中心としてみえている。その後、魏・晋に薄葬政策がとられた時期には立碑が禁じられた時もあり、この政策を継承した南朝を経た後も(20)、五代にいたるまで正史には、「立碑頌」「立碑頌徳」「立碑紀功」などの語が数多くみえる。

これらのなかで、葬礼と頌徳との関係が知られるものや墓との位置関係がわかる記事をあげておく。

後漢の郭太（郭泰とも記す）は当代の名儒として知られたが、彼が建寧二年（一六九）に四二歳で亡くなると、四方の士千余人が来て会葬し、ともに石を刻んで碑を立て、蔡邕がその文をつくった。碑ができあがった後、蔡邕は涿郡（河北省涿県）の盧植に対して、わたしは碑の銘文を作ることが多く、みなそれに示した徳に恥じるところがあるものだが、郭太は道をたもち、碑の内容に愧じるところがない、と言ったという(21)。

長期間にわたって飯を炊かなかったため、釜に魚が棲んだという「釜中に魚を生ず」の故事で名高い范冉は中平二年（一八五）に七四歳で死んだが、三府は各々、令史を遣わして、かけつけて弔させた。大将軍の何進が書を陳留太守に移し、生前の行いを累積して勘案し、謚を議論させたところ、みなが貞節先生とするのがよいとした。会葬者は二〇〇〇を超え、刺史郡守が各々、立碑して墓を表した(22)。

墓碑が「墓側」に立てられたことが明確に記されている例としては、戦国時代の魏王の墓から出土した竹簡の総称である『汲冢書』を解読して博学を称されたことで知られる西晋の束晳の記述をあげておこう。束晳は後年、趙王倫が相国となった時に請われてその記室（長官のもとで文章・記録をつかさどる官職）となったが、病を得て、帰郷し、門弟に学問を教授した。年四〇にして卒すると、昔の城市のなかにあった屋敷を廃して、門生と旧友が墓のそばに碑を立てたという[23]。

これらは葬礼に際し、または墓に伴って、門弟や世人、または吏人が頌徳のために立碑したという内容だが、父母の死に伴い、子が立碑した例もあげておこう。

後漢の思想家であり、書の名手としても知られる崔寔は、父が卒すと、田家と屋敷を売って、墓を造り、立碑して父の徳を頌したが、葬儀が終わると、資産は尽きはて、困窮したため酒を醸造して、売ることを業とした。時人は多くこれを謗ったが、崔寔はこれを改めず、必要な収入を得るのみで、余分を求めなかった。建寧年間（一六八〜一七二）に崔寔が病で卒すと、家には四方の壁が立っているだけで、葬儀を行うことができなかった。光禄勲の楊賜・太僕の袁逢・少府の段熲は棺槨・葬具を備え、大鴻臚の袁隗は碑を樹立して、徳を頌した[24]。この記載では亡父の葬礼とそれに伴う立碑のために資財を蕩尽した孝子である崔寔が、その孝養のゆえに頌徳立碑されたという二つの立碑の意味が含まれている。

男性だけでなく、女性に対して、頌徳および顕彰するために、墓に立碑した事例もあげておこう。その一つは後漢の孝女として名高い曹娥の例である。会稽上虞（浙江省上虞）の曹盱は絃歌する巫祝であったが、銭塘江で波に逆らいながら舞い、神を迎えようとしたところ溺死したが遺骸はみつからなかった。曹盱の娘の曹娥は夜昼となく泣き声をあげること一七日間に及び、そのまま揚子江に身を投げて死んだ。漢安二年（一四三）のことで、その後、元嘉元年（一五一）県令の度尚なる者が彼女を江南道傍に改葬し石碑を立てたという[25]。

北魏代にいたり、列女として名を連ねる人々のなかで、墓に立碑されたことが明らかな例として、まず、河東姚氏女勝の冢の記載があげられる。女勝は幼女の頃から孝心が強かったが、一五歳の時に母を亡くすと、哭泣の声は絶えることなく、水や飲み物は数日間も摂れぬまま、哀しみにたえきれずに、ついに死んだ。河東郡の太守崔游は墓を営み、碑を立てることを申請し、自ら規定にそった文章を作って、門閭に表し、彼女を昔日の孝女である曹娥にたとえた。その里の名を改めて、上虞里とした。墓は河東郡城の東六里の大道の北側にあり、今に至るまで名づけて孝女冢という(26)。

これらは儒教の徳目である孝を顕彰するために、女性の墓に立碑されたという事例であり、原因は異なるが、女性に対する立碑顕彰という意味で、山ノ上碑を考える際に参考になる。主な例をあげただけでも知られるように、安葬に際して碑を立てることは、父母を主体として、その他の個人も含め、その徳目や孝養などを頌美し、顕彰することにある。

ここにあげたような儒教道徳における立碑の意義を参照して、山ノ上碑と山ノ上古墳との関係を考えるために参照すべきは、父母の墓を造ることが儒教的礼制の基本と位置づけられ、孝の実践とされたことである。その端的な例として、後漢の祭遵の話をあげよう。祭遵は光武帝に付き従ってその覇業を助けた二八人の功臣であるいわゆる「雲台二十八将」の一人と数えられる人物であるが、彼は若くして経書を好み、家は富裕といえども慎ましく粗末な衣服を着け、母を亡くした時は土を担いで冢を作った(27)。

父母のために土を負って墳を成した「負土成墳」の行為は、いわば亡父母への孝養として、一種の定型的な語となっており、魏晋南北朝期を中心として、後漢から隋・唐にかけて、しばしば文献にみえる。たとえば、竹林の七賢の一人として名高い山濤の逸話として、亡母のために「負土成墳」し、かつ手ずから松柏を植えたとされている(28)。また、東晋の范宣や劉宋の郭世道をはじめとした名高い孝子が亡父母のために「負土成墳」「負土築墳」「負土築塋」をなしたという記載が多く認められる。後漢代に始められた墓に伴う立碑という行為は、その後、魏・晋代に碑を禁ずる政策がとられたにもかかわらず、[29]五代頃までは比較的盛行したことは、「立碑頌」などの語が新旧の『五代史』までみえることから知られる。

このような立碑頌徳という行為の背景として個人に対する宣揚があるという立場から、山ノ上碑文を再検討すると、「母為記定文」という箇所が注目される。「記定文」の意味については、『日本書紀』天武一〇年三月条の「帝紀及び上古の諸事を記定せしむ」という表現を参照して、過去の事実を確定して後代に記し伝えることとされている。[30]

以上のような意味の語を含む山ノ上碑文は造墓および立碑の目的を記したものと位置づけられてきたが、いかなる内容を「記定文」したのかが不明とされてきた。しかしながら、この箇所の意味内容が「記定文」の示す行為としては碑を立てることが目的であるとする本章の仮説は、ここまでの中国古代の事例の検討によって、儒教の孝思想とそれによる立碑頌徳という目的が記されているのに他ならないという観点から証することができる。すなわち、山ノ上碑が「母の為に文を定めて記した」碑であることこそが重要なのであり、山ノ上碑の立碑行為そのものが「立碑頌徳」によって、亡母のためになされた孝の発現なのである。

第三節　山ノ上碑における孝の顕現

山ノ上碑にみられる亡母に対する立碑行為そのものが、母に対する孝の発現であることを、造墓という行為との関係からさらに考察する前提として、儒教における孝とは祖先祭祀に他ならないことを再確認しておく必要がある。いうまでもなく、儒教の根幹をなす思想として孝と祖先祭祀がある。孝とは親に仕えることだが、それは親の系譜をたどる祖先に仕え、祖先を祭ることでもある。儒教において、孝思想が祖先祭祀と不可分であることはいうまでもないが、それを端的に示すものとして、『礼記』祭統の次の文章をあげておこう。すなわち、「孝子の親に事《つか》うるや、三道有り。生くれば則ち養い、没すれば則ち喪し、喪畢《おわ》れば則ち祭る」と述べられているように、孝とは生前は養、死しては喪、葬儀の終わった後の祖先祭祀をいうのであり、このすべてを尽くす者が孝子であるとする。(31)

儒教において祖先祭祀を行い、子孫の繁栄を願うことは招魂再生による生の連続を意味した。すなわち、亡き父母や祖先に対する孝敬は、いわば祖先に対する次元での孝を包括しているとされ、これは『論語』学而に「父在せば、其の志を観《み》、父没すれば其の行いを観る。三年、父の道を改むること無きを孝と謂うべし」(32)とあることをはじめとして説き起こされることが多い。(33)ここに示された父母に対する孝が、その死にあって顕現することは、『孝経』喪親章の「孝子の親の喪するや哭して偯《い》せず。礼は容《かたちづく》るなく、言は文《かざ》らず、美を服して安からず、楽を聞くも楽しからず、旨きを食うも甘からず、此れ哀戚の情なり」(34)とあることが象徴的にとりあげられる。

この記述に典型的に現れているように儒教では亡父母の喪葬や祖先祭祀としての孝を行うに礼をもってした。そもそも礼とは元来は葬礼を指し、『礼記』四九篇のうちの大部分が葬礼についての記載であることがそれを端的に示している。孝と喪礼との関係は先に引いた『礼記』祭統に孝子が親につかえる三つの道として「生くれば則ち養い、没すれば則ち喪し、喪畢《おわ》れば則ち祭る」とあり、「則ち、この三道を尽くす者は孝子の行いなり」と述べられている。(35)

また『論語』為政には魯の国の大夫である孟懿子が孔子に孝を問うたことに対する答えを門人の樊遅に話した内容として、孝とは親が生きているあいだは礼にそむかないように仕え、親が死んだ時は礼によって葬り、霊を祭る際には礼によって祭祀を行うことであると説かれている。(36)

このように孝と祖先祭祀とを論理的に結節させたことから、儒教では葬礼を何よりも重視した。それは『礼記』中庸にみえる「死に事《つか》えるは生に事えるが如くせよ。これが孝の至りである」(37)とする文章に端的に示されている(38)。加えて、中国古代とくに先秦時代において葬礼の後も祭祀を行う意味については、たとえば、『礼記』坊記に「宗廟を修し、祀事を敬すは民に追孝を教ゆるなり」とあるように追孝として意味づけられた(39)。

とりわけ父母のうちとくに母に対する孝養は、その成立が唐代を下らないとされる『孝子伝』の諸本にも認められるが、明確に碑文に記されるようになるのは南北朝時代とされる。その例として北朝の墓誌銘をあげると、「母擾を以て、任を解き、泣血して擾を茹す、ほとんど毀滅せんとす」(40)とか「母擾に丁《あた》り、喪に居して、毀に到り、ほとんど性を滅せんとす」(41)などとあるように、「母擾」すなわち死んだ母のために服する喪にあって、職を辞し、喪屋に居して、はなはだしく泣き悲しみ、悲しみのあまり身体や心が衰えてしまう、などの表現で母の死を悼む記載がある。もちろん、これらは母の喪に際しての定型句といえるが、南北朝期には母の安葬に対して、孝に基づく弔意が記され、母に対する孝が顕著になるとされる(42)。

これまで山ノ上碑文は長利という僧によって建立されたことから、仏教との関係のみがいわれてきた。しかしながら、山ノ上碑文には「放光寺」「長利僧」などの語の他には仏教的な要素がなく、山ノ上碑にみる仏教は当時その地域における信仰の選択肢の一つとみられることが指摘されている(43)。この見解では、言外に七世紀末の上毛野地域には、その他の宗教や信仰が存在したことを示唆している。ただし、その具体的な様相については論じられていない。

山ノ上碑の立碑された時期の上毛野地域における仏教以外の宗教や信仰の存在を想定する必要性が指摘されたことはあったが(44)、実際には、本章で示したような儒教の孝に関連する考察は行われてこなかった。しかしながら、立碑そのものが頌徳を媒介とした孝を基本とした行為であると理解するならば、山ノ上碑文の釈読と解釈も、儒教の孝という観点から捉えなおす必要が生じてくる。

以上のような観点から山ノ上碑文を再検討するならば、孝と関連する字句として「母為記定文」の文章が注意される。山ノ上碑の文章そのものはすべて漢字を用いているが、返読文字となっていない箇所があり、正式な漢文体ではない。いうまでもなく、この文章の「母為」の箇所は漢文表記では「為母」となる。この語についてはこれまで、鰐淵寺金銅観音仏（「壬申年」銘を六九二年とする。七五二年説もあり）の「為父母作奉菩薩」や韓国・澗松美術館所蔵金銅三尊立像（「癸未年」銘を五六三年説または六二三年説）の「為亡父趙□人造」などの古代の金銅仏銘文に類例があることが指摘されている(45)。これらの語は古代の金石文や写経などにみえる「為七世父母」などの類語とされ、従来は仏教的な祖先崇拝の観点から論じられてきた。

しかしながら、「為母」の語は中国の正史や経書などに類例がある。管見の限りでは『礼記』に出現頻度がもっとも高く、喪葬に関する記載を中心として八カ所（間伝、奔喪、問喪、喪服四制が各一カ所、喪服小記、喪大記が各二カ所）にわたって現れる。そのなかには文意として「母をして」と読むべき用例もあるが、これらを除いて、いくつかを引いてみると、たとえば、「斬衰の喪には括髪するに麻を以てす。母の為には括髪するに麻を以てし、免するに布を以てす」という記述がある(46)。これは斬衰の喪、すなわち父母のための三年の喪の際に髪を括る時は麻を用い、母のために髪を括る時も麻を用いるが、免する（冠を去って、白布で髪を束ねる）時は布を用いることとされている。

喪具の用法に関わって、他にも「故に父の為には苴杖とする。苴杖は竹である。母の為には削杖とする。削杖は桐なり。或る人曰く、杖は何を以ての為ぞ。曰く、孝子親を喪い、哭泣すること数無く、勤めに服すること三年、身病み体羸《つか》れる。杖を以て病を扶くるなり」とあり、(47)父母が亡くなった時の三年の喪を務める時には、病の時に備えて、母のためには桐を用いた削杖という杖を用いることを述べている。

また、別に「為母」として、「天に二日無く、土に二王無く、国に二君無く、家に二尊無し。一をもってこれを治るなり。故に父在らば、母の為に斉衰期するは、二尊無き見《しめ》すなり」とあり、(48)万事に二つは並びたたず、父がいれば、母のために斉衰の喪に服するのは、家に二人の尊者のいないことを表すという文章にみえる。

これらの「為母」の語は使用されている状況と意味は、母のための喪具や母のための喪の意味などがあるが、基本的には『礼記』のなかでも、喪礼に関わる内容としてみえている。

さらに「為母」ではなく「為父母」すなわち「父母の為に」と意味を広げて調べてみると、やはり『礼記』に四例（喪服小記）がみられる。喪における礼のあり方として、「父母・長子の為には稽顙す」とあり、(49)父母と長子のための喪には弔問の殯に稽顙すなわち地に頭をつけて礼をする、と述べられているのを典型とするように、喪礼に関する記述としてみえている。

このような喪礼に関する内容が主体となる『礼記』に「為母」「為父母」などの語が喪礼や喪具などに関してみられることは注目してよく、前節でみた立碑そのものが儒教の孝思想に基づくとした山ノ上碑文において、その主要な文章である「母為記定文」は、一般的な語の組み合わせではなく、儒教の喪葬に関する経書の語を用いていると考えられる。すなわち、山ノ上碑はこのような儒教的喪葬を背景として「母為記定文」を具体的な目的として立碑されたものに他ならない。そして、このような直接的な立碑の目的とは別に、碑文に立碑者である長利の両親の系譜が記されていることから、筆者はこれまでいわれてきたような日本古代の金石文などに例のある系譜の称揚であるとともに、「母」に結びつく祖先の系譜として、儒教的な祖先の顕示があったものと考える。

第四節　東国古代の石碑にみる祖先祭祀の変容

ここまでの叙述によって、儒教的要素を含意した内容の碑文であることを示した思想的属性を有する山ノ上碑が、僧である長利によって立てられたことの史的背景としては、すでに指摘されているように、前史として六、七世紀における仏教の位置づけがあったと考えられる。すなわち、『日本書紀』推古二年（五九四）二月丙寅朔条に「君親の恩の為、競いて仏舎を造る。即ち是を寺と謂う」としてみえる当時の為政者側の寺院観を参照して、山ノ上碑に表れた僧・長利の母への思念は、このような寺院に対する原初的認識の表象であったとする見方が示されている(50)。この記事の内容は儒教的な「君親の恩」とそれに対する仏教的作善としての寺の造立とが混淆しているとみられ、これは本章で山ノ上碑を対象として示した仏教と儒教の要素との混淆という現象と軌を一にする。これを含めて、平安時代にいたる日本古代の仏教には儒教の孝思想が混然として存在することが指摘されている(51)。このような思想的な流れのなかにおいて、山ノ上碑が日本古代の孝思想の存在形態を原初的に示していると位置づけられよう。

いっぽう、日本古代の碑のなかでも、墓碑と認識される資料に目を向けると、類例そのものが限られており、時期的には七、八世紀に集中することが指摘されている(52)。そのうち、山ノ上碑と同じく東国に所在し、かつ立碑の時期も近いものとして那須国造碑が知られる。この碑は那須国造であり、永昌元年（六八九）に評督に任ぜられた那須直葦提の事績を顕彰するために、その由来を記して、子の意志麻呂らが「庚子年」すなわち文武天皇四年（七〇〇）に建立したものである。

那須国造碑文で注目されるのは「立碑銘」の語がみられることと、『孝子伝』を典拠として撰文されていることである。[53] すなわち、この碑は孝の思想を背景に述作されており、孝を核とする那須国造一族の地位継承と団結を誇示するとともに朝廷への忠誠を示す目的があるとされる。[54]

那須国造碑文にみえる「立碑銘」の意味するところについては、本章のここまでの分析で明らかなように「立碑頌」あるいは「立碑頌徳」が、故人や亡くなった父母の徳を顕彰し、後世に伝示するという儒教的な思想に基づく行為であることから理解できる。すなわち、那須国造碑にみえる「立碑銘」はまさに「立碑頌」と同義であって、子の意志麻呂らが那須直韋提のために、碑を立てて頌徳、顕彰したのであって、これは碑文の一部が『孝子伝』を典拠として撰文されたことからも、孝を主体とした儒教的思想に基づいた立碑と考えられる。

他方では、那須国造碑文にみえる那須国造である那須直韋提という名は『観無量寿経』にみえる人名の「韋提希」を典故とするとみられている。[55] さらに那須国造碑の「永昌」という年号は則天武后によって実質的な権力掌握が行われた時期の年号であることは、よく知られるとおりであって、これらの点を勘案すると、那須国造碑文には儒教と仏教の経典が典拠または思想的背景として存在したことが知られる。

いっぽう、山ノ上碑と地理的にも年代的にも近い古碑として金井沢碑があることは周知のとおりである。金井沢碑は神亀三年（七二六）の紀年銘がある奈良時代の碑で、その内容は「三家子孫」が、七世父母、現在父母のために知識を結び、天地に誓願して立てた碑である旨が記されている。立碑主体である「三家子孫」については個人名とする説もあるが、[56]「孫」の異体字を認めて「三家子孫」の釈字が適当とされており、[57] これに従いたい。

この「三家」がどこを指し示すかについては、尾崎喜左雄氏が金井沢碑文の「上野国群馬下賛郷高田里」の「賛」を佐野の地名と関連づけて考察して以来、[58] 山ノ上碑にみえる「佐野三家」を指し、これを管掌する氏族とみるのが定説となっている。[59]

ここまで論じてきたように、山ノ上碑には儒教的な孝および祖先祭祀の要素を読み取る本章での立場からは、同じく「佐野三家」を立碑の勢力基盤とし、時期的にも連接する二つの碑について、祖先祭祀と仏教の関係とその変化を読み取ることが可能となる。

これまでの研究によって、金井沢碑の「七世父母」「現在父母」「誓願」は、ともに仏教的な語句と考えられており、とくに七、八世紀の金石文における「誓願」は仏・菩薩に対して、造寺・造仏や設斎などを通じて祖先供養や病気治癒をはじめとした功徳を祈念する場合に行われたものとされるが、金井沢碑のように「天地」に対して誓願した例はみられないとされる(60)。「誓願」の語は原始仏典にも認められる仏教語であり(61)、漢訳仏典では、至極一般的な語である。「天地」も漢訳仏典に一般的な語であるが、これらを複合した「天地誓願」は管見では漢訳仏典には出現しない。

いっぽう金井沢碑文にみえる「七世父母」の語について、古代の金石文を含めて思想的な位置づけを論じた竹田聴洲氏は、『日本書紀』斉明五年条にみえる盂蘭盆会の記述などを参照しつつ、典拠として『盂蘭盆経』を想定する。ただし、民俗儀礼にみられる祖先信仰を例証として、このような仏教的な祖先崇拝が行われる背景には、日本固有の祖先信仰が素地として存在したと説いた(62)。ただし、竹田氏は「七世父母」の語のみられる金井沢碑に関しては言及しておらず、また、民俗儀礼としての祖先信仰が古代にまでさかのぼることの実証がないまま古代の祖先信仰を含めて論じている点について、現状では方法的な超克がもとめられる。

しかしながら、竹田氏が古代の金石文などにみえる「七世父母」の典拠として、『盂蘭盆経』を想定したことは、氏が論拠としたように『日本書紀』斉明五年秋七月庚寅条に「群臣に詔して京内の諸寺に盂蘭盆経を勧講して七世父母に報いせしむ」ことからも十分な実証性を有すると思われる。

「七世父母」については、竹田氏も、その淵源が中国の南北朝時代の造像銘にさかのぼることを論じているが、その後、この語がみえる隋・唐以前の造像銘一五六例に対して、一〇年ごとに例数をあげた統計的な検討によって、「七世父母」の語は五世紀代からみられるが、出現頻度が高くなるのは六世紀代であるとされる。とくに五七〇年頃までがもっとも多く用いられ、その後には、この語が出現しない一時期があるとし、その時期は北周・武帝の廃仏の時期にあたっており、ここに原因があるとみている。また、「七世父母」「現在父母」「現世父母」の語について、敦煌写経の題記と『盂蘭盆経』などの用法を勘案して、「七世父母」は「現在父母」と「現世父母」を含まない亡き祖先を指し、「現在父母」は現生で亡くなった父母、「現世父母」は現生でいまだ亡くなっていない父母であるとした(63)。

先行研究において、用法と出典が明らかにされている「七世父母」の語が用いられている金井沢碑文においても、この語が用いられる碑文の脈絡と内容から、『盂蘭盆経』を典型とした仏典に依拠した仏教的祖先が「佐野三家」で行われていたことが知られる。そして、その思想は仏教的には祖先に対する追善であり、儒教的には追孝であって、金井沢碑文の内容に「現在父母」の語があることにより、父母に対する追善や孝養の意識があったこともわかる。

このような両碑の内容を、時間的継起関係で整理してみると、山ノ上碑の場合は、立碑者である僧・長利が母のために立碑し、そのことによって母を頌したという個人的な次元での孝の発露がみてとれる。これに対し、金井沢碑では「七世父母」「現在父母」という直接の父母だけでなく、祖先に対して追孝を尽くすために、「三家子孫」が立碑しており、個人の孝から、集団の孝としての祖先祭祀へという変化がみられる。さらに山ノ上碑文には一切、仏教的な文言はみえず、立碑者が僧であるという点で仏教と儒教とが混淆しているといえるが、金井沢碑は『盂蘭盆経』を典型とした祖先祭祀を説いた仏典に依拠する仏教的な祖先祭祀の内容をもちながら、儒教的な立碑という行為をとっており、この点で宗教思想の系譜としては山ノ上碑からの流れにあり、さらに展開した内容の祖先祭祀へと変化していることがわかる。

結語

文末にあたって、本章の内容を順次、整理することによって結語にかえたい。

本章では、まず、山ノ上碑文の宗教・思想的内容についての学史と先行研究を整理し、従来、このような研究が少ないことを指摘するとともに、これまで仏教的な祖先崇拝として捉えられがちであった立碑の宗教的、思想的意味について、墓に伴う立碑という観点と碑文の「母為」の語から孝の思想に立脚した検討の必要性を示した。

次に中国古代の史書・文献にみえる「立碑」の例を参照し、加えて山ノ上碑の「母為」と同義である「為母」の語の用例を引いて、山ノ上碑の立碑は亡母のためになされた孝思想に基づく行為であることを述べた。

続いて、このような立碑行為の意味を儒教および孝において位置づけるために、『礼記』『論語』『孝経』などを参照し、山ノ上碑文のなかでも主要な内容を示す「母為記定文」が、一般的な語の組み合わせではなく、儒教の喪葬に関する経書の語を背景としており、その一方で「母」に続く系譜の明示は、日本古代の金石文にみえるのと同様に系譜の称揚という意味をもつとともに儒教的な祖先の顕示であると考えた。

そして、このような考察を総括して、以下のように結論した。すなわち、山ノ上碑文の内容からは、立碑者である僧・長利が母のために立碑し、そのことによって母を頌したという個人的な次元での孝養の発露がみてとれるのに対し、時期の遅れる金井沢碑では「七世父母」「現在父母」という直接の父母だけでなく、祖先に対しても孝養を尽くすために、「三家子孫」が立碑しており、個人の孝から、集団としての孝、すなわち祖先祭祀へという変化がみられる。山ノ上碑文には仏教的な文言はなく、立碑者が僧であるという点で仏教と儒教とが混淆しているといえるが、金井沢碑は『盂蘭盆経』を典型とした祖先祭祀を説いた仏典に依拠する祖先祭祀の内容でありながら、儒教的な立碑という行為をとっており、この点で、山ノ上碑からの系譜を引きつつも、金井沢碑では祖先祭祀がより展開した内容へと変容したことを指摘した。

本章では、これまで文章の短さから、踏み込んだ考究が難しいとされてきた山ノ上碑文に対して、立碑そのものの意味を中国古代の史書・文献にみえる事例を参照することによって確認するとともに、経書などの用例を参照して「為母」「記定文」などの語を儒教および孝の思想との関係で位置づけてみた。筆者は東アジア考古学を専門とするが、本章は中国古代の碑文や墓誌に数多く接するなかで着想した内容を書き留めた試論である。向後、とくに古代中国の宗教・思想や経書などの理解に対しては諸般の教示を得て、新たな視野を開きたく思う。

注

（1）東野治之『日本古代金石文の研究』（岩波書店、二〇〇四年）二一四頁。
（2）前沢和之「主要史料解説　山ノ上碑銘」（群馬県史編さん委員会編『群馬県史』資料編4・原始古代4、群馬県、一九八四年）、国立歴史民俗博物館編『古代の碑』（国立歴史民俗博物館、一九九七年）二九頁。
（3）増尾伸一郎「「七世父母」と「天地誓願」――古代東国における仏教受容と祖先信仰をめぐって――」（あたらしい古代史の会編『東国石文の古代史』吉川弘文館、一九九九年）。
（4）白石太一郎「山ノ上古墳と山ノ上碑」（大塚初重・吉村武彦編『古墳時代の日本列島』青木書店、二〇〇三年）。

（5）関口裕子「日本古代の規定的血縁紐帯について」（『日本古代家族史の研究』下、塙書房、二〇〇四年）（初出は一九七八年）、義江明子「「山ノ上碑」の「児」「孫」「娶」」（『日本古代系譜様式論』吉川弘文館、二〇〇〇年）、義江明子「系譜に刻まれた父母」（『古代女性史への招待〈妹の力〉を超えて』吉川弘文館、二〇〇四年）（初出は二〇〇〇年）、篠川賢「山ノ上碑を読む」（あたらしい古代史の会編『東国石文の古代史』〈前掲注3〉）など。

（6）三舟隆之「古代地方寺院造営の背景――七世紀後半の東国を中心として――」（『史学雑誌』一〇八―一〇、一九九九年）、関口功一「「山ノ上碑」「金井沢碑」と地域の仏教――古代上毛野の「地域の論理」――」（『地方史研究』二九八、二〇〇二年）。

（7）松田猛『上野三碑』（同成社、二〇〇九年）二六～二九頁。

（8）田島桂男「山ノ上碑・古墳研究の現状」（上田正昭ほか著『古代東国の謎に挑む』あさを社、一九八二年）。

（9）前沢和之「地域表象としての古代石碑――山上碑と放光寺をめぐって――」（『歴史評論』六〇九、二〇〇一年）、前沢和之『古代東国の碑』（山川出版社、二〇〇八年）一九～二〇頁。

（10）東野治之『日本古代金石文の研究』（前掲注1）二一九～二二〇頁。

（11）張慧禾「儒家孝文化：碑志文体的文化意蘊」（『兵団教育学院学報』一三―四、二〇〇三年）（中国語文献）、王銀忠「論碑文的形成」（『邯鄲学院学報』一六―一、二〇〇六年）（中国語文献）、杜玥「浅談碑刻的源流与特点」（『蘭台世界』二〇〇八年第一七号）（中国語文献）。

（12）碑の変遷については、下記論文を参照。白鳥庫吉「神代史の新研究・十七　碑と刻石」（『白鳥庫吉全集』第一巻、岩波書店、一九六九年）（単行本としての初版は一九五四年）、細谷惠志「碑の起源とその形式――山東省曲阜孔子廟の諸碑について――」（『聖徳大学研究紀要短期大学部』二六―三、一九九三年）、金其禎「碑論――中国物質形態特殊伝統文化研究之一――」（『中国文化研究』一九九四年第三期）（中国語文献）。

（13）『儀礼』聘礼
　　餁一牢、鼎九、設于西階前、陪鼎當内廉、東面北上、上當碑南陳。

(14) 細谷惠志「碑の起源とその形式――山東省曲阜孔子廟の諸碑について――」(前掲注12)、金其禎「碑論――中国物質形態特殊伝統文化研究之一――」(前掲注12)。

(15) 『礼記』祭義
　祭之日、君牽牲、穆答君、卿大夫序従。既入廟門、麗于碑、卿大夫祖、而毛牛尚耳。鸞刀以刲、取膟膋、乃退。

(16) 『礼記』檀弓下
　夫魯有初、公室視豊碑、三家視桓楹。

(17) 『礼記正義』巻一〇・檀弓下
　豊碑斲大木為之、形如石碑、於槨前後四角樹之、穿中於間為鹿盧、下棺以紼繞。

(18) 張慧禾「儒家孝文化：碑志文体的文化意蘊」(前掲註11)〔中国語文献〕、秦進才・張玉「《孝経》与両漢的孝行」(『河北師範大学学報』〈哲学社会科学版〉二八―五、二〇〇五年)〔中国語文献〕。

(19) 黄金明「東漢墓碑文興盛的社会文化背景」(『漳州師範学院学報』〈哲学社会科学版〉二〇〇四年四期)〔中国語文献〕。

(20) 劉濤「魏晋南朝的禁碑与立碑」(『故宮博物院院刊』二〇〇一年第三期)〔中国語文献〕。

(21) 『後漢書』列伝第五八・郭符許・郭太
　明年(筆者注・建寧二年〈一六九〉)春、卒于家、時年四十二。四方之士千余人、皆来会葬。同志者乃共刻石立碑、蔡邕為其文、既而謂涿郡盧植曰吾為碑銘多矣、皆有慙徳、唯郭有道無愧色耳。

(22) 『後漢書』列伝第七一・独行／范冉
　中平二年、年七十四、卒於家。…(中略)…於是三府各遣令史奔弔。大将軍何進移書陳留太守、累行論謚、僉曰宜為貞節先生。会葬者二千余人、刺史郡守各為立碑表墓焉。

(23) 『晋書』巻五一・列伝第二一・束晳
　趙王倫為相国、請為記室。晳辞疾罷帰、教授門徒。年四十卒、元城市里為之廃業、門生故人立碑墓側。

(24)『後漢書』列伝第四二・崔駰／孫寔
　初、寔父卒、剽売田宅、起冢塋、立碑頌。葬訖、資産竭尽、因窮困、以酤醸販鬻為業。時人多以此譏之、寔終不改。亦取足而已、不致盈余。及仕官、歴位辺郡、而愈貧薄。建寧中病卒。家徒四壁立、無以殯斂、光禄勲楊賜、太僕袁逢、少府段熲為備棺槨葬具、大鴻臚袁隗樹碑頌徳。

(25)『後漢書』列伝第七四・列女／孝女曹娥
　孝女曹娥者、会稽上虞人也。父盱、能絃歌、為巫祝。漢安二年五月五日、於県江泝濤婆娑迎神、溺死、不得屍骸。娥年十四、乃沿江号哭、昼夜不絶声、旬有七日、遂投江而死。至元嘉元年、県長度尚改葬娥於江南道傍、為立碑焉。

(26)『魏書』巻九二・列伝第八〇・列女／河東孝女姚氏
　河東姚氏女字女勝、少喪父、無兄弟、母憐而守養。年六七歳、便有孝性、人言其父者、聞輒垂泣。隣伍異之。正光中、母死、女勝年十五、哭泣不絶声、水漿不入口者数日、不勝哀、遂死。太守崔游申請為営墓立碑、自為製文、表其門閭、比之曹娥、改其里曰上虞里。墓在郡城東六里大道北、至今名為孝女冢。

(27)『後漢書』列伝第一〇・銚期王霸祭遵・祭遵
　少好経書。家富給、而遵恭倹、悪衣服。喪母、負土起墳。

(28)『晋書』巻四三・列伝第一三・山濤
　会遭母喪、帰郷里。濤年踰耳順、居喪過礼、負土成墳、手植松柏。

(29) 劉濤「魏晋南朝的禁碑与立碑」（前掲注20）。

(30) 東野治之『日本古代金石文の研究』（前掲注1）一一七頁。

(31)『礼記』祭統
　是故孝子之事親也、有三道焉。生則養、没則喪、喪畢則祭。

(32)『論語』学而

子曰父在、観其志。父没、観其行。三年無改於父之道、可謂孝矣。

(33) 陳桂香「試析先秦儒家〝孝〟的思想――《論語》《孟子》《荀子》《孝経》閲読札記――」(『楽山師範学院学報』二〇一〇、二〇〇五年)(中国語文献)。

(34) 『孝経』喪親章

子曰孝子之喪親也。哭不偯、礼無容、言不文、服美不安、聞楽不楽、食旨不甘、此哀戚之情也。

(35) 『礼記』祭統

是故孝子之事親也、有三道焉。生則養、没則喪、喪畢則祭。…(中略)…尽此三道者、孝子之行也。

(36) 『論語』為政

孟懿子問孝。子曰、無違。樊遅御、子告之曰、孟孫問孝於我、我対曰無違。樊遅曰、何謂也。子曰、生事之以礼、死葬之以礼、祭之以礼。

(37) 『礼記』中庸

践其位、行其礼。奏其楽、敬其所尊。愛其所親、事死如事生。事亡如事存、孝之至也。

(38) 儒教の孝の思想と祖先祭祀との関係について論じた著作は数多あるが、直接的にこれにふれた論文のみをあげておく。佐藤健「追善と追孝」(『印度学仏教学研究』二五―二、一九七七年)、張森「論儒家孝道思想的生命意識」(『学術論壇』二〇〇六年第二期)(中国語文献)、陳桂香「試析先秦儒家〝孝〟的思想――《論語》《孟子》《荀子》《孝経》閲読札記――」(前掲注33)、秦進才・張玉「《孝経》与両漢的孝行」(前掲注18)。

(39) 『礼記』坊記

子云祭祀之有尸也、宗廟之主也、示民有事也。修宗廟、敬祀事、教民追孝也。

(40) 原文は「以母擾解任泣血茹擾幾将毀滅」(北魏・永熙三年〈五三四〉・乞伏宝墓誌) 楊家駱編『漢魏南北朝墓誌集釈』下冊(鼎文書局、一九七二年)。

(41) 原文は「丁母擾還家居喪致毀幾于滅性」(北魏・熙平二年〈五一七〉・崔敬邕墓誌銘) 楊家駱編『漢魏南北朝墓誌

集釈』下冊（前掲注40）。
(42) 韋燕寧「試論伝統孝文化中的孝母現象」（『南方論刊』二〇〇八年八期）（中国語文献）。
(43) 関口功一「「山ノ上碑」「金井沢碑」と地域の仏教——古代上毛野の「地域の論理」——」（前掲注6）。
(44) 関口功一「「山ノ上碑」「金井沢碑」と地域の仏教——古代上毛野の「地域の論理」——」（前掲注6）。
(45) 増尾伸一郎「「七世父母」と「天地誓願」——古代東国における仏教受容と祖先信仰をめぐって——」（前掲注3）。
(46) 『礼記』喪服小記
斬衰、括髪以麻。為母括髪以麻、免而以布。
(47) 『礼記』問喪
故為父苴杖、苴杖、竹也。為母削杖、削杖、桐也。或問曰杖者以何為也。曰孝子喪親、哭泣無数、服勤三年、身病体羸、以杖扶病也。
(48) 『礼記』喪服四制
天無二日、土無二王、国無二君、家無二尊、以一治之也。故父在、為母斉衰期者、見無二尊也。
(49) 『礼記』喪服小記
祖父卒、而后為祖母後者三年。為父母、長子稽顙。
(50) 前沢和之「地域表象としての古代石碑——山上碑と放光寺をめぐって——」（前掲注9）。
(51) 田中徳定『孝思想の受容と古代中世文学』（新典社、二〇〇七年）。
(52) 濱田幸司「日本古代の碑碣——その源流と伝播——」（『歴史研究』〈大阪教育大学〉三三、一九九五年）。
(53) 東野治之「那須国造碑と律令制——孝子説話の受容に関連して——」（前掲注1所収）。
(54) 東野治之「那須国造碑と律令制——孝子説話の受容に関連して——」（前掲注1所収）。
(55) 新川登亀男「「那須国造碑」と仏教」（『日本歴史』五三二、一九九二年）。

(56) 勝浦令子「金井沢碑を読む」(『日本古代の僧尼と社会』吉川弘文館、二〇〇〇年)〔初出は一九九九年〕。この論文では「三家子孫」の「孫」字を未釈としたうえで、「三家子□」を個人名としている。

(57) 東野治之『日本古代金石文の研究』(前掲注1)二四〇～二四一頁。

(58) 尾崎喜左雄「山ノ上碑及び金井沢碑の研究」(『群馬大学教育学部紀要　人文・社会科学編』一七、一九六七年、のち『上野三碑の研究』尾崎先生著書刊行会、一九七八年所収)、尾崎喜左雄「さぬ」(『群馬大学教育学部紀要　人文・社会科学編』一八、一九六八年)。

(59) 松田猛「佐野三家と山部郷――考古資料からみた上野三碑――」(『高崎市史研究』一一、一九九九年)、松田猛『上野三碑』(前掲注7)一二一～一二三、一六〇頁。

(60) 増尾伸一郎「「七世父母」と「天地誓願」――古代東国における仏教受容と祖先信仰をめぐって――」(前掲注3)。

(61) 藤村隆淳「誓願思想について(一)――初期仏教における誓願と『マハーヴァスツ』の誓願思想と――」(『密教文化』一〇九、一九七五年)。

(62) 竹田聴洲「七世父母攷――日本仏教受容と祖先信仰――」(『葬史と宗史』竹田聴洲著作集第7巻、国書刊行会、一九九四年)〔初出は一九五〇年〕。

(63) 趙青山「従敦煌写経題記所記〝七世父母〟観看仏教文化対中土文化的影響」(『蘭州大学学報〈社会科学版〉』三七―六、二〇〇九年)〔中国語文献〕。

第二章　金井沢碑に現れた祖先祭祀の史的特質

序　言

金井沢碑は群馬県高崎市に所在し、上野三碑の一つとして知られる。碑石そのものは高さ一一〇センチメートル、幅七〇センチメートル、厚さ六五センチメートルの輝石安山岩に九行一一二文字が陰刻されている。

碑文は上野国群馬郡下賛（下佐野）郷高田里の三家（屯倉）の子孫が七世父母および現在の父母らのために天地に誓願する旨が記され、祖先の菩提と父母の安穏を仏に祈願する内容である。これによって郷里制の施行と奈良時代における地方の仏教信仰の浸透を知ることができる。金井沢碑の立碑年代は碑文にみえる「神亀三年丙寅二月廿九日」の紀年によって奈良時代の神亀三年（七二六）であることがわかる。これによって八世紀代にさかのぼり、かつ地方における立碑の実態を示す資料として重要である。本章では金井沢碑文について、仏教語をはじめとして、宗教・信仰に関する語句を出典論的な観点から吟味することによって、立碑の意味と思想的および史的背景を考察することを目的とする。

第一節　金井沢碑の祖先祭祀に対する従前の見解

金井沢碑の研究史について、祖先祭祀の側面から整理する前に碑文の全文を掲げておく。

上野国群馬郡下賛郷高田里
三家子□為七世父母現在父母
現在侍家刀自他田君目頰刀自又児加
那刀自孫物部君午足次馴刀自次乙馴
刀自合六口又知識所結人三家毛人
次知万呂鍛師礒部君身麻呂合三口
如是知識結而天地誓願仕奉
石文
神亀三年丙寅二月廿九日　　（□は欠字）

碑文の釈字に関する異見としては、「三家子□」の語の末尾を判読不能として欠字とする場合と、これを「三家子孫」と読む見解[1]とがある程度で根本的な異釈はみられない。内容に関して、これまでは碑文にみえる人名の系譜的研究が主体となっていた[2]。いっぽう碑文に現れる信仰や思想について言及した論は仏教を主体とした祖先祭祀という考え方が基本となっている。

金井沢碑文のなかでも重要な部分は「天地誓願仕奉石文」という立碑目的が記された部分とその対象である祖先祭祀を示す「為七世父母現在父母」の部分であり、これらに関しては、すでに江戸時代に狩谷棭斎が『盂蘭盆経』にみえる語であり、また、中国六朝代の造像記に多用されることを示すとともに、類似する内容として粟原寺の塔露盤銘や『西琳寺縁起』記載の宝元五年（逸年号か。六五九）銘の阿弥陀仏造像銘などを例示している(3)。

その後、「七世父母」の語に関しては朝鮮三国時代に造像されたと推定される四例の造像記にこの語が用いられていることが指摘されており、従前指摘されていた金井沢碑と新羅系渡来人の関係にとどまらず、百済文化との関連性も示唆されている(4)。

なお金井沢碑は対象としていないが、「七世父母」については竹田聴洲氏の研究が学史的に知られる。竹田氏は法隆寺釈迦三尊像戊子年銘や観心寺観音菩薩像光背銘などの金石文と『日本書紀』斉明天皇五年の盂蘭盆会の記述・写経奥書などの用例をあげて、それらの共通点として追善回向としての発願であり、「七世父母」などの語句から中国南北朝時代の造像銘との関係を想定した。また、このような「七世父母」などの語句に典型化される祖先崇拝が中国では儒教的家族道徳と結びついて盛行したのであり、これが固有の祖霊観念をもっていた日本への仏教の受容を円滑にしたと指摘している(5)。

次節以降では、このように日本古代の仏教と関連する祖先崇拝の原初的な様相を有する金井沢碑について出典論的な検討を行い、あわせて東アジアの金石文や文献の語句との比較によって文化史的系譜についても論じてみたい。

第二節　金井沢碑文の語句の出典論的検討

金井沢碑にみえる「七世父母」「現在父母」「誓願」の語は、ともに仏教的な語句と考えられており、とくに七、八世紀の金石文にみえる「誓願」は仏・菩薩に対して、造寺・造仏や設斎などを通じて祖先供養や病気治癒をはじめとした功徳を祈念する場合に行われたものとされるが、金井沢碑のように「天地」に対して誓願した例は他にはみられない。(6)「誓願」の語は原始仏典にも認められる仏教語であり、(7)漢訳仏典では至極一般的な語である。「天地」も漢訳仏典に一般的な語であるが、これらを複合した「天地誓願」は管見では漢訳仏典の用例を知りえない。

いっぽうで「天地」について、『万葉集』にみえる「あめつち」の語に天神地祇を示す例があることから、これに通じるものとする見方があるが、(8)『古事記』序文や神代・仲哀天皇段などでも「天地」を天神地祇ではなく、天地の意味で用いており、また、金井沢碑文では仏教語とともに用いられている点から、金井沢碑文にみえる文脈のみで、この「天地」を天神地祇とみることは難しいと思われる。『日本書紀』などにみえる天神地祇の語は津田左右吉がつとに指摘しているように中国古典に由来して修飾されたとされるから、(9)金井沢碑文の「天地」は基本的に天神地祇と拡大解釈するよりは、後にもふれるように「誓願」との関係から考えると「天地」そのものの意味と捉えてよい。

「天地誓願」の語を構成する「天地」と「誓願」の語は、ともに仏典に頻出するが、管見の限りでは「天地誓願」と複合して用いられる例を検索することができず、おなじく「天地」「誓願」「七世父母」の語をすべて含む仏典を知らない。「誓願」の語そのものは仏教語として周知され、「願を発して、成しとげようと誓うこと。特に仏・菩薩が必ず成しとげようと願うこと。衆生を救おうとする誓い。決意を仏に誓い、その成就を祈願すること」のように説明されるのが一般的である。とくに仏・菩薩に関わるものとしては、すべての菩薩に共通する四弘誓願と、個別的な薬師の十二願、弥陀の四十八願、釈迦の五百大願などがあるとされる。また、主として仏伝にみえる誓願については、善行をなした後に誓願する用法と誓願を立ててから修行するという用法があるという⑽。

いっぽう、「誓願」の語は儒教の経書には、その類例を求めることができない。また、道教の経典にも、基本的には類例がなく、『太上一乗海空智蔵経』に四カ所⑾、『道教義枢』に一カ所⑿、『太上妙法本相経』に一カ所みえるが⒀、これらはいずれも仏典を模したと考えられる文章に拠っていることから、逆にこの語が仏典に依拠することを証している⒁。

仏教語としての誓願の用例のなかで一般にも、もっとも流布している内容は『無量寿経』に載せられている法蔵菩薩の立てた誓願であろう。いうまでもなく、この経では法蔵菩薩が一切の衆生救済のために四十八誓願を立て、自力の修行を成就して、阿弥陀仏となったとする。

当然のことながら、仏典における誓願は、これ以外にも数多の用例があるが、本章に関係する日本古代において行われた誓願についてみていくと、金井沢碑の立碑年次以前の記事としては、『日本書紀』に六例、『続日本紀』に一例がみえる。その内容を摘要すると以下のとおりである。

①推古天皇一三年（六〇五）四月辛酉朔に天皇が太子・大臣及諸王・諸臣に詔して、共に同じく誓願を発して、初めて銅・繡の丈六仏像各一軀を造る⒂。

②推古天皇二九年（六二一）二月に上宮太子すなわち聖徳太子を磯長陵に葬った時に高麗の僧・慧慈が大いに悲しんで、太子のために僧を請じて設斎し、この時に慧慈は自ら経を説く日に誓願して、太子と浄土で参会して、

共に衆生を化さんといい、当日に死んだ[16]。

③天武天皇九年（六八〇）一一月癸未に皇后が不予の際に、皇后のために誓願して、初めて薬師寺を建てた[17]。

④天武天皇一〇年（六八一）閏七月壬子に皇后が誓願して大斎を設け、経を京内の諸寺に説かせた[18]。

⑤天武天皇の朱鳥元年（六八六）六月甲申に伊勢王および官人らを飛鳥寺に遣わし、衆僧に勅して「近頃、わが身は病であるので、三宝の威に頼って、身体の安らかならんことを得んとす。そのために僧正・僧都および衆僧、誓願すべし」といって、珍宝を三宝に奉じた[19]。

⑥朱鳥元年（六八六）九月辛丑に親王以下、諸臣にいたるまで、ことごとく川原寺に集って、天皇の病のために誓願した[20]。

⑦和銅二年（七〇九）二月戊子朔に詔していわく、筑紫の観世音寺は淡海大津宮御宇天皇（天智天皇）、後岡本宮御宇天皇の奉為に誓願して基す所であるが、いまだ完成しないため人夫を差発して営作を急がせた[21]。

これらのなかで①の記載は年次を含めてその内容が疑われることも多いが、八世紀初めの『日本書紀』編纂の時点では誓願に対する認識があったことは認めてよい。これを含めて、八世紀初頭までの誓願は基本的には造寺や造仏などの仏教に関わる行為の際に行われていることがわかる。

誓願の語がみえる金石文として法隆寺金堂の薬師如来像光背銘は「小治田大宮治天下大王天皇」「歳次丁卯年」の文章があり、これらは推古天皇一五年（六〇七）を示すが、実際には銘文中の用語や像自体の鋳造技法などから、天智天皇九年（六七〇）の法隆寺火災後に本尊として据えられた時点で追刻されたものとされる。大約すれば、法隆寺金堂の薬師如来像光背銘には、用明天皇が病気になった丙午年（五八六）に大王天皇（推古）と太子（聖徳）を呼び、自らの病気平癒を誓願して、法隆寺と薬師如来像を造ると言った、という内容が記されている[22]。このような

『日本書紀』や造像銘にみえる誓願は、すでにふれた仏伝などにみえる善行をなした後に誓願する用法と誓願を立ててから修行するという用法とは異なり、病気平癒などを目的とするいわば現世利益的な誓願であることが注意される。

いっぽう、長谷寺（大分県中津市）所蔵銅造観音菩薩立像丸框銘にも壬寅年六月一五日に周防の凡直の女が亡くなり、誓願によって観音像が造られたという内容の銘文がみえる。この仏像は様式からして壬寅年は大宝二年（七〇二）に当てるのが妥当とされており、地方豪族によって造像された基準作として近年注目されるようになった。(23)この例から知られるように誓願という仏教的行為は八世紀初めにはすでに地方でも認識されていた。

金井沢碑の「誓願」も「現在父母」「七世父母」に対してなされた現世利益的な意味をもち、それが地方においてなされていることは、ここに述べてきた八世紀頃までの誓願行為の系譜にあると位置づけてよかろう。

「七世父母」の語についてはすでにふれたように竹田聴洲氏の論考があり、氏は古代の金石文などにみえる「七世父母」も参照し、その思想的背景として『盂蘭盆経』を想定したことは『日本書紀』斉明五年秋七月庚寅条に「群臣に詔して京内の諸寺に盂蘭盆経を勤講して七世父母に報いせしむ」とあることからも十分な実証性を有すると思われる。(24)その後も、『日本書紀』では推古朝や孝徳朝にみえる「七月斎時」「七月十五日設斎」とみえる斎会は盂蘭盆会であって、背景となる経典としては『盂蘭盆経』であることが確認されている。(25)竹田氏は「七世父母」の語のみられる金井沢碑に関しては論及していないが、このような考証によって、金井沢碑文にみえる「七世父母」「現在父母」の語は、いずれも『盂蘭盆経』にみえるのであって、このことからも出典が『盂蘭盆経』であるとみてよい。

「七世父母」については、七、八世紀の文献記載や造像銘および写経奥書などに類例が多いのに比して、「現在父母」の語は法隆寺献納宝物中の甲寅年光背銘（東京国立博物館所蔵・五九四年と推定）に「奉為現在父母、敬造釈迦如来一躯」とある例や医王寺所蔵『大般若経』巻四八〇の跋語に「依是功徳、七世父母・現在父母・六親眷属、令解脱八離処、及諸人」とあることが指摘されている。(26) 金井沢碑文の「現在父母」については、すでに亡き父母とみる説もあったが、(27) 甲寅年光背の銘文では「現在父母」を受けて、その後の文章では「現身安穏」を願っていることからも現存の父母とみられている。(28)

いっぽう、隋・唐以前の造像銘一五六例に対して、一〇年ごとに例数をあげた統計的な研究を参照すると、「七世父母」の語は五世紀代からみられるが、出現頻度が高くなるのは六世紀代であるとされる。とくに五七〇年頃までがもっとも多く用いられ、「七世父母」「現在父母」「現世父母」の語について、敦煌写経の題記と『盂蘭盆経』などでの用法を勘案して、「七世父母」は「現在父母」と「現世父母」を含まない亡き祖先を指し、「現在父母」は現生で亡くなった父母、「現世父母」は現生でいまだ亡くなっていない父母であるとされている。(29)

以上のように金井沢碑文の「七世父母」「現在父母」については、隋・唐代の造像銘の用例に関する中国の研究も参照すると、『盂蘭盆経』を典拠としていると考えて大過なく、用法としては、すでに指摘されているように祖先祭祀や祖霊追善などの発願に伴う慣用句的な語として造像銘を中心とした金石文などに用いられる。(30)

このように金井沢碑文にみえる特徴的な語である「七世父母」「現在父母」「天地誓願」について、先行研究も援用しつつ、時期的に先行する文献記載や金石文を参照して、出典論的な検討を加えた結果、金井沢碑文は仏典としては『盂蘭盆経』に依拠しつつ、「天地誓願」の語のように仏典に見られない用法が認められることを指摘した。そして、現在父母を対象として天地に誓願するという文脈は、日本古代の誓願の例を参照すると現世利益的な願目を想定していたと考えられる。

第三節　金井沢碑の祖先祭祀とその構成要素

金井沢碑文に示される祖先祭祀の特質を示すものとして、とくに注意すべきは「天地」に「誓願」している点である。まず「天地」の語義については、すでにふれたように天神地祇ではなく、天地そのものととるべきであり、これに対して「誓願」を行っていることが金井沢碑文の願目であることを確認しておきたい。

いっぽう、中国の正史にみえる天地に対する行為といえば、中華世界の皇帝のみが行いうる天地の祭祀である郊祀が知られるが、その主神は天の最高神である昊天上帝であり、これと対応するのが地であり、最高神は皇地祇であって、これらのほかに天地に関わる諸神があり、祭祀の形態と行為は時代によって変容するが、誓願を伴うものではなく[31]、儒教的な祭祀行為であり、金井沢碑の仏教的な行為と共通点はない。

誓願そのものは前節でみたように金井沢碑以外では『日本書紀』『続日本紀』などにみえ、このような八世紀以前を中心とした日本古代の誓願については類型化できることが指摘され、本章に関わる誓願の対象という観点からは、死後のみでなく、生存中の人に対して「奉為」される場合も多く、その人物の往生を願って寺院や仏像の建立を行うことがあり、これは延命と往生とを同時に願うことが目的とされる。そして、このような誓願の対象が天皇やこれに準ずる皇族の場合は集団でなされることが多く、参加者が多いほど効力があると信じられた。天皇などに対する「奉為」と称するこの種の誓願は服属儀礼としての意味もあったとされている[32]。さらに日本における受容期の仏教は祈願を実現してくれる仏・菩薩などのために（史料上の表現は奉為）造寺・造像・法会・読経などの善行を約束するという内容であり、その意味で誓願の仏教であり、これは朝鮮三国時代に盛行した盟誓・誓約の流行の影響を受けたものと考察されている(33)。

「天地」に「誓願」することに戻ると、その思想的系譜を直接に示す文献や文字資料は、管見では知ることができなかったが、関連する事例として、八世紀以前の東アジアの碑のなかで類似した語句を捜すと、新羅の蔚珍・鳳坪碑に「天」に「誓」ったという内容がみえる。この碑は「甲辰年正月十五日」の銘文により、五二四年に新羅・法興王代に立碑されたことが判明しており、碑文の内容はおよそ四つのまとまりで構成されており、そのなかに新羅王の命令を違えたために処罰された高句麗との境界の村々の首長たちの名前と、彼らに加えられた刑罰（「杖六十」「杖百」）が記されている。それに際して新羅の官人によって牛を殺して天を祭る儀式が行われており（「新羅六部煞斑牛□□□事大人」）、それに参与した者、立碑に関係した人々の名前、そしてその後には、首長と三九八人の村民が、以後、王の命令にそむくことのないように天の前で盟誓し（「立石碑人啄部博士于時教之若此者誓罪於天」）、その言葉も記されている(34)。

同じく新羅の金石文である壬申誓記石は五行七四字の漢字による文章が記されており、紀年である壬申の年に対しては五五二年・六一二年・七三二年・七九二年などの説があり、一致をみていない。その文章には「壬申の年の六月十六日。ふたり幷びに誓いて記す。天の前に誓う。今より三年以後、忠道を執持し過失なきことを誓う。若し此の事を失うは天の大罪を得んことを誓う。若し国安からず、大乱世となるも（未釈）を誓う。又、別に先の辛未年七月廿二日に大誓す。詩・尚書・礼・伝・倫《ママ》を得るを誓うこと三年」とあり、花郎とされる二人の青年が儒教の学習や実践を誓って刻したものである。とりわけ「天の前に誓う」とか「若し此の事を失うは天の大罪を得んことを誓う」と解されている(35)。紀年に諸説があり、釈文にも不明の箇所があるにしても、壬申誓記石の文章は天に対しての誓約が碑石の内容の中心をなすことが注目される。

誓願に関連する文献の記載として『三国史記』には真平王の建福二八年（六一一）、金庾信が一七歳になった時に敵国の侵入に対して、中岳（清道郡烏礼山の穴礼か）の山中で斎戒沐浴し、焼香して天に盟誓し、神術をみがいて老人から不可思議な秘法を伝授された後、戻ってみると老人の姿は見えず、山の上に五色に似た爛然たる光が現れていた、という記述がある(36)。他にも建福二九年（六一二）に隣国の来寇に対して、宝剣を携えて咽薄山（慶州付近か）に入り、香を焚きながら天に告げ、祈願すること、あたかも中岳で祈ったようにすると天官神が光を垂れて宝剣に霊気を降ろしたという(37)。

『三国遺事』にも脱解王がそれより生まれることになる卵の入った櫃を乗せた船が、新羅に流れ着いた時に、これを見つけた阿珍という老婆が、「向天而誓爾」すなわち、天に向かって誓いの言葉を告げてから櫃を開けると、中には端正な男子と七宝や奴婢などが満載されていたとある(38)。

これらの金石文と説話の内容から、新羅では「天」に対する「誓」いの行われたことが知られる。ただし、このような新羅における天に対する盟誓の行為は、古代の東アジアにおいて北方民族の間で盛んに行われた天への祭祀とは異なる。これは主に祭天儀礼と呼ばれ、匈奴・烏桓・鮮卑・夫余などで行われたもので、具体的な祭祀の内容は民族によって異なり、匈奴や烏桓のように天地に対して祭祀を行う場合もあるが、民族ごとに一定の時節に民族や国をあげて行う祭儀であって、新羅において天に対して個人やその集合体が行う盟誓とはまったく行為の内容と意味を異にする。先行研究によって、新羅では中国の正史や『三国史記』の記載を博捜しても、北方諸民族で行われた祭天の習俗がまったくみられないことが特色であることが指摘されている(39)。このような祭天儀礼との対比によって、天に対する盟誓が新羅に独自の習俗であることを確認することができる。

いっぽう、「天地」の語およびそれに関して、『三国史記』では百済には天地に対する祭祀の記述が頻出し、始祖としての伝説的内容である温祚王代から五〇一年に没した東城王代にいたるまで、あわせて一一カ所にみえる。そのいくつかをあげると、まず、温祚王の行った祭祀として「大壇を設けて、親しく天地を祠ると、霊異のある鳥が五羽飛んで来た」として現れる(40)。また、古爾王の事績として、いずれも正月に「天を祭り、鼓吹を用いる(41)」とか「大壇を設け、天地山川を祀る(42)」、「南壇において天地を祭る(43)」とあり、同様の記載は阿莘王代(44)、東城王代(45)にも見える。比流王代には「南郊に天地を祀り、王みずから牲を割く(46)」とあり、ここでは天地の祭祀に犠牲が用いられたとされている。

注目すべきは近肖古王の行った祭祀で、正月に「天地神祇を祭り、真浄を拝して朝廷佐平とした。浄は王后の親戚で、性質が拗《ねじ》けており、不仁であり、事を処するに苛細であって、勢力を恃んで自らの思うようにするので、国の人々は彼を疾《にく》んだ」とあり(47)、正月に天地神祇に対する祭祀を行い、それとともに人事登用を行っていることがわかる。

このような百済の天地に対する祭祀は「大壇」「南壇」「南郊」で行われたとあり、中国古代の礼制と同様の語がみえることから、『三国史記』編纂時点では百済が建国当初から中国的な祭儀形態によっていたと認識されていた(48)。新羅に関する記載では、百済のような天地に対する祭祀はみられないが、七世紀末に在位した新羅の神文王（在位六八一～六九二年）の教書に「寡人（神文王）は上は天地の祐《たすけ》を得、下は宗廟の霊助を蒙っていたので、悪積罪盈な欽突らの陰謀が発覚した」とあり(49)、当時の新羅における天地の意識の一端が表れている。

これらのうち、百済では始祖王やそれに近い次元での説話のなかにみえる場合もあるが、近肖古王や東城王などの四、五世紀代の王の記載としても現れていることから、実際に天地および天地神祇に対する祭祀が行われていたものとみられる。新羅に関しては事例が少ないが、七世紀代の神文王に関する記載として「天地」があることは見逃すことができない。このような記載から、少なくとも百済と新羅には「天地」および「天地神祇」に対する祭祀が存在したとみてよかろう。

いっぽう、古代朝鮮では仏教関係の文献記述においても、このような誓約的な誓願が行われたとされ、その例としては新羅における仏教の伝来譚として知られる『三国史記』法興王一五年にみえる説話があげられる。すなわち、訥祇王（在位四一七～四五八年）の頃、高句麗から僧の墨胡子が一善郡（現在の慶尚北道善山に比定）の毛礼の家に来た時に、王女が危篤であったが、王は墨胡子に命じて、南朝の梁の使臣から与えられた香を焚いて誓を表すと王女の病気が治った、という内容である[50]。この説話は新羅の仏教が原初的な次元においては、事象に対して誓願を重視する側面をもっていたことを示している。

このような新羅の仏教にみえる「誓」については、誓約型の誓願として類型化し、その背景には、さきにふれた新羅の金石文にみえる盟誓・誓約を重視するという歴史性があったとする見方が示されている[51]。さらに日本古代の仏教受容期において、上に述べたように誓願を主体とした仏教が展開していたことに関して、三国時代における制約や誓願の流行との関係が示唆されている[52]。

朝鮮三国時代にとりわけ新羅における天に対する盟誓・誓約やそれに端を発するとみられる仏教的誓願については、新羅の文化的および歴史的特質に基づくものとする見方があり、これを敷衍するならば、金井沢碑の「天地誓願」には新羅の要素が入っている可能性が考えられる。ただし、新羅における盟誓・誓約は天に対して行われている点が、天地に対してなされた金井沢碑文の誓願とは異なる。この点はすでにふれた百済の天地に対する祭祀の影響も考える必要がある。

以上のように天地に対する誓願の系譜そのものは、管見では古代の東アジアの金石文や文献からは探し出すことがたてきなかった。これによって金井沢碑文にみえる天地への誓願という行為は、古代祭祀や信仰のなかでもすぐれて固有性をもつことを示した。

第四節　金井沢碑の立碑背景と祖先祭祀

金井沢碑を含む上野三碑については、これらを立碑した集団の属性からの検討が重要となってくる。古代の東国には朝鮮半島から渡来した人々の移配記事がみられるが、そのなかでも、上野三碑の所在する地域に関わるものとして次のような記載があることはよく知られている。すなわち、『続日本紀』にみえる天平神護二年（七六六）の「上野国にある新羅人の子午足ら一九三人に姓を吉井連と賜う」という記事であり[53]、この賜姓と関連する吉井地域は、和銅四年（七一一）の紀年を有する多胡碑に近接することから、多胡碑文にある「羊」の語を結びつけて「羊」は渡来系の人士であるとする見方も示されるにいたっている[54]。

多胡碑の所在地は碑文には「上野国片岡郡緑野郡甘良郡并三郡内三百戸郡成給羊　成多胡郡」とあり、三つの郡をあわせ多胡郡としたとみえるが、立碑時点では金井沢碑も多胡郡に含まれたことから、金井沢碑についても渡来人の関与が想定されている[55]。

いっぽう、碑の材質および形状に関しては、自然石の碑石は新羅に特徴的であることが指摘されており[56]、東アジアのなかでも新羅と古代の日本にしか知られないことが、形態分類および集成的研究によっても明らかにされている[57]。この点からも、近隣に所在する多胡碑の立碑には新羅系渡来人が関わったことが想定される。また、地理的には隔たるが、七〇〇年頃に立碑された那須国造碑文は『観無量寿経』『法華経』や唐の高宗の「聖記三蔵経序」

などによって撰文されていることが考証されている[58]。そして、その撰文には新羅系渡来人が関与したと想定されていることが参照される[59]。

このように東国における八世紀頃までの古代石碑の撰文の史的および思想的背景として、新羅系を主体とした朝鮮半島からの渡来人の存在が想定されている。すでにふれたように金井沢碑に隣接する吉井地域にも八世紀の半ばに新羅系渡来人が居住しており、これらのことを勘案すると、金井沢碑の立碑や撰文の背景には、彼らの保持する教養や儀礼・信仰の存在を考えねばならない。具体的証左としては金井沢碑文にみえる「天地誓願」は新羅碑にみえる「天」への誓願との関連でその影響が想定されよう。加えて、金井沢碑の撰文にあたって、『盂蘭盆経』をはじめとした仏典が典拠となっており、那須国造碑に『観無量寿経』を典拠とする語句がみられることから、これが現象として同根であるとみてよいならば、金井沢碑の撰文にも新羅系渡来人が関与していたと想定される。

このような立碑および撰文に関する在地の新羅系渡来人の関与によって、さきにふれた古新羅碑文にみえる天に対する誓約の要素が、「天地誓願」の語として含意されたものと思料する。ここまで縷々論じてきたとおり、金井沢碑文の内容は「七世父母」「現在父母」の語から『盂蘭盆経』に代表される仏典に依拠する仏教的な祖先祭祀に加えて、「天地誓願」の語から知られる新羅系渡来人の関与という地域的な特質を包摂する信仰に基づくものであった。

結　語

最後にここまで縷々、述べきたった内容を行論に従って整理しつつ摘要することによって結語としたい。

まず、最初に金井沢碑文の内容のなかでも祖先祭祀に関わる部分に関する先行研究を瞥見し、基本的には仏教との関連で理解されており、その実修については新羅系渡来人あるいは百済との関係など古代朝鮮半島との関係から理解されてきたことを示した。

いっぽう、「七世父母」の語に関しては中国南北朝時代の造像銘の影響も示唆されており、また、儒教的家族道徳に基づく仏教の祖先崇拝的要素が日本固有の祖霊観念をもっていた古代の日本において受容を円滑にしたとする見解などを紹介した。

次に金井沢碑の「七世父母」「現在父母」「誓願」などの語に対して、出典論的な検討を行い、「七世父母」「現在父母」はこれまで説かれているように『盂蘭盆経』に基づくと考え、同様に「誓願」に関しても『日本書紀』などにみえる例から現世利益的な内容であるが、「天地誓願」の語は仏典や『日本書紀』にはみられず、金井沢碑の特有の語であることを確認した。

そして、このような「天地誓願」の語を時期的に近い東アジアの事例と対照検討すると、三国時代の新羅の金石文には天に盟誓する行為が記されており、また、百済と統一新羅の文献には天地神祇への祭祀がみられることを示した。これらの点と新羅系渡来人集団の居住地域となったと考えられる金井沢碑の人文的立地環境を勘案すると、彼らの保持した文化的、思想的影響のもとで撰文され、立碑されたことを想定した。

いっぽう、天地に対して誓願を行うという同様の行為そのものは、管見では古代の東アジアの金石文や文献にはみられず、このことから金井沢碑文にみえる天地への誓願という行為は、古代祭祀や信仰のなかでも地域性を有することを論じた。

注

（1）東野治之「上野三碑」（『日本古代金石文の研究』岩波書店、二〇〇四年）（初出は一九九一年）。
（2）勝浦令子「金井沢碑を読む」（『日本古代の僧尼と社会』吉川弘文館、二〇〇〇年）（初出は一九九九年）。
（3）狩谷棭斎「高田里結知識碑」（山田孝雄・香取秀真編『古京遺文』宝文館、一九一二年）。
（4）増尾伸一郎「「七世父母」と「天地誓願」――古代東国における仏教受容と祖先信仰をめぐって――」（あたらしい古代史の会編『東国石文の古代史』吉川弘文館、一九九九年）。
（5）竹田聴洲「七世父母攷――日本仏教受容と祖先信仰――」（『葬史と宗史』竹田聴洲著作集第7巻、国書刊行会、一九九四年）（初出は一九五〇年）。なお、祖先崇拝とは一義的に「親族関係が明確に認識された親族（主に尊属、疑似的親族関係を含む）が死後も子孫を支配する力を持つとする信仰、及びこの信仰に基づく観念と儀礼の体系である」という池澤優氏の定義に基づく。池澤優『「孝」思想の宗教学的研究――古代中国における祖先崇拝の思想的発展』（東京大学出版会、二〇〇二年）一～一一頁。本章ではこれに基づく具体的な祭祀を祖先祭祀と措定し、使用している。
（6）増尾伸一郎「「七世父母」と「天地誓願」――古代東国における仏教受容と祖先信仰をめぐって――」（前掲注4）。
（7）藤村隆淳「誓願思想について（一）――初期仏教における誓願と『マハーヴァスツ』の誓願思想と――」（『密教文化』一〇九、一九七五年）。
（8）東野治之「上野三碑管見」（『群馬県史研究』一三、一九八一年）、東野治之「上野三碑」（前掲注1）、前沢和之『古代東国の碑』（山川出版社、二〇〇八年）三二～三三頁。
（9）津田左右吉「書記の書きかた及び読み方」（『津田左右吉全集』第二巻　日本古典の研究下、岩波書店、一九六三年）（初出は一九五〇年）。
（10）平岡聡「浄土経典にみられる二種の誓願説」（『佛教大学大学院研究紀要』一六、一九八八年）、外薗幸一「仏伝

と誓願思想」（『地域総合研究』二三―二、一九九五年）。

(11)『太上一乗海空智蔵経』（『正統道蔵』洞真部）

①巻二・哀歎品

願與仙童、共之此土、寿命長遠、有大勢力、獲大神通、以是誓願因縁力故。

②巻三・法相品

仙卿童子、以昔佐我、通微妙義、一切衆生、有誓願故、是故今日従衆生傾、復出斯土。

③巻五・問病品

善男子、真人童子、已於無量十方世界国土。発弘誓願、願諸衆生。離諸病根。

④巻九・捨受品

爾時、天尊得聞方城王説是語已、心大歓喜、告方城王善哉善哉、善男子、汝能慈故、発大誓願、為説衆生、作法橋梁、作法梯磴。

(12)『道教義枢』巻之九・三世義第三二（『正統道蔵』太平部）

洞真経云。曾有衆生。発心誓願。

(13)『太上妙法本相経』巻中（『正統道蔵』太平部）

是故鹽王捨於色染之穢、紫陽将応之、妙梵発於誓願之信、當来有抜苦之難。

(14)神塚淑子『六朝隋唐道教経典に見える仏教概念の研究』（平成一一〜一二年度科学研究費補助金（基盤研究(C)）研究成果報告書、二〇〇一年）。

(15)『日本書紀』巻二二・推古天皇一三年（六〇五）四月辛酉朔

十三年夏四月辛酉朔。天皇詔皇太子、大臣及諸王、諸臣、共同発誓願。以始造銅繡丈六仏像各一軀。（後略）…

(16)『日本書紀』巻二二・推古天皇二九年（六二一）二月

是月、葬上宮太子於磯長陵。當是時高麗僧慧慈聞上宮皇太子薨、以大悲之、為皇太子請僧而設斎。仍親説経之日、誓願曰、於日本国有聖人、曰上宮豈聡耳皇子。固天攸縦、以玄聖之徳生日本之国。苞貫三統纂先聖之宏猷、恭敬三宝救黎元之厄。是実大聖也。今太子既薨之、我雖異国心在断金、某独生之、有何益矣。我以来年二月五日必死、因以遇上宮太子於浄土、以共化衆生。於是慧慈當于期日而死之。是以時人之彼此共言、其独非上宮太子之聖、慧慈亦聖也。

(17)『日本書紀』巻二九・天武天皇九年（六八〇）一一月
癸未、皇后体不予、則為皇后誓願之、初興薬師寺。仍度一百僧、由是得安平。是日、赦罪。

(18)『日本書紀』巻二九・天武天皇一〇年（六八一）
閏七月戊戌朔壬子、皇后誓願之、大斎。以説経於京内諸寺。

(19)『日本書紀』巻二九・朱鳥元年（六八六）六月甲申
甲申、遣伊勢王、及官人等於飛鳥寺。勅衆僧曰、近者朕身不和。願頼三宝之威、以身体欲得安和。是以僧正、僧都、及衆僧応誓願、則奉珍宝於三宝。

(20)『日本書紀』巻二九・朱鳥元年（六八六）
九月戊戌朔辛丑、親王以下逮于諸臣、悉集川原寺、為天皇病誓願云々。

(21)『続日本紀』巻四・和銅二年（七〇九）
二月戊子朔。詔曰筑紫観世音寺、淡海大津宮御宇天皇奉為後岡本宮御宇天皇誓願所基也。雖累年代、迄今未了。宜大宰商量充駈使丁五十許人、及逐閑月、差発人夫、専加検校、早令営作。

(22)「法隆寺金堂薬師如来像光背銘」
池辺大宮治天下天皇大御身労賜時歳
次丙午年召於大王天皇与太子而誓願賜我大
御病太平欲坐故将造寺薬師像作仕奉詔然
当時崩賜造不堪者小治田大宮治天下大王天

皇及東宮聖王大命受賜而歳次丁卯年仕奉

上記銘文と像容の研究史の整理や現状の論点については、下記論考を参照。大橋一章「釈迦像と薬師像はどちらが先か——法隆寺釈迦・薬師像の銘文と様式——」（大橋一章編著『寧楽美術の争点』グラフ社、一九八四年）、大西修也「再建法隆寺と薬師銘成立の過程」（『日韓古代彫刻史論』中国書店、二〇〇二年）（初出は一九八〇年）、北康宏「法隆寺金堂薬師仏光背銘文再読——法隆寺と舒明天皇」（『文化史学』五五、一九九九年）。

(23) 銘文は「壬歳次摂提格林鐘拾伍日周防凡直百背之女汝背児為命過依誓願観世音菩薩作奉」。文中の「摂提格」は干支における寅の異名、「林鐘」は六月の異名であることから壬寅年六月一五日とされる。久野健「大分・長谷寺銅造観音菩薩立像」（『日本仏像彫刻史の研究』吉川弘文館、一九八四年）（初出は一九七五年）、久野健編『造像銘記集成』（東京堂出版、一九八五年）七～八頁。

(24) 竹田聴洲「七世父母攷——日本仏教受容と祖先信仰——」（前掲注5）。

(25) 古市晃「四月・七月斎会の史的意義——七世紀倭王権の統合論理と仏教——」（『日本古代王権の支配論理』塙書房、二〇〇九年）。

(26) 東野治之「上野三碑」（前掲注1）。

(27) 尾崎喜左雄「山ノ上碑及び金井沢碑の研究」（『群馬大学教育学部紀要　人文・社会科学編』一七、一九六七年）。

(28) 東野治之「上野三碑」（前掲注1）。

(29) 趙青山「従敦煌写経題記所記〝七世父母〟観看仏教文化対中土文化的影響」（『蘭州大学学報』〈社会科学版〉三七—六、二〇〇九年）（中国語文献）。

(30) 前沢和之『古代東国の碑』（前掲注8）三二一～三三三頁。

(31) 郊祀に関しては、下記論考を参照。小島毅「郊祀制度の変遷」（『東洋文化研究所紀要』一〇八、一九八九年）、金子修一『中国古代皇帝祭祀の研究』（岩波書店、二〇〇六年）。

(32) ここでふれた古代における誓願の意味については、下記論文によった。石井公成「上代日本仏教における誓願について――造寺造像伝承再考――」（『印度学仏教学研究』四〇―二、一九九二年）。

(33) 石井公成「仏教受容期の国家と仏教――朝鮮・日本の場合――」（高崎直道・木村清孝編『東アジア社会と仏教文化』シリーズ・東アジア仏教5、春秋社、一九九六年）。

(34) 韓国古代史研究会編『韓国古代史研究』二（知識産業社、一九八九年）〔ハングル文献〕、李成市「蔚珍鳳坪里新羅碑の基礎的研究」（『史学雑誌』九八―六、一九八九年）、鈴木英男「「殺牛儀礼」と渡来人」（田村晃一・鈴木靖民編『アジアからみた日本』新版古代の日本2、角川書店、一九九二年）。

近年の釈読としてはカン・チョンフン「蔚珍鳳坪新羅碑の再検討」（『東方学志』一四八、二〇〇九年）〔ハングル文献〕を参照。

(35) 壬申誓記石の研究史、釈文および紀年などについては、下記の文献によった。田中俊明「新羅の金石文第四回　壬申誓記石」（『韓国文化』四六、一九八三年）。

そこに掲げられた釈文は以下のとおりである。

壬申年六月十六日二人幷誓記天前誓今自三年以後忠道執持過失无誓若此事失天大罪得誓若国不安大乱世可容行誓之又別先辛未七月廿二日大誓詩尚書礼伝倫《ママ》得誓三年

(36) 『三国史記』巻四一・列伝第一・金庾信上

公年十七歳。見高句麗百済靺鞨侵軼国彊、慷慨有平寇賊之志、独行入中岳石崛。斎戒告天盟誓曰、敵国無道、為豺虎以擾我封場、略無寧歳。…（中略）…居四日、忽有一老人、被褐而来…（中略）…乃授以秘法曰、慎勿妄伝、若用之不義、反受其殃。言訖而辞、行二里許、追而望之、不見。唯山上有光、爛然若五色焉。

(37) 『三国史記』巻四一・列伝第一・金庾信上

建福二十九年、鄰賊転迫、公愈激壮心、独携宝剣、入咽薄山深壑之中、焼香告天祈祝。若在中岳。誓辞仍禱、天官垂光、降霊於宝剣。三日夜、虚角二星、光芒赫然下垂、剣若動揺然。

(38) 『三国遺事』巻一・紀異第一・第四脱解王

名阿珍義先、乃赫居王之海尺之母。望之謂曰…（中略）…曳其船、置於一樹林下、而未知凶乎吉乎。向天而誓爾、俄而乃開見、有端正男子、竝七宝奴婢満載其中。
(39) 今井秀周「北アジアより朝鮮に至る古代の祭天について（上）」（『東海女子短期大学紀要』一三、一九八七年）。
(40) 『三国史記』巻二三・百済本紀第一・始祖温祚王
二十年春二月、王設大壇、親祠天地、異鳥五来翔。
(41) 『三国史記』巻二四・百済本紀第二・古爾王
五年春正月、祭天地用鼓吹。
(42) 『三国史記』巻二四・百済本紀第二・古爾王
十年春正月、設大壇、祀天地山川。
(43) 『三国史記』巻二四・百済本紀第二・古爾王
十四年春正月、祭天地於南壇。
(44) 『三国史記』巻二五・百済本紀第三・阿莘王
二年春正月、謁東明廟。又祭天地於南壇。
(45) 『三国史記』巻二六・百済本紀第四・東城王
十一年冬十月、王設壇祭天地。
(46) 『三国史記』巻二四・百済本紀第二・比流王
十年春正月、祀天地於南郊、王親割牲。
(47) 『三国史記』巻二四・百済本紀第二・近肖古王
二年春正月、祭天地神祇、拝真浄為朝廷佐平。浄王后親戚、性狠戻不仁、臨事苛細、恃勢自用、国人疾之。
(48) 今井秀周「北アジアより朝鮮に至る古代の祭天について（下）」（『東海女子短期大学紀要』一三、一九八七年）。
(49) 『三国史記』巻八・新羅本紀第八・神文王

寡人上頼天地之祐、下蒙宗廟之霊、欽突等悪積罪盈、所謀発露。

(50)『三国史記』巻四・新羅本紀第四・法興王一五年
十五年、肇行仏法。初訥祇王時、沙門墨胡子、自高句麗至一善郡、郡人毛礼於家中作窟室安置。於時梁遣使、賜衣著香物。群臣不知其香名與其所用、遣人賚香徧問。墨胡子見之、称其名目曰此焚之則香気芬馥、所以達誠於神聖…（中略）…若焼此発願、則必有霊応、時王女病革、王使胡子焚香表誓、王女之病尋愈。王甚喜、餽贈尤厚、胡子出見毛礼、以所得物贈之。因語曰吾今有所帰、請辞俄而不知所帰。

(51) 石井公成「誓願の威力か亀の恩返しか――『日本霊異記』上巻第七縁の再検討――」（『駒沢大学仏教学部研究紀要』五三、一九九五年）。

(52) 石井公成「仏教受容期の国家と仏教――朝鮮・日本の場合」（前掲注33）。

(53)『続日本紀』巻二七・天平神護二年（七六六）五月
壬戌。在上野国新羅人子午足等一百九十三人賜姓吉井連。

(54) 尾崎喜左雄「上野三碑と那須国造碑」（杉原荘介・竹内理三編『古代の日本』7関東、角川書店、一九七〇年）。

(55) 斎藤忠・大和久震平『那須国造碑・侍塚古墳の研究』（吉川弘文館、一九八一年）五八～六七頁。

(56) 東野治之「上野三碑管見」（前掲注8）、東野治之「上野三碑」（前掲注1）。

(57) 濱田幸司「日本古代の碑碣――その源流と伝播――」（『歴史研究』〈大阪教育大学〉三三、一九九五年）。

(58) 武井驥「那須碑集考」（斎藤忠・大和久震平『那須国造碑・侍塚古墳の研究』吉川弘文館、一九八六年）、狩谷棭斎『古京遺文』（狩谷棭斎全集第9、日本古典全集刊行会、一九二八年）。

(59) 東野治之「山ノ上碑の建立」（群馬県史編さん委員会編『群馬県史』通史編2、群馬県、一九九一年）、酒寄雅志「北関東の古代社会と渡来人・蝦夷」（『国史学』一九八、二〇〇九年）。

第三章　奈良時代碑文にみる在地仏教の特質
――金井沢碑と隋・唐造像銘との比較から――

序　言

山ノ上碑・多胡碑とともに上野三碑として知られる金井沢碑は群馬県高崎市の南西部の丘陵中腹にあり、山ノ上碑からは北西約一・五キロメートルの位置に所在する。碑そのものの高さは一一〇センチメートルであり、幅七〇センチメートル、厚さ六五センチメートルの輝石安山岩に九行一一二文字が陰刻されている。

碑文は上野国群馬郡下賛（下佐野）郷高田里の三家（屯倉）の子孫が七世父母、現在の父母らのために天地に誓願し、祖先の菩提と父母の安穏を仏に祈願するという内容である。

金井沢碑は次節でふれる七二六年という立碑年次において、東国の在地的な宗教・信仰の具体相が知られる稀有の資料である。とくに金井沢碑文には仏教的言辞とあわせて祖先崇拝的内容があることがつとに指摘されており、双方の関係を示す点でも興味深い。本章では同様の仏教的言辞と祖先崇拝を示す語がみられ、近年、集成的かつ統計的研究が進められている隋・唐代の造像銘と金井沢碑文とを対照検討することにより、金井沢碑文にみえる「七世父母」に典型化される祖先崇拝に関する内容を東アジアの同時代の仏教的祖先祭祀のなかで相対化し、金井沢碑に示された信仰や宗教の意味を再検討する。

第一節　金井沢碑の仏教信仰に関する従前の所説

金井沢碑の全文に関しては前章（本書第一部第二章）で提示したため[1]、ここでは省略するが、碑文の前段は「上野国群馬郡下賛郷高田里」に住む「三家子孫」に関わる立碑に関わった知識の人名が列記され、文末の「神亀三年丙寅二月廿九日」は奈良時代の神亀三年（七二六）であり、立碑の年月日は明確である。碑文の釈字に関する異見としては、「三家子孫」の語の末尾を判読不能として欠字とする場合があるが、その他は根本的な異釈はみられない[2]。

金井沢碑は立碑年次の明らかな奈良時代の碑であり、かつ地方における仏教信仰の実態を知るうえで、またとない資料であるにもかかわらず、これまでは碑文にみえる人名の系譜的研究が主体となっていた[3]。そのなかで碑文に現れる信仰や思想について言及した論は、仏教を主体とした祖先祭祀という考えを基本としている。次節では金井沢碑文に現れた仏教信仰について論じた先行研究を整理し、その後の考察に備えることとする。

金井沢碑文のなかでも「為七世父母現在父母」の部分に関しては、すでに江戸時代に狩谷棭斎が『古京遺文』で、『盂蘭盆経』にみえる語であり、また、中国六朝代の造像記に多用されることを示すとともに粟原寺の塔露盤銘や『西琳寺縁起』記載の宝元五年（逸年号か。六五九）銘の阿弥陀仏造像銘などを例示している[4]。

「七世父母」については、竹田聴洲氏の研究が学史的に知られる。竹田氏は法隆寺釈迦三尊像戊子年銘や観心寺観音菩薩像光背銘などの金石文および『日本書紀』斉明天皇五年条や天武朝とされる写経奥書などの文献の用例をあげて、それらの共通点として追善回向としての発願であり、「七世父母」などの語句から中国南北朝時代の造像銘との関係を想定した。また、「七世父母」などの語句に典型化される祖先崇拝が中国では儒教的家族道徳と結びついて盛行したのであり、これが固有の祖霊観念をもっていた日本への仏教の受容を円滑にしたと指摘している(5)。竹田氏の論考は金井沢碑を対象としておらず、また金石文などの歴史資料と民俗事例を同列に扱っているなど、学史的に位置づけるべき点もある。しかしながら、結果的に東アジアの祖先祭祀・祖先崇拝のなかで日本における同様の思想・信仰を位置づけた非常に早い時点での考察であり、今も変わりなく重要な論点を示している。

勝浦令子氏は金井沢碑文の総体的な釈読を行い、とくに人名表記や系譜関係を中心に検討したが、碑文の語句については奈良時代写経にみえる供養対象である「為七世父母」「為父母」の用法との共通性に加えて、「誓願仕奉」が書き止め文言として用いられるなどの記載書式上での共通性を指摘した(6)。

その後、朝鮮三国時代に造像されたと推定される四例の造像記に「七世父母」の語が用いられていることが指摘されており、従前指摘されていた金井沢碑と新羅系渡来人の関係にとどまらず、百済文化との関連性も示唆されている(7)。

このような「七世父母」「現在父母」の語に対する先学の研究をうけつつ、筆者も前章で『日本書紀』にみえる盂蘭盆会の記載などを勘案すると、これらの語の出典の一つとしては『盂蘭盆経』を想定するのが穏当とする見解を示した。その他の視点としては、金井沢碑を媒介として地域における仏教の展開を探ろうとする方向性もみられる(8)。

ここにあげた金井沢碑文に関する思想・信仰面からの従前の研究では仏教と祖先崇拝については論じられてきたが、この問題に関して重要な意味をもち、かつ碑文内容の中心となるにもかかわらず、「誓願仕奉」の語に関わる願目やその対象はこれまでふれられることがなかった。そこで本章では金井沢碑文の立碑目的である「誓願仕奉」に関わる願目や対象について、同時代の隋・唐代造像銘と比較しながら、以下で考察していきたい。

第二節　隋・唐造像銘にみえる願目

奈良時代の神亀三年（七二六）に立碑された金井沢碑に現れた信仰について、その特質を明らかにするために、同時代の中国の隋・唐代を中心とした造像記などの銘文資料と対照して検討する方法がある。その理由は、すでにふれたように金井沢碑にみえる語句のうち、とくに立碑目的と関係する「為七世父母現在父母」またはこれと同義の語がみえることにある。

隋・唐代の造像銘のなかで、とりわけ願目に関わる語句の研究では、造像と発願の対象が父母・親族および自身であり、造像者である民衆の関心が自身の家庭や家族がその中心であると論じられている。そのなかでも、この時期の造像の主要な目的は亡親に対する祈願であると端的に指摘されている。その祈願の内容を隋・唐代の造像銘一四五六例から抽出した結果として、平安・平安相見・百病除・平善・無滅・無滅障・安楽自在・登福慶・合家無病・無諸滅障・永無滅障・悪滅禍消・福寿延長・富貴・兄弟相見・蠱魅得恙・家内鬼神不安・遼東行・臨終無痛・流放早環・天旱蒙沢・一切行人平安孝養・早得相見・適官早帰などの語があげられている。このような語のなかでもとくに出現頻度が高く、もっとも強い願望として記されているのが、「平安」であることが強調されている。(9)

唐から宋にいたる民衆仏教の研究においても、同様の傾向が示されており、該記の造像の主要な願目は二つであり、一つは病気の治癒・除難などや身体の護持や福寿であり、もう一つは父母などの亡者の利益であり、保護であるとされる。(10)

このような現実生活での実際的利益を追求する願目は、たとえば北朝代に属する一〇二七例（そのうち有紀年は六八四例）の造像記を分析した李静傑氏の研究を参照すると、神亀元年（五一八）の段階で「現世安吉」などの語がみえ、北魏代から現れることから[11]、隋・唐代造像記の系譜はここに求められることがわかる。

このような隋・唐代の造像記の願目や造像の目的を参照するために、金井沢碑の立碑年代と時期的に近い八世紀代を中心として、造像碑の類例のいくつかにふれ、次節での比較の手がかりとしたい。

まず、隋・唐代の造像記に多いとされる「平安」の出現例を主体として、現世利益的さらには現実社会における富貴や福徳、身体の保全、厄難を避けることなどを願う語を含む典型的な事例をあげ、次節ではそれらと金井沢碑文の内容との比較を行いたい[12]。

①**唐・龍朔二年**（六六二）**銘曽廓仁母游造像記**[13]

曽廓仁母游婆為男廓仁入遼願平安造陀像一龕幷二菩薩供養仏時（後略）…

鞏県石窟（河南省鞏県）第一〇三龕下段にある造像記で、死んだ曽廓仁のために唐の龍朔二年に母親が阿弥陀と二菩薩を一龕に配した像を造り、亡子の平安を祈願したという内容である。

②**唐・乾封元年**（六六六）**銘魏玄徳母造像記**[14]

魏玄徳母□為亡男玄策及東行男玄徳願平安□環敬造像一龕合家供養

鞏県石窟第三一一龕右にある造像記で、唐の乾封元年に魏玄徳の母が、亡き男子の玄策と東行し、遠地に赴いた玄徳の平安（に還ること）を願って造像した龕であることが記されている。

③**唐・上元三年**（六七六）**銘王婆為児子宋元慶東行願得平安敬造観音一躯**[15]

龍門石窟の題記の一つであり、唐代の上元三年（六七六）に王婆なる女が子である宋元慶が東行するに際して、平安を得ることを願う題記である。

ことがわかる。

④唐・天宝六年（七四七）**銘仏弟子梁二娘観世音造像記**[16]

山西新絳県で発見され、題記のみが伝えられている。それによると「仏弟子梁二娘願身康全敬造救苦観世音菩薩一躯」とあり、「願身康全」の語から「梁二娘」という人物が身体の健康と保全を願目として、観音像を造像したことがわかる。

⑤唐・貞元元年（七八五）**銘四川省蓬渓県新開寺磨崖像第四号龕**[17]

　右弟子黄才光與妻菩薩戒行女李波若施金薄彩色銭十五千文願百病除善夫黄才光男女大小各乞平安

四川省蓬渓県三鳳鎮（現在の遂寧市船山区）新開寺で発見された磨崖仏の造像記で、文中には「願百病除」「男女大小各乞平安」の語があり、諸病を除き、老若男女が平安であることを願い、黄才光とその妻および菩薩戒を行う李波若という女が「金薄彩色銭十五千文」を施入したことを記している。

⑥唐・天宝二五年（七四三）**銘任四郎妻姚氏造像記**[18]

　任四郎妻姚為身患願得除損又願合家内外清宜又願莫見児智征行発願敬造天尊一鋪今得成就又□見存父母平安

この造像記には未確定の文字があるが、大意は任四郎の妻である姚氏が病になり、損を除くことを願い、また、家をあげて、子である智が出征することのないことを願って天尊一軀を造ることを願い、今、これを成就したので、また父母が平安にいられることを願目としている。[19]

⑦隋・大業二年（六〇六）**銘鄭州刺史李淵為男世民造石碑像記**[20]

　鄭州刺史李淵為男世民目患先于此寺求仏蒙仏恩力其患得損敬造石碑像一鋪願此功徳資弟子男合家大小福徳興足

　永無災鄣弟子李淵一心供養

この石像はかつて陝西省鄠県（現在の戸県）の草堂寺で発見されたことが『鄠県志』に述べられている。[21]後に唐朝初代の高祖となる李淵が鄭州刺史の時に子の李世民が患いを減じ、福徳があり、ながく災難や病を得ることのないように石像を造ったという内容であり、寺名は異なるが、この事績は『旧唐書』にもみえている[22]。

文中には「福徳」「永無災鄣」などの語がみえ、「災鄣」は災障であり、災いにあったり、病を得ることであって[23]、これらが永らくないことを願目の一つとしている。このように現世利益的な語句が重ねて用いられていることが特色である。

また、この造像記にみられるような地方官吏の奉仏弘法は『冥報記』『弁正論』（とくに巻四）などの記載に顕著であり、地方官吏の仏教信仰が地方の一般民に影響を与え、隋代における民間仏教の普及の重要な要因となったとする見方もある[24]。

⑧唐・調露二年（六八〇）**銘胡貞普造像記**[25]

大唐調露二年歳次庚辰七月十五日胡貞普為法界父母無諸災鄣敬造

この文章では造像主の胡貞普が「法界父母」のために諸々の災鄣すなわち災いにあったり、病を得ることのないことを願って造像したことを記す。

⑨唐・長安四年（七〇四）**銘梁昭之造像記**[26]

長安四年七月廿九日前[始]州梓潼県丞梁昭之敬造石龕一鋪像普為法界衆生無諸災鄣

これは前の始州梓潼県丞であった梁昭之が法界衆生のために災鄣すなわち災いにあったり、病を得ることのないことを願って、石龕を造ったことを記す。

⑩乾封元年（六六六）**銘丁孝範造阿弥陀像記**[27]

丁孝範為亡考及妻王氏敬造阿弥陀像…（中略）…王玄観為亡女敬造阿弥陀像一鋪[願]法界蒼生臨終之時無□苦

痛亡者託生西法

龍門石窟の発見とされ、丁孝範なる男が亡妻のために阿弥陀像を造った際の造像記であるが、その後半にはこの妻女の父である王玄なる人物が亡き娘のために法界蒼生、すなわち衆生が臨終にあたって苦痛なく、西方浄土に託生できることを願ったこともあわせて記されている。ここでは臨終に際して苦痛のないようにというきわめて現実的な希求が願目とされている。

⑪唐・天宝一二年（七五三）**銘河南林県王乾□造石浮図記**(28)

業郡林慮県忠孝郷衡水村仏弟子王乾□為亡男世…（中略）…遂造石浮図一□…（中略）…浮図□酬往願其功造畢上為皇帝皇后下為法界蒼□□過七世見在眷属居此沾福

河南省林県（現・林州市）小横水村の西にあった石窟の小龕内にあった仏像の三面に記された造像記とされ、「王乾□」が亡くなった男児のために造ったもので、この「浮図」（浮屠）は皇帝・皇后から「法界蒼□」が七世を過ぎて眷属に見え、ここに居して福をうるおすことを願目としている。ここにみえる現世利益の供養の対象は、この造像記では上は皇帝・皇后から下は「法界蒼□」とされるが、これは漢籍や仏典にみえる「蒼生」すなわち「人民」という意味であるから、法界の衆生を指す。よって供養対象は皇帝・皇后から衆生にいたる上下となり、願文の対象が父母や近親だけでなく、広く一般と考えられたことがわかる。

右記のような現世利益を願う造像が、いかにして行われていたかを知る例もあげておこう。その一つは龍門石窟の唐・総章二年（六六九）の造像記である。この文章には右記に例をあげてみてきたような現世の利益や吉祥を願う内容とは異なり、孤独なる人物は、妻の魏氏が早世し、自らも両目を失明し、四〇歳の時に「遇患沉屙」すなわち重病にかかったが、だれにも気にかけられず、子も兄弟もなく、朝食を割き、寒暑の服を剃いで、一龕の尊像を造ったとある。[29]一身にありとあらゆる災難と不幸を負った人物の発願による造像の有様を今に伝えるとともに、「平安」「福」などを希求する願目に対置する現実を示している。

造像を行った集団としては、たとえば龍門石窟蓮華洞の龕に刻された唐・貞観二〇年（六四六）銘弟子張世祖造像記には題記に「弟子張世祖夫妻児子等先亡父母敬造尊像一躯」とあり[30]、家族を単位として造像した例としてあげられる。

また、唐・開元七年（七一九）銘大唐衛州新郷県臨清駅長孫氏𡑞石像之碑の造像記の後段には「駅長孫𡑞合家供養仏事。祖美徳、祖母楊、男思褚、男思順……楊氏舅母社、三舅母孫（後略）…」などの造像主である孫壁家一家の歴名があり、家をあげてこの阿弥陀仏を造像したことがわかる。その前段は「朝議大夫行長史鄭崇順、通議大夫行司馬鄭謹（後略）…」などの親族以外の名が列挙され、孫壁の一族だけでなく、朋友などが加わって造像しており[31]、規模の大きな家族では親族と知友などを含めた複合的な造像主体があったことがわかる。[32]

その他にも「比丘僧仁合門徒道俗等題記」（六六〇）などのように比丘を中心として僧俗が造像を行う場合などがある。これらのように隋・唐代に造像を行った集団や組織については、個人・夫婦・家族・複数の家族・親族と知友・僧俗の集合などがあることが知られており[33]、これらが右記に典型例をあげたような願目を記していたのである。これらのうち隋・唐代の紀年名を有する造像記一〇四四個体に対して統計的な分析を行った研究では、それらの造像者のうち、階層が不明なものを除いて、約六二パーセントが一般民であり、官吏が約一五パーセント、僧尼が約一〇パーセント、それらが複合した主体が約三・五パーセントとなっており、隋・唐代の造像は一般民が中心となっていたことが指摘されている。[34]

以上のような近年における集成的な研究の成果に導かれつつ、その具体的かつ典型的な例をあげることで、隋・

唐代の造像における願目が現世利益、実社会での吉祥や福徳あるいは身体の保全を願う傾向を示していたことを確認し、造像を行った組織と集団についても瞥見した。

第三節　金井沢碑にみえる仏教信仰の特質

金井沢碑との比較の前に隋・唐代の造像銘にみえる造像の願目の特色をいっそう相対的に示すために、北朝代の造像銘の内容と願目について、近年の研究を整理することによって示しておく。それらによると北朝期の造像銘の傾向としては、亡父母や過去七世父母への追善供養を目的とし、亡者が苦難から逃れ、安楽であり、諸仏に見えることが主体となっていることが指摘されている。(35)

このような北朝造像銘との比較においても、前節でふれた隋・唐代の造像銘にみえる願目の大きな特色は、現世利益的な内容がきわめて顕著になっていることである。それはすでにあげた願目のなかでも、平安・平安相見・百病除・安楽自在・合家無病・悪滅禍消・福寿延長・富貴などの語に明らかである。さらに「臨終無痛」のごときに及んでは、臨終に際して、無痛であることを願っており、これは北朝代に盛んにみられた西方極楽浄土で「生生」するという願目と比しても、刹那的といえるまでに現実的であるといえよう。

北朝から隋・唐にいたる造像記および造像碑の特質と時代的変化とをみてきたが、一貫する要素としては、いうまでもなく、何らかの目的をもって造像されあるいは立碑されおり、それはここまで願目として述べてきたものであって、時期によって内容の変化はみせつつも、例外なく願目が明記されている。これに対して、金井沢碑文には「知識」という仏教語がみえることから、彼らがともに立碑したことは明らかであり、かつ立碑に際して「天地誓願」したのにもかかわらず、誓願の目的たる願目が一切記されていない。「天地」の語については、天神地祇を表すという説がある。同時代の類例がないため、是非を論ずるのは難しいが、中国の造像記などでは、この語の出現を知らない。また、「誓願」については、「誓願」の語そのものは仏教語として周知され、「願を発して、成しとげようと誓うこと。特に仏・菩薩が必ず成しとげようと願うこと。衆生を救おうとする誓い。決意を仏に誓い、その成就を祈願すること」のように説明されるのが一般的である。とくに仏・菩薩に関わるものとしては、すべての菩薩に共通する四弘誓願と、個別的な薬師の十二願、弥陀の四十八願、釈迦の五百大願などがあるとされる。また、主として仏伝にみえる誓願ついては、善行をなした後に誓願する用法と誓願を立ててから修行するという用法があるという(36)。

日本古代の金石文などに頻出する語である「誓願」の語は、このように仏教的な語句と考えられており、とくに七、八世紀の金石文にみえる「誓願」は仏・菩薩に対して、造寺・造仏や設斎などを通じて祖先供養や病気治癒をはじめとした功徳を祈念する場合に行われたものとされるが、金井沢碑のように「天地」に対して誓願した例はみられないとされる(37)。

このほかに「誓願」の語は『日本書紀』『続日本紀』などにみえ、とくに八世紀以前を中心とした日本古代の誓願については、類型化できることが指摘されている。それによると、日本古代の「誓願」は、死後のみでなく、生存中の人に対して「奉為」として行われる場合も多く、その人物の往生を願って寺院や仏像の建立を行うことがあり、これは延命と往生とを同時に願う目的とされる。そして、このような誓願の対象が天皇やこれに準ずる皇族の場合は集団でなされることが多く、参加者が多いほど効力があると信じられた。天皇などに対する「奉為」と称するこの種の誓願は服属儀礼としての意味もあったとされている(38)。さらに日本における受容期の仏教は祈願を実現してくれる仏・菩薩などのために（史料上の表現は奉為）造寺・造像・法会・読経などの善行を約束するという内容であり、その意味で誓願の仏教であり、これは朝鮮三国時代に盛行した盟誓・誓約の流行の影響を受けたものとする説が示されている。(39)

古代に行われた誓願の行為および語句のなかでも金井沢碑文ともっとも近い用法として勝浦令子氏は奈良時代の写経の題記や跋文などをあげており、(40)それらのなかからさらに本章で検討している語句や用法と近似する事例を選んで示すと、以下のとおりとなる。

a『勝鬘師子吼経』跋文（天平年中）(41)

茨田宿禰安磨、七世父母、現在父母、六親眷属、一切無辺、法界衆生、誓願仕奉。

b『瑜伽師地論』巻七四(42)

天平廿年歳次戊子十一月十日誓願仕奉

願主中嶋連千嶋

中嶋連足人

c『金剛場陀羅尼経』巻一(43)

歳次丙戌年五月、川内国志貴評内知識、為七世父母及一切衆生、敬造金剛場陀羅尼経一部、藉此善因、往生浄土、終成正覚

教化僧宝林

d『灌頂梵天神策経』(44)

e 金銅観音像菩薩造像記(45)

勝宝四年辰左京八条一坊民伊美吉麻呂、財首三気女、右二人、為父母願

壬辰年五月、出雲国若倭部臣徳太理、為父母作奉菩薩

f『大般若波羅蜜多経』巻四八〇[46]

天平十七年七月六日、林連白刀自女写仕奉大般若経一巻、依是功徳、七世父母現在父母六親眷属、令解脱八難処及諸人無、乞冀十方浄土令往生、遂合無上菩提、広及無辺無際、含色類共成仏。

このうち、aの『勝鬘師子吼経』跋文の用例では、「七世父母」「現在父母」の語だけでなく、「誓願仕奉」の書き止め文言が金井沢碑と一致しており、誓願文の記載書式上での共通点があることが指摘されている。そして、このような点から金井沢碑は時期を同じくする奈良時代の写経題跋や造像記などの誓願文と構文や用語が類似することが論じられている[47]。

このような金井沢碑文と奈良時代の写経題跋や造像記との類似は構文と用法だけにとどまらず、供養ないし発願の対象があるのに、その目的が記されていない点でも共通する。たとえば右記史料aでは「誓願仕奉」の対象が「七世父母、現在父母、六親眷属、一切無辺、法界衆生」としてあげられているのに、発願の内容が記されていない。この場合は写経跋文であるから、それが書かれた『勝鬘師子吼経』を書写することが具体的な誓願の行為であることは明らかであるが、跋文そのものには願目の記載がない。

同様にbも『瑜伽師地論』を書写した跋文であるが、「誓願仕奉」の願目の対象も記されていない。少なくとも金井沢碑文には「七世父母」「現在父母」のような北朝から唐代にいたる造像記の常套句であり、かつそれらは「為七世父母現在父母」というように目的を伴って用いられるにもかかわらず、とくに唐代に顕著な「平安」「安楽」「福寿」その他の現世利益的な語句はおろか、それを含むその目的となるべき願目すら記されていない。このことは金井沢碑文の特徴であり、南北朝から隋・唐代の造像記が願目とその対象が明記されているのとは大きく異

なる。

金井沢碑文の内容は、そこに記された知識たちの結縁が主体とされ、その構成は願主主体・供養対象・歴名・願主の合計人数・知識結人・知識の合計人数・誓願からなるとされている[48]。この内容を仏教的立碑としてみるならば、供養対象である「七世父母現在父母」のために、何らかの発願があるべきであるのに対して、それが欠如している点が最大の特徴である。従来の見解のように、ここに名のあげられた人々の結縁が目的であるならば、古代以降に行われた結縁交名のように人名を列挙することが主な目的となろう。しかしながら、金井沢碑文には、人名の列挙である歴名のみならず、供養対象が記されており、しかしながら願目を欠くという内容がきわだった特徴である。

いっぽう、「天地誓願」の語は、これまでの研究でも日本のみならず東アジアでも類例が知られていない。この語については、『日本書紀』や古代の造像銘にみえる「誓願」とは異なる視点から、『日本霊異記』の備後・三谷寺の由来譚にみえる「誓願を発して」「諸の神祇のために伽藍を作りて」という記載では、発願者である三谷郡大領の先祖が百済の遠征から帰国したという内容を重視し、百済文化との関連を示唆する見方もある[49]。

筆者も前章で「天地誓願」の語に対して、金石文や『三国史記』にみえる新羅における「天」に対する盟誓・誓約との類似と百済の天地に対する祭祀を重視した。重複を恐れずに関連箇所を摘要すると、「天地」の語は『三国史記』では、とりわけ百済には天地に対する祭祀の記載として頻出し、始祖としての伝説的内容である温祚王代から五〇一年に没した東城王代にいたるまで、あわせて一一カ所にみえる。たとえば、温祚王の行った祭祀として「大壇を設けて、親しく天地を祠ると、霊異のある鳥が五羽飛んで来た」として現れる[50]。また、古爾王の事績として、いずれも正月に「天を祭り、鼓吹を用いる[51]」とか「大壇を設け、天地山川を祀る[52]」、「南壇において天地を祭る[53]」とあり、同様の記載は阿莘王代[54]、東城王代[55]にも見える。比流王代には「南郊に天地を祀り、王みずから牲を割く」[56]とあり、ここでは天地の祭祀に犠牲が用いられたとされている。

近肖古王の行った祭祀では、正月に「天地神祇を祭り、真浄を拝して朝廷佐平とした。浄は王后の親戚で、性質が拗《ねじ》けており、不仁であり、事を処するに苛細であり、勢力を恃んで自らの思うようにするので、国の人々は彼を疾《にく》んだ」とあり[57]、正月に天地神祇に対する祭祀を行い、それとともに人事登用を行っていることがわかる。

このような百済の天地に対する祭祀は「大壇」「南壇」「南郊」で行われたとあり、中国古代の礼制と同じ語がみえることから、『三国史記』では百済が建国当初から中国的な祭儀形態によっていたと認識されていた[58]。

いっぽう新羅に関する記載では、百済のような天地に対する祭祀はみられないが、七世紀末に在位した新羅の神文王（在位六八一～六九二年）の教書に「寡人（神文王）は上は天地の祐《たすけ》を得、下は宗廟の霊助を蒙っていたので、悪積罪盈な欽突らの陰謀が発覚した」とあり[59]、当時の新羅における天地の意識の一端が表れている。

これらのうち、百済では始祖王やそれに近い次元での説話のなかにみえる場合もあるが、近肖古王や東城王などの四、五世紀代の王の記載としても現れていることから、実際に天地および天地神祇に対する祭祀が行われていたものとみられる。新羅に関しては事例が少ないが、七世紀代の神文王に関する記載として「天地」があることは見逃すことができない。これをさかのぼる迎日・冷水碑や蔚珍・鳳坪碑には天に対する盟誓が記されており、「天」を介在した祭祀的盟約が六世紀代に存在したことがわかる[60]。このような記載から、少なくとも百済と新羅には「天地」および「天地神祇」に対する祭祀が存在したとみてよかろう。

『続日本紀』には天平神護二年（七六六）に「上野国にある新羅人の子午足ら一九三人に姓を吉井連と賜う」とあるように上野国には新羅人が集住していたことから、山ノ上碑や金井沢碑の立碑には古代朝鮮の影響が想定されている[61]。金井沢碑文の「天地誓願」の語も近傍に集住したとされる在地の新羅系渡来人の関与によって、新羅の金石文にみえる天に対する誓約の要素や『三国史記』にみえる百済の「天地」「天地神祇」などの系譜を引き、「天地誓願」の語として含意されて撰文されたものと考えている。

以上の考察をまとめると、金井沢碑は同時期の唐代の造像記などに現れる祖先祭祀の要素をもちながらも、「天地誓願」を行いながら、その願目を伴わないという点では、奈良時代の写経題跋の記載と類似する。このことは、隋・唐代の造像記との比較においても、仏教的石刻としては東アジアのなかでも顕著な属性であるといえよう。以上のように金井沢碑の立碑は新羅系の渡来集団によると考えられ、その碑文にみえる「天地誓願」の語は古代朝鮮の系譜を引く可能性が高いが、そこに現れた仏教信仰は当該時期の東アジアにおいて独自の内容をもつことを論じた。

結語

最後に論旨を順序立てて整理することによって、本章の結語にかえることとする。

まず、はじめに金井沢碑文の釈文と釈読を掲げ、碑文内容の大要を示した。

次に金井沢碑文の内容に関して、とくに思想や信仰の観点からなされた先行研究を瞥見し、仏教と祖先崇拝については論じられてきたなかで、「誓願仕奉」の語に関わる願目やその対象が碑文内容の中心となるにもかかわらず、これまでふれられることがなかったことを指摘した。

続いて、金井沢碑文と共通する「七世父母」などの語を用いており、かつ同時代の所産である隋・唐代の仏教造像記について、対照検討のために典型例を瞥見した。それに際して、近年、中国の研究者によってなされた北朝から隋・唐代にいたる造像記の内容の集成的かつ統計的な研究によりながら、頻出語句やその変遷などを参照した。それらによると隋・唐代には「平安」とこれを含む語をはじめとして、「願身保全」「福徳」「願百病除」「永無災鄣」などから、はては「臨終之時無□苦痛」など現世利益からさらには現実社会での利得や希求を願目としていることを示した。

これを踏まえて金井沢碑文の仏教信仰を検討してみると、隋・唐代の造像記にみえる願目が記されていないことをあげた。金井沢碑文では「天地誓願仕奉」の語があるのにもかかわらず、その「誓願」の内容、すなわち願目が記されていない。このような内容および記載法は奈良時代の写経題跋や造像記にみえ、それらと同時代の「誓願」の系譜にあるものと考えた。しかしながら、誓願の対象を「天地」とする類例は日本古代だけでなく、前後の時期を含めた東アジアでも知られていない。これについては金井沢碑文の立碑に新羅系渡来集団が関与したとみられていることを重視し、新羅碑文にみえる天に対する盟誓の要素があることを想定した。

以上の諸点から、金井沢碑文の内容は、発願者である知識の歴名が記されていることが特色であるが、北朝代造像銘に始まり、隋・唐代造像記にも頻出する「為七世父母現在父母」という誓願の対象が記されており、祖先祭祀を基本としつつも、それらの対象に発願する内容、すなわち願目が示されていないことがあげられる。「誓願仕奉」の語の使用から奈良時代写経題跋や造像記の系統にあるが、それらには現れない「天地誓願仕奉」、すなわち天地に対して誓願する内容がみられる。これは天に対する盟誓という新羅碑文にみえる祭祀に関わる語が立碑者である新羅系渡来集団によって持ち込まれ、仏教的祖先信仰と融合したことによって生じたと推定した。

注

（1）本章で参照した近年の釈読を以下に示す。東野治之「上野三碑」（『日本古代金石文の研究』岩波書店、二〇〇四年）〔初出は一九九一年〕、勝浦令子「金井沢碑を読む」（『日本古代の僧尼と社会』吉川弘文館、二〇〇〇年）〔初出は一九九九年〕。
（2）釈字と釈読の整理は東野治之「上野三碑」（前掲注1）によった。
（3）勝浦令子「金井沢碑を読む」（前掲注1）。
（4）狩谷棭斎「高田里結知識碑」（山田孝雄・香取秀真編『古京遺文』宝文館、一九一二年）。
（5）竹田聴洲「七世父母攷――日本仏教受容と祖先信仰――」（『葬史と宗史』竹田聴洲著作集第7巻、国書刊行会、一九九四年）〔初出は一九五〇年〕。
（6）勝浦令子「金井沢碑を読む」（前掲注1）。
（7）増尾伸一郎「「七世父母」と「天地誓願」――古代東国における仏教受容と祖先信仰をめぐって――」（あたらしい古代史の会編『東国石文の古代史』吉川弘文館、一九九九年）。
（8）三舟隆之「古代地方寺院造営の背景――七世紀後半の東国を中心として――」（『史学雑誌』一〇八―一〇、一九九九年）、関口功一「「山ノ上碑」「金井沢碑」と地域の仏教――古代上毛野の「地域の論理」――」（『地方史研究』二九八、二〇〇二年）。
（9）李暁敏「造像記　隋唐民衆仏教信仰初探」（『鄭州大学学報』〈哲学社会科学版〉二〇〇七年第一期）〔中国語文献〕。
（10）宇恒偉・李利安「唐宋時期民衆的仏教神霊信仰――以石刻、造像為中心――」（『五台山研究』二〇一〇年第一期）〔中国語文献〕。
（11）李静傑「仏教造像碑尊像彫刻」（『敦煌学輯刊』一九九六年第一期）〔中国語文献〕、李静傑「仏教造像碑分期与分区」（『仏学研究』一九九七年臨時増刊号、故宮博物院、一九九七年）〔中国語文献〕、李静傑「仏教造像碑」（『敦煌学輯刊』一九九八年第一期）〔中国語文献〕。

(12) 引用した個別の報告以外に参照した造像銘の出典は、下記のとおりである。大村西崖『支那美術史雕塑篇』（仏書刊行会図像部、一九一五年）、王昶『金石萃編』石刻史料新編（新文豊出版公司、一九七七年）、陸増祥『八瓊室金石補正』石刻史料新編六、七（新文豊出版公司、一九七七年、その他諸版あり）、北京図書館金石組編『北京図書館蔵中国歴代石刻拓本匯編』（中州古籍出版社、一九八九〜一九九一年）〔中国語文献〕、松原三郎『中国仏教彫刻史論』（吉川弘文館、一九九五年）。なお、引用は関連部分のみとした。

(13) 河南省文化局文物工作隊編『鞏県石窟寺』（文物出版社、一九六三年）〔中国語文献〕九頁、河南省文物研究所編『中国石窟・鞏県石窟寺』（平凡社、一九八三年）三〇六頁。

(14) 河南省文物研究所編『中国石窟・鞏県石窟寺』（前掲注13）三〇九頁。

(15) 陸増祥『八瓊室金石補正』巻三一（前掲注12）。

(16) 徐昭倹修・楊兆泰纂『山西省新絳県志』第九・金石考（台湾成文出版社、一九七六年影印刊）。

(17) 劉長久『中国西南石窟芸術』（四川人民出版社、一九九八年）〔中国語文献〕四九頁。

(18) 呉鋼主編・陝西省古籍整理弁公室編『全唐文補遺』第七輯（三秦出版社、二〇〇〇年）四八七頁。

(19) 文中の「除損」については「除禎」と読み、「禎」には吉祥の意味があることから、造像主の姚氏が自らの病が癒えて吉祥を得るとする解釈もある。王金翠「造像記詞語対修訂大型語文辞書的意義」（『四川職業技術学院学報』二〇一四、二〇一〇年）〔中国語文献〕。いずれにしても、大きく意味が変わることはなく、本章での考察には影響はない。

(20) 趙葆真修・段光世等纂『陝西省鄠県志』巻九・紀事（台湾成文出版社、一九六九年影印刊）、王昶『金石萃編』巻四〇・唐高祖為子祈疾疏。ただし、ここにあげられた銘文では「蒙仏恩力其患得捐今為男敬造石碑像一鋪」とあり、この部分が異なる。

(21) 趙葆真修・段光世等纂『陝西省鄠県志』巻二・祠廟（前掲注20）。

(22) 『旧唐書』巻一七一・列伝第一二一・張仲方
　滎陽大海仏寺有高祖為隋鄭州刺史日、為太宗疾祈福於此寺、造石像一躯、凡刊勒十六字以誌之。歳久刓欠、滎陽令李光慶重加修飾、仲方再刊石記之以聞。
(23) 王金翠「造像記詞語対修訂大型語文辞書的意義」(前掲注19)。
(24) 藍吉富『隋代仏教史述論』(台湾商務印書館、一九七四年)〔中国語文献〕七八～七九頁。
(25) 陸増祥撰『八瓊室金石補正』巻三一(前掲注15)。
(26) 呉鋼主編・陝西省古籍整理弁公室編『全唐文補遺』第七輯(前掲注18)。
(27) 北京図書館金石組編『北京図書館蔵中国歴代石刻拓本匯編』(前掲注12)一一頁。
(28) 張鳳台修・李見荃等纂『林県志』巻四・金石上(台湾成文出版社、一九六八年影印刊)九七三頁。
(29) 陸増祥『八瓊室金石補正』巻三一(前掲注15)。
　総章二年十二月弟子孤独妻魏氏早亡身復失明作歎辞、春秋卌遇患流痾誰□茶…(中略)…加以減割朝飡　剋其寒暑之服、敬造尊像一龕
(30) 水野清一・長広敏雄『龍門石窟の研究　河南洛陽』(座右宝刊行会、一九四一年)二七八頁。
(31) 呉鋼主編・陝西省古籍整理弁公室編『全唐文補遺』第七輯(前掲注18)二三四～二三五頁。
(32) 李暁敏「造像記　隋唐民衆仏教信仰初探」(前掲注9)。
(33) 宇恒偉・李利安「唐宋時期民衆的仏教神霊信仰——以石刻、造像為中心——」(前掲注10)。なお、「比丘尼僧仁合門徒道俗等題記」の知見は、この論文および注(12)による。
(34) 李暁敏「造像記　隋唐民衆仏教信仰初探」(前掲注9)。
(35) 齊藤隆信「中国初期浄土教再探」(『日中浄土』一九、二〇〇八年)、倉本尚徳「北朝・隋代の無量寿仏・阿弥陀像銘——特に『観無量寿経』との関係について——」(『仏教史学研究』五二―二、二〇一〇年)など。
(36) 平岡聡「浄土経典にみられる二種の誓願説」(『佛教大学大学院研究紀要』一六、一九八八年)、外薗幸一「仏伝

と誓願思想」（『地域総合研究』二三―二、一九九五年）。
(37)　増尾伸一郎「「七世父母」と「天地誓願」――古代東国における仏教受容と祖先信仰をめぐって――」（前掲注7）。
(38)　ここでふれた古代における誓願の意味については、下記論文によった。石井公成「上代日本仏教における誓願について――造寺造像伝承再考――」（『印度学仏教学研究』四〇―二、一九九二年）。
(39)　石井公成「仏教受容期の国家と仏教――朝鮮・日本の場合」（高崎直道・木村清孝編『東アジア社会と仏教文化』シリーズ・東アジア仏教5、春秋社、一九九六年）。
(40)　勝浦令子「金井沢碑を読む」（前掲注1）。
(41)　『寧楽遺文』中巻、六二二頁、知恩院所蔵。
(42)　『寧楽遺文』中巻、六二〇頁、唐招提寺所蔵。
(43)　『寧楽遺文』中巻、六一〇頁、小川氏所蔵。
(44)　『寧楽遺文』中巻、六二二頁、岩崎氏所蔵。
(45)　『寧楽遺文』下巻、九六五頁、鰐淵寺所蔵。
(46)　『寧楽遺文』中巻、六二〇頁、医王寺所蔵。
(47)　勝浦令子「金井沢碑を読む」（前掲注1）。
(48)　勝浦令子「金井沢碑を読む」（前掲注1）。
(49)　増尾伸一郎「「七世父母」と「天地誓願」――古代東国における仏教受容と祖先信仰をめぐって――」（前掲注7）。
(50)　『三国史記』巻二三・百済本紀第一・始祖温祚王
　二十年春二月、王設大壇、親祠天地、異鳥五来翔。
(51)　『三国史記』巻二四・百済本紀第二・古爾王

五年春正月、祭天地用鼓吹。

(52)『三国史記』巻二四・百済本紀第二・古爾王

十年春正月、設大壇、祀天地山川。

(53)『三国史記』巻二四・百済本紀第二・古爾王

十四年春正月、祭天地於南壇。

(54)『三国史記』巻二五・百済本紀第三・阿莘王

二年春正月、謁東明廟、又祭天地於南壇。

(55)『三国史記』巻二六・百済本紀第四・東城王

十一年冬十月、王設壇祭天地。

(56)『三国史記』巻二四・百済本紀第二・比流王

十年春正月、祀天地於南郊、王親割牲。

(57)『三国史記』巻二四・百済本紀第二・近肖古王

二年春正月、祭天地神祇、拝真浄為朝廷佐平。浄王后親戚、性狠戻不仁、臨事苛細、恃勢自用、国人疾之。

(58) 今井秀周「北アジアより朝鮮に至る古代の祭天について（上）」（『東海女子短期大学紀要』一三、一九八七年）。

(59)『三国史記』巻第八・新羅本紀第八・神文王

上頼天地之祐、下蒙宗廟之霊、欽突等悪積罪盈、所謀発露。

(60) 門田誠一「角杯と牛殺しの盟誓――新羅の祭天儀礼とその周辺――」（『古代東アジア地域相の考古学的研究』学生社、二〇〇六年）〔初出は一九九四年〕。

(61) 東野治之『日本古代金石文の研究』（前掲注1）二二三～二二四、二四六～二四七頁。

第二部　百済金石文と出土文字資料にみる仏教の特質

第一章　王興寺と飛鳥寺にみる舎利の奇瑞

序　言

近年、百済・王興寺で出土した舎利容器と出土遺物は日本の飛鳥寺址出土遺物などとの比較においても重要であることが指摘されている。このような両者の比較を目的として、本章では舎利信仰の系譜と出土遺物の比較の観点から検討を行う。

その主たる方法として、まず王興寺址塔心礎出土舎利容器銘文の舎利に関する記載の事実確認を行う。つづいて仏教霊験記や舎利の奇瑞譚とを比較検討し、双方の構成要素と内容の展開を分析することによって、王興寺址塔心礎出土舎利容器銘文の出典または典故となる経典などを推定し、舎利信仰の出典論的考究を行う。これを踏まえて、次に飛鳥寺の創建記事に関わる舎利の奇瑞譚の系譜について、百済のそれとの比較によって検討する。そして、これらを踏まえたうえで、王興寺址と飛鳥寺址双方の塔心礎出土遺物の関係性を検討し、舎利奇瑞譚の系譜と塔心礎出土遺物の類似が整合的であることを論証し、双方の点において百済王室祈願寺と飛鳥寺との親縁性があることを論ずる。

この目的のために、次節では、まず王興寺址塔心礎出土舎利容器銘文の内容とそこから読み取れる舎利の奇瑞に関する事実関係の確認を行いつつ、論を開く発端としたい。

第一節　王興寺址塔心礎出土舎利容器銘文にみる舎利の奇瑞

王興寺は百済最後の王城である扶余（韓国忠清南道扶余郡）に所在した寺院址で、『三国史記』『三国遺事』に記述がある。『三国史記』では、法王二年（六〇〇）に創建され、武王三五年（六三四）に完成したと記されている。(1)

王興寺址は一九三四年に「王興」銘文瓦の収拾によって、現在地に比定され、その後、二〇〇〇年以降に発掘調査が行われた。二〇〇七年に行われた木塔址の発掘調査では、木塔基礎（心礎石）部分から舎利容器が出土した。これまでの調査で検出された建物址としては南北に並んだ木塔・金堂・講堂があり、木塔址と金堂址の東西に廻廊をもった建物が存在することが判明している。(2)

舎利容器は青銅製外盒の中に銀製外壺を入れ、さらにその中に金製瓶を入れるという、金・銀・銅の容器の入れ子状をなしていた。青銅製外盒には銘文が刻まれており、一行五字ずつで、最後の行のみ四字で構成されていた（以下では「銘文」と略称）。現状において「銘文」は次のように釈読されている。

丁酉年二月
十五日百済
王昌為亡王
子立刹本舎

利二枚葬時
神化為三

「銘文」の釈意について、すでに発表されている見解を整理すると、以下のような内容になる。(3)

丁酉年二月一五日に百済王昌（威徳王）が、亡き王子のために刹（塔）を立てた。本（筆者注・この、あるいは、本来は）舎利は埋納した時は二枚であったが、神力によって化し、三（枚）となった。

これまで確定をみている点としては、百済王・昌が『三国史記』や『日本書紀』にみえる記事から、威徳王の諱であることが知られており、その治世の丁酉年は五七七年となる。これはさきにみた『三国史記』の王興寺創建記事よりも年次がさかのぼることが注目されている。

「銘文」の「亡王子」の「亡」字については、「三」字とみる見解もあったが、その後、「亡」字であるとする見方が確定しつつある。この「亡王子」については、威徳王の太子には『日本書紀』にみえる「阿佐太子」のほかに、五七七年頃に死亡した別の王子がいた、ということが知られた。さらに、百済王室の仏教は舎利に対する信仰が、中心的な位置を占めていたこともわかった。それは具体的には「本舎利二枚葬時神化為三」とみえるように舎利に関する奇瑞に感応する内容であったことが知られた。

この他にも、舎利容器は扶余・陵山里寺址や益山・弥勒寺址でも知られている。陵山里寺址では木塔心礎石の周囲から花崗岩製の舎利龕が出土した。舎利龕には「百済昌王十三季太歳在丁亥妹兄公主供養舎利」という銘文が刻されており、これによって、昌王十三年すなわち、威徳王代の五六七年に妹兄公主が舎利を供養したことが判明した。[4]益山・弥勒寺址では石造の西塔の解体過程で、舎利孔が発見され、ここから金製舎利奉迎記などの遺物が出土した。[5]舎利奉迎記には一九〇字を超える銘文が記されており、これによって、この塔が武王の王后によって、「己亥年正月廿九日」に創建されたことが知られた。[6]この年紀が武王の在位中であるとすれば、六三九年にあたる。これらの実例によって、百済王族の発願により、寺刹の創建されていることが知られるとともに、百済王の周辺では舎利を納める構築物としての塔に対する信仰が篤かったことが明らかになった。

第二節　敏達紀の舎利奇瑞譚と飛鳥寺の舎利

『日本書紀』にみえる周知の飛鳥寺にまつわる記述を摘要しておこう。敏達天皇一三年（五八四）九月に鹿深臣と佐伯臣が、弥勒の石像二体を携えて百済から帰国すると、蘇我馬子宿禰は、槻曲にあったとされる宅の東方に仏殿を造って、これらの弥勒の石像をまつるに際して、鞍部村主司馬達等と池辺直氷田とを各地に遣わし修行者を求めた。求めに応じた高麗人の僧・恵便と司馬達等の娘、善信尼とその弟子、禅蔵尼・恵善尼を先の仏殿に招き法会を行った。そのおり、司馬達等の斎食の上に舎利が現れた。この舎利を馬子に献《たてまつ》たところ、馬子はこれを鉄の質《しつ》（鑕）の上において、鉄の槌で打ったが、舎利は壊れず、質と槌が砕けた。また、舎利を水の中に入れたところ、心の願いに従って水中を浮遊した。これによって馬子や池辺直氷田・司馬達等は仏法を深く信じて、修行することを怠らなかった。馬子は石川の宅に仏殿を造った。仏法の初めはここから始まった。

この一連の記事にみえる舎利の奇瑞については、これまでも説話としての系譜が検討されている。これに関して、つとに言及した津田左右吉は、梁『高僧伝』のなかの「康僧会伝」に、飛鳥寺の舎利の奇瑞と、ほぼ同じ内容の記述があると指摘した[7]。これに関して、その後、景山春樹氏は梁『高僧伝』康僧会伝よりやや早く成立した『出三蔵記集』巻第一三に類話があることを指摘した[8]。これに対して、吉田一彦氏は唐の道宣の『集神州三宝感通録』にある類話が飛鳥寺の舎利の奇瑞譚と関係するとした[9]。その後、飛鳥寺の舎利奇瑞譚は梁『高僧伝』『出三蔵記集』などの系譜にあることを基本として、『集神州三宝感通録』『法苑珠林』『冥報記』などにも同類の説話があることが知られている[10]。

これらの南朝や唐代に編纂された仏教説話集や仏教的類書のほかでは、『魏書』釈老志に舎利の由来譚がみえる。すなわち、釈迦の遺骸を香木で焼くと、骨は砕け大小の粒のようになり、撃っても壊れず、焚いても焦げることがなく、光り輝く不思議な現象を起こすもので、胡人の言葉でこれを舎利というとする仏舎利の由来譚がみえる。そして、打撃や火熱に対する舎利の奇瑞は、この『魏書』釈老志の記述に由来するとみられている[11]。

ここにふれたように敏達一三年紀の舎利奇瑞譚については、これまでの諸研究によって、南北朝から唐代の正史や僧伝および仏教説話やこれを編纂した類話集に系譜をもつことが知られている。さらにこれによって、中国を淵源として、東アジアでは仏教流布の国家段階での事由として、仏教教理による説明に先行する過程として、仏舎利の奇瑞や僧侶の神秘的能力を必要としたとする考察が示されている[12]。

このような奇瑞によって得られた舎利は、馬子が大野丘の北に塔を立てて、奉安したことが敏達一四年紀（五八五）に記されている。いっぽう、飛鳥寺の舎利については、崇峻元年紀（五八八）に百済から献上されたとある舎利であって、推古元年（五九三）正月に「仏舎利を以て法興寺刹柱礎中に置く」とあり、これが飛鳥寺の塔心礎に埋納されたと記載されている。

すなわち、『日本書紀』にみえる我が国における舎利の出現については、その奇瑞がとりあげられているのであって、奉安に関する記載としては、すでに舎利の出現段階で塔に納めるという認識が存在した。(13) また、飛鳥寺に奉安された舎利は百済から将来されたのであって、その舎利に先立つものとしては敏達一三年紀に百済からもたらされた弥勒石像を奉じた際に得られ、奇瑞を示した舎利であることが前後関係として記されていることに注視される。

第三節　百済の舎利信仰の系譜

飛鳥寺に関する舎利の奇瑞はあくまでも説話的な記載であるとみられ、それゆえ前節でみたような仏教説話としての系譜が問われてきた。もちろん、飛鳥寺にまつわる舎利の奇瑞は説話に基づく仏教信仰を反映するという点で、正鵠を射る検討であることは疑いない。しかしながら、陵山里寺址や王興寺址、さらには益山・弥勒寺址で知られた塔心礎に対する王族の発願は、百済王の周辺では舎利を納める構築物である塔に対しての信仰が篤かったことを明らかにすることとなった。何より、王興寺址出土舎利容器の銘文に「本舎利二枚葬時神化為三」とあるように、百済王室の周辺では実際に舎利の奇瑞が信仰されていたことが知られた。これによって、飛鳥寺創建に関わる舎利の奇瑞譚は、たんに系譜関係の考究による説話としての位置づけを検討するにとどまらず、舎利信仰の系譜として、その奇瑞に感応するという点で百済からの影響を強く受けていることが知られたのである。

さらに具体的に王興寺址「銘文」と飛鳥寺の創建に関わる舎利の奇瑞について比較するために、まず、前者の内容を検討したい。「銘文」にみえる舎利の奇瑞は「本舎利二枚葬時神化為三」とみえるように、これまでは二枚であった舎利が「神妙な変化で三枚になった」と釈読されてきた[14]。これによると、もとは二枚であった舎利が神力ないしは神通力によって、三枚になった、と解することになる。この場合、舎利が増えるという奇瑞の主体は神妙なり、神力・神通力であるにしろ、神霊の威力であり、霊妙不可思議な力であって、外的な、あるいは他者の力による、ということになる。

舎利の奇瑞のなかでも、数が増えるという感応譚は唐の道宣の撰になる『集神州三宝感通録』にみえる東晋代の刁逵にまつわる説話との類似が指摘されている[15]。東晋の義熙年間（四〇五～四一八）に林邑の人が舎利をもっていたが、舎利は斎日のたびに光を放った。沙門・慧邃が広州刺史の刁逵に従って江南に在ったおりに、その光を敬い、請わんと欲したが、いまだ言を発することができなかった。そのうち舎利は自ら二つに分かれ、刁逵が心悦ばせ、また敬したところ、舎利は三つに分かれた。刁逵が長干寺の像を模すことを欲したところ、寺主は固執して許さなかった。しかるに寺主は、夜、長さ数丈にもなる人を夢見た。その人が告げて「像は宣導を貴ぶのに、何が故に模すことを惜しむか」と言った。次の日、夢に現れたことを報じて、像を模すことを聴《ゆる》した。像ができると、刁逵は舎利を像の髻の中に著けた。西から来た諸像で光を放つ者は多くは舎利を抱いているためである[16]。この話は舎利の霊験譚の一つとして、自ら数を増やすことをとりあげた内容である。

いっぽう、道宣が唐の麟徳元年（六六四）に撰した『集神州三宝感通録』よりもさかのぼる史料として、この部分を理解するうえで参考になるのが、『魏書』釈老志の舎利、すなわち仏骨に関する記述である。そこには仏の遺骸を香木で焼くと、霊骨は大小の粒のように分かれて、これを撃っても壊れなかったとある。また、焚いても焦げず、光明なる神験があった。胡言では、これを舎利という。弟子がこれを宝瓶に納め奉り、香華を竭《つ》くして、敬慕を致し、宮宇を建て、塔であるといった。塔もまた胡言で、それは宗廟のごとくである。ゆえに世に塔廟と称す。

後一〇〇年において、阿育王が出て、神力をもって仏舎利を分け、諸の鬼神を役し、八万四千塔を造り、世界に布し、皆同日にして就く。今、洛陽・彭城・姑臧・臨淄、皆阿育王寺があり、おそらくその遺跡を承けたものであろう、と結ばれている(17)。

この記述で注意されるのは「神力をもって仏舎利を分け」たという箇所であり、これは「銘文」の「神化為三」と相似た意味内容としてよい。そして、ここで神力をもって舎利を分けたのは阿育王その人であって、抽象的な主体ではないことが注目される。先にふれた『集神州三宝感通録』にみえる舎利の奇瑞は、むろん『晋書』などの正史にはみえず、また、編纂時期は唐代の麟徳年間（六六四～六六六）すなわち七世紀の中頃に下る。加えて、「銘文」にみえる「神化」の語との相関からいえば、この語を含む文章を解釈するに際しては、むしろ、同時代の認識として『魏書』釈老志の舎利、すなわち仏骨に関する阿育王の造塔に関する記述が参考となる。これを参考にすると「銘文」にみえる「本舎利二枚葬時神化為三」の主体も抽象的な第三者ではなく、神力をもつ存在としての阿育王あるいは、この「銘文」で、死去した王子のために寺を建てたと記す主体者である百済王・昌すなわち威徳王その人であると考えられる。さらに注意されるのは、威徳王代を含む百済が通交した南朝の梁では、阿育王に関わる崇仏が盛んになることが指摘されていることである。すなわち、仏教を篤信したことで名高い梁の武帝は在位中に数度にも及ぶ捨身の行事を行っているが、この捨身儀礼は『阿育王経』の内容に基づいて行われたとされる(18)。

武帝の時代には『阿育王経』の伝訳とともに、重要な崇仏事業の一つとして造塔が行われた。これとともに、この時代に関わって、舎利の奇瑞に関する説話も知られている。すなわち、梁の武帝は大同四年（五三八）の八月に建康（現在の南京）城外の長干寺の阿育王塔を改造した際に塔下から仏舎利や仏髪爪が出現したので阿育王寺に無礙会を設け、天下に大赦した。この長干寺の塔は阿育王が鬼神を使役して、一日一夜にして造った八万四千塔のなかの一つであると信じられている。このような梁の武帝が行った仏舎利出現および起塔などの一連の行為は、じつは『阿育王経』巻一・生因縁品第一にみえる阿育王の事績をもとにしており、これはすなわち、梁の武帝が自らの布施の行為の背景として往古の阿育王を敬慕し、私淑していたことによる[19]。

『阿育王経』巻一・生因縁品第一にみえる阿育王の事績とは、阿育王が王舎城に詣り、阿闍世王が塔に埋め置いた舎利を取り出し、八万四千の宝篋を作り、その中に舎利を収めて、一時に塔を造った次第を述べた内容である。ここで着目したいのは阿育王が霊力によって舎利を増やし、造塔したことである。すなわち、南朝・梁でもとくに武帝の治世にあっては、舎利の奇瑞やこれと関連する起塔儀礼を含めて『阿育王経』を中心とした仏教信仰が行われていたことが注目される。

いっぽう、舎利容器について検討すると、王興寺址出土舎利容器が銅製・銀製・金製という三重の構造であったことが注目される。このような金銀銅の舎利容器は法顕訳の『大般涅槃経』にみえる釈迦の般涅槃の供養にみえる記述が参考になる。すなわち、阿難が釈迦に般涅槃の供養の法を問うたのに対し、釈迦は自らの般涅槃を転輪聖王の供養する法によることを述べた。これは端的には、身を新しい細氎（織り目の細かい毛布）に包み、金棺に入れ、これを銀棺に入れ、さらに銅棺、鉄棺に入れ、最後に衆妙すなわち多くの優れた物で荘厳する、という方法である[20]。そして、涅槃の後、釈迦は、このような法をもって供養された後、荼毘に付されたと記される。ここに示された金銀銅鉄による入れ子状の棺や荘厳具は、他にも『摩訶摩耶経』などにもみられる。このような入れ子状の舎利容器は三世紀以前にさかのぼるインドの仏塔にみられ、前出の仏典に説かれる釈迦の棺との関連があるとする説や[21]、さらに積極的にこれに通ずる規範が存在したことが推測されている[22]。南北朝時代の実例としては、河北・定県華塔址出土の石函の中に瑠璃製の瓶と鉢が納められていた北魏時代の例があるのが知られる程度であるが[23]、金銀銅などの入れ子状舎利容器は大局としては王興寺址出土舎利容器や出土遺物のみならず、扶風・法門寺地宮出土品や長干寺の舎利を再埋納した鎮江・甘露寺鉄塔址出土品[24]などに代表される隋・唐代の入れ子状の舎利容器や荘厳具とも共通する。

王興寺址と同時代における同様の舎利容器の記述としては、梁の長干寺の阿育王塔の舎利の由来譚にみえる金銀鉄の舎利容器が名高い。すなわち、さきにふれた梁・武帝によって発掘された舎利は、もともとは慧達（本は劉薩何）が阿育王の古塔を探し求めていたところ、長干里に異気が立ち上っているのを見た。そこを掘ると、地中から長さ六尺になる三つの石碑をみつけた。中央の石碑は方形の孔を穿ち、その中に鉄・銀・金の三つの函が重なり入っていた。金の函の中には、三つの舎利と爪髪各々一枚があり、髪は長さ数尺であった。慧達は北側に塔を造り、これらを遷した[25]。同じ内容の記載は梁・慧皎の『高僧伝』、唐・道宣の『集神州三宝感通録』巻一、同じく道宣の『広弘明集』巻一五にもみえる。この記述では「鉄銀金」という三種の入れ子状の舎利容器の中に三つの舎利が入っていたとされていることが注目される。すなわち、王興寺址出土舎利容器は組み合わせは異なるが、銅・銀・金の三種の容器を入れ子にしており、「銘文」には二つの舎利が三枚になったと記されており、これらの重要な要素において、両者は共通している。このようにみてくると王興寺址出土舎利容器と「銘文」は、阿育王に仮託され、かつ梁の武帝の信仰が篤かった舎利と起塔の信奉の内容と一致することから、南北両朝に存在した阿育王の舎利と起塔譚のなかでも、とくに南朝・梁において流布した阿育王説話を典故としていると考えたい。

「銘文」に記された紀年である五七七年当時において、南朝の王朝は、すでに梁から陳へと移っており、北朝においても北魏も分裂を経た後、北周が北斉を滅ぼした年にあたる。「銘文」の紀年にあたる百済・威徳王は北朝の北斉や北周・隋、南朝の陳に朝貢するなど、活発な国際交渉を展開していた。このような当時の国際的環境下においても、梁・武帝の仏教とりわけ阿育王の舎利と起塔の事績とそれに対する篤信、および長干寺阿育王塔の舎利の記述とを勘案すれば、「銘文」にみえる舎利の奇瑞は、当時、百済が通交していた南朝・梁に発する『阿育王経』を典拠とする舎利と起塔の影響を受けたと考えられる。(26)

第四節　飛鳥寺の舎利信仰の系譜

このような系譜を想定した「銘文」にみえる舎利の奇瑞とその信仰に対して、敏達紀にみる舎利の奇瑞は、「神化」あるいは「神力」によるとは記されず、かつその霊力によって舎利が増えるという感応譚でもない。この点においては、「銘文」にみえる舎利の感応と詳細においては異なる点もある。

いっぽう、百済から将来された舎利を納めたとされる飛鳥寺址塔心礎から出土した遺物には、勾玉・管玉・子玉などの玉類、金環、銀環、金、銀の延板・小粒、金銅製飾金具類、青銅製馬鈴、蛇行状鉄器、挂甲、刀子、雲母片などがあり、これらが古墳出土遺物と類似することは、すでに定説となっている。(27)この遺物の属性については、舎利に関する荘厳具または供養品とするほかに、地下式心礎石の上面という出土位置を勘案すると、立柱に際する鎮壇などの儀礼に用いられたとする見方が示されている。(28)

いっぽう、百済王室祈願寺の舎利遺物としては陵山里寺址木塔址から金銅板仏片、仏像や僧の塑像、小環を繋いだ金製装飾、銀製釧、銀製細環、玉類などが出土している。

王興寺木塔址からは金製頸飾り、金板被炭木頸飾り、金鈴、金糸、金箔、金板などの金製品、銀製心葉形銙板、銀製帯金具（鉈尾）などの装身具、花形雲母装飾の付いた鉄芯冠帽、硬玉製丁子頭勾玉を含み、ガラス製丸玉を主体とした各種の玉類、玉璧、常平五銖などの中国製品のほかに鉄刀子、銅箸、琥珀製獣形装飾品などが出土した(29)。弥勒寺西塔址からは銀製冠飾り、銀製銙帯金具、金製小板、金銅製耳飾り、金塊、金粉、ガラス玉、青銅盒、鉄刀子、真珠玉などが出土している(30)。

これらの百済王室祈願寺出土舎利遺物に共通する特徴は、冠帽や装飾品、帯金具、玉類など武寧王陵を典型とする百済王陵や古墳の副葬品がみられることである。

百済・王興寺址と飛鳥寺址の塔心礎出土遺物に戻ると、双方ともに古墳出土遺物が含まれるという共通点があることが、この点においても、飛鳥寺の創建には百済の王室祈願寺の影響があったことがわかった(31)。

そのなかでも特異な遺物として、王興寺址と飛鳥寺址の双方から出土している雲母をあげ、両者の類似性を強調したい。王興寺址出土の雲母は花形を呈し（**図1―1**）、装飾として枠状の鉄製品に付属したとみられている（**図1―2**）。この鉄製品は細い鉄製の棒で造られた逆三角形の枠状を成すことと、その中央に花形の雲母装飾を取り付けた冠の鉄芯であったとみられている（**図1―3**）(32)。

日本の古墳および朝鮮三国時代の古墳から出土する雲母については、すでに論じたことがある。すなわち、雲母そのものあるいはこれを用いた装飾品は、新羅およびその影響下にある加耶地域の古墳の埋葬施設内から出土し、年代的にもっともさかのぼるのは新羅の積石木槨墳であり、その比較的早い時期から認められることから、新羅古墳における雲母の埋納は遅くとも五世紀には始まると考えられる。日本の古墳においては雲母の埋納は六世紀代を中心とし、新羅から移入された習俗であると考えられる(33)。いっぽう、百済古墳では雲母の埋納は顕著ではない。これらの点からみると、王興寺址塔心礎出土品の雲母を用いた冠飾りは、全体の形態は百済に特徴的な型式であるにもかかわらず、雲母の装飾が付いている点は百済では特殊な例であり、時期的にも新羅古墳での雲母埋納がほぼ終

図１－１　王興寺木塔址出土雲母飾り

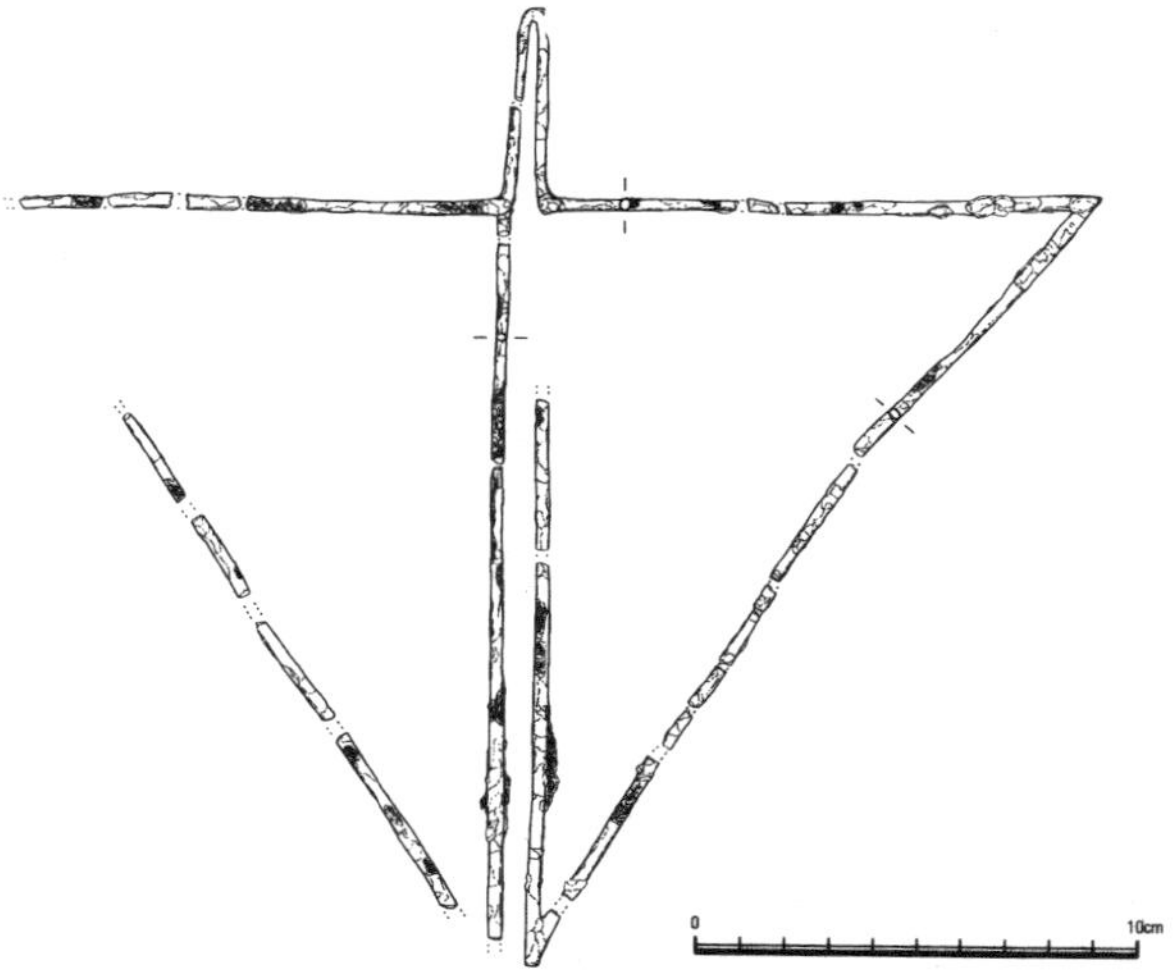

図１－２　王興寺木塔址出土鉄製冠帽

図1－3　王興寺木塔址出土鉄製冠帽復元図

息する六世紀中頃であることから、新羅古墳の雲母埋納習俗とは無関係であり、この時点での百済における冠の付属装飾品であることがわかる。

いっぽう、飛鳥寺の塔心礎出土遺物については、日本で最初の本格的な仏教寺院において伽藍の中心である塔の主体である心礎出土品に伝統的な古墳祭祀の影響が色濃く認められることが、従前、定説となっていた（注27参照）。そのような理解がなされている飛鳥寺塔心礎出土遺物のなかに「雲母片」の記載があることが注目される。これについては、従来、まったく言及されることがなかったが、王興寺址と飛鳥寺双方の塔心礎出土品に共通しており、かつ上述のように新羅古墳での雲母埋納習俗が終焉を迎えた時期である点からみても、飛鳥寺塔心礎への雲母片の埋納が百済の直接の影響のもとに行われたと考えて大過ない。このことは飛鳥寺塔心礎への埋納品の系譜が同時期の百済にあったという従前の見解に対する証左となる。

加えて、年代的に近い王興寺址の舎利荘厳具は、飛鳥寺の出土遺物と同じく古墳出土遺物が主体となるという様相が類似するのみならず、両者の舎利荘厳具の施入あるいは奉献の経緯や属性を知るための重要な端緒となる。それを検証するための遺物として、先にあげた雲母装飾の付いた冠があげられる。現今の資料状況において、雲母装飾の付いた類例は王興寺址出土品のみであるにしても、このような型式の冠の類品そのものは扶余・陵山里ヌンアンゴル三三号墳、同・三六号墳、同・四五号墳、羅州・伏岩里古墳などで出土している。このうち陵山里ヌンアンゴル三六号墳、羅州・伏岩里古墳では鉄芯とともに花弁条の文様から構成される銀製の冠飾りが伴出している(34)。

このような型式の銀製冠飾りは、王都および地方に所在する百済後期の古墳から出土し、『周書』『隋書』『北史』などの百済伝に奈率（第六等）以上の官位の冠飾りとしてみえる「銀花飾」に比定されている(35)。このような銀製冠飾りと逆三角形の鉄芯は組み合わされて冠を構成することが、扶余・陵山里ヌンアンゴル三六号墳の出土品の復元から判明している（**図1―4**(36)）。銀製冠飾りは分布の面では百済の王都だけでなく、諸地方にも散在的に出土することから、百済王権との関係を示す器物とみる位置づけが行われている。

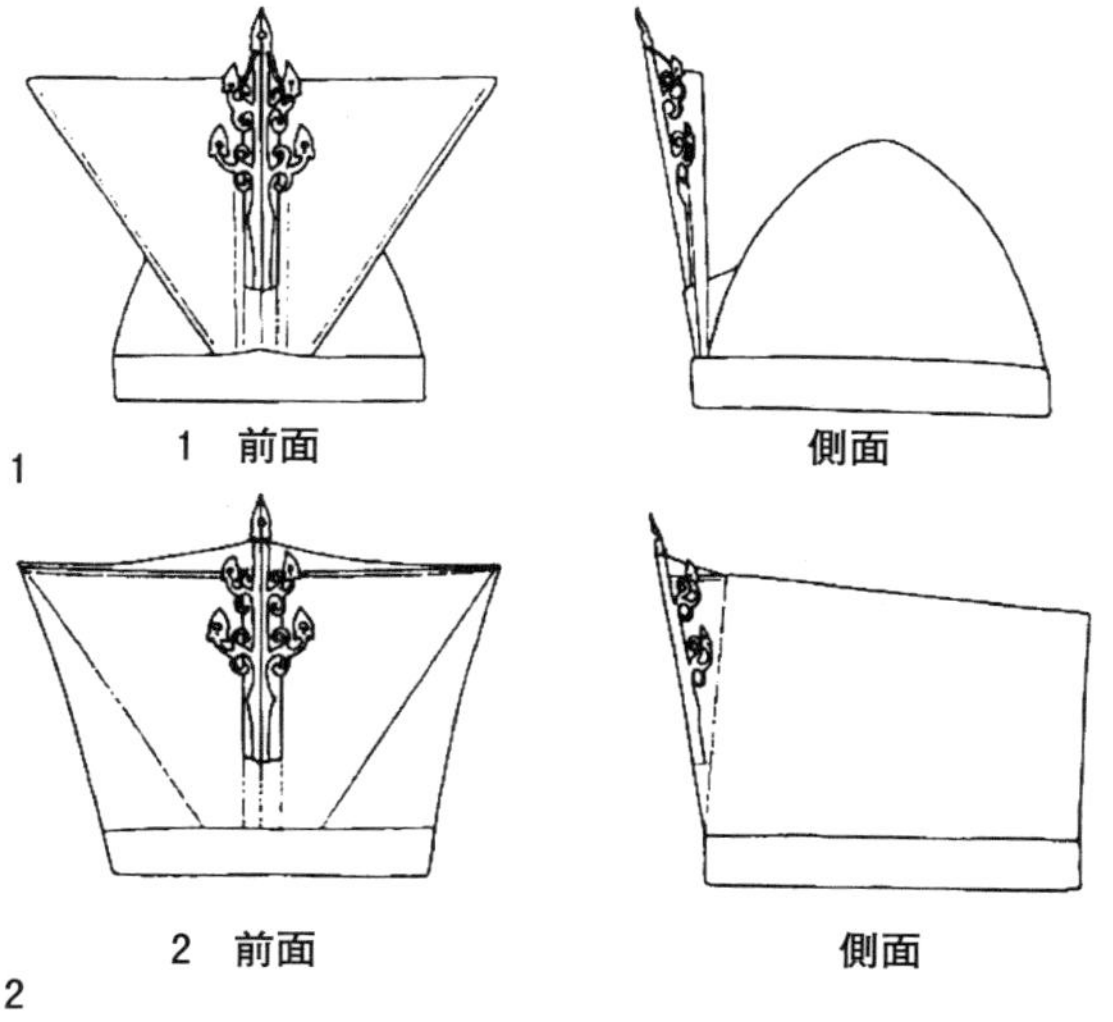

図1－4　銀花飾り付冠帽の復元（陵山里ヌンアンゴル36号墳出土資料）

　同様の銀製冠飾りは弥勒寺址西塔舎利孔の出土遺物のなかにもみられる。これを参照すると、弥勒寺の舎利供養品には王族を含む百済の上位階層の人士の保持した器物が含まれていると考えることが自然である。弥勒寺より時期的にさかのぼる王興寺址出土の雲母装飾の付いた冠に象徴される塔心礎出土遺物も、やはり同様に王族を含む百済の上位階層の人士が施与した器物と考えられる。

　すでに、弥勒寺址西塔出土遺物に関しては、起塔儀礼に参与した供養人たちが自身の所持品を奉安したと推定する見解が示されている(37)。その根拠としては、王興寺や飛鳥寺と同時代の南朝・梁の武帝が揚州の長干寺の阿育王塔を改修した際の諸人の喜捨があげられている。すなわち、武帝は長干寺に二基の塔を建て、金罌《かめ》・玉罌に舎利と仏の爪髪を盛り重ねたものを七宝塔の中に入れ、石函を宝塔に盛り置いて、これらを両塔の下に分かち入れた。この時に王侯、妃主、百姓および富める者たちは、金、銀、鐶、釧などを喜捨して、珍宝が充積した(38)、という記載である。

これらの知見と史料を参考にすると、日本列島からの将来品である硬玉製勾玉（第二部第三章第五節参照）や雲母装飾付冠などの、特定階層以上の所持品を含む王興寺塔址出土舎利供養具は、王族を含む上位階層によって喜捨された舎利供養具と想定しても、大過はなかろう。

いっぽう、このような百済の王室祈願寺の舎利供養品のあり方を参考とするならば、百済から仏舎利・僧・寺院建築工人・瓦工・画工などの工人の移入によって創建したと記される飛鳥寺塔址の埋納品については、従来、説かれてきたようにそれまでの伝統的、在来的な古墳出土品との共通性のみならず、同様に古墳出土遺物と類似する埋納品が百済の王興寺址や弥勒寺址などの王室祈願寺院から出土していることと、王興寺址と飛鳥寺址出土品のなかの雲母片という時期的にも地域的にもきわめて特殊でありながら共通する遺物がある点の双方から、飛鳥寺址塔心礎埋納品の系譜が百済の王室寺院にたどれると考定した。

結　語

本章では王興寺址で発掘された塔心礎から出土した舎利容器の銘文にみえる舎利の記載を中心として、百済の王室祈願寺院で行われた舎利信仰を飛鳥寺の舎利伝承と比較し、あわせて仏典にみえる舎利の奇瑞と対照して検討した。その結果、「銘文」における舎利の奇瑞は、その主体が阿育王ないしは百済王・昌とみられる点も含めて、頻繁に通交していた梁・武帝の仏教、とりわけ阿育王の舎利と起塔の事績とそれに対する篤信が背景にあるとした。また、長干寺阿育王塔の舎利の記述とを勘案すれば、「銘文」にみえる舎利の奇瑞は、南朝・梁に発する『阿育王経』を典拠とする舎利と起塔の影響を受けたと考えられる。

あわせて、百済王室祈願寺と飛鳥寺の舎利関係遺物の比較によって、雲母装飾付冠を典型とする特定階層以上の所持品を含む王興寺塔址出土舎利供養具は、王族を含む上位階層によって喜捨された舎利供養具と想定した。そのうえで百済の王室祈願寺の舎利供養品の様相からみると、百済から仏舎利・僧・寺院建築工人・瓦工・画工などの工人の移入によって創建したと記される飛鳥寺塔址の埋納品については、従来いわれてきた在来的な古墳出土品との共通性のみならず、同様に古墳出土遺物と類似する埋納品が百済の王興寺址や弥勒寺址などの王室祈願寺院から出土していることに加えて、王興寺址と飛鳥寺出土品のなかの雲母片という時期的にも地域的にもきわめて特殊でありながら共通する遺物がある点との双方から、飛鳥寺址塔心礎埋納品の系譜が百済の王室寺院にたどれると結論した。

そのいっぽうでは王陵を主体とした泗沘期の百済王室の陵墓の地である陵山里の隣接地に王室の祈願寺を置くという点に関しては、飛鳥寺が蘇我馬子の発願による蘇我氏の氏寺であることが異なる。このような造営主体者が百済王室か蘇我氏という氏族かという違いは百済と倭の仏教政策によるところが大きいと推定することが自然であるが、舎利信仰を媒介した文化史的検討を目途とした本章は、政治史的にも従前とは異なる視点からの検討が可能であることを示唆することで擱筆すべきであろう。

注

（1）『三国史記』巻第二七・百済本紀第五・法王
二年春正月、創王興寺、度僧三十人。
『三国史記』巻第二七・百済本紀第五・武王
三十五年春二月、王興寺成。其寺臨水、彩飾壮麗。王毎乗舟、入寺行香。

（2）国立扶余博物館・国立扶余文化財研究所編『百済王興寺』（国立扶余博物館・国立扶余文化財研究所、二〇〇八年）〔ハングル文献〕、国立扶余文化財研究所編『王興寺址Ⅲ――木塔址・金堂址発掘調査報告書』（国立扶余文化財研究所、二〇〇九年）〔ハングル文献〕、国立扶余文化財研究所編『王興寺址Ⅳ』（国立扶余文化財研究所、二〇一二年）〔ハングル文献〕。本章の王興寺址に関する知見は上記によっている。

（3）金台植「扶余王興寺址昌王銘舎利具に関する考察――舎利函銘文を中心に――」（『文化史学』二八、二〇〇七年）〔ハングル文献〕、李道学「〈王興寺址舎利器銘文〉分析を通してみた百済威徳王代の政治と仏教」（『韓国史研究』一四二、二〇〇八年）〔ハングル文献〕。

（4）国立扶余博物館編『陵寺――扶余陵山里寺址発掘調査進展報告書』（国立扶余博物館、二〇〇〇年）〔ハングル文献〕。

（5）裵秉宣・趙恩慶・金賢龍「弥勒寺址石塔舎利荘厳収拾調査と成果」（『木簡と文字』三、二〇〇九年）〔ハングル文献〕、周炅美「百済の舎利信仰と弥勒寺址出土舎利荘厳具」（円光大学校馬韓百済研究所編『円光大学校馬韓百済研究所学術大会集　大発見舎利荘厳　弥勒寺の再照明』円光大学校馬韓百済研究所、二〇〇九年）〔ハングル文献〕、金ヒョンヨン他編『弥勒寺石塔舎利荘厳』（国立文化財研究所建築文化財研究室、二〇一三年）〔ハングル文献〕、国立文化財研究所編『益山弥勒寺址石塔舎利荘厳』（国立文化財研究所建築文化財研究室、二〇一四年）〔ハングル文献〕。

（6）金相鉉「弥勒寺石塔舎利奉安記の基礎的検討」（円光大学校馬韓百済研究所編『円光大学校馬韓百済研究所学術

大会集　大発見舎利荘厳　弥勒寺の再照明』〈前掲注5〉〉〔ハングル文献〕、金ヒョンヨン他編『弥勒寺石塔舎利荘厳』（前掲注5）。

（7）津田左右吉『日本古典の研究』下（津田左右吉全集第二巻、岩波書店、一九六三年）〔初版は一九四八年〕。

（8）景山春樹『舎利信仰――その研究と史料――』（東京美術、一九八六年）。

（9）吉田一彦『古代仏教をよみなおす』（吉川弘文館、二〇〇六年）一九三～一九五頁。

（10）寺川眞知夫「日本における舎利伝承の展開――敏達紀から『今昔物語集』まで――」（『万葉古代学研究所年報』四、二〇〇六年）、吉田一彦『仏教伝来の研究』（吉川弘文館、二〇一二年）八八～八九、二九八頁。

（11）岸田知子「日中文献にみる舎利の奇瑞」（『文芸論叢』六八、二〇〇七年）。

（12）岸田知子「日中文献にみる舎利の奇瑞」（前掲注11）。

（13）岸田知子「日中文献にみる舎利の奇瑞」（前掲注11）。

（14）李道学「〈王興寺址舎利器銘文〉分析を通してみた百済威徳王代の政治と仏教」（前掲注3）。

（15）周炅美「百済の舎利信仰と弥勒寺址出土舎利荘厳具」（前掲注5）。

（16）『集神州三宝感通録』巻上（大正新脩大蔵経第五二巻四一一頁上段）

晋義興《ママ》〔熙〕元年。有林邑人。嘗有一舎利。毎斎日放光。沙門慧邃。随広州刺史刀《ママ》〔刁〕逵在南。敬其光相欲請之。未及発言。而舎利自分為二。逵聞心悦。又請留敬。而又分為三。逵欲模長干像。寺主固執不許。夜夢人長数丈告曰。像貴宣導。何故恪耶。明報聴摸。既成。逵以舎利著像髻中。西来諸像放光者。多懐舎利故也。

（〔　〕は大正蔵校勘を表す。）

（17）『魏書』巻一一四・釈老志

仏既謝世、香木焚尸。霊骨分砕、大小如粒、撃之不壊、焚亦不燋、或有光明神験、胡言謂之舎利。弟子収奉、置之宝瓶、竭香花、致敬慕、建宮宇、謂為塔。塔亦胡言、猶宗廟也、故世称塔廟。於後百年、有王阿育、以神力分仏舎利、役諸鬼神、造八万四千塔、布於世界、皆同日而就。今洛陽・彭城・姑臧・臨淄皆有阿育王寺、蓋承其遺迹焉。

(18) 横超慧日『中国仏教の研究』第一（法藏館、一九五八年）三四七～三五六頁。

(19) 横超慧日『中国仏教の研究』（前掲注18）。

(20) 『大般涅槃経』巻中（大正新脩大蔵経第一巻一九九頁下段～二〇〇頁上段）
仏言。阿難。供養我身依転輪聖王。阿難又問。供養転輪聖王、其法云何。仏言。阿難。供養転輪聖王之法。用新浄綿及以細氎。合纏其身。如是乃至積満千重。内金棺中。又作銀棺、盛於金棺。又作銅棺。盛於銀棺。又作鉄棺。盛於銅棺。然後灌以衆妙香油。又復棺内。以諸香華而用塗散。作衆伎楽。歌唄讃頌。然後下蓋。造大宝轝。極令高広。軒蓋欄楯。衆妙荘厳。以棺置上。

(21) 河田貞「インド・中国・朝鮮の仏舎利荘厳」（奈良国立博物館編『仏舎利の荘厳』同朋舎出版、一九八三年）。

(22) 加島勝「中国・シルクロードにおける舎利容器の変遷について」（『シルクロード学研究』二一、二〇〇四年）。

(23) 劉来成「河北定県出土北魏石函」（『考古』一九六六年第五期）（中国語文献）。

(24) 江蘇省文物工作隊鎮江分隊・鎮江市博物館「江蘇鎮江甘露寺鉄塔塔基発掘記」（『考古』一九六一年第一期）（中国語文献）。

(25) 『梁書』巻五四・列伝第四八・諸夷・海南／扶南国
其後西河離石県有胡人劉薩何遇疾暴亡、而心下猶暖、其家未敢便殯、経十日更蘇。説云、有両吏見録、向西北行、不測遠近、至十八地獄、随報重軽、受諸楚毒。見観世音語云、汝縁未尽、若得活、可作沙門。洛下、斉城、丹陽、会稽並有阿育王塔、可往礼拝。若寿終、則不堕地獄。語竟、如堕高巌、忽然醒寤。因此出家、名慧達。遊行礼塔、次至丹陽、未知塔処、乃登越城四望、見長干里有異気色、因就礼拝、果是阿育王塔所、屢放光明。由是定知必有舎利、乃集衆就掘之、入一丈、得三石碑、並長六尺。中一碑有鉄函、函中有銀函、函中又有金函、盛三舎利及爪髪各一枚、髪長数尺。

(26) 亡父の追福のために寺塔を建てる行為についても、梁・武帝が父のために皇基寺（後の皇業寺）を建てたこと

（『資治通鑑』巻第一五七・梁紀一三・高祖武皇帝一三・武帝二年正月条）と百済・王興寺の銘文にみる亡父の追福との類似性が指摘されており、この点でも梁と百済との関係が推定される。これについては下記論文を参照。梁銀景「中国仏教寺刹の検討を通してみた百済泗沘期仏教寺刹の諸問題」（『百済研究』五〇、二〇〇九年）〔ハングル文献〕。

(27) 奈良国立文化財研究所編『飛鳥寺発掘調査報告』（奈良国立文化財研究所、一九五八年）、辻秀人「日本古墳時代の副葬品と飛鳥寺塔の舎利荘厳」（『東北学院大学論集　歴史と文化』四〇、二〇〇六年）。

(28) 佐川正敏「日本古代木塔基壇の構築技法と地下式心礎、およびその東アジア的考察」（『歴史と文化』〈東北学院大学論集〉四〇、二〇〇六年）。

(29) 李漢祥「百済王興寺木塔址一括遺物の性格と意義」（『東アジアの古代文化』一三六、二〇〇八年）、国立扶余博物館・国立扶余文化財研究所編『百済王興寺』（前掲注2）、国立扶余文化財研究所編『王興寺址Ⅲ――木塔址・金堂址発掘調査報告書』（前掲注2）。

(30) 周炅美「百済の舎利信仰と弥勒寺址出土舎利荘厳具」（前掲注5）、国立文化財研究所編『益山弥勒寺址石塔舎利荘厳』（前掲注5）。

(31) 鈴木靖民「百済王興寺の舎利容器・荘厳具と飛鳥寺――飛鳥文化の源流――」（『東アジアの古代文化』一三六、二〇〇八年）。

(32) 国立扶余博物館・国立扶余文化財研究所編『百済王興寺』（前掲注2）三六～三七頁、国立扶余文化財研究所編『王興寺址Ⅲ――木塔址・金堂址発掘調査報告書』（前掲注2）。

(33) 門田誠一「古墳出土の雲母片に関する基礎的考察――東アジアにおける相関的理解と道教的要素」（『古代東アジア地域相の考古学的研究』学生社、二〇〇六年）〔初出は一九九九年〕。なお、王興寺木塔址出土の雲母については下記の論考で飛鳥寺塔址出土例との類似と出土遺物として注意すべきことが示唆されている。鈴木靖民「王興寺から飛鳥寺へ――飛鳥文化の形成――」、佐川正敏「王興寺と飛鳥寺の伽藍配置・木塔心礎設置・舎利奉安形式の系譜」〈鈴木靖民編『古代東アジアの仏教と王権――王興寺から飛鳥寺へ――』勉誠出版、二〇一〇年〉。

(34) イ・クィヨン「百済金属工芸の考察」〈李男奭編『百済文化の特性研究』書景出版社、二〇〇四年〉〈ハングル文献〉、山本孝文「百済古墳の副葬品と王興寺舎利荘厳具」〈鈴木靖民編『古代東アジアの仏教と王権――王興寺から飛鳥寺へ――』〈前掲注33〉〉。

(35) 全栄来「古墳Ⅱ〈湖南地方〉」〈林永福ほか編『百済考古学』民族文化社、一九九三年〉〈ハングル文献〉、李南奭「百済冠制と冠飾――冠制・冠飾の政治史的意味考察――」〈『百済文化』二〇、一九九〇年〉〈ハングル文献〉。

(36) 崔孟植「陵山里百済古墳出土装飾具に関する一考」〈『百済文化』二七、一九九八年〉〈ハングル文献〉。

(37) 周炅美「百済の舎利信仰と弥勒寺址出土舎利荘厳具」〈円光大学校馬韓百済研究所編『円光大学校馬韓百済研究所学術大会　大発見舎利荘厳　弥勒寺の再照明』〈前掲注5〉〉、金洛中「考古学的成果およびその意義」および周炅美「弥勒寺址石塔舎利荘厳の性格と意味」〈国立文化財研究所編『益山弥勒寺址舎利荘厳』〈前掲注5〉〉。

(38) 『梁書』巻五四・列伝四八・諸夷・海南／扶南国
〈天監〉至四年九月十五日、高祖又至寺設無遮大会、竪二刹、各以金罌、次玉罌、重盛舎利及爪髪、内七宝塔中、又以石函盛宝塔、分入両刹下、及王侯妃主百姓富室所捨金、銀、鐶、釧等珍宝充積。

第二章　百済王室祈願寺と飛鳥寺の造寺思想

序　言

日本における最初期の本格的伽藍を有する寺院として、『日本書紀』に法興寺としてみえる飛鳥寺の重要性はあえていうまでもないが、これに加えて二〇世紀末以降の朝鮮三国、とくに百済寺院の発掘成果は飛鳥寺址の遺物や遺構と対照検討できる部分が多く、相互の比較により、それぞれの史的特質を明らかにできるようになった。さらに百済寺院址では有銘の舎利容器などが複数出土しており、たんに考古資料としての物質的比較にとどまらず、銘文に記された内容は百済のみならず、東アジアの文化史や宗教・思想史などに関して重要な同時代の文字資料となっている。このような百済寺院址出土の銘文には王族に対する追福祈願などの内容が記されており、王族によって造営された点を重視して王室祈願寺と称されることが多く、本章でも同様に措定しておく。

また、百済寺院址出土の舎利容器銘文の内容は文献・史書にみえる南北朝から隋・唐にかけての寺院および舎利埋納関係記事と対照検討することができ、ここにおいて百済王室祈願寺は出土遺物と銘文の双方から同時期の東アジアにおいて史的位置づけを行うことが可能となった。

いっぽう、『日本書紀』を中心とした飛鳥寺関係の文献記述は、当然ながら、内容の吟味に先立つ修飾や記述の意図の検討が必要であるが、これに関しても同時代の東アジアの造塔・造寺の考古資料と文献記載との比較に基づいた相対的な考察が必要であろう。

本章ではこのような問題意識のもとに、関係する先学の研究を踏まえつつ、百済王室祈願寺の銘文の内容を確認した後、南北朝期の寺院造営に関わる追福と捨宅寺院の事例を整理することによって造寺の思想的背景を類型として認識し、これらとの対照によって飛鳥寺の造寺記事を検証しつつ、記述そのものの意味するところを東アジアのなかで位置づけることを目的とする。

第一節　百済王室祈願寺の舎利容器にみえる造寺思想

陵山里寺址は百済最後の王都である扶余（忠清南道扶余郡）に所在する百済王陵とみられる陵山寺古墳群の西側で発見され、伽藍配置が判明するとともに工房址の検出や金銅香炉などの優秀な遺物の出土で知られている。陵山里寺址では木塔心礎石の周囲から花崗岩製の舎利龕が出土している。舎利龕には「百済昌王十三季太歳在丁亥妹兄公主供養舎利」という銘文が刻されており、これによって、昌王一三年すなわち威徳王代の五六七年に妹兄公主が舎利を供養したことが判明した。(1)

王興寺も扶余に所在した寺院址で、『三国史記』『三国遺事』に記述があり、創建に関しては『三国史記』では法王二年（六〇〇）とされ、(2)武王三五年（六三四）に完成したと記されている。(3)王興寺址は一九三四年に「王興」銘文瓦の収拾によって現在地に比定され、その後、二〇〇〇年以降に発掘調査が行われており、二〇〇七年に行われた木塔址の発掘調査では木塔基礎（心礎石）部分から舎利孔に安置された状態で舎利容器が出土し、これまでの調査で検出された建物址としては南北に並んだ木塔・金堂・講堂があり、木塔址と金堂址の東西に廻廊をもった建物が存在することが判明している(4)。舎利容器は青銅製外盒の中に銀製外壺を入れ、さらにその中に金製瓶を入れるという、金・銀・銅の容器の入れ子状をなしていた。青銅製外盒には銘文が刻まれており、一行五字ずつで、最後の行のみ四字で構成されていた。現状において銘文は「丁酉年二月十五日百済王昌為亡王子立刹本舎利二枚葬時神化為三」と釈読されている。

銘文の釈意について、すでに発表されている見解を整理すると「丁酉年二月一五日に百済王・昌（威徳王）が、亡き王子のために刹（塔）を立てた。本（筆者注・この、あるいは、本来は、という意味）舎利は埋納した時は二枚であったが、神力によって化し、三（枚）となった」と解されている(5)。

百済王・昌が『三国史記』や『日本書紀』にみえる記事から、威徳王の諱であることが知られており、その治世の丁酉年は五七七年にあたり、さきにみた『三国史記』の王興寺創建記事よりも年次がさかのぼることになる。

銘文の「亡王子」の「亡」字については、「三」字とみる見解もあったが、その後、「亡」字であるとする見方が確定しつつある。この「亡王子」は威徳王の太子であるが、『日本書紀』にみえる「阿佐太子」のほかに、五七七年頃に死亡した別の王子であると考えられている。

扶余地域の他では益山・弥勒寺址（全羅北道益山市）で石造の西塔の解体過程において舎利孔が発見され、ここから金製舎利奉迎記などの遺物が出土した。舎利奉迎記は金製で縦一〇・五センチメートル、横一五・五センチメートルの横長の金板で、銘文の表面は一行九字で一一行、裏面も一行九字で一一行にわたって記されており、一行目は一〇字、三行目も一字分の空格を含めて一〇字、一〇行目は八字、最後の一一行目は四字となっている。字数は合わせて一九三字であり、文字は陰刻された後に朱漆で彩色されている(6)。

銘文の内容は前半では釈迦の出世と入滅、仏舎利の奇瑞、後半では百済王后である沙乇（宅）積徳の娘が伽藍を造立し、「己亥年正月廿九日」に舎利を奉迎し、大王陛下の年寿が久しく、仏法が弘通し、衆生を教化することと、王后の身体が不滅で、永く子孫に福利があり、衆生とともに仏道を成さんことを願うというものである。すなわち、最終的には百済王と王后の身体の不滅と家系の福徳および仏道の成就を願目として、舎利の供養と塔の建立を行ったことがわかる。舎利および奉迎記が奉安された年次については、銘文にある「己亥年正月廿九日」の記載によって、武王の在位中の六三九年にあたるとされている(7)。

これらの百済王室祈願寺から出土した六世紀代の銘文資料内容から、陵山里寺址や王興寺址の造営は亡父や亡息の追福を目的としており、七世紀代の弥勒寺西塔址は百済王と王后の身体の不滅と家系の福徳および仏道の成就を造塔の願目としたことがわかっている。

第二節　中国南北朝王族の造塔・造寺

百済王室祈願寺の造塔・造寺の思想背景を考察するために同時期の中国南北朝時代の造塔・造寺について知ることは基本的な要件である。その理由は寺院造営に伴う本格的な造塔が南北朝時代に始まり、文献の記載に比べると資料数としては少ないが、実際の遺構や遺物も知られていることに加え、とりわけ南朝・梁では武帝代の仏教の興隆とともに、多くの寺院が造営されたことにある。百済は梁に対して頻繁な遣使を行ったのみならず、中大通六年（五三四）と大同七年（五四二）の二度にわたって遣使し、涅槃経義・毛詩博士・工匠・画師らを賜ったことが『梁書』百済伝にみえており(8)、百済王室祈願寺の造営思想には南朝・梁の仏教が直接的な影響を与えていた。このような同時代的状況を知るために、以下に南北朝時代の造寺関係記事のなかで、百済と古代日本の造塔・造寺と関係する王族の追福と邸宅などを寺院に喜捨する捨宅寺院という二つの特徴を示す類型について[9]、内容のわかる事例をあげ、後段の考察に資することとする。

1　亡親などに対する追福のための造寺

南北朝時代には王族が身内の追福のために寺を営んだという記載が多くみられる[10]。まず、南朝の事例からみていくと、梁の武帝は亡父のために皇基寺を造ったことが『資治通鑑』にみえる。それによると、大同二年（五三六）に武帝が父の蕭順之を追福するため皇基寺（唐代には皇業寺と改名）を建てようとした際に、孟少卿は帝に媚びるために曲阿の弘氏を冤罪に落とし、その木材を奪って寺の建築に用いさせたとある[11]。『南史』梁本紀には大同一〇年（五四四）に武帝が蘭陵に行幸して父の文帝夫妻の建陵と妻の郗皇后を葬った修陵に謁陵し、皇基寺で法会を設けたとある[12]。このほかにも武帝は父母のために大愛敬寺と大智度寺を建てている[13]。

時代はさかのぼるが、南朝・宋の武帝劉裕の継母である孝懿蕭皇后・蕭文寿の甥の蕭思話の子の恵開は中庶子（東宮の属官）に除され、父の死に遇し、喪にあたって孝行であり、家は質素であったが、仏につかえ、父のために四寺を建てた。それぞれを名づけて、南岡下のものは禅岡寺といい、曲阿旧郷宅のものは禅郷寺といい、京口墓亭のものは禅亭寺といい、封じられた封陽県のものは禅封寺としたという[14]。

北朝の追福としては、承明元年（四七六）八月に北魏の孝文帝が先帝の追善供養のために永寧寺で一〇〇人余りの僧を得度させ、また自らも剃髪し、僧服を施与したことが名高い[15]。同じく北魏代には開陽門の外三里に孝文帝が馮太后の追善のために建てた報徳寺があった[16]。また、秦太上君寺は胡太后が建てたもので、天下の母としての座につき、父に秦太上公、母に秦太上君という謚号を奉じ、母のために建てたので、このように名づけたという[17]。亡親などの追福以外にも、『洛陽伽藍記』にみえる捨宅寺院の記載のなかで、北魏の王族の死に際して追福祈願に関連して造営された事例がある[18]。景明寺の南一里にある西寺は霊太后が建て、東寺は帝の姨が建てたもので、どちらも父の追福のためであるので、それを寺名としたとある[19]。直接に追福の語は用いられていないが、同様の行為と解されるものとしては、高陽王雍が爾朱栄に殺された後に、その邸が喜捨されて高陽王寺とされた例がある[20]。同じく、広平の武穆王が邸を喜捨して建てた平等寺の門外にあった金の仏像は相好が端正で霊験があり、国家の吉凶について、いち早くその験を現したという[21]。

2　魏晋南北朝における「捨宅為寺」

父母などの追福およびそれによる作善、すなわち追善のための造寺とは別に、魏晋南北朝とりわけ北朝代には住宅を喜捨して寺となすことを示す「捨宅為寺」の表現があり、捨宅寺院と呼ばれることが多い。捨宅寺院に関しては魏・晋代のこととしてみえる記載もあるが、仏教的説話に類する例もあり、南北朝時代とくに北朝において盛行する。

北魏の捨宅寺院については服部克彦氏が成立過程について詳細に考察している。それによると北魏の捨宅寺院は、その成立の原因と過程によって、①篤実な仏教信仰、②奇瑞や霊験の発現、③政争による犠牲者の追福、などの類型があるとされる[22]。また、王恵君氏は『洛陽伽藍記』にみえる「捨宅為寺」の契機と原因については、①仏教への篤信、②意外な出来事、③政変、の三つに分類している[23]。

このような先行研究に導かれつつ、本章の論旨に関わる部分において、捨宅寺院の主な事例をあげておきたい。

まず、「捨宅為寺」の語としては、たとえば侍中・司州刺史の城陽王徽の宣忠寺創建に関する記載が知られる。永康年中に北海王が洛陽に入城して荘帝が北へ逃避した際、諸王は去就を決めかねていたが、城陽王徽だけは帝に従って長子城に行ったところ、大兵が黄河を扼《やく》して雌雄が決せず、徽は願を立てて洛陽に入ることができれば、「捨宅為寺」すなわち邸を喜捨して寺にするとしたところ、北海王は敗走し、国の秩序が回復すると、彼は邸を喜捨した(24)。

魏晋南北朝代の事例のなかでも捨宅寺院の早い時期の例としては、洛陽に遷都した孝文帝代の創建になる景寧寺の記載がある。この寺は青陽門外にあり、太保・司徒公の楊椿は高祖が洛陽に遷都した時に、ここに邸を建て、その機会に一部を喜捨して寺にしたため、地名をとって景寧寺と名づけたとみえる(25)。

説話的な内容としては『仏祖統紀』には三国時代の呉の尚書令・闞沢が宅を喜捨して寺としたという記載がある(26)。また、西晋の永康元年（三〇〇）に井戸から金が出た奇瑞によって会稽の諸葛氏が邸宅を霊宝寺としたという(27)。東晋の咸康二年（三三六）には尚書令・李邈が句容の宅を喜捨して霊曜寺としたとあり(28)、同じく建元元年（三四三）に中書令・何充は自邸を喜捨して建福寺となしたという記述がある(29)。個人の邸宅を寺とした場合の建物の構造などについては、白馬寺が狭小なため道安が清河の張殷の宅地に寺を建て、檀渓寺と名づけ、大富長者たちが賛助して五層の塔を建築し、四〇〇の房を起こしたという記載が参照される(30)。

六朝時代の捨宅寺院は、この他にも事例が多く、皇帝や王族および高位官僚らが営んだ捨宅寺院のみでも二五例に上ることが指摘されている(31)。そのなかでも周知されるのが梁の武帝の篤信であり、彼は故里の邸を喜捨して光宅寺とし、周興嗣と陸倕に勅して各々に寺碑を作らせ、それらが完成するとともに奏上させたが、武帝は周興嗣のものを採択したという(32)。

さかのぼって劉宋の明帝は故宅を喜捨して湘宮寺とするにあたって奢侈を極め、孝武帝が造った七層を超える一〇層を欲したが、立てることがかなわず、五層の塔を二つに分けて造った。新安太守の巣尚之が辞して帰る時に帝に見《まみ》えて、私はまだ湘宮寺に行ったことはないが、この寺は大いなる功徳があると述べた。側にいた虞愿は、陛下がこの寺を建てて、皆百姓は子を売り、女は銭に執着しており、仏がもしこれを知ったら悲哭哀愍し、罪は仏塔ほどに高く、何の功徳があろうか、と言った。帝は大いに怒ったが、旧恩をもって許されたという。ここでは明帝が故里を喜捨して奢侈な寺院を造ったことに起因する民の疲弊が諫直の対象として語られている(33)。

捨宅寺院の名称についてはおおむね寺院名が付けられているが、その他では昭儀寺の池の南には中書舎人の王翊が邸を喜捨して建てた仏堂があり、その前に桑の木が一本あり、五尺の高さのところで枝が横に張りだし、小枝と葉が覆って、その形は羽でできた蓋《きぬがさ》のようであったという(34)。ここでは捨宅寺院の結構の一つが「仏堂」と称されている。

次に捨宅して寺となすに及んだ経緯がわかる記載を以下にあげてみたい。たとえば長沙太守・騰含は江陵の邸宅を喜捨して寺となすにあたり、道安に一僧を綱領にしたいと告げ、曇翼には荊楚の士人庶民ははじめて師宗を欲しており、その教化をなすのは汝をおいて誰に非ずやと言うと、曇翼は錫杖をついて南に向かい寺院を創建し、すなわち長沙寺がこれであるという(35)。

安楽寺は釈慧受が王坦之の田園を通ったことがあり、夜になるときまって田園に寺を建てる夢をみた。そのようなことが一再ならずあり、慧受は王坦之から寺を建てる土地をもらいうけ、はじめ小さな建物を建てたところ夜ごとに一匹の龍が南の方角からやって来て、塔の心柱に変化する夢をみた。試みに新亭江まで出かけて探し求めたところ、一本の長い材木が流れ下ってくるのがみえた。慧受は夢にみたものと考え、人を雇って引きあげさせ、それを立てて塔の心柱とし、その上に一層の屋根を架けた。出家在家のものがつめかけ、誰しもその不思議に感嘆した。王坦之は田園を喜捨して寺院とし、慧受の郷里の名をとって安楽寺としたという(36)。

昭儀寺の南には段暉の邸宅があり、地下から鐘の音が聞こえ、時には五色の光が現れて堂宇を照らした。段暉が不思議に思って、そこを掘ったところ黄金の仏像が出てきた。高さは三尺ほどで、脇侍の二菩薩があり、結跏趺坐したところに銘文があって、「晋太始二年五月十五日侍中中書監荀勗造」と記されていたため、段暉は邸を喜捨して光明寺とした(37)。

綏民里の東が崇義里で里内には京兆の人・杜子休の邸があった。隠者の趙逸という人がいて、晋の武帝の時の人だといい、晋代の故事をよく知っていた。正光（五二〇～五二五）の初め頃、子休の邸を見て、この邸は昔の太康寺で、王濬が呉を平定した時に、この寺を建てたのであり、磚で造られた三重の塔があったといい、指さした場所を子休が掘ってみると磚数万枚と造寺の年次と施主を記した石銘が出てきた。子休は趙逸を聖人と呼び、邸を喜捨して霊応寺とし、掘り出した磚でもとどおり三重の塔を造った(38)。

城東の殖貨里には太常寺の官奴の劉と胡の兄弟四人がいて、屠殺業を営んでいた。永安年間に胡が豚を殺そうとすると豚が助けの声を発し、四隣に聞こえた。隣人たちは胡兄弟が殴りあっていると思って見にくると、それは豚であった。胡は邸を喜捨して帰覚寺とし、家中の皆が出家した(39)。

開善寺はもともと京兆の人・韋英の邸であった。韋英が死ぬと、妻の梁氏は葬儀をすませることもなく、婿をとり、河内の人・向子集を入れて夫とし、そのまま邸に住んでいた。韋英は妻が再嫁したと聞き、馬に乗り、数人を従え、帰ってきて、庭の前で妻に汝は私を忘れたか、と叫ぶと向子集は驚き恐れ、弓を引いて射ると、韋英は矢にあたって倒れ、桃の人形に変わって、乗っていた馬も茅の馬に変わり、従者は蒲の人形に化けた。梁氏は恐れて、邸を喜捨して寺とした(40)。

『洛陽伽藍記』にみえる捨宅寺院の契機と原因に関しては、さきにふれた先行研究で述べられているが、霊応寺・帰覚寺・開善寺などの記載をみると、たんに意外な出来事ではなく、仏像や寺院構築材である磚などの発見、あるいは人の声で助けを求める豚や亡夫の蘇生など仏教的な奇瑞や霊験と造寺との因果関係を説いたものであることが知られる。これらに象徴されるように、とくに南北朝時代の捨宅寺院に顕著な特徴は仏教に対する篤信に基づき、霊験や奇瑞などを契機として、邸宅を喜捨して寺となす行為であるといえよう。

このような南北朝時代の捨宅寺院や財物の喜捨は、すなわち布施の行為としての発現形態である。布施には出家者が所有物を放棄して在家者を説く法施と在家者が財を持たない出家者に対して施しをする財施とがあり、双方ともに時代や文献による意味内容の違いがあるとされ、そのうち大乗経典では六波羅蜜と密接に関係するとされている(41)。王朝の分立や華夷のせめぎあいによる争乱に端を発する混乱した社会状況のなかで、魏晋南北朝時代には皇帝から民衆にいたるまで、広く金銭や布帛の多大な布施が流行する。これを特定の仏教思想に結びつける見方もあるが、皇帝や皇族の場合は、あたかも仏教的な経済行為として布施が行われ、その最たるものは梁・武帝の捨身であって、これに伴い寺院に多くの物品を喜捨するのは悔過とされる悔罪のための行為と同根であって、福を造ることも罪をなくすことも喜捨によるとされる(42)。

第三節　飛鳥寺と百済王室祈願寺の造寺思想

日本古代におけるいわゆる仏教公伝記事の一つとして『日本書紀』には欽明天皇一三年（五五二）、百済の聖明王から献上された仏像を蘇我稲目がまず小墾田の家に置き、後に向原の家に安置して寺としたとあり、これが我が国における寺院の創始を記すとされている。ここで向原の家を寺にするにあたって、「懃《ねんご》ろに世を出ずる業を修めて因とし、向原家を浄め捨てて寺と為す」とある。(43)周知のとおり、この記載には該期には漢訳されていなかった『金光明最勝王経』の語句があることなどから、いわゆる仏教公伝の年紀としては『上宮聖徳法王帝説』『元興寺縁起幷流記資財帳』にみえる戊午年すなわち五三八年がとられている。(44)また、豊浦寺の創建記事に関しても、『元興寺縁起幷流記資財帳』そのものの史料性を疑問視する見方もあり、(45)仏教公伝の年次を確定すること自体の意味も問われている。(46)

また、『日本書紀』欽明天皇一三年条以降にみえる仏教公伝から崇仏論争にいたる一連の記述が『法苑珠林』『金光明最勝王経』などの仏書や仏典を典拠として修文されたことが指摘されており、(47)とくに崇仏論争に対しては『日本書紀』編纂段階で創出された説話とする見方も示されている。(48)

もちろん仏書や漢籍による修文と事実としての史料性とは別次元で考究すべきであるが、少なくとも、『日本書紀』の仏教公伝から崇仏論争の記載に関して、上述の典拠となる仏書や仏典を参照として述作されたことは、実証の次元では否定できない。ここにみえる初期寺院の創建譚については、出典や典故として検討すべき点が多く、法興寺や向原寺の創建説話についても、一定の出典論的な再検討を経たうえで言及することがもとめられよう。

豊浦寺に関しては、つとに喜田貞吉が「豊浦寺はもと蘇我稲目が己が宅を捨てて寺となしたりという向原寺」であるとして、本章でいう捨宅寺院の存在を示唆した。(49)その後、蘇我稲目の宅である向原家に仏像を置くに際して、「浄捨向原家為寺」と記されているのは南北朝時代に行われた「捨宅為寺」を下敷きとしたもので、これは『出三蔵記集』『高僧伝』『続高僧伝』『集神州三宝感通録』などの中国の仏書にみえる常套的な表現であり、これらに依拠して記述されたことが指摘されている。(50)「向原」は『元興寺縁起』には「牟久原」とみえ、推古天皇の宮があったことになっているが、いずれにしても、この寺の創建は他の史料にはみえず、福山敏男氏の研究以来、この縁起そのものの史料性に疑義が呈されている。(51)

これまで指摘されているほかにも、初期寺院の創建説話には漢籍を典故とした内容がみられる。それは法興寺と四天王寺の創建譚にみえる戦争に勝利することを要件とした誓願という筋立てである。四天王寺の創建に関しては、用明二年（五八七）秋七月条に厩戸皇子は蘇我氏の軍の後方にいたが、戦況を見て白膠木《ぬるで》という木を伐って、四天王の像を作り、もしこの戦に勝利したなら、必ずや四天王を安置し、寺塔を建てる、という誓願をしたところ、味方の矢が敵の物部守屋を木から射落として、戦いは崇仏派の蘇我氏の勝利に終わった。その六年後の推古天皇元年（五九三）に厩戸皇子が摂津難波の荒陵《あらはか》で四天王寺を建立することになるが、寺の基盤を支えるためには物部氏から没収した奴婢と邸宅があてられた、と記されている。同様に法興寺の創建に際しては厩戸皇子の四天王寺の創建の誓願と同時に蘇我馬子が物部守屋との戦いに勝利した際には仏寺を建立することを誓い無事に勝利したので、飛鳥の真神原の地に寺を建てたとみえる。(52)

このように願目を立てて、それが成就すれば邸宅を喜捨して仏寺を造立するという内容は、前節でふれたように『洛陽伽藍記』にみえる城陽王徽の記述に典型的な例がある。直接的な語句などの典拠かどうかは別にしても、『日本書紀』と同時期に編纂された『風土記』には『洛陽伽藍記』などにみえる漢語が用いられていることも勘案すると、(53)これは蘇我馬子による誓願の成就による造寺の典故となりうる類話である。

法興寺と四天王寺の創建譚は戦争に勝利することを要件とした誓願という根幹となる部分が類似しており、漢籍を典拠とする辞句は用いられているが、蘇我馬子の誓願が法興寺の創建を介した仏法興隆へと続くことから、これをもとにして厩戸皇子の誓願が後補されたとする説がある。[54]

日本古代における誓願の特質については石井公成氏の分析があり、それによると、

①誓願に述べる言葉の威力による即時的な効果の期待
②誓願流行の背景としてのウケヒ・言ホギなどの習俗・信仰の存在
③延命と往生の同時誓願
④天皇・皇族に関わってなされる集団の誓願
⑤公の場での誓約としての誓願および天皇に対する服属儀礼としての誓願
⑥初現的な誓願・誓約への蘇我氏の関与

の六点をあげている。このうち四天王寺創建に関わる誓願については、①にあたるとしているが、いっぽうでこの記事は本来的に一つの内容であったものを、法興寺創建に関する蘇我馬子の誓願と二つに分けて造作されたものとしている。[55]このような論を参照すると、寺を創建するにあたって争いに勝つことを願目とした誓願は日本古代の誓願のなかでも特色ある内容といえよう。

この創建譚とは別に飛鳥寺の創建に関しては漢籍や仏書を典故とする造寺の経緯がみえる。すなわち、崇峻天皇元年（五八八）に百済から僧と技術者が派遣され、飛鳥の真神原の地にあった飛鳥衣縫造祖樹葉の邸宅を壊して法興寺（飛鳥寺）の造営が始められたとある。この記事は、さきにふれた仏教公伝の記事に伴い、蘇我稲目が向原家を喜捨して寺としたという捨宅寺院的な記述と同根の内容であり、すでにふれたようにこのような修飾は中国の仏書の影響とされているが、[56]法興寺創建譚も同類の説話であり、やはり、南北朝時代に盛行した「捨宅為寺」の意識に基づいていると推定される。ただし、このような『日本書紀』にみえる法興寺の創建記事について、捨宅寺院と

しての属性がみられることは、これまであまり注目されていなかった。

飛鳥時代の仏教に関しては寺院で行われた「伽藍仏教」に対して、それ以前に三角縁仏獣鏡や小金銅仏を奉持し、寺院以外で行われた仏教信仰があるとして、これらを「私宅仏教」として位置づける見方がある。[57]しかしながら、とくに三角縁仏獣鏡の出土する古墳時代前期には、これ以外の仏教的遺物が顕著でなく、小金銅仏が飛鳥時代の有力階層の居館址から学術的な発掘調査で出土した例は寡聞にして知らない。そのため、これらが体系的な仏教の存在を示すかについては未詳とするほかなく、「私宅仏教」の提唱後も具体的な検証については言及がない。むしろ、このような類型化よりも、ここでふれた飛鳥衣縫造祖樹葉の邸宅を壊して造営が始められた法興寺の造営記事を述作した意図としては、これまで一部で指摘されていた「捨宅寺院」の側面をより重視すべきであろう。

ここまでみてきたように初現的な寺院の創建譚には、①願目を立てて、それが成就すれば邸宅を喜捨して仏寺を造立する（法興寺、四天王寺）という内容と②邸宅を喜捨して仏寺を造立する（法興寺、向原寺）という要素があり、法興寺の創建譚に関しては、これらの双方の要素が盛り込まれている。

いっぽう、法興寺の造営記事は、五六七年の陵山里寺址および五七七年の王興寺の建立とほぼ同時期であり、考古資料によって百済仏教の一端が知られ、これによって検証することができるようになった。また、事実関係の面でも飛鳥寺の創建年代に大きな潤色がなければ、百済の直接の影響のもとで行われたであろうことは、もはや疑う余地がなくなった。

しかしながら、亡父の聖王のために娘が造塔した陵山里寺址や亡息のために威徳王が造立した王興寺などの六世紀中頃の百済寺院と比較しても、また、王と王后の身体の不滅と仏道の成就および家系の福徳を祈願して王后が七世紀前半に建立した弥勒寺西塔址と比較しても、法興寺の建立の経緯は大きく異なっている。

すなわち、法興寺創建記事の特徴的要素は、すでにみたように一つには蘇我馬子が物部守屋との争いに勝利することを誓願したということと、二つ目には飛鳥衣縫造祖樹葉の宅を寺としたという捨宅寺院である点である。そして、これら両種の寺院建立に関わる経緯は、いずれも南北朝時代の寺院創建記事や仏教説話にみえるのであって、法興寺の創建記事は仏書や中国文献を典故としていると考えられることは、すでにふれたとおりである。

以上のような点からみて、同時期である六世紀の百済では王族が亡き親族の追福を目的とした造寺が盛行していたのに対して、法興寺創建の記載には、このような百済の影響はみられず、むしろ、中国南北朝時代の捨宅寺院としての属性とその建立の経緯としての誓願という、二つの要素が顕著であることが知られた。『日本書紀』の説くように、仏典や僧および造寺に関する工人などの百済からの仏教と造寺に関する総合的な知識と技術の移入があったとしても、亡き親族のための追福という百済王室祈願寺の造寺の目的と『日本書紀』の飛鳥寺の造寺記事とは異質であり、飛鳥寺創建記事は造寺の目的という重要な点においては百済の直接の影響を受けていないことがわかる。

縷々述べてきたように百済王室祈願寺における王族による追福のための造寺に関しては、梁・武帝による亡親の追福のための寺院造営に典型的である同時期の南朝・梁の思想的系譜にあると考えられる(58)。いっぽう、『日本書紀』にみえる飛鳥寺に関しては捨宅寺院という側面はあるにしろ、南朝から百済という系譜とは異なる造寺の目的や背景をもつ寺院として編述されていることが知られた。

結　語

本章では陵山里寺址出土舎利龕銘文と王興寺址出土舎利容器銘文にみえる百済王室祈願寺と飛鳥寺創建記事にみ

える造寺思想に関して、同時期の東アジアの造寺思想のなかで相対的に位置づけを行うことによって、飛鳥寺創建記事の特質を明らかにすることを企図した。

そのために中国南北朝時代の造寺に関して顕著である特質として、亡親などに対する追福のための造寺と捨宅寺院の記事をあげた。そして、飛鳥寺の創建記事には四天王寺の創建譚とともに戦争に勝利することを要件とした誓願と、あわせて捨宅寺院としての属性という二つの特徴があることを確認した。

そして、このような飛鳥寺の創建記事は、銘文にみえる百済王室祈願寺の亡親らに対する追福のための造寺とは異質であり、百済からの直接的な影響のみを受けて創建記事が構成されているのではないことを証した。

以上、述べてきたように、これまで百済の影響のみが説かれてきた飛鳥寺の創建記事に関しては、造寺においてもっとも重要となる目的や思想的背景の点で百済の影響を受けていないことを論じた。本章では、出土文字資料を用いて『日本書紀』の記述内容を検証するという試みであり、記事そのものの内容を問題とする際に必要となる編纂時点の構成要素の特質を明らかにすることを目的としており、編纂意図に近づくための基本的な方法としてあえて文献史学の専門外の立場から提示してみた。

注

（1）国立扶余博物館編『陵寺――扶余陵山里寺址発掘調査進展報告書』（国立扶余博物館、二〇〇〇年）〔ハングル文献〕。

（2）『三国史記』巻第二七・百済本紀第五・法王二年春正月、創王興寺、度僧三十人。

（3）『三国史記』巻第二七・百済本紀第五・武王
　三十五年春二月、王興寺成。其寺臨水、彩飾壮麗。王毎乗舟、入寺行香。
（4）国立扶余博物館・国立扶余文化財研究所編『百済王興寺』（国立扶余博物館・国立扶余文化財研究所、二〇〇八年）〔ハングル文献〕、国立扶余文化財研究所編『王興寺址Ⅲ――木塔址・金堂址発掘調査報告書』（国立扶余文化財研究所、二〇〇九年）〔ハングル文献〕、国立扶余文化財研究所編『王興寺址Ⅳ』（国立扶余文化財研究所、二〇一二年）〔ハングル文献〕。
（5）金台植「扶余王興寺址昌王銘舎利具に関する考察――舎利函銘文を中心に――」（『文化史学』二八、二〇〇七年）〔ハングル文献〕、李道学「〈王興寺址舎利器銘文〉の分析を通してみた百済威徳王代の政治と仏教」（『韓国史研究』一四二、二〇〇八年）〔ハングル文献〕。
（6）金相鉉「弥勒寺石塔舎利奉安記の基礎的検討」（円光大学校馬韓百済研究所編『円光大学校馬韓百済研究所学術大会集　大発見舎利荘厳　弥勒寺の再照明』円光大学校馬韓百済研究所、二〇〇九年）〔ハングル文献〕、国立文化財研究所編『益山弥勒寺址石塔舎利荘厳』（国立文化財研究所建築文化財研究室、二〇一四年）〔ハングル文献〕。
（7）金相鉉「弥勒寺石塔舎利奉安記の基礎的検討」（前掲注6）。
（8）『梁書』巻五四・列伝第四八・諸夷／東夷　百済
　中大通六年、大同七年、累遣使献方物、幷請涅盤《ママ》等経義、毛詩博士幷工匠画師等、勅並給之。
（9）このような点における南朝寺院と百済王室寺院の類似性と系譜性は、下記論考によって指摘されている。梁銀景「中国仏教寺刹の検討を通してみた百済泗沘期仏教寺刹の諸問題」（『百済研究』五〇、二〇〇八年）〔ハングル文献〕、周炅美「国王の真身舎利供養とその政治的含意」（鈴木靖民編『古代東アジアの仏教と王権――王興寺から飛鳥寺へ――』勉誠出版、二〇一〇年）、近藤浩一「百済時期の孝思想受容とその意義」（『百済研究』四二、二〇〇五年）〔ハングル文献〕、近藤浩一「百済・威徳王の寺院建立と孝思想――陵山里寺院・王興寺よりみた東アジア仏教文化交流の一側面――」（『京都産業大学日本文化研究所紀要』一八、二〇一三年）。これらのうち近藤論文では陵山里寺址・王興寺などの創建が孝思想に基づくものとするが、本章ではこれを仏教的な追福によるものと考え、この点に見解の相違がある。

(10) 南朝・梁代の造寺については、下記論文参照。諏訪義純「梁代建康の仏寺と武帝の建立」（『中国南朝仏教史の研究』法藏館、一九九七年）。

(11) 『資治通鑑』巻第一五七・梁紀一三・高祖武皇帝一三

（武帝・大同二年正月）上為文帝作皇基寺以追福、命有司求良材。曲阿弘氏自湘州買巨材東下、南津校尉孟少卿欲求媚於上、誣弘氏為劫而殺之、没其材以為寺。

(12) 『南史』巻七・梁本紀中第七／大同十年

三月甲午、幸蘭陵。庚子、謁建陵……辛五、哭于修陵。……壬寅、於皇基寺設法会、詔賜蘭陵老少位一階、幷加頒賚。

(13) 『続高僧伝』巻第一（大正新脩大蔵経第五〇巻四二七頁上段）

為太祖文皇。於鍾山北澗。建大愛敬寺。

『梁書』巻三・本紀第三・武帝蕭衍下／太清三年

高祖生知淳孝。年六歳、献皇太后崩、水漿不入口三日、哭泣哀苦、有過成人、内外親党、咸加敬異。及丁文皇帝憂、時為斉随王諮議、随府在荊鎮、髣髴奉聞、便投劾星馳、不復寝食、倍道就路、憤風驚浪、不暫停止。……拝掃山陵、涕涙所灑、松草変色。及居帝位、即於鍾山造大愛敬寺、青渓辺造智度寺、又於台内立至敬等殿。

(14) 『南史』巻一八・列伝第八・蕭思話　子恵開

尋除中庶子、丁父艱、居喪有孝性。家素事仏、凡為父起四寺、南岡下名曰禅岡寺、曲阿旧郷宅名曰禅郷寺、京口墓亭名曰禅亭寺、所封封陽県名曰禅封寺。

(15) 『魏書』巻一一四・釈老志一〇・第二〇

承明元年八月、高祖於永寧寺、設太法供、度良家男女為僧尼者百有余人、帝為剃髪、施以僧服、令修道戒、資福於顕祖。
(16)『洛陽伽藍記』巻三・城南／報徳寺
報徳寺、高祖孝文皇帝所立也、為馮太后追福、在開陽門外三里。
(17)『洛陽伽藍記』巻二・城東／秦太上君寺
秦太上君寺、胡太后所立也。……当時太后正号崇訓、母儀天下、号父為秦太上公、母為秦太上君。為母追福、因以名焉。
(18)ここであげた北魏の事例は、服部克彦『北魏洛陽の社会と文化』（ミネルヴァ書房、一九六六年）を参照した。
(19)『洛陽伽藍記』巻三・城南／太上公二寺
東有秦太上公二寺。在景明寺南一里。西寺、太后所立、東寺、皇姨所建。並為父追福、因以名之（後略）…
(20)『洛陽伽藍記』巻三・城南／高陽王寺
高陽王寺、高陽王雍之宅也。……雍為爾朱栄所害也。捨宅以為寺。
(21)『洛陽伽藍記』巻二・城東／平等寺
平等寺、広平武穆王懐捨宅所立也。……寺門外金像一躯、高二丈八尺、相好端厳、常有神験、国之吉凶、先炳祥異。
(22)服部克彦『北魏洛陽の社会と文化』（前掲注18）。
(23)ここでふれた『洛陽伽藍記』にみえる捨宅寺院の分類については、下記論文を参照した。王恵君「北魏洛陽を中心とした捨宅為寺に関する考察」（『日本建築学会計画系論文集』四七九、一九九六年）。
(24)『洛陽伽藍記』巻四・城西／宣忠寺
宣忠寺、侍中司州牧城陽王所立也、在西陽門外一里御道南。永安中、北海入洛。荘帝北巡、自余諸王、各懐二望、惟徽独従荘帝至長子城。大兵阻河、雌雄未決、徽願入洛陽捨宅為寺。及北海敗散、国道重暉、遂捨宅焉。
(25)『洛陽伽藍記』巻二・城東／景寧寺

景寧寺、太保司徒公楊椿所立也。在青陽門外三里御道南、所謂景寧里也。高祖遷都洛邑、椿創居此里。遂分宅為寺、因以名之。

(26)『仏祖統紀』巻第三五（大正新脩大蔵経第四九巻三三一頁下段）

（正始）三年。呉尚書令闞沢、捨宅為徳潤寺。

(27)『仏祖統紀』巻第三六（大正新脩大蔵経第四九巻三三八頁下段）

永康元年。会稽諸葛氏銭自井出。乃舎宅為霊宝寺。

(28)『仏祖統紀』巻第三六（大正新脩大蔵経第四九巻三三九頁下段）

（咸康）二年。尚書令李邈。舎句容宅為霊曜寺。

(29)『仏祖統紀』巻第三六（大正新脩大蔵経第四九巻三四〇頁上段）

建元元年、中書令何充。舎宅為建福寺。

(30)梁『高僧伝』巻第五・釈道安（大正新脩大蔵経第五〇巻三五二頁中段）

安以白馬寺狹、乃更立寺名曰檀渓、即清河張殷宅也。大富長者並加賛助、建塔五層起房四百。

(31)護海鳴「六朝建康仏寺新探」（『金陵職業大学学報』一五―四、二〇〇〇年）〔中国語文献〕。

(32)『梁書』巻四九・列伝第四三・文学上／周興嗣

高祖以三橋旧宅為光宅寺、勅興嗣與陸倕各製寺碑、及成倶奏、高祖用興嗣所製者。

(33)『南史』巻七〇・列伝第六〇・循吏／虞愿

帝以故宅起湘宮寺、費極奢侈。以孝武荘厳刹七層、帝欲起十層、不可立、分為両刹、各五層。新安太守巣尚之罷郡還見帝、曰卿至湘宮寺未、我起此寺、是大功徳。愿在側曰陛下起此寺、皆是百姓売児貼婦銭、仏若有知、當悲哭哀愍。罪高仏図、有何功徳。尚書令袁粲在坐、為之失色。帝大怒、使人駆曳下殿、愿徐去無異容、以旧恩、少日中已復召入。

(34)『洛陽伽藍記』巻一・城内／願会寺

池西南有願会寺、中書舎人王翊捨宅所立也。仏堂前生桑樹一株、直上五尺、枝条横繞、柯叶傍布、形如羽蓋。

(35) 梁『高僧伝』巻第五・釈曇翼（大正新脩大蔵経第五〇巻三五五頁下段）
晋長沙太守騰含。於江陵捨宅為寺。告安求一僧為綱領。安謂翼曰。荊楚士庶始欲師宗。成其化者非爾而誰、翼遂杖錫南征締構寺宇。即長沙寺是也。

(36) 梁『高僧伝』巻第一三・釈慧受（大正新脩大蔵経第五〇巻四一〇頁中段）
釈慧受、安楽人。……嘗行過王坦之園。夜輒夢於園中立寺。如此数過。……初立一小屋。毎夕復夢見一青龍従南方来化為刹柱。受将沙弥試至新亭江尋覓。乃見一長木随流来下。受曰必是吾所見者也。於是雇人牽上、豎立為刹、架以一層、道俗競集咸歎神異。坦之即捨園為寺、以受本郷為名号曰安楽寺。

(37) 『洛陽伽藍記』巻一・城内／光明寺
寺南有宜寿里、内有苞信県令段暉宅、地下常聞鍾声、時見五色光明、照於堂宇。暉甚異之、遂掘光所、得金像一躯、可高三尺、並有二菩薩。趺上銘云晋太始二年五月十五日侍中中書監荀勗造。暉遂捨宅為光明寺。時人咸云此荀勗故宅。

(38) 『洛陽伽藍記』巻二・城東／景興尼寺
綏民里東崇義里、里内有京兆人杜子休宅。……正光初、来至京師、見子休宅、歎息曰此宅中朝時太康寺也。時人未信、遂問寺之由緒。逸云龍驤将軍王濬平呉之后、始立此寺。本有三層浮図、用磚為之。指子休園中曰此是故処。子休掘而験之、果得磚数万、并有石銘云晋太康六年歳次乙巳九月甲戌朔八日辛巳、儀同三司襄陽侯王濬敬造。時園中果菜豊蔚、林木扶疎、乃服逸言、号為聖人。子休遂捨宅為霊応寺、所得之磚、還為三層浮図。

(39) 『洛陽伽藍記』巻二・城東／景寧寺
孝義里東市北殖貨里、里有太常民劉胡兄弟四人、以屠為業。永安年中、胡殺猪、猪忽唱乞命、声及四隣。隣人謂胡兄弟相毆鬪而来観之、乃猪也。胡即捨宅為帰覚寺、合家人入道焉。

(40) 『洛陽伽藍記』巻四・城西／開善寺

阜財里内有開善寺、京兆人韋英宅也。英早卒、其妻梁氏不治喪而嫁、更納河内人向子集為夫。雖云改嫁、仍居英宅。英聞梁氏嫁、白日来帰、乗馬将数人、至於庭前、呼曰阿梁、卿忘我也。子集驚怖、張弓射之、応箭而倒、即変為桃人、所騎之馬亦変為茅馬、従者数人尽化為蒲人。梁氏惶懼、捨宅為寺。

(41)　平川彰「出家者の財施」(『印度学仏教学研究』一一―二、一九六三年)、加藤純一郎「布施の変容について」(『インド哲学仏教学研究』九、二〇〇二年)。

(42)　遠藤祐介「中国仏教における経済の祖形について」(『蓮花寺仏教研究所紀要』二、二〇〇九年)。

(43)　『日本書紀』欽明一三年冬一〇月

冬十月、百済聖明王、更名聖王。遣西部姫氏達率怒唎斯致契等、献釈迦仏金銅像一軀・幡蓋若干・経論若干巻。

…(中略)…安置小墾田家、懃修出世業為因、浄捨向原家為寺。

(44)　藤井顕孝「欽明紀の仏教伝来の記事について」(『史学雑誌』三六―八、一九二五年)。ただし、藤井の論考は谷川士清、河村秀根、敷田年治、飯田武郷などの指摘をさらに明確にして論じたものである。このうち、山田英雄氏によって『金光明最勝王経』如来寿量品の漢訳年代から、欽明天皇一三年条の信憑性を論じた最初の論考は一八九一年刊の敷田年治『日本紀標註』であることが確認されている(山田英雄『日本書紀』教育社、一九七九年)。その後、同様の指摘は下記の文献などでなされている。井上薫『日本古代の政治と宗教』(吉川弘文館、一九六一年)、小島憲之『上代日本文学と中国文学』上(塙書房、一九六二年)。

(45)　吉田一彦「『元興寺縁起』をめぐる諸問題」(『古代』一一〇、二〇〇一年)、吉田一彦「『元興寺縁起并流記資財帳』の信憑性」(大山誠一編『聖徳太子の真実』平凡社、二〇〇三年)。

(46)　欽明天皇一三年の仏教伝来記事については、言辞の潤色であることから、仏教初伝の印象を与えたが、実際の仏教初伝とは別次元で考えるべきことが、つとに指摘されている(井上薫「日本書紀仏教伝来記載考」『日本古代の政治と宗教』〈前掲注44〉)。

(47)　吉田一彦「『日本書紀』仏教伝来記事と末法思想(その一)」(『人間文化研究』七、二〇〇七年)。

(48) 北條勝貴「祟・病・仏神――『日本書紀』崇仏論争と『法苑珠林』――」（あたらしい古代史の会編『王権と信仰の古代史』吉川弘文館、二〇〇五年）。
(49) 喜田貞吉「元興寺考証」（『喜田貞吉著作集』六、平凡社、一九八〇年）〔初出は一九一二年〕。
(50) 吉田一彦「『日本書紀』仏教伝来記事と末法思想（その一）」（前掲注47）。
(51) 福山敏男「豊浦寺の成立」（『日本建築史』墨水書房、一九六八年）、吉田一彦「『元興寺縁起幷流記資財帳』の信憑性」（前掲注45）。
(52) 『日本書紀』崇峻天皇二年秋七月
是時、厩戸皇子…（中略）…而随軍後、自忖度曰、将無見敗、非願難成。乃斮取白膠木、疾作四天皇像、置於頂髪、而発誓言、白膠木、此云農利泥。今若使我勝敵、必當奉為護世四王、起立寺塔。蘇我馬子大臣、又発誓言、凡諸天王・大神王等、助衛於我、使獲利益、願當奉為諸天與大神王、起立寺塔、流通三宝。誓已厳種種兵、而進討伐。…（中略）…蘇我大臣、亦依本願、於飛鳥地、起法興寺。
(53) 小島憲之「諸国風土記の述作」（『上代日本文学と中国文学――出典論を中心とする比較文学的考察――』上、塙書房、一九六二年）。
(54) 北條勝貴「祟・病・仏神――『日本書紀』崇仏論争と『法苑珠林』――」（前掲注48）。
(55) 石井公成「上代日本仏教における誓願について――造寺造像伝承再考――」（『印度学仏教学研究』四〇―一、一九九二年）。
(56) 吉田一彦「『日本書紀』仏教伝来記事と末法思想（その二）」（前掲注47）。
(57) 田村圓澄『仏教伝来と古代日本』（講談社、一九八六年）、田村圓澄『飛鳥・白鳳仏教史』上（吉川弘文館、一九九四年）。
(58) 梁・武帝による父のための皇基寺の創建と百済・王興寺の銘文にみる亡父の追福のための造塔の類似性とそれが梁の百済への影響とすることについては、下記論文で指摘されている。梁銀景「中国仏教寺刹の検討を通してみた百済泗沘期仏教寺刹の諸問題」（『百済研究』五〇、二〇〇八年）〔ハングル文献〕。

第三章　百済弥勒寺舎利奉迎記にみる仏教信仰の系譜

――語句・文意と考古学的知見の検討――

序　言

弥勒寺址は扶余の南約三〇キロメートルの全羅北道益山市に所在し、『三国遺事』などに百済の武王代に建立されたという説話によって広く知られる。弥勒寺は三つの塔・金堂・講堂から構成される特殊な伽藍構造からなり、百済最大の寺院址である。東西の塔のうち、東塔は崩壊して姿をとどめないが、西塔は損傷が著しいものの全容が知られる程度に残存する。

弥勒寺址は二〇世紀初めの基本的な報告に始まり、発掘調査が重ねられてきたが、解体修理に伴う西塔の発掘調査によって二〇〇九年に基礎を構成する心柱石の内部から建立の経緯とともに武王代の六三九年の紀年銘の記された舎利容器が出土した。本章の内容に関係する範囲で概要を後述するが、百済時代の寺院建立に関わる紀年を有する銘文として稀有な資料であり、これによって百済のみならず朝鮮三国時代ひいては東アジア古代の寺院の研究が進展することは確実である。

弥勒寺西塔址の正式な発掘調査報告書では銘文中の語句に基づき、金製舎利奉迎記として報告されている（銘文に関して以下では原則として、舎利奉迎記と略する）。舎利奉迎記の内容のなかでは、奉安者の属性や舎利奉安の内容による百済後期の王と有力階層との関係などが今後、議論されることは確実である。いっぽうでは舎利奉迎記に用いられた仏教語の所依経典を出典論的に検討することによって、仏典の系統に依拠した東アジア仏教の展開を系統的に研究する方向性が示されている。

本章では舎利奉迎記に用いられている語に関して、現状の研究史を整理した後、これまでふれられていない語を中心として、語句の出典論的検討を行い、一定の傾向を示した後、飛鳥寺に代表される日本古代における初現期の寺院をめぐる仏教との系譜関係を探るために、弥勒寺西塔址を中心とした百済王室寺院出土遺物の系譜を考古学的に考察する。すなわち本章は舎利奉迎記の語句と考古資料の双方から、弥勒寺西塔建立に伴う仏教信仰の系統を考察するという試みである。このような試みが可能となった背景には、弥勒寺舎利奉迎記という銘文資料とあわせて舎利奉迎に関わる遺物が出土していることと、その比較文献・資料として漢訳年代の明らかな仏典や陵山里寺址や王興寺址という百済王室が建立した寺院や日本の飛鳥寺址などの出土資料との比較検討が可能になったという資料的状況の大きな変化がある。これらを受けてこのような試みが可能となったことにふれることにより、本章の学史的位置づけを明らかにしておきたい。

第一節　弥勒寺西塔址出土舎利奉迎記銘文

弥勒寺西塔は石造塔であり、解体修理をする過程で二〇〇九年一月に心礎の調査が行われ、金製・銀製・銅製の三重の舎利容器とともに金製舎利奉迎記および多数の舎利供養遺物約五〇〇点が出土した。舎利奉迎記は金製、縦一〇・五センチメートル、横一五・三センチメートルの横長の金板に表面が一行九字で一一行、裏面も一行九字で一一行が基本であるが、一行目は一〇字、三行目も一字分の空格を含めて一〇字、一〇行目は八字、最後の一一行目は四字となっている。

字数は合わせて一九三字であり、文字は陰刻された後に朱漆で彩色されており、全文は以下のとおりである。

【表面】

竊以法王出世隨機赴
感応物現身如水中月
是以託生王宮示滅双
樹遺形八斛利益三千
遂使光耀五色行遶七
遍神通変化不可思議
我百済王后佐平沙乇
積徳女種善因於曠劫
受勝報於今生撫育万
民棟梁三宝故能謹捨
浄財造立伽藍以己亥

【裏面】

年正月廿九日奉迎舎利
願使世世供養劫劫無
尽用此善根仰資　大王
陛下年寿與山岳斉固
宝暦共天地同久上弘
正法下化蒼生又願王
后即身心同水鏡照法
界而恒明身若金剛等
虚空而不滅七世久遠
並蒙福利凡是在有心
倶成仏道

奉迎記銘文の個々の文字は明確であり、釈字については大きな異論はみない。ただし、表面五行目の「遶」字の偏を水偏とする見方があるが(1)、報告された写真を観察しても、これは「遶」字でよかろう。

銘文の内容は前半では釈迦の出世と入滅、仏舎利の奇瑞、後半では百済王后である沙乇積徳の娘が伽藍を造立し、「己亥年正月廿九日」に舎利を奉迎し、大王陛下の年寿が久しく、仏法が弘通し、衆生を教化することと、王后の身体が不滅であり、永く子孫に福利があり、衆生とともに仏道を成さんことを願うというものである。すなわち、最終的には百済王と王后の身体の不滅と家系の福徳および仏道の成就を願目として舎利の供養と塔の建立を行ったことがわかる。

舎利および奉迎記が奉安された年次については、銘文の表面最終行から裏面一行目にある「己亥年正月廿九日」の記載によって、武王の在位中の六三九年にあたるとされている。

百済王室関係者が六世紀代に造立した扶余・陵山里寺址出土石製舎利函や王興寺木塔址出土舎利容器銘文と比較して、この銘文の特徴をあげると、まず両者に比してきわめて長文であり、舎利供養と造塔の願目が明確に記されている点である。そのために仏典にみえる語句が数多く用いられており、前二者と比して文章も複数の段落で構成されている。

第二節　舎利奉迎記の内容と出典に関する研究

舎利奉迎記の内容と用いられている語彙とそれらの出典または所依の経典に関しては、これまでも専論あるいはこれらに言及した論考があり、これらの論点を整理することによって、その後の仏教信仰の系譜の考察に資することとしたい。

金相鉉氏は銘文中の主要な語句のいくつかについて、出典を示し、意味を解した[(2)]。ここで検討された語句は「法王出世」「隨機赴感」「応物現身」「双樹」「遺形」「光耀五色」「世世供養」「王后即身」「七世久遠」などであり、これらについて解釈を明示した点で、この論考は舎利奉迎記銘文の出典論的な研究の端緒を開いたといえよう。

日本の研究者では瀬間正之氏が舎利奉迎記の出土から時をおかずに、主要な語句と表現について出典論的な検討を行った。銘文全文の訓読を提示するとともに、いくつかの重要な語句について出典論的解釈を披瀝した。個々の表現では「応物現身如水中月」が『金光明経』にみられることと、全体としては舎利奉迎記とほぼ同時期に編纂された隋・唐代の仏典と一致する語句や表現が多いことを指摘した。(3) 再論では、いくつかの語句と表現について新たに検討するとともに、「上弘正法下化蒼生」の語のように舎利奉迎記と『維摩経義疏』とに共通する表現があり、これら両者には梁の法雲の『法華経義記』などの中国南朝の仏典の影響があることを付加した。このような表現の類似から、仏典とそれをもたらした僧らの流れとして、中国南朝から百済を経て古代の日本へという系譜があると推定した。(4) その後も舎利奉迎記に用いられた語句の詳細な出典論的検討を重ねた結果、舎利奉迎記は南朝・梁の仏教を淵源として、隋から唐初の国際関係のなかで、六朝の美文を志向して書かれたものとし、それは江南に学んで帰国した百済僧がもたらした知識であり、そのなかでも『大乗四論玄義記』を著した慧均が関与した可能性を示した。(5)

有働智奘氏は舎利奉迎記にみえる文章のなかでも、「下化蒼生」の語に着目し、これが『維摩経義疏』にみえることから、相互を比較し、両者が同一の思想を基にしており、それは中国起源ではなく、朝鮮半島と日本で形成された大乗菩薩道の思想であるとし、六、七世紀の伝導僧によって用いられたと論じた。(6)

本章では、このような論考でふれられた語句の出典と意味を整理しつつ、筆者の知見を加えて主要語句の典拠や用法の検討を行った後、それに基づいて、百済と古代日本の仏典の系統について、先行研究を検証し、さらに実際の出土遺物の面から双方の関係を論ずる。

第三節　語句の意味・出典と用法

舎利奉迎記銘文にみえる語のなかで「遺形八斛利益三千」の「遺形」(読みは「ゆいぎょう」)については、すでに『長阿含経』巻四にみえる例をあげて[7]、仏舎利の異称であり、この語に続く「八斛」については容量であることが指摘されている[8]。

仏典にみえる「遺形八斛」と関連する内容として、先行研究では鳩摩羅什訳『大荘厳論経』に仏が涅槃の時、衆生を救わんとして身を砕き八斛四斗の舎利を遺し、衆生を利益した[9]、とあることと『広弘明集』弁惑論に「仏は舎利八斛あり、もって遺身を表す」という記述などによって[10]、この語が撰されたとみている[11]。

関連する記述としては『仏母般泥洹経』に釈迦の涅槃後二〇〇年後に阿育王が八王をして八斛四斗舎利を索《もと》めさせ、一日で八万四千の仏図すなわち塔を作った、というよく知られた説話で「八斛」の語が用いられている[12]。このような例から仏舎利の量は八斛四斗とされており、阿育王はこれに基づいて八万四千塔を造ったとされたことがわかり、この語が仏舎利信仰に基づくことを示している。そして、このような阿育王の伝承とともに舎利の量が「八斛四斗」としていわば名数化し、舎利奉安記の「八斛」もこれを省略した語であろう。

「光耀五色」についてはこれに続いて「行遶七遍神通変化不可思議」と記されていることからも、従来から論じられているように『破邪論』『広弘明集』『法苑珠林』などにみえ、輝く有様を表すことによって舎利の奇瑞を述べるための語として用いられているとみてよい[13]。そのうち『広弘明集』には「有五色光気」「有五色円光」「五色照満城治」などとしてみえ、舎利が光明を放つことは「舎利放光」などとして『法苑珠林』にも現れることが指摘されている。[14]

『広弘明集』は道宣によって唐の麟徳元年（六六四）に撰されたのであり、『法苑珠林』は道世が総章元年（六六八）に撰したのであるから、六三九年の銘のある舎利銘文よりは成立が新しいが、その時点でこれら両書に引かれた舎利の奇瑞が百済に伝えられていたとみられている。[15] 本書第二部第四章でふれたように、このような舎利の奇瑞は時期のさかのぼる扶余・陵山里寺址出土石製舎利函銘文にも記されている。

次に「棟梁三宝」の語を仏典にもとめてみると、その典型的な用例として、『続高僧伝』には、北斉の都であった鄴の西にあった龍山雲門寺に住した僧稠の伝のなかに、僧稠が北斉・文宣帝を指して、「菩薩に弘誓し、護法を心とし、陛下は天に応じて俗に順じ、宗を居とし、化を設け、三宝を棟梁して四民を導引す」と称えたとみえる。[16] 『弁正論』には隋の高祖・文帝を「三宝の棟梁として、四生を荷負する」とあり、[17] 文帝が三宝を統《す》べて、四生（仏教における生物の分類方法で、その出生方法によって四つに分類したもの）すなわち、生きとし生けるものに対して重荷を負うとある。[18]

同様の記述は『法苑珠林』の唐・太宗に対する記述のなかにも「三宝を棟梁し、四生を荷負し、善根を宿殖し、久しく勝業を修める」とある。[19]

唐・慧立の撰になる『大唐大慈恩寺三蔵法師伝』には玄奘三蔵の人となりについて、「いわゆる当今の能仁すなわち釈迦である。聡慧は夙に成り、該覧は宏贍、徳行は純粋、律業は翹勤であり、実に三宝の棟梁にして、四衆の綱紀する者なり」と辞を重ねて称えている。[20]

このほか「棟梁三宝」の語は同様の内容を含む記載も含めて、その他では『法苑珠林』『広弘明集』などにわずかに現れるが、この語は多くの仏典に頻出するわけではなく、一般的な語とはいいがたい。ただし仏典での寡少な出現頻度に反して、上にみたように「棟梁三宝」の語が崇仏によって史上に知られた皇帝や三蔵法師玄奘などの高僧に冠された語であることがわかる。

「棟梁三宝」と同義の「三宝之棟梁」の語が『日本書紀』推古三年是歳条にみえる。(21) ここでは高麗僧・慧慈と百済僧・慧聡が仏教を弘演し、ともに三宝の棟梁であると述べている。日本古代の仏教の系譜を考えるうえで見逃すことはできない。これについては本章第五節でふれる。

「身若金剛」の語は、これまで検討されることがなかったが、一般的な字義として「金剛」は金属のなかでもっとも硬いもので、ダイヤモンドであり、転じてきわめて堅固でなにものにも壊されないことを意味する。仏教語としての金剛は「世界が成立した時に、金剛は金剛座から起こって交わった」として世界の原初的な要素とされている。(22) このような意味の金剛は、たとえば『大般若波羅蜜多経』にみられるように「常に最勝浄の身語心を獲べきこと、なお金剛の破壊すべからざるがごとくにして疾く無上正等菩提を証せんと」とあるように、破壊しないもののたとえとして用いられている。(23) また、『大般涅槃経』金剛身品には「如来の身は不生不滅の常住身で永遠に壊れることのない金剛の身であり、すなわちこれが法身である」と説かれている。(24) 同じく釈迦の金剛身については『大般涅槃経』現病品に「生命のあるものすべてが、諸々の病を永遠に断ち、如来の金剛身を得ることを成就するように願う」とある。(25)

これらの仏典に示されているように「金剛身」とは永遠不変の堅固さを有する釈迦の身体をいうのであって、舎利奉迎記にみえる「身若金剛」は、このような釈迦の金剛身を意識した語であるといえよう。ここに示された「身」すなわち身体の持ち主すなわち主体は、「身若金剛」を含む文章の初めに「又願王后即身心」とあることから、「王后」であることがわかる。すなわち、この文章は武王の王后の身体と心が金剛のように堅固で永遠不変であることを願目としているのである。

加えて、この語を含む文章は「身若金剛等虚空而不滅」とあり、文末の「不滅」も同様に王后の心身が不滅であることを願うことに他ならない。「等虚空」は意味としては「虚空と等しい」であり、仏典には数多く現れる。虚空は難解な語であるが、『倶舎論』では「虚空とは礙《さまた》げのないことである。虚空は礙げのないことを本質としている。その中で色が動くのである」(26)と定義される無為法とされる(27)。

「等虚空而不滅」の表現は、大品般若経と呼ばれる『摩訶般若波羅蜜経』巻第一二の「仏言うに虚空清浄のゆえは何をいうか。般若波羅蜜の清浄。仏いうに虚空は不生不滅であるがゆえに清浄なり。般若波羅蜜またこの如し」という記述や(28)、『大智度論』の「離者虚空不染三昧とは菩薩が般若波羅蜜を行じ、諸法の畢竟空を観ずるに、不生不滅にして虚空の如く。物として喩うべきもの無きが如し」(29)などが背景にあるのであろう。

「等虚空而不滅」の「等虚空」すなわち「虚空に等しい」の部分と関連する仏典の例をあげると『瑜伽師地論』には「この経中において一切諸法はみな自性無く、みな事あるを説く。生無く、滅無しと説き、このゆえに一切諸法は虚空に等しく、皆幻夢の如しと説くべし」(30)とみえている。

これらの用例を参照すると、「身若金剛等虚空而不滅」は「王后の身体が金剛のごとくであり、虚空と等しくして不滅であることを願う」という内容であろう。

「上弘正法下化蒼生」と同義の「上弘仏法下化蒼生」についても、先学の研究があり、聖徳太子の撰になるとされる『維摩経義疏』にみえる特徴的な表現とされている(31)。臼田淳三氏によると、この語は大乗菩薩道（自利利他の二行）を表す「上求菩提下化衆生」と同類の表現であり、類似の表現としては「上求仏慧下度群生」（『大般涅槃経集解』巻八）や「上則求仏身下則化物」（『維摩詰義記』巻第一）などがあるとされる(32)。

渡部孝順氏は「蒼生」の語について、仏典では通常「衆生」と表され、同義で「大衆」「群生」の語も用いられるが、「蒼生」の用例は寡少であるとして、梁『高僧伝』と『法華経義記』のみをあげている。(33)

これをうけて、すでふれたように瀬間正之氏は「上弘正法下化蒼生」の類似表現として『法華経義記』にみえる「能上弘仏道下済衆生耶。初三句明上弘仏道。開悟衆生一句明下済蒼生」（大正新脩大蔵経第三三巻五八五頁中段）の文をあげている。さらに『法華経義記』が南朝・梁の法雲によることから、舎利奉迎記の内容は、百済と南朝・梁との交流のなかで撰述されたと推定した。(34)

また、有働智奘氏は「下化蒼生」の語が『維摩経義疏』にみえることから、相互を比較し、両者が同一の思想を基にしており、それは中国起源ではなく、朝鮮半島と日本で形成された大乗菩薩道の思想であるとし、六、七世紀の伝導僧によって用いられたとした。(35)

以上のように舎利奉迎記について、これまで取り扱われていない語や表現を中心として出典論的検討を経ていなかった語句を中心に検討を行い、出典と意味を示した。

第四節　仏教語と舎利の奇瑞

語句の出典論的検討の過程で、舎利奉迎記にみえる仏教語の特色の一つとして舎利の有様を表す語句があることが明らかになったが、これは百済王室寺院においては、この資料だけにみられるのではない。筆者は別に百済の王室祈願寺址から出土した舎利容器などの銘文内容の特徴として舎利の奇瑞が記されていることを論じた。(36)その典型的な事例として「丁酉年」すなわち五七七年の紀年のある王興寺木塔址出土舎利容器の銘文には「神化為三」として、舎利が増えるという表現がある。

時期的に下る舎利奉迎記にも、前節で先行研究を引きつつふれたように「遺形八斛」「光耀五色」などの舎利に関する表現があり、これは仏典にみえる舎利の奇瑞を表す語句であることが知られた。これらによって百済の王室では六、七世紀にかけて舎利に対する強い信仰が存在したことが知られる。

このような百済の王室祈願寺出土舎利容器銘文にみえる舎利の奇瑞について、その系譜を検討してみたい。

まず、王興寺舎利銘文にみられる舎利の奇瑞に関して、先行研究で舎利の奇瑞のなかでも、舎利の霊験譚の一つとして、自ら数を増やすという感応譚は唐の道宣の撰になる『集神州三宝感通録』にみえる東晋代の刁逵の説話との類似が指摘されている(37)。

筆者も王興寺舎利銘文にみえる舎利の奇瑞について論じたことがあり、ここでの行論に関連する部分について、煩をいとわず以下に摘要しておく。王興寺址舎利容器銘文に先行し、同様に舎利の数が増えるという奇瑞と関連する内容として『魏書』釈老志の舎利すなわち仏骨に関する記述があり、ここで注意されるのは「神力を以て仏舎利を分け」たという箇所であって、これは王興寺址舎利容器銘文の「神化為三」と相似た意味内容としてよい。『魏書』釈老志において神力をもって舎利を分けたとされるのは抽象的な主体ではなく、阿育王その人に他ならないことが注目される。

さきにみた『集神州三宝感通録』にみえる舎利の奇瑞は『晋書』などの正史にはみえず、また、編纂時期は唐代の麟徳年間（六六四〜六六六）すなわち七世紀の中頃に下るため、王興寺址舎利容器銘文にみえる「神化」の語との相関からいえば、この語を含む文章を解釈するに際しては、むしろ『魏書』釈老志の舎利に関する記述が参考となる。これを参照すると王興寺舎利容器銘文にみえる「本舎利二枚葬時神化為三」の主体も仏教的あるいは抽象的な第三者ではなく、阿育王ないしは舎利を奉じた主体者たる百済王・昌すなわち威徳王のいずれかであると考えられる。

いっぽう、威徳王代を含む百済が通交した南朝の梁では阿育王に関わる崇仏が盛んであることが指摘されている。仏教を篤信したことで名高い梁の武帝は在位中に数度にも及ぶ捨身の行事を行っているが、この捨身儀礼は『阿育王経』の伝訳に基づいて行われたとされる(38)。

南朝の梁・武帝の時代には『阿育王経』の伝訳とともに、重要な崇仏事業の一つとして造塔が行われ、舎利の奇瑞に関する説話も知られている。すなわち、梁の武帝が大同四年（五三八）の八月に建康（現在の南京）城外の長干寺の阿育王塔を改造した時に塔下から仏舎利や仏髪爪が出現したので無礙会を設け、天下に大赦したが、この長干寺の塔は阿育王が鬼神を使役して、一日一夜にして造った八万四千塔のなかの一つであると信じられている。このような梁の武帝が行った仏舎利出現および起塔などの一連の行為は、じつは阿育王が王舎城に詣り、阿闍世王が埋め置いた舎利を取り出し、八万四千の宝篋を作り、その中に舎利を収めて、一時に塔を造ったという『阿育王経』巻一・生因縁品第一にみえる阿育王の事績をもとにしている。これは梁の武帝が自らの布施の行為を往古の阿育王を敬慕し、私淑していたことによると説かれる(39)。

このようにみてくると王興寺址舎利容器銘文は、「神化為三」という重要な要素において、霊力によって舎利を増やし、造塔を行ったという阿育王の事績と類似し、これに事寄せた内容であると考えられる。また、阿育王に仮託された内容として梁の武帝の信仰が篤かった舎利と起塔の信奉と内容とも一致することから、王興寺址舎利容器銘文の「神化為三」の背景には南北両朝に存在した阿育王の舎利と起塔譚のなかでも、とくに南朝・梁における阿育王説話があると考えた。

いっぽう、舎利奉迎記には「遺形八斛利益三千遂使光耀五色行遶七遍神通変化不可思議」とあり、すでにふれたように個々の語句の検討によって、舎利の特徴を示していることが指摘されている。

舎利奉迎記にみえる「棟梁三宝」の語は、すでにふれたように北斉・文宣帝、隋・文帝、唐・太宗、玄奘三蔵などの崇仏によって史上に知られた皇帝や高僧に冠された語である。舎利奉迎記では、この語の前の行にある「我百済王后佐平沙乇積徳女」を主語とし、「撫育万民棟梁三宝故能謹捨浄財造立伽藍」と記されている。すなわち、ここでは佐平沙乇（宅）積徳の娘である百済王后が万民を撫育し、三宝の棟梁として、謹んで浄財を喜捨して伽藍を造立する、と記されている。すなわち、中国では崇仏皇帝や並ぶことなき高僧に用いられる「棟梁三宝」は、ここでは百済王ではなく、王后その人を主体とすることが、舎利奉迎記の内容的特徴といえよう。さらに、これに続く「以己亥年正月廿九日奉迎舎利」の主体も同様であって、自身が造立した「伽藍」に百済王后が舎利を迎え奉った、と記されている。

舎利奉迎記の初めに記された舎利の奇瑞は、たんなる霊異を示したものではなく、あくまでも、このような百済王后の舎利奉迎に帰結する内容であることを確認しておきたい。

第五節　銘文語句と舎利埋納品からみた仏教の系譜

舎利奉迎記にみえる語句から推定される仏典とその系譜を属性の異なる資料によって検討してみたい。

それは百済と古代日本の舎利関係の遺物である。まず、百済王室祈願寺出土の舎利関係遺物を瞥見してみると、昌王二四年（五七七）銘の舎利容器が出土した王興寺塔址からは金製頸飾り、金板被炭木頸飾り、金鈴、金糸、金箔、金板などの金製品、金銅製心葉形銙板、銀製帯金具（鉈尾）などの装身具、花形雲母装飾の付いた鉄芯冠帽、硬玉製勾玉、ガラス製丸玉を主体とした各種の玉類、玉璧、常平五銖などの中国製品のほかに鉄刀子、銅箸、琥珀製獣形装飾品などが出土した[40]。

王興寺塔址舎利遺物のなかでも百済の特定階層以上が保有したと考えられる雲母装飾付鉄製冠が出土しており、喜捨の実態を探るうえで注目される。雲母装飾付鉄製冠は逆三角形の鉄芯からなり、花弁状に加工した雲母を前面に付けたと考えられている（第二部第一章**図1―4**参照）[41]。このような鉄芯の冠帽は、扶余・陵山里ヌンアンゴル三六号墳の出土品の復元から、花弁状または草花状と呼ばれる形状の銀製冠飾りと組み合わせて冠を構成する場合があることが判明している[42]。花弁状または草花状文様の銀製の冠飾りは陵山里ヌンアンゴル三六号墳の他に羅州・伏岩里古墳で伴出している[43]。この種の銀製冠飾りは舎利奉迎記とともに弥勒寺西塔址からも出土している（**図1**）。

図1　弥勒寺西塔址出土銀製冠飾り

この種の銀製冠は王都および地方に所在する百済後期の古墳から出土し、『周書』『隋書』『北史』などの百済伝に奈率（第六等）以上の官位の冠飾りとしてみえる「銀花飾」に比定されている[44]。このような銀製冠飾りの存在から弥勒寺西塔址出土の舎利に関しては、起塔儀礼に参与した供養人たちが自身の所持品を奉安したと推定する見解が示されている[45]。その根拠としては、王興寺や飛鳥寺と同時代の南朝・梁の武帝が揚州の長干寺の阿育王塔を改修した際の諸人の喜捨があげられている。すなわち、武帝は長干寺に二基の塔を建て、金罌《かめ》・玉罌に舎利と仏の爪髪を盛り重ねたものを七宝塔の中に入れ、石函を宝塔に盛り置いて、これらを両塔の下に分かち入れた。この時に王侯、妃主、百姓および富める者たちは、金、銀、鐶、釧などを喜捨して、珍宝が充積した、という記載である。(46)

長干寺の舎利の記載や弥勒寺西塔出土の銀製冠飾りが百済の高位階層が所持したことを勘案すると、百済で特定された階層の所持品を含む王興寺塔址出土遺物は、王族を含む上位階層によって喜捨された舎利供養具と想定して大過はなかろう。

いっぽう、百済から将来された舎利を納めたとされる飛鳥寺址塔心礎から出土した遺物には、勾玉、管玉、子玉などの玉類、金環、銀環、金、銀の延板・小粒・金銅製飾金具類・青銅馬鈴・蛇行状鉄器・挂甲・刀子・雲母片などがあり、これらが古墳出土遺物と類似することは、すでに定説となっている。(47)

百済・王興寺址と飛鳥寺址の塔心礎出土遺物に戻ると、双方ともに古墳出土遺物が含まれるという共通点があることが、この点においても、飛鳥寺の創建には百済の王室祈願寺の影響があったことがわかった。(48)そのなかでも特異な遺物として、王興寺址と飛鳥寺址の双方から出土している雲母があげられる。王興寺址出土の雲母は花形を呈し、装飾として枠状の鉄製品に付属したとみられている。この鉄製品は細い鉄製の棒で造られた逆三角形の枠状を成すことと、その中央に花形の雲母装飾を取り付けた冠の鉄芯であったとみられている（第二部第一章**図1―1～3**）。

日本の古墳および朝鮮三国時代の古墳から出土する雲母については、すでに論じたことがあり、それは以下のように摘要できる。(49)雲母そのものあるいはこれを用いた装飾品は、新羅およびその影響下にある加耶地域の古墳の埋葬施設内から出土し、年代的にもっともさかのぼるのは新羅の積石木槨墳であり、その初期の段階からも認められることから、新羅古墳における雲母の埋納は遅くとも五世紀には始まると考えられる。日本の古墳においては雲母

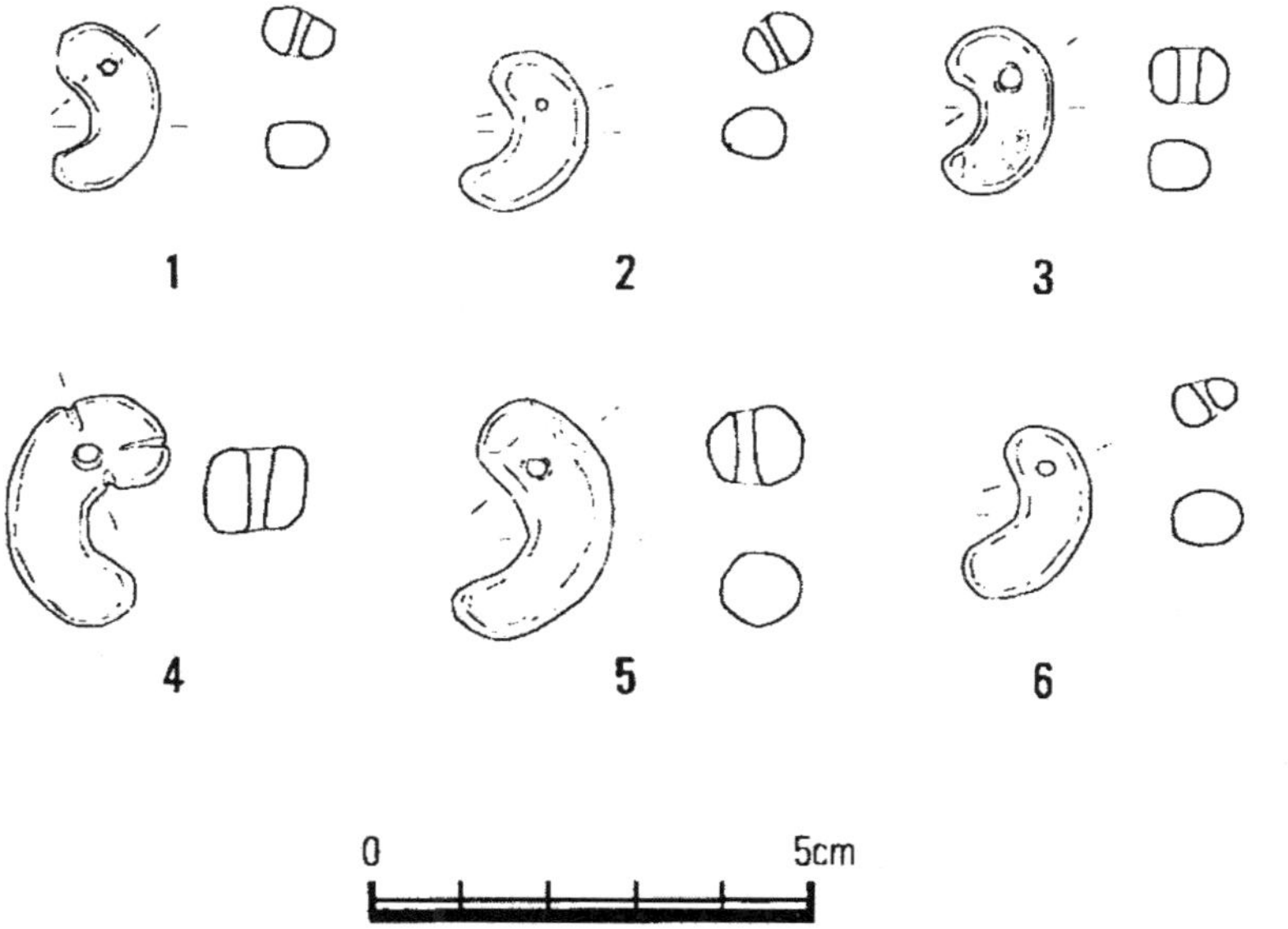

図2　王興寺出土勾玉
4が丁子頭勾玉

の埋納は六世紀代に中心があることから、新羅から移入された習俗であると推定される。いっぽう、百済古墳では雲母の埋納は顕著ではなく、このような点からみると、王興寺址塔心礎出土品の雲母を用いた冠飾りに関しては、全体の形態は百済に特徴的な型式であるにもかかわらず、雲母の装飾が付いている点で百済では特殊な例であり、時期的にも新羅古墳での雲母埋納がほぼ終息する六世紀中頃の遺物であることから、新羅古墳の雲母埋納習俗とは無関係であり、この時点での百済における冠の付属装飾品であることがわかる。

さらに王興寺塔址舎利遺物のなかには六点の勾玉があり、そのうちの硬玉製とされる一点には頭部に陰刻による線がみられると報告されており、これは丁子頭硬玉製勾玉であることは明らかである(**図2**)(50)。丁子頭勾玉は勾玉の頭部に数条の刻線が施された類型を指し、北部九州では弥生時代中期にみられ、その後、古墳時代には広く分布することが知られている。[51]すなわち、丁子頭勾玉は弥生時代から古墳時代にかけての日本列島に固有の型式であり、硬玉そのものも朝鮮半島では産出せず、日本列島に産出地があることから、硬玉製丁子頭勾玉は三国時代の朝鮮半島に移入したと考えられている。[52]

すなわち、前史として百済王室祈願寺である王興寺塔址出土の雲母装飾や硬玉製勾玉に示されるように、明らかに日本との交渉が認められる。いっぽうで、前節までで論じたように舎利奉迎記にみえる「棟梁三宝」の語と同義の「三宝之棟梁」が『日本書紀』推古天皇三年是歳条にみえ、そこでは高麗僧・慧慈と百済僧・慧聡のことを指していることは、古代の仏教の流入を考えるうえで見逃すことはできない。

いうまでもなく、『日本書紀』では百済から欽明一三年（五五二）に仏像・幡蓋・経論などがもたらされ、崇峻元年（五八八）には舎利や僧だけでなく鑪盤博士・瓦博士・画工などの寺院造営に関わる技術者が渡来したことになっている。諸経典に頻出する語ではない「棟梁三宝」の同義語が百済の舎利奉迎記と『日本書紀』に共通してみられることの意味については、弥勒寺舎利奉迎記の他の語からも考察できる。すなわち「上弘正法下化蒼生」であって、すでにふれたように先行研究によって、同様の表現は南朝・梁の法雲の『法華経義記』と日本古代の『維摩経義疏』にみえることなどから、南朝から百済を経て古代日本へという仏典の系譜が想定された。すなわち、百済寺院の遺物の系譜と仏典の系統とが一致するのである。

結語

本章では百済・弥勒寺西塔址出土舎利奉迎記の内容を理解するために、文章に用いられている語句の所依経典に関する見解を整理し、語句からは南朝から百済経由で日本列島あるいは百済から日本列島への仏典の系譜が論じられていることを示した。あわせて、同じく出典論による語句の系譜について私見を付し、使用された語句による仏教信仰の傾向としては舎利に関する内容が多いことを指摘した。

次にこのような舎利に関係する語について、百済王室祈願寺として時期的に先行する王興寺址出土の舎利容器銘文にみえる舎利奇瑞譚とも比較し、舎利奉迎記はたんに舎利の奇瑞や霊異を示したのではなく、あくまでも百済王后の舎利奉迎に帰結する内容であることを確認した。

このように舎利奉迎記にみえる仏教語の検討から、百済から日本列島への系譜が論じられていることに対して、舎利奉迎記とともに出土した遺物の系譜を検討し、前史としての丁字頭勾玉に象徴される日本列島からの将来品の存在と王興寺塔址と飛鳥寺塔址の出土品に共通する雲母から、双方の出土遺物の共通性を示すことによって、百済王室祈願寺の飛鳥寺造営に関する強い影響を指摘した。

以上の検討によって、舎利奉迎記に用いられた語句の所依仏典の系譜と出土遺物の両面から、六、七世紀の百済王室祈願寺と飛鳥寺との関係性を論じた。

注

（1）　金相鉉「弥勒寺石塔舎利奉安記の基礎的検討」（円光大学校馬韓百済研究所編『円光大学校馬韓百済研究所学術大会集　大発見舎利荘厳　弥勒寺の再照明』円光大学校馬韓百済研究所、二〇〇九年）〔ハングル文献〕、国立文化財研究所編『益山弥勒寺址石塔舎利荘厳』（国立文化財研究所建築文化財研究室、二〇一四年）〔ハングル文献〕。

（2）　金相鉉「弥勒寺石塔舎利奉安記の基礎的検討」（前掲注1）、金相鉉「金製舎利奉迎記」（国立文化財研究所編

『益山弥勒寺址石塔舎利荘厳』〈前掲注1〉)。

(3) 瀬間正之「百済弥勒寺「金製舎利奉安記」」(青木周平先生追悼論文集刊行会編『古代文芸論叢』おうふう、二〇〇九年)、瀬間正之「百済弥勒寺「金製舎利奉安記」と〈聖徳太子〉」(大山誠一編『日本書紀の謎と聖徳太子』平凡社、二〇一一年)、瀬間正之「文字表現から観た「弥勒寺金製舎利奉安記」——典拠を中心に——」(新川登亀男編『『仏教』文明の東方移動——百済弥勒寺西塔の舎利荘厳——』汲古書院、二〇一三年)。

(4) 瀬間正之「新出百済仏教関係資料の再照明——シンポジウム「仏教と上代文学」を終えて」(『上代文学』一〇四、二〇一〇年)。

(5) 瀬間正之「文字表現から観た「弥勒寺金製舎利奉安記」——典拠を中心に——」(前掲注3)。

(6) 有働智奘「古代日本と百済における仏教と神祇——韓国・益山弥勒寺址出土「金製舎利奉安記」銘文中の「下化蒼生」について——」(『仏教史学研究』五四—一、二〇一一年)。

(7) 『長阿含経』巻第四(大正新脩大蔵経第一巻二九頁下段)

寧可諍仏舎利共相残害。如来遺形欲以広益。舎利現在但当分取。

(8) 金相鉉「弥勒寺石塔舎利奉安記の基礎的検討」(前掲注1)。

(9) 『大荘厳論経』巻第一五(大正新脩大蔵経第四巻三四七頁下段)

入涅槃時為済衆生故。砕身舎利。八斛四斗。利益衆生。

(10) 『広弘明集』巻第一一・弁惑篇(大正新脩大蔵経第五二巻一七〇頁中段)

聞仏有舎利八斛用表遺身。

(11) 瀬間正之「百済弥勒寺「金製舎利奉安記」」(前掲注3)、瀬間正之「文字表現から観た「弥勒寺金製舎利奉安記」——典拠を中心に——」(前掲注3)。

(12) 『仏母般泥洹経』巻一(大正新脩大蔵経第一巻八七〇頁下段)

我般泥洹後二百歳時、阿育王従八王索八斛四斗舎利、一日中作八万四千仏図。

(13)　金相鉉「弥勒寺石塔舎利奉安記の基礎的検討」（前掲注1）、瀬間正之「文字表現から観た「弥勒寺金製舎利奉安記」――典拠を中心に――」（前掲注3）。
(14)　瀬間正之「新出百済仏教関係資料の再照明――シンポジウム「仏教と上代文学」を終えて」（前掲注4）。
(15)　瀬間正之「新出百済仏教関係資料の再照明――シンポジウム「仏教と上代文学」を終えて」（前掲注4）。
(16)　『続高僧伝』巻第一六・釈僧稠（大正新脩大蔵経第五〇巻五五四頁中段）
稠曰。菩薩弘誓。護法為心。陛下応天順俗。居宗設化。棟梁三宝導引四民。
(17)　『弁正論』巻第三（大正新脩大蔵経第五二巻五〇八頁下段）
幽計以知年来。乃聖乃神。多能多芸。無為之政遠嗣離連。有道之風寔方炎昊。聞思息訟比屋可封。弘護居心。汲引興念。棟梁三宝。荷負四生。
(18)　「荷負」も仏典に多くみえる語で、一例をあげると『十住毘婆沙論』（大正新脩大蔵経第二六巻四一頁上段）に「重担を荷負する」とあり、荷い負うという意味の語である。
(19)　『法苑珠林』巻第一〇〇・述意部第一（大正新脩大蔵経第五三巻一〇二七頁中段）
今上皇帝。乃聖乃神。多能多芸。……棟梁三宝。荷負四生。宿殖善根。久修勝業。
(20)　『大唐大慈恩寺三蔵法師伝』巻第八（大正新脩大蔵経第五〇巻二六二頁下段）
乃有三蔵玄奘法師者。所謂当今之能仁也。聡慧夙成。該覧宏贍。徳行純粋。律業翹勤。実三宝之棟梁。四衆之綱紀者也。
(21)　『日本書紀』推古天皇三年是歳条
五月戊午朔丁卯高麗僧恵慈帰化則皇太子師之。是歳百済僧慧聡来之此両僧弘演仏教並為三宝之棟梁
(22)　『大般涅槃経』巻第一一・現病品第六（大正新脩大蔵経第一二巻四二九頁中段）
世界成時従金剛際起金剛座。
(23)　『大般若波羅蜜多経』巻第五七八・第一〇般若理趣分（大正新脩大蔵経第七巻九八八頁中段）

若具摂受一切如来金剛智印能得最上妙身語心。猶若金剛無動無壊。仏説如是如来智印般若理趣金剛法已。告金剛手菩薩等言。若有得聞如是智印甚深理趣金剛法門。信解受持読誦修習。一切事業皆能成弁、常與一切勝事和合、所欲修行一切勝智。諸勝福業皆速円満。当獲最勝浄身語心。猶若金剛不可破壊。疾証無上正等菩提。爾時世尊復依一切無戯論法如来之相（後略）……

(24)『大般涅槃経』巻第三・金剛身品第五（大正新脩大蔵経第一二巻六二二頁下段）
如来身者是常住身。不可壊身金剛之身。非雑食身即是法身。

(25)『大般涅槃経』巻第一一・現病品第六（大正新脩大蔵経第一二巻四二九頁上段）
願令衆生永断諸病得成如来金剛之身。

(26)『阿毘達磨倶舎論』巻第一（大正新脩大蔵経第二九巻一頁下段）
虚空但以無礙為性。由無障故色於中行。

(27)那須良彦「空界と虚空無為との区別――婆沙論を中心として――」（『印度学仏教学研究』五六―二、二〇〇八年）、那須良彦「衆賀における空界と虚空無為」（『印度学仏教学研究』五七―一、二〇〇八年）。無為法とは常住不変を説き、生滅変化を離れた常住・絶対の存在や因縁の支配を受けない解脱の境地などをいうとされる。水野弘元「無為法について」（『仏教教理研究』水野弘元著作選集第2巻、春秋社、一九九七年）〔初出は一九六二年〕。

(28)『摩訶般若波羅蜜経』巻第一二（大正新脩大蔵経第八巻三一〇頁中段）
仏言。虚空不生不滅故清浄。般若波羅蜜亦如是

(29)『大智度論』巻第四七（大正新脩大蔵経第二五巻四〇二頁中段）
離著虚空不染三昧者。菩薩行般若波羅蜜。観諸法畢竟空。不生不滅如虚空無物可喩。

(30)『瑜伽師地論』巻第四五（大正新脩大蔵経第三〇巻五四一頁上段）
於此経中説一切法皆無自性皆無有事無生無滅。説一切法皆等虚空。皆如幻夢。

(31)　瀬間正之「新出百済仏教関係資料の再照明――シンポジウム「仏教と上代文学」を終えて」（前掲注4）。
(32)　臼田淳三「維摩経義疏における「上弘仏道・下化蒼生」について」（『印度学仏教学研究』二一―二、一九七三年）。
(33)　渡部孝順「維摩経義疏における「上弘仏道・下化蒼生」の一句について」（『聖徳太子研究』六、一九七一年）。
(34)　瀬間正之「新出百済仏教関係資料の再照明――シンポジウム「仏教と上代文学」を終えて」（前掲注4）。
(35)　有働智奘「古代日本と百済における仏教と神祇――韓国・益山弥勒寺址出土「金製舎利奉安記」銘文中の「下化蒼生」について――」（前掲注6）。
(36)　門田誠一「王興寺と飛鳥寺にみる舎利の奇瑞」本書第二部第一章。
(37)　周炅美「百済の舎利信仰と弥勒寺址出土舎利荘厳具」（円光大学校馬韓百済研究所編『円光大学校馬韓百済研究所学術大会集　大発見舎利荘厳　弥勒寺の再照明』〈前掲注1〉）〔ハングル文献〕。
(38)　横超慧日『中国仏教の研究』第一（法藏館、一九五八年）三四七～三五六頁。
(39)　横超慧日『中国仏教の研究』第一（前掲注38）。
(40)　李漢祥「百済王興寺木塔址一括遺物の性格と意義」（『東アジアの古代文化』一三六、二〇〇八年）、国立扶余博物館・国立扶余文化財研究所編『百済王興寺』（国立扶余博物館・国立扶余文化財研究所、二〇〇八年）〔ハングル文献〕、国立扶余文化財研究所編『王興寺址Ⅲ――木塔址・金堂址発掘調査報告書』（国立扶余文化財研究所、二〇〇九年）〔ハングル文献〕。
(41)　国立扶余博物館・国立扶余文化財研究所編『百済王興寺』（前掲注40）、三六～三七頁、国立扶余文化財研究所編『王興寺址Ⅲ――木塔址・金堂址発掘調査報告書』（前掲注40）。
(42)　崔孟植「陵山里百済古墳出土装飾具に関する一考」（『百済文化』二七、一九九八年）〔ハングル文献〕。
(43)　イ・クィヨン「百済金属工芸の考察」（李男奭編『百済文化の特性研究』書景出版社、二〇〇四年）〔ハングル文献〕。

(44) 李南奭「百済冠制と冠飾――冠制・冠飾の政治史的意味考察――」(『百済文化』二〇、一九九〇年)〔ハングル文献〕、全栄来「古墳Ⅱ(湖南地方)」(林永福ほか編『百済考古学』民族文化社、一九九三年)〔ハングル文献〕。

(45) 周炅美「百済の舎利信仰と弥勒寺址出土舎利荘厳具」(前掲注37)。

(46)『梁書』巻五四・列伝四八・諸夷・海南/扶南国
(天監)至四年九月十五日、高祖又至寺設無碍大会、竪二刹各以金罌次玉罌重盛舎利及爪髪、内七宝塔中。又以石函盛宝塔、分入両刹下、及王侯妃主百姓富室所捨金、銀鐶釧等珍宝充積。

(47) 奈良国立文化財研究所編『飛鳥寺発掘調査報告』(奈良国立文化財研究所、一九五八年)、辻秀人「日本古墳時代の副葬品と飛鳥寺塔の舎利荘厳」(『東北学院大学論集　歴史と文化』四〇、二〇〇六年)。

(48) 鈴木靖民「百済王興寺の舎利容器・荘厳具と飛鳥寺――飛鳥文化の源流――」(『東アジアの古代文化』一三六、二〇〇八年)。

(49) 門田誠一「古墳出土の雲母片に関する基礎的考察――東アジアにおける相関的理解と道教的要素」(『古代東アジア地域相の考古学的研究』学生社、二〇〇六年)〔初出は一九九九年〕。

(50) 国立扶余博物館・国立扶余文化財研究所編『百済王興寺』(前掲注40)四〇頁図一、国立扶余文化財研究所編『王興寺址Ⅲ――木塔址・金堂址発掘調査報告書』(前掲注40)。

(51) 森貞次郎「弥生定型勾玉考」(鏡山猛先生古稀記念論文集刊行会編『鏡山猛先生古稀記念古文化論攷』鏡山猛先生古稀記念論文集刊行会、一九八〇年)、木下尚子「弥生定形勾玉考」(岡崎敬先生退官記念事業会編『東アジアの考古と歴史　岡崎敬先生退官記念論集』同朋舎出版、一九八七年)。

(52) 門田誠一「朝鮮三国時代における硬玉製勾玉の消長」(『古代東アジア地域相の考古学的研究』〈前掲注49〉)〔初出は一九八九年〕。

第四章　百済における仏教語浸透の様相

――陵山里出土木簡の検討――

序　言

朝鮮三国時代の出土文字資料は一定の蓄積をみており、碑文や金石文さらには漆器に施された文字なども広く知られるようになった。とりわけ木簡は出土文字資料としては、点数の著しい増加とともに、行政や軍事、宗教などの内容的にも多様な情報を内包している。

そのなかでも、ここでとりあげる陵山里遺跡出土木簡（以下では陵山里木簡と略称）は基本的な記載事項に百済最後の王都における王権と関連する内容が主体を占めており、三国時代の政治・社会史の復原に裨益するところが大きい。のみならず、仏教を含めた思想や信仰に関する木簡も存在し、百済王権と関わる宗教を具体的に考究するための基礎資料となっている。

このような陵山里木簡については次節で整理するように短期間に一定の研究成果があげられているが、本章ではとくに陵山里木簡のなかの仏教語が複数書写された資料について、詳細にその典拠を分析することによって背景となった仏教信仰に接近し、さらに日本出土木簡のなかの類似資料との比較によって、この木簡の性格と意味を考察する。

第一節　扶余・陵山里出土百済木簡の概要

本章で検討する木簡が出土した地点は、扶余市街地東側に残る百済時代の羅城の東城外にあたり、王陵として名高い陵山里古墳群と羅城の間に位置する寺院遺跡である陵山里寺址の近接地にあたる。

陵山里寺址は百済の旧都である泗沘都城を形成する羅城の東側で所在し、一九九二年より、発掘調査が行われた。その結果、金堂址、木塔址、中門址、その他の建物址などの伽藍が検出された。これらの建物は南北に配置された一塔一金堂を中心とした伽藍配置を構成している。

出土遺物としては山岳文様に種々の動物や人物を配置した金銅製の大型香炉があり、「金銅大香炉」として、後に韓国の国宝に指定された。鋳出された図像は仏教や道教との関連があるとされ、思想史的にも多様な検討要素を含む。また、木塔址の心礎石からは威徳王代の五六七年を示す「百済昌王十三季」を含む銘文が線刻された石製舎利龕が出土し、この寺址の築造年代と経緯を示すことが知られた。出土遺構や遺物の特質から、この寺院址は端的にいえば百済王室と関連した願刹としての性格を有すると位置づけられる。(1) その後、二〇〇〇年に報告書が刊行された時には、遺跡名が陵山里寺址とされた。(2) 本章でも寺院址そのものを指す場合は陵山里寺址の語を用いる。

陵山里寺址の中門址南側部分のうち、西側の石造橋と東側の石造橋の間が発掘調査されるにあたって、池や道路遺構、排水施設などが検出された。これらの遺構のなかでも、木簡は主として西排水路に隣接した地区で検出された南北方向の断面V字形の溝状遺構内部と第五排水路で出土している。第六・七次調査で寺域の中門址南側部分では多様な排水施設と貯水施設などが発見されており、陵山里木簡はこの地区の報告書で初期中心排水路とされた遺構から、木製品や建築部材とともに出土した。(3) 中門址南西側排水路から出土したこれらの木簡は陵山里寺址創建以前ないしは造成の初期の遺構から出土していることから、寺址とはいったん区別して一般的に陵山里木簡と総称されている。(4) また、木簡が出土した排水路そのものは近辺で検出された南北方向の石築基壇と関連することが示唆されている。(5)

その後、報告書が刊行されたことによって、(6) 木簡が出土した遺構と年代に対する考察も深化し、本章で考察の対象とする資料を含む多数の木簡が出土した中門址南西側排水路を含めた下層遺構群に対しても陵山里寺址造営以前ではなく、建造の初期段階と位置づけ、五六七年の紀年銘舎利龕の出土した木塔は完成段階とみて、これを下限として、下層遺構群の具体的な時期として六世紀中頃を想定する見解が示されている。(7)

下層遺構群と上層の寺院遺構である陵山里寺址との関係に関しては、次節の研究史でふれるように諸説があるが、時期として石製舎利龕の紀年である五六七年を下限年代とすることは至極妥当であり、本章でも下層遺構出土の陵山里木簡の廃棄時期については六世紀中頃以前としておきたい。

陵山里木簡には墨書内容や形態から多様な属性の資料があることが知られているが、そのうち、とくに本章でとりあげて検討するのは複数の仏教語が記された資料である。この木簡は現時点での韓国出土を集大成すべく刊行された『韓国の古代木簡』では三〇五号木簡と編番されている。

次節以下では、この三〇五号木簡について、これまでの研究を瞥見しながら、問題点を整理して、考察へと進んでいきたい。

第二節　当該資料に対する研究の現況

三〇五号木簡を含む陵山里木簡について、朴仲煥氏ははじめて基本的な釈字を行い、釈読と内容吟味を行った。すなわち、「前世に結んだ因縁によって、一つの処に生まれた。よって、正しく、間違いを互いに償い、上拝して、明らかにする」という解釈であり、さらにその内容によって、この木簡が兄弟やそれに類似した血縁関係におかれた人々が互いに利害関係が絡む事案を整理する過程で書いた内容と推定した。また、この木簡の具体的な内容は、これとともに使用した他の木簡に対する総論的な性格を有するとした。そして、この木簡の内容には仏教的縁起論が認められると論じた。さらに、氏のいう「裏面」（本章でのb面）は「表面」（本章でのa面）の記録内容に対する命題的な性格を有し、伝達を前提にした文書であったとすれば、「裏面」文末の文字が「前」であることからも、その前の三文字は受信者に該当すると推定しているが、残存状態が悪く、結論は保留している。また、この木簡を含む陵山里木簡全体の属性については、「天」銘木簡の共伴とを重視し、王が祭主となって挙行した百済の国家祭祀と関連すると論じた。また、陵山里木簡が書写され、使用された時期については、出土層位、伴出遺物からみて、五四〇年前後から威徳王代前半まで、すなわち、五七〇年頃までのほぼ三〇年間とみている。(8)

近藤浩一氏は三〇五号木簡について、仏教経典の一部分またはそれと関連する語句を記した習書木簡の一種であり、文字が整っていることから、習書に際する教本のような用途を示唆した。陵山里木簡全体としては、内容的に仏教関係、情報伝達、記録管理、削屑に分類し、各木簡の検討から、泗沘羅城の築造と関連した拠点施設で作成されたと結論づけた。そのなかで仏教に関連した木簡も行政支配と密接な関係をもち、その内容は「宿世」「結業」

などの代表的な用語のみを集中的に記載していることから、類似の語が記された難波宮出土木簡との比較から習書または教科書的に使用されたとする。かつ在来祭祀と関連した「天」のような用語もみられることから、これらの木簡は仏教教理とあまり関連がないものと考えた。そして、これらの木簡は「天」をはじめとした「誓事的」な性格が強いものと論じた。むしろ仏教が百済王権が泗沘都城築造のために力役動員された人々に対して行われた「誓事」と関連する信仰要素であると位置づけた。また、木簡出土場所の近くで発見された石築基壇については東羅城と同じ時期の羅城築造に関する拠点施設と想定した。陵山里木簡の年代についても、扶余・東羅城築造工事と関連させ、かつ仏教と関連する木簡の存在より、謙益がインドから帰国したことと関連づけ、五二六年から五三〇年代前半頃と推定した。(9) その後の論考では羅城築造という一時的な工事に伴うものでないことを強調するとともに、年代をさらに限定し、扶蘇山城の築造が行われていた五二七年頃から五三八年頃の泗沘遷都時に陵山里木簡が書写されたとする。(10)

金永旭氏は三〇五号木簡の墨書について、この一六字の文字は途切れのない一つの文章であると断じた。さらに内容上は四字ずつの四つの部分から構成される四言四句という韻文の形式をとり、韓国語の語順と漢文の混在した百済固有の文体であって、また情緒的な表現があり、仏教的来世観を盛り込んでいる、などの点から、現在まで発見されているなかで、最古の百済の詩歌であると結論づけた。このような観点から金永旭氏は木簡冒頭の語によって、「宿世歌」という題目も示している。(11)

尹善泰氏は陵山里木簡のなかには、仏教およびその他の祭祀儀礼に関連した木簡が存在することから、羅城築造のみに関連するのではなく、百済の「道祭」の存在を示すとした。すなわち、氏が「道禓立」と判読した墨書のある男根形木簡を根拠として、これをもって日本古代の道饗祭や大祓のような儀式が行われ、その後、道路の側溝に廃棄された祭祀用具であると結論づけた。また、ここでとりあげる三〇五号木簡については、b面の尹善泰氏が「慧暉」と釈読する人物に送った書簡であり、a面の「宿世」から始まる部分が書簡の内容であるとする。そして「慧暉」は陵山里寺址に居住した僧侶であるとする。また、この木簡を含めて陵山里出土木簡における仏教関係の存在は、陵山里遺跡の初期の施設として寺院が存在し、また僧侶が常住していたことを想定し、これを継承して「百済王室御願刹」である陵山里寺址が造成されたとみる。そして、「道祭」もこれらの施設と関連することを示唆している。(12)

報告書では文章内容は四字ごとに区切ることに着目し、『詩経』『書経』などの経書体であり、『千字文』の記述法と類似していることから千字文体であるとし、「宿世結業」「同生一処」は仏典の文章であり、仏教に関して熟知した者が書いたとする。意味としては「宿世（前世）に業を受け、（現世に）同じ所に生まれた。これは互いに食い違うのではなく、敬い拝して、事を申し上げよう」と釈読した。(13)

日本で刊行された図録では、「慧暈」という僧に対して、「宿世結業」「同生一処」の「是非」を問うたものとする解釈が示されている。(14)

以上みてきたように、これまでのところ、陵山里木簡全体については、百済の国家祭祀説、羅城造営関連説などがあり、三〇五号木簡に限ると、習書説、詩歌説などが提示されている。

第三節　木簡の語句の検討

ここで検討の対象とする木簡は長さ一二・七センチメートル、幅三センチメートル、厚さ一・一センチメートルで、陵山里百済木簡のみならず韓国出土の木簡のなかでは、やや幅広く、厚みがある。その後、『韓国の古代木簡』以降の刊行物で写真が示され、字句の観察も可能となり[15]、報告書で釈字と釈読がなされた[16]。

未釈も含めて墨書そのものは、木簡の両面にわたって、一六字が確定している[17]。いずれの面が表裏であるか論証を経ておらず、木簡の種類によっては、そもそも表裏があるのかどうかを前提とすべきではないため、ここでは便宜的に『韓国の古代木簡』で前面とした側をａ面、後面とした側をｂ面と仮定し報告書の釈文を参考として、以下に私釈を示す。

ａ面１行（以下、ａ１と略称）　宿世結業同生一處是

ａ面２行（以下、ａ２と略称）　非相問上拜白　事

ｂ面　慧□　□□

（なお、本章の表記では「處」「拜」については新字体を用いた）

これまでのところ、ａ１の釈字に異説はなく、ａ２については「白」字の次の空格に続く字に対しては、「事」[18]と「來」[19]とする釈字の二つの釈字があり、釈字そのものについての異見はａ・ｂ面の文字にみられる。ｂ面には空格を挟んで、四字ないし五字の文字が書写されていたと考えられるが、異釈のあるのは二文字目に限られている。この文字に対しては「量」[20]、「暉」[21]、「曇」[22]などの異釈字がある。『韓国の古代木簡』掲載の写真からは「日」偏は認めがたく、少なくとも「暉」と判読される可能性は少ないと思われる。また、ｂ面の末尾の二字は未釈とされてきたが、「師藏」という釈字があり[23]、報告書では最後の文字は「宛」と釈字されているが[24]、そうであるならば実際の書

簡かは別として書簡体となるが、本章では未釈としておきたい。b面の文字は一字目の他は文字の確定は難しいが、b面の「慧」に続く二字の語は僧名と考えられ、この木簡の送信者あるいは受信者である人物名を示す可能性が高いと思われる(25)。

このような先行研究による釈字をも踏まえて、次にこの木簡の語句の検討に移りたい。まず、ａ１冒頭の「宿世」の語であるが、通常仏教語とされる語であって、一般的には以下のような意味があるとされる(26)。

①生死を重ねてきた過去世。前世。先の世。過去の時代。

②前世の因縁。また、前世の因縁によって定まっていること。

③『法華経』の三周説法の一つ。因縁周のこと。

とくに①②については、それぞれ「日本人の人生観・世界観に最もよく浸透した仏教の観念の一つ」とされ、また、「宿世の因縁の意。宿業・宿命と同義に用いられる」とも説明される(27)。

ここでふれられているように、日本ではとくに平安時代以来の人生観や死生観の深部に内在する仏教的な観念とされる。ただし、ここで行う三〇五号木簡の検討には、日本の思想のなかで「宿世」の語が仏教語として、世を継いで広く知られたことを示すのみで十分であろう。

このように「宿世」は仏教語としては一般的であり、それゆえに多くの経典において頻出するが(28)、しばしば示される例をあげて、経典におけるその用法をみておく(29)。

たとえば『法華経』巻第七・妙音菩薩品には「此二子者是我善知識。為欲発起宿世善根饒益我故来生我家」「この二子は是れ我が善知識なり。宿世の善根を発起して我を饒益せんと欲するを為《も》っての故に、来たりて我が家に生まれしなり」とみえる(30)。ここでは釈迦に向かって、妙荘厳王すなわちシュバ・ヴューハ王が自らの二人の息子について、彼らが自身の善知識であり、かつ自身の「前世における善根を思い出させるために、わたしの家の息子となって生まれてくれた[31]」と述べるくだりで、「宿世」の語が用いられている。

また、『無量寿経』巻下の偈に「宿世見諸仏。楽聴如是教」すなわち「宿世に諸仏を見たてまつりしもの、楽《ねが》ってかくのごときの教えを聴《き》かん」とある[32]。

『興起行経』巻下には「尚不能得免。宿世余殃。況愚冥未得道者」すなわち「尚宿世の余殃を免ることを得る能わず、況んや愚冥にして未だ得道せざる者をや」とある[33]。

この他にも『大般涅槃経』には「菩薩如是修習此業得寿命長。亦能善知宿世之事」（巻第三[34]）、『大般若波羅蜜多経』「不為一切人非人等之所悩害。唯除宿世定悪業因現在応熟」（巻第一二六[35]）、「當知宿世善根成熟。多供養仏多事善友」（巻第四三八[36]）などをはじめとして、多く用いられる。

『大智度論』にも「有魔者宿世遮他行道及種種求仏道因縁。不喜行慈好行空等余法」（第四之下、巻第四〇[37]）、「復次多人信楽舎利弗語。所以者何。以宿世因縁故。多発菩薩心。仏以大慈悲心故」（巻第四五[38]）、「知恩報恩者有人言。我宿世福徳因縁応得。或言。我自然尊貴汝有何恩」（巻第四九[39]）、「或欲聞或不欲聞。以其宿世雖解義而不能行」（巻第七一[40]）などの用例がある。

また、その他でも『金光明経』巻第二「如其宿世所修集業随業受報。不生悪心貪求他国。各各自生利益之心[41]」、『大阿弥陀経』「皆由宿世積徳所致。慈恵温良博施兼済」（巻上[42]）、『法華経』「我及汝等　宿世因縁　吾今當説　汝等善聴」（巻第三[43]）、『悲華経』「爾時世尊為諸天人。示宿世因縁故」（巻第二[44]）などのような多くの用例がある。

「宿世」に続く「結業」も仏教語であり、「煩悩によって起こした行為。または、その行為の結果」を意味し、『大正新脩大蔵経』では概ね三八〇カ所にわたって出現する一般的な語といえる。

その用例としては本邦の『維摩経義疏』巻下・見阿閦仏品に「菩薩の生は唯、物を化すを為し、結業をもって生ずる非ざるなり[45]」などの文章があげられることが多い[46]。

これらに続く「同生」も仏教語であり、「同じところに生まれあわせること。とくに同じ浄土に生まれること」という意味とされる[47]。そして、つながりからみても、この語が次の「一処」と続いて、「同生一処」すなわち、「一処に同生す」という語を構成することは間違いない。「同生」のみならば、数多くの経典の多様な文脈で用いられるが、この「同生一処」という成語になると、出現する仏典は限定される。試みに『大正新脩大蔵経』を検索してみると、一四種類の仏典中の一六カ所に現れる。そのなかから、例をあげれば、『阿毘達磨大毘婆沙論』巻第四には、「問頗有二聖者。同生一処。於世第一法。一成就。一不成就耶[48]」、すなわち「問、頗《もし》二聖者あり。同じく一処に生ずるに、世法第一法に於いて、一は成就し、一は成就せざることありや[49]」という問いの中で「同生一処」の語が用いられている。

また、『大智度論』巻第三一には「須涅多羅作是念我不応與弟子同生一処。今當深修慈心[50]」とあり、「須涅多羅は是の年を作さく、我は弟子と同じく一処に生ずべからず。今まさに深く慈心すべしと[51]」と解される。

また、『大宝積経』巻第四七に「彼住律儀菩薩、常與其兄同生一処。修諸聖道。唯於一仏不修梵行[52]」という用例があり、「かの住律菩薩も常にその兄と同じく一処に生まれて、諸の聖道を修せしが、……[53]」という用例である。

なお、この「一処」とはたんに一カ所を指すのではなく、「法処」を指すとされる[54]。「法処」とは「ほっしょ」とも読まれ、その意味するところは「法（ダルマ）なるところ。認識（の生ずる）拠点としての存在領域。考えられるものという場。考えられるものというよりどころ。非感覚的対象。十二処の一つ」とされる[55]。すなわち、「一処」そのものが、きわめて観念的な仏教語である。

なお、「同生一処」の語の主体をなす「同生」に加えて、三〇五号木簡にみえる「宿世」「結業」の三語すべてが用いられる仏典は限られており、その例としては『梵網経』をあげておこう。

『梵網経』巻第一では「同心者。以道性智同空無生法中。以無我智同生無二」という文章があり[56]、この部分の意味は「同心とは道性智を以て空無生法の中に同ず。無我智を以て生無二に同じ」とされる[57]。

同じく「照般若波羅蜜無二、一切結業三世法如如一諦[58]」とあり、「般若波羅蜜は無二にして、一切の結・業・三世の法は如如一諦なりと照らす」と釈読され[59]、「結」「業」はそれぞれ単独の語と解されている。さらに「百劫事一一知宿世力品[60]」は「百劫の事を一一に知るは宿世力品なり」と解される[61]。また、「以天人智知十方三世国土中一切衆生宿世苦楽受命[62]」とも用いられ、「天人智を以て十方三世国土中の、一切衆生の宿世の、苦楽受命を知り」とされる[63]。

『梵網経』は大乗菩薩戒の根本聖典と位置づけられる経典であり、漢訳は後秦の鳩摩羅什によるとされ、偽経とする見方があるが、いずれにしろ、陵山里木簡の書写時期には存在した。

このように「宿世」「結業」「同生」の語は、仏典には多くの用例が認められるが、「宿世」「結業」「同生」の語は、少なくとも『大正新脩大蔵経』に入蔵された経典においては一つの経典の中で、なおかつ一文のまとまりのなかでこれらの三語が用いられる経典は管見の限りにおいては知られない。また、上述のように「同生」を含む「同生一処」としての用例はきわめて限定される。ただし、これら三語はそれぞれ一語のみでも、至極一般的な語ではあるが、それゆえに当然ながら、三〇五号木簡の出典が、上にあげた経典に特定されるという必要十分な条件は満たさないため、あくまでも仏典における「宿世」「結業」「同生」の用例として示しておく。

すなわち、a面の語句は仏典にみられる比較的一般的な仏教語を並列させているのであって、これらの語句の連続そのものが一経典の文章の一部であるのではなく、かつ特定の経典に依拠しているとは断定できないことを示した。

第四節　木簡の釈文からみた百済仏教

ここまで例証してきたように、a面の「宿世」「結業」「同生」は、それぞれがごく一般的な仏教語であり、これらの語による成語として特定の仏典を典拠としているというよりは、一般的な仏教語を書き連ねて仏教的な成文を行ったものと考えられる。

これに対する私釈を示し、その後にこれをもとにして百済における仏教浸透の実態について論じてみたい。まず、a面の釈読としては「宿世に結業し、一処に同生す」と解することが穏当と考える。この場合、先行研究で指摘されているように、これらの前四語と後四語それぞれの語順は通常の漢文体ではなく、いわゆる吏読《りと》（漢字による朝鮮語の表記方法）に近い語順となる。文章の内容そのものは、一般的な仏教語のみを用いていることから、内容的にはこれまでいわれているような、詩歌や書信とみることは難しいといわざるをえない。

a面の文意を考定する際に参考となるのが、先行研究でも指摘されているように日本の難波宮跡より出土した仏教語からなる木簡である。これは難波宮の朝堂院南辺に位置する土壙から出土した資料で、伴出した土器の年代より、七世紀半ば頃の年代が考定されており、前期難波宮に関わる木簡と考えられている。[64] 木簡そのものの文字は両面ともに明確であり、以下の釈字は確定しており、異釈をみない。[65]

a　広乎大哉宿世
b　是以是故是是

本章では仮にaとした面の文字は墨線で抹消されており、このこととb面の墨書の内容とによって、両面ともに習書であり、かつ同筆とされている[66]。ここでとくに参照するのは、本章では仮にaとした面の墨書であって、この六字には「広きかな大きなるかな宿世」という釈読が示されており[67]、仏教的な文言であり、『倶舎論』あるいは『無量寿経』からの引用の可能性が示唆されている[68]。

そして、この文言がどのような種類の文書に属するのかについては、もう一面の墨書が参考になる。すなわち、「是以是故是是」の墨書であり、使用語句と同一文字の反復からみても、先行研究の断ずるとおり習書木簡であることは間違いない。そして、これを参考にすれば、もう一面の「広乎大哉宿世」も諸経典に広く用いられ、一般的な仏教語を書き連ねて成文した、いわば仏教語を用いた習書および文章を習練・修練するための習文としての性質を有すると考える。

このような難波宮跡出土木簡の釈読の根拠となったa面の語のなかで、とくに「宿世」は陵山里三〇五号木簡と共通する仏教語であり、仏典のなかではきわめて一般的な語であることはすでにみてきたとおりである。また、「広乎」「大哉」の語は、一般的な意味をもつ語であり、それぞれが仏教語であるわけではないが、仏典にも用いられる語でもあるがゆえに[69]、「宿世」の語とあわせて、仏典からの引用とする先学の説は根拠なしとはいえない。

ただし、これら三語が同一の仏典のなかで用いられる場合は稀であり、管見の限りでは『仏説盂蘭盆経疏』巻下に「伝契心印。又遍訪名能。広乎知見[70]」、「能知宿世本生本事故。五他心通。謂於定散漏無漏心[71]」、「故六通往餉而招殃。百味盆羅而致苦。大哉業熟可思者焉」とみえるのが知られる程度である。ただし、この経典は唐代も後半の僧である宗密（七八〇～八四一）の著述であることから、前期難波宮の時期に比定されるこの木簡の字句を考究する際には不適当である。[72]

むしろ、書写されている語の属性からみても、この木簡のａ面では、一つの仏典を出典としたのではなく、三〇五号木簡と同様に広く用いられる一般的な仏教語を組み合わせたと考えられる。ただし、その背景には、三〇五号木簡を書写した人物が「宿世」「結業」「同生」などの語が諸経典で広く用いられる語であることを知悉していたのであり、仏典に関する深い知識を有していたことが前提となる。そのような三〇五号木簡ａ面の文から、書写した人物の属性を推定すると、当然ながら後に陵山里寺址として整備されていくことになる本格的な寺院の造営に先立って、僧侶などが存在したことが想定される。

さらに、三〇五号木簡に使用されている語句の属性を踏まえて、ａ面墨書の文章そのものの性格についてふれると、あくまでもそれぞれが特定の意味を有する独立した仏教語を選択的に用いて構成している点を重視したい。そして、これらを用いて、釈読に私案を示した「宿世に結業し、一処に同生す」という本来の漢文の語順や語法とは異なった語順と語法によって構文されていると考える。

ただし、それらの語は仏典に現れる仏教語であるが、前述のとおり、とくに「宿世」「結業」「同生」の三つの語は、現在参照できる『大正新脩大蔵経』にみえる経典の検索からではあるが、同一の文脈はもちろん、同一の仏典に出現する語ではない。これを踏まえて、結論的に述べるならば、三〇五号木簡のａ面に書写された文章は、それぞれが比較的頻繁に仏典に用いられる独立した仏教語から構成され、いわば、仏教語を組み合わせて、漢語とは異なる語順と語法によって作成された短文であって、仏典を通した教学のために書写されたとみてよかろう。

この木簡の用途については、ここまで分析してきたａ面の語句とともに、同じくｂ面の「非相問上拜白　来」の語句の書式と内容から、書信とみる説があったが、報告書の釈字のようにｂ面末尾の語を「宛」とするならば、実際の書簡であるかどうかは不明であるとしても、この字の上に書かれた「慧□」に宛てられたか、あるいは着信者と仮定した書簡体をとっていると思われる。

さらに難波宮跡出土の仏教語を習書した木簡との語句や構成を参照してみると、三〇五号木簡のａ面については、仏典の講学のために仏教語を書写した木簡とみて大過なかろう。これを勘案する時、ｂ面についても、文章の構成としては書信であるが、ａ面の属性からみて、着信者を想定した実用の書信というよりは、むしろ書信の様式を用いて習文したものと考える。

ここまでみてきたように、仏典の知識や教学に依拠した習書・習文木簡としての三〇五号木簡が書写された背景には陵山里寺址の完成に先立って、この木簡の出土地点ないしは近傍において、多数、多種の仏典の存在を背景とした教学が行われていたことが知られ(73)、それが木塔の築造に象徴される陵山里寺址の完成につながる信仰および思想的な基盤となったと考える。

結　語

本章は百済最後の王都である扶余の羅城東側から検出された寺院である陵山里寺址の下層遺構から出土した陵山里木簡のうち、とくに仏教関係の内容とされる三〇五号木簡をとりあげ、書写された語句の出典論的な検討を経た後、木簡の文章の内容や属性についての考察を行った。

まず、三〇五号木簡に書写された「宿世」「結業」「同生」の語句は、単一の経典に依拠したのではなく、諸経典に広く用いられる一般的な仏教語を接続させて構成されていることを明らかにした。また、「同生」を含む「同生一処」の語については、依拠経典が比較的限定されることをも示した。

次に、このような一般的な複数の仏教語を用いて単純な短文を構成している点と、日本古代における類似の仏教語を記した習書木簡の存在から、習書または文章を習練するための習文を目的とした木簡であると断じた。

加えて、これらの語が連続して有意の文脈で用いられる文例は、『大正新脩大蔵経』所収経典における用例では認めがたく、この木簡の書写には複数の経典に対する知識ないしそれらを通した教学が、背景として存在したことを論じた。

結論として、陵山里三〇五号木簡は仏典に依拠する仏教語によって、短文を構成した習書木簡であって、その背景には多数、多種の仏典の存在とそれらに関する知識またはそれらを通した教学があったことは間違いない。

これを証したことによって、木簡に書写された仏教語が依拠する仏典、およびそれらを収蔵した施設が存在したことを想定することができる。すなわち、昌王銘舎利函の出土から、百済王が関与したことが判明し、百済王室の祈願寺ともされる陵山里寺址築造以前に、後に都城となる泗沘城域内ないし周辺には仏典の知識をもち、教学を行う人的または空間的な要素が存在し、それが後に陵山里寺址として整備される施設の背景として存在したと考えるのが自然であろう。本章では陵山里寺址の調査成果に基づいた知見に対して、個別具体的な木簡の語句の精細な検討により、追証を行ったが、さらなる陵山里寺址の調査報告によって、証する資料を得ることを期待している。

注

(1) たとえば、国立大邱博物館編『百済金銅大香炉と石造舎利函――扶余陵山里寺址出土遺物』(国立大邱博物館、一九九六年)〔ハングル文献〕六頁、国立扶余博物館編『百済金銅大香炉と昌王石造舎利函』(国立扶余博物館、二〇〇〇年)〔ハングル文献〕四～五頁。

(2) 国立扶余博物館編『陵寺――扶余陵山里寺址発掘調査進展報告書』(国立扶余博物館、二〇〇〇年)〔ハングル文献〕。

(3) 朴仲煥「扶余陵山里発掘木簡予報」(『韓国古代史研究』二八、二〇〇二年)〔ハングル文献〕、国立扶余博物館編『陵寺：二〇〇七扶余陵山里寺址六――八次発掘調査報告書』(国立扶余博物館、二〇〇七年)〔ハングル文献〕(以下、報告書)、李炳鎬著・橋本繁訳「扶余陵山里出土木簡の性格」(『木簡研究』三三、二〇一一年、原著は『木簡と文字』創刊号〈二〇〇八年〉所載のハングル文献)。

なお、報告書には本論で取り扱う三〇五号木簡が当該排水路から出土したという記述はないが、伴出木簡および上記論文を参照した。

(4) 朴仲煥「扶余陵山里発掘木簡予報」(前掲注3)。

(5) 国立扶余博物館・扶余郡「第8次扶余陵山里寺跡現場説明会資料」(国立扶余博物館・扶余郡、二〇〇二年)〔ハングル文献〕。

(6) 国立扶余博物館編『陵寺：二〇〇七扶余陵山里寺址六――八次発掘調査報告書』(前掲注3)。

(7) 李炳鎬著・橋本繁訳「扶余陵山里出土木簡の性格」(前掲注3)。

(8) 朴仲煥「扶余陵山里発掘木簡予報」(前掲注3)。

(9) 近藤浩一「扶余陵山里羅城築造木簡の研究」(『百済研究』三九、二〇〇四年)〔ハングル文献〕、近藤浩一「扶余・陵山里出土木簡と泗沘都城関連施設――統治組織関係木簡の検討を中心に――」(『東アジアの古代文化』一二五、二〇〇五年)。

(10) 近藤浩一「扶余陵山里羅城築造木簡再論」(『韓国古代史研究』四九、二〇〇八年)〔ハングル文献〕。
(11) 金永旭「武寧王誌石と木簡の中の百済詩歌」(『第二八回全国学術大会発表論文集』二〇〇三年)〔ハングル文献〕。
(12) 尹善泰「扶余陵山里出土百済木簡の再検討」(『東国史学』四〇、二〇〇四年)〔ハングル文献〕。
(13) 国立扶余博物館編『陵寺：二〇〇七扶余陵山里寺址六──八次発掘調査報告書』(前掲注3)。
(14) 国立歴史民俗博物館編『文字がつなぐ──古代の日本列島と朝鮮半島──』(国立歴史民俗博物館、二〇一四年)一〇一頁。
(15) 昌原文化財研究所編『韓国の古代木簡』(国立昌原文化財研究所、二〇〇四年)〔ハングル文献〕。写真図版は三二九頁、釈字の比較は四四七頁。その後、国史編纂委員会によって韓国古代木簡資料としてデータベースが公開された。
(16) 国立扶余博物館編『陵寺：二〇〇七扶余陵山里寺址六──八次発掘調査報告書』(前掲注3)。
(17) 朴仲煥「扶余陵山里発掘木簡予報」(前掲注3)、国立扶余博物館編『百済の文字』(国立扶余博物館、二〇〇三年)〔ハングル文献〕。
(18) 朴仲煥「扶余陵山里発掘木簡予報」(前掲注3)、近藤浩一「扶余・陵山里出土木簡と泗沘都城関連施設──統治組織関係木簡の検討を中心に──」(前掲注9)、尹善泰「扶余陵山里出土百済木簡の再検討」(前掲注12)。
(19) ソン・ハンイル編著『韓国木簡字典』(国立伽耶文化財研究所、二〇一一年)〔ハングル文献〕二六〇頁。
(20) 朴仲煥「扶余陵山里発掘木簡予報」(前掲注3)、国立扶余博物館『百済の文字』(前掲注17)、国立扶余博物館編『陵寺：二〇〇七扶余陵山里寺址六──八次発掘調査報告書』(前掲注3)。
(21) 尹善泰「扶余陵山里出土百済木簡の再検討」(前掲12)。
(22) ソン・ハンイル編著『韓国木簡字典』(前掲注19)二六〇頁。
(23) ソン・ハンイル編著『韓国木簡字典』(前掲注19)二六〇頁。
(24) 国立扶余博物館編『陵寺：二〇〇七扶余陵山里寺址六──八次発掘調査報告書』(前掲注3)。

(25) 朴仲煥「扶余陵山里発掘木簡予報」（前掲3）、金永旭「武寧王誌石と木簡の中の百済詩歌」（前掲11）、尹善泰「扶余陵山里出土百済木簡の再検討」（前掲12）。
(26) 石田瑞麿『例文仏教語大辞典』（小学館、一九九七年）五二三頁。
(27) 中村元『広説佛教語大辞典』中巻（東京書籍、二〇〇一年）九九三頁。
(28) 『大正新脩大蔵経』では全経典中で約六三五カ所に上る。
(29) 『望月仏教大辞典』第三巻（世界聖典刊行協会、一九九三年）二四四三～二四四四頁。
(30) 『大正新脩大蔵経』第九巻六〇頁下段。
(31) 現代語訳は坂本幸男・岩本裕訳注『法華経』（下）（岩波書店、一九六七年）三〇五頁などを参考にした。
(32) 『大正新脩大蔵経』第一二巻二七三頁中段。書き下しは中村元・早島鏡正・紀野一義訳注『浄土三部経』（上）（岩波書店、一九六四年）一九三頁を参照した。
(33) 『大正新脩大蔵経』第四巻一七二頁中段～下段、書き下しは注（32）に同じ。
(34) 『大正新脩大蔵経』第一二巻三八一頁中段。
(35) 『大正新脩大蔵経』第五巻六九三頁下段。
(36) 『大正新脩大蔵経』第七巻二〇七頁中段。
(37) 『大正新脩大蔵経』第二五巻三五〇頁上段。
(38) 『大正新脩大蔵経』第二五巻三八四頁下段。
(39) 『大正新脩大蔵経』第二五巻四一三頁下段。
(40) 『大正新脩大蔵経』第二五巻五五五頁中段。
(41) 『大正新脩大蔵経』第一六巻三四一頁下段。
(42) 『大正新脩大蔵経』第一二巻三三二頁中段。
(43) 『大正新脩大蔵経』第九巻二二二頁上段。

(44)『大正新脩大蔵経』第三巻一七四頁中段。
(45)『大正新脩大蔵経』第五六巻六三頁中段。家永三郎ほか校注『聖徳太子集』日本思想大系二（岩波書店、一九七五年）。
(46)石田瑞麿『例文仏教語大辞典』（前掲注26）二四五頁。
(47)中村元『広説佛教語大辞典』中巻（前掲注27）七九三頁。
(48)『大正新脩大蔵経』第二七巻一七頁中段。
(49)『国訳一切経』毘曇部七（大東出版社、一九三〇年）六三頁。
(50)『大正新脩大蔵経』第二五巻二九〇頁中段。
(51)『国訳一切経』釈経論部二（大東出版社、一九三五年）八〇七頁。
(52)『大正新脩大蔵経』第一一巻二七八頁下段。
(53)『国訳一切経』宝積部三（大東出版社、一九三五年）八五二～八五三頁。
(54)『阿毘達磨大毘婆沙論』巻第一（大正新脩大蔵経第二七巻三九二頁下段）の内容に依拠。
(55)中村元『佛教語大辞典』下巻（東京書籍、一九七五年）一二三三頁、中村元『広説佛教語大辞典』下巻一五〇七頁。
(56)『大正新脩大蔵経』第二四巻九九九頁中段。
(57)大野法道校註『梵網経』（冨山房、一九四〇年）二八～二九頁。
(58)『大正新脩大蔵経』第二四巻一〇〇〇頁上段。
(59)大野法道校註『梵網経』（前掲注57）三四～三五頁。
(60)『大正新脩大蔵経』第二四巻一〇〇一頁中段。
(61)大野法道校註『梵網経』（前掲注57）四八～四九頁。
(62)『大正新脩大蔵経』第二四巻一〇〇一頁下段。

(63) 大野法道校註『梵網経』（前掲注57）五〇～五一頁。
(64) 大阪市教育委員会『難波宮跡研究調査年報一九七四年度』（大阪市教育委員会、一九七六年）、栄原永遠男「難波宮跡西北部出土木簡の諸問題」（『大阪の歴史』五五、二〇〇〇年）。
(65) 鬼頭清明「難波宮跡」（木簡学会編『日本古代木簡選』岩波書店、一九九〇年）図版六一、沖森卓也・佐藤信編『上代木簡資料集成』（おうふう、一九九四年）木簡番号一八〇の解説。
(66) 鬼頭清明「難波宮跡」（前掲注65）。
(67) 沖森卓也・佐藤信編『上代木簡資料集成』（前掲注65）木簡番号一八〇の解説。
(68) 福山敏男「難波宮跡出土の「宿世」木簡について」（『京都府埋蔵文化財論集』一、一九八七年）。
(69) 試みに『大正新脩大蔵経』を検索すると、全経典のなかで、「広乎」は一八カ所、「大哉」は二七五カ所で用いられている。
(70) 『大正新脩大蔵経』第三九巻五一二頁中段。
(71) 『大正新脩大蔵経』第三九巻五〇八頁上段。
(72) 『大正新脩大蔵経』第三九巻五〇九頁中段。
(73) 関連して、陵寺のなかでも最初に建てられたのが講堂であり、五六七年の塔の建築以前から陵山里古墳群の祠堂のような役割をもっていたとする見方があり、木簡はこの建物と関連するという見方が示されている。李炳鎬「扶余陵山里出土木簡の性格」（『木簡と文字』一、二〇〇八年）〔ハングル文献〕。
また、近傍で実修された仏教儀礼に関しては「四月七日　宝憙寺　智眞」などの文字が墨書された木簡について、泗沘都城東門で挙行された釈迦生誕日儀礼に参加した僧侶たちの名簿とする説が示されている（尹善泰「韓国古代木簡の出土現況と展望」〈『韓国の古代木簡』国立昌原文化財研究所、二〇〇四年〉〔ハングル文献〕）。

この説に関して筆者は、その可能性はあるが、現状の関連資料の状況下では断定はできず、さらなる傍証が必要だと考えている。

第三部　高句麗の金石文と墳墓にみる葬祭と信仰

第一章　高句麗千仏信仰の系譜
――延嘉七年造像銘の検討――

序　言

朝鮮三国時代の金石文のなかで、仏教信仰の実態を示す資料として金銅仏の銘文がある。この種の銘文には造像の目的などとともに紀年や干支が記されていることが多く、これによって時期を特定した仏教信仰の実態を知ることができる好個の資料となっている。

ただし、三国時代の金銅仏は発掘調査で出土することはほとんどなく、不時発見であるため、出土地点および出土状況が明らかでないことが多いのが難点である。そのため三国時代において時期によって支配した国家が異なる地域の場合は、当該の金銅仏が、いずれの国に帰属するかを確定し難い場合がある。のみならず、伝・忠州（発見時の地名は忠清北道中原郡老隠面）出土の建興五年銘金銅光背などのように、発見地が当初は百済に属すると考えられていたが、その後の中原高句麗碑の発見により、高句麗の領域であることが判明した事例もある(1)。さらに、この地は五四〇年代には真興王の進攻によって新羅の領域になるのであるから、この資料は発見地の史的状況の変化が仏像の制作の背景を考える際の条件となることを端的に示している。

このような金銅仏の制作地に関して、本章でとりあげる延嘉七年銘金銅仏は光背の銘文に「高麗東寺」の語があることから、高句麗で制作されたことがわかり、「延嘉七年歳在己未」という紀年干支とともに、時期と地域の明らかな仏像として重要であり、三国時代の仏教研究に大きな位置を占める。のみならず、銘文に「賢劫千仏」の語がみえることから、この造像の背景には賢劫千仏に関係する仏名信仰があり、さらにそれに続く「因現義仏」によって依拠した経典が特定できることから、六世紀代の高句麗で実修された仏教信仰が具体的に知られる稀有な資料である。本章では、これまであまり言及されることのなかった高句麗の仏名信仰のなかでも、とりわけ千仏を対象とした信仰に対して[2]、その系譜と意味を中国・北朝石窟の千仏図像とその題記などとの比較検討を通して系譜を論じ、さらに信仰の内容にまで踏み込んで考察を行う。

第一節　千仏信仰を示す造像銘

延嘉七年銘金銅仏は一九六三年七月一六日に慶尚南道宜寧郡大宜面下村里（当時）で村民によって発見された。全高一六・二センチメートルの小型の金銅仏で、舟形光背と台座があり、現状で光背の一部に鍍金が残存している。光背先端部の歪みがあるほかは全体的に保存状態はよい[3]。

仏像は細長い体軀で、厚い通肩の法衣が表現されており、体軀に比して手足や顔が大きい。また、身体の輪郭はほとんど現れておらず、服の裾は左右に鋭く伸びており、胸の上には斜めにかけた内衣と帯の組紐が表現されている。こうした法衣形式は五世紀末頃の北魏時代の仏像に現れる要素であり、それに高句麗の仏像様式が反映されている作品と推定され、雲崗石窟の六世紀初頭紀年銘の仏像のいくつかと類似するとされている[4]。

様式に関しては、この仏像は服飾が漢化しており、そのことから太和一八年（四九四）に北魏の孝文帝が漢化政策をとり、漢族の服制を採用する以前の制作とは考えられないとして、延嘉七年はこれ以前ではなく、五三九年とする見解がある。(5)

この金銅仏の光背には鏨《たがね》などによる陰刻で四行四七字の銘文が刻まれている（以下、銘文を指す場合は、延嘉七年金銅仏銘と略称）。銘文は現状では以下のように釈字・釈読されている。(6)

延嘉七年歳在己未高麗国楽浪
東寺主敬弟子演師徒卌人共
造賢劫千仏流布第廿九因現義
仏比丘□□一所供養

銘文の釈字・釈読についての諸説は『韓国古代金石文資料集』に詳細に整理されている。(7) これを参照しつつ銘文の釈字と釈読について、諸説を整理してみると、銘文の字句の異見としては「第廿九」の次の文字を、「回」と読み、「現」に続く字を「歳」と解し、「第廿九回現歳仏」と釈字する説があった。しかしながら、この文字を含む仏名が『賢劫経』に依拠した仏名である「因現義仏」と釈読する説が出されて以降は、これが一般的な読み方になっており、本章でもこれに従い、「因現義仏」の仏名とその依拠経典を認めたうえで立論している。

また、最終行の「比丘」に続く二字については釈字が一定せず、類例の少ない特異な異体字の可能性が高く、意味も未確定であるため、ここでは一応未釈としておくが、本章の論旨に影響はない。

この銘文にみえる「延嘉七年」「己未」年については、高句麗でも四世紀代とする説から高麗時代とする説まで諸説が出されているが、(8)前述のように像容などから六世紀代の造像とみられる。その場合、干支からは五三九年と五九九年の両説があるが、銘文にみえる「因現義仏」の依拠経典である『賢劫経』は西晋の竺法護の訳であるから、この点のみから五三九年であるか五九九年であるかを決定することは難しい。ただし、この金銅仏の像容が六世紀代に入ることを前提とするならば、後にふれる中国における仏名信仰に基づく千仏表現の信仰の初現資料が五世紀前半であり、六世紀にかけて盛行することからみて、現状では五三九年である可能性が高い。また、銘文にみえる「延嘉」に関しては干支と像容による制作年代の推定と、「高麗国楽浪」の語から、高句麗の年号であるとみられている。(9)

銘文の内容は、この仏像が延嘉七年に高句麗の首都の平壌にある東寺の信徒四〇人が発願して作った賢劫仏の中で二九番目の仏像として造成された因現義仏であり、彼らがともに造像し、供養した、という内容である。このような銘文の内容を通して、高句麗には千仏信仰が存在し、この仏像の名称は千仏のうち二九番目の因現義仏に該当する仏であるという重要な事実を知ることができる。

第二節　延嘉七年金銅仏銘に関する従前の研究

延嘉七年金銅仏銘については、発見されて以降、基本的な検討がなされたが、ここでは本章の考察目的である高句麗における仏教信仰の内容に関わる先行研究を学史的に整理しておく。

まず、延嘉七年金銅仏銘に現れた仏教信仰を考究する際に鍵となるのは、やはり「第廿九因現義仏」の語である。すでに瞥見したように、この語については、西晋・竺法護の訳になる『賢劫経』に賢劫千仏としてみえる仏名の二九番目に現れる仏名であることがわかっており、[10] この金銅仏を造像する際の所依経典は、数多ある千仏を説く経典および仏名経類のなかで、西晋・竺法護訳の『賢劫経』であることが証された。[11] いっぽう、この「第廿九因現義仏」は、自余の千仏経典および仏名経類においても、北魏・菩提流支訳『仏説仏名経』では「見義仏」としてみえ、別本『仏説仏名経』と『現在賢劫千仏名経』では各々、功徳仏・功徳明仏としてみえる仏と同一であるとみられている。[12]

これらの経典と銘文にみえる「千仏流布」の語によって、高句麗では千仏信仰が行われていたとされている。もちろん、この延嘉七年金銅仏銘のほかにも六世紀代のものとみられる金銅仏や光背の銘文の内容から、高句麗には弥勒信仰・阿弥陀信仰などが行われていたことがわかっており、これらとともに高句麗の仏教信仰の一つとして、延嘉七年金銅仏銘にみえる千仏信仰もあげられることになる。[13] 千仏信仰の具体的な実修に関しては銘文に「楽浪東寺」の語がみえることから、かつて楽浪郡のあった高句麗の王都である平壌に所在した「東寺」という寺院で行われたことがわかる。

このような「賢劫千仏」の信仰については鳩摩羅什訳『弥勒大成仏経』や沮渠京声訳『観弥勒菩薩上生兜率天経』などの結末である最終段に「賢劫一切諸仏」とみえることが説かれており、弥勒信仰と密接な関係があるとする見方がある。[14] これらの銘文資料や出土遺物によって、高句麗では遅くとも六世紀初めには平壌を中心として千仏信仰が行われていたと考えられている。

いっぽう、本章で千仏と称する仏教信仰の内容についても先行研究を瞥見してみると、千仏という言葉は図像などの表現形式として用いられることが主体であり、図像以外の千仏は仏名信仰として把握されることが一般的である。そして、その依拠経典である仏名経類の経典は千仏万仏の名号を羅列した経巻であって、これらの名を読誦する時には過去に犯した種々の罪障が消滅することが説かれており、種類も多いが、その大部分は偽経に類しており、西域の仏教とも深い関係があるとされる。[15]また、仏名経類についての端的な説明として、多くの仏名を羅列した経典であるが、そこに懺悔滅罪の文が加わっている経典もあり、諸仏出現の世界や功徳、その因縁を説いた経典とその抄出や変形を含んでおり、それらの成立は大乗経典としては相対的には新しく、あるいは偽経であるとされる。[16]

延嘉七年金銅仏銘に示された信仰内容に関しても「賢劫千仏」などの語から千仏信仰とされており[17]、以下にふれる北朝石窟などに表現された千仏図像と同様に仏名経典類に基づいた千仏信仰と措定して論を進める。

第三節　北朝石窟の千仏信仰と高句麗

延嘉七年金銅仏銘にみられる具体的な仏名信仰および千仏信仰に関して、北朝代に盛行した石窟寺院の造仏思想と比較検討してみたい。北朝石窟の千仏図像は西秦・建弘元年（四二〇）の墨書銘のある炳霊寺第一六九窟を嚆矢として五、六世紀頃に盛行する。北朝代の千仏図像のあるその主要な石窟をあげると、敦煌莫高窟・炳霊寺・文殊山（酒泉）・金塔寺（張掖馬蹄寺石窟の一つ）・麦石山・雲崗・洛陽・龍門・鞏県・響堂山などが知られている。[18]敦煌莫高窟で千仏図像のある主要な石窟としては、北魏中頃とされる二五四窟、二五七窟、二六〇窟、二六三窟、二九六窟、二九九窟、三〇一窟、西魏から隋までの四二八窟、四三八窟、四六一窟などがあり、詳細な時期比定の難しいものとしては北朝代とみられる三〇二窟、四一七窟、四一九窟、四二三窟、四二七窟などが知られている。莫高窟の千仏図像は隋・唐代にもみられるが、北朝代の千仏図像に関しては五世紀後半から六世紀末頃までが盛行期であることがわかる。[19]

　このような千仏図像およびその背景となる信仰の所依経典は多種類に及び、それらの代表的なものをあげても、『賢劫千仏』『三千仏名経』『法華経』『過去五十三仏名経』などがあるとされる。[20]ただし、図像としての表現の場合は依拠経典の不明な場合も多い。よってここでは、このような経典に基づく多仏信仰を千仏信仰と仮定しておき、依拠する経典が判明する場合は、それを示すことによって論を進める。

　北朝代の石窟寺院に表現される千仏は壁面や塔柱など壁画や塑像として多数の小仏で構成されることから、この種の造形は一般的に千仏図と称される。これらのうち、造形表現の背景となった仏教信仰を示す作例として、敦煌莫高窟では北魏代の第二五四窟で数多くの墨書傍題が発見されており、[21]その他では五代の所産とされる第九八窟でも墨書傍題がみられる。

　このうち北魏代の造窟になる第二五四窟は彩色壁画で描かれた千仏図に墨書傍題として仏名が記されており、それらが仏名経に基づくことが知られている。ここでは現状で壁面や窟頂部などに一二三五体の仏像が描かれておりこの傍題の分析によると、これらの千仏図の傍題のうち、識別できるのは六一四体であるが、そのうち『過去荘厳劫千仏名経』にみえる仏名が約三分の二を占め、『未来星宿劫千仏名経』にみえる仏名が約三分の一であるという。いっぽう、『大正新脩大蔵経』の『現在賢劫千仏名経』と敦煌遺書のなかの千仏名経写本にみえる仏名を参照すると、これらにみえるいわゆる現在賢劫の仏名は一〇分の一にすぎないとされる。その他にも、上記の仏名経類にみえる仏名と類似した仏名も記されていることが指摘されている。[22]このように敦煌莫高窟第二五四窟では仏名の墨書傍題によって、この千仏の図像が『過去荘厳劫千仏名経』『現在賢劫千仏名経』『未来星宿劫千仏名経』などのいわゆる三千仏名経に依拠した仏名信仰であったことが判明している。

　この他に千仏に類する多仏信仰に関係した依拠経典が推定される石窟としては、龍門・古陽洞の黄元徳等造弥勒像記がある。この銘文には「大代永平四年二月十日清信寺五品使□黄現徳弟王奴等敬造弥勒像一躯并五十三仏為亡母願亡母託生西方妙楽国土。（後略）…」とあり、北魏・永平四年（五一一）に黄現徳が亡母の「西方妙楽国土」すなわち西方浄土への託生を願って、弥勒一軀と五十三仏を造像したとある。(23) ここにみえる「五十三仏」の語から、南朝・梁の僧祐の撰になる『出三蔵記集』にみえる『過去五十三仏名経』『五十三仏名経』などとの関係が想定されているが、これらの経はすでに失われており、現存する経典では『仏説観薬王薬上二菩薩経』にみえる「五十三仏」などを参照し、これが北朝の造像に影響を与えたとする見方がある。(24) ただし、『無量寿経』では「五十三仏」の語そのものはみえないが、錠光如来が世に現れて以降の合計五三の仏の名が列挙され、五四番目が世自在王如来であり、この如来を師としたのが法蔵菩薩、すなわち後の阿弥陀如来である、と記されている。(25) すなわち『無量寿経』で過去五十三仏とされる諸仏であり、黄現徳造像銘には「願亡母託生西方妙楽国土」の文章がみえるから、これに依拠する可能性がある。

また、書道博物館所蔵の黄□相造像碑には「大代延興二年歳在壬子四月癸未朔六日戊子記書学生東郡黄□相為亡父故使持節侍中安南将軍　定州刺史東郡簡公黄護頭造釈迦牟尼仏百七十仏願亡父楷是誠歳永離苦難便遇諸仏（後略）…」とあり、北魏・延興二年（四七二）に黄□相が亡父の黄護頭が永く苦難を逃れ、諸仏に遇うことを願って釈迦牟尼仏百七十仏を造ったと記されている。ここにみえる「百七十仏」は『出三蔵記集』にみえる『称揚百七十仏名経』によっている可能性が示唆されている。(26)

このように仏名墨書傍題の他にも多仏信仰がみえることから、北朝の千仏図像といわれるものは、複数の依拠経典に基づくものであったことがわかる。実際にこれら以外にも、西秦・建弘元年（四二〇）の墨書紀年があり、石窟図像のなかで最古の千仏図とされる炳霊寺石窟第一六九窟東壁の千仏図は多宝塔の図像部分に「多宝仏與釈迦牟尼□□」の墨書題記があることから、『法華経』に依拠した分身仏を意図したとみられている。[27]

いっぽう、同じく炳霊寺石窟第一六九窟でも第六窟の一〇体の小座像群には「東方不動智仏」「南方智火仏」「西方習智仏」などの墨書題記があり、これらは『華厳経』に依拠するとされている。[28] この他にも典型的な千仏図とは異なるが多仏を表現した作例として張掖・馬蹄寺千仏洞第二窟の十方仏は、「東南方無□」「西南方宝施仏」「西北方□□□」「□□方銘□□」とあり、「西南方宝施仏」は『観仏三昧経』の「念十方仏」としてみえることから、その他の仏名も、これに依拠する十方仏であることがわかっている。[29]

典型的な事例をあげてみてきたように北朝石窟の図像にみられる多仏の表現は、それぞれ特定の経典に依拠して表現されたものであって、そのなかでも千仏図像は仏名経の内容を可視的に表現したものと考えられる。[30] これらの実例に現れているように石窟の傍題や造像銘などの仏名から、北朝では特定の経典に依拠した千仏図や造像が盛行したことが知られた。

いっぽう、同時期の南朝では石窟そのものの造営が稀少であるうえに、千仏図像は顕著ではない。南朝石窟の典型としてあげられる南京・棲（栖）霞山石窟をみても、梁の天監一五年（五一六）の作とされる石造の無量寿仏の他に三尊仏や十六羅漢・金剛力士・四天王像などが彫刻されているが、千仏表現は明らかではない。[31] また、四川省の石窟では広元・皇沢寺石窟の北周代とみられる塔廟窟の周囲の壁に千仏の彫刻があるが、これは開鑿当初の西魏あるいは北周のものとされる。[32] これも千仏図像が北朝代に盛行したことを示す作例となる。

そもそも千仏図や千仏信仰の依拠経典を含めた仏名経の淵源に関しては大乗仏教の教団において、仏の姿に精神を集中する念仏修行とは別に仏名の読誦が始まって以降、仏名が崇拝の対象とされるようになったとされる。そして、仏名を扱った経典の特徴は信者が仏名を読誦し、崇めることはもとより、それらを聞くことによって前世の罪が清められ、功徳を得られるばかりか、即座に救済されると説かれていることであるとされる[33]。

仏名読誦の意味は、これを行うことによって、仏を身近に呼び寄せて、加護を願うことにあり、それは呪句である陀羅尼を唱えて、その崇拝対象を呼び寄せるのと同様の行為であると説かれる。実際に仏名の羅列はいわば音節の連続にすぎず、読誦する者にとっては、何の意味ももたず、その点は陀羅尼と変わるところがない。このような仏名に対する信仰は、ここまでみてきたように中国では五世紀代に始まり、六世紀代に盛行したとされる。仏名信仰の仏教史上の位置づけに関して、仏名経類の成立についての先学の文献学的研究によれば、五、六世紀頃の経典目録において、仏・菩薩の名号に関する相当数の経典の題名が記載され、あわせて、特定の経典から抜粋された仏の名号の目録が掲載されていることが指摘されている。仏名経類は、おそらくは、このような名号の目録などをもとに作成されたと考えられている[34]。

関連する事例として、六、七世紀頃の僧伝には称名による奇瑞がみえ、その典型としては隋から唐初にかけての僧である徳美（?～六三七）の事績があげられる。それによると徳美は懺悔儀式にあたって仏名を一つ称えるごとに一回ずつ跪拝して、一二巻からなる「仏名経」の読誦を完遂したという[35]。また、夏安居における懺悔式において、徳美は最後の七日間に一日一回、一万五〇〇〇の仏名を称えた。そして、このように仏名を称えることを繰り返した徳美が、会昌寺に懺悔堂を建立した時に、懺悔儀式に欠けていた水を求めて祈ると、久しく涸れていた井戸から水が湧きだしたという[36]。徳美に関わる奇瑞は、この他にもみえるが、いずれも仏名経を読誦したことによる。このような仏名に対する信仰は皇帝にもみられ、その典型として南朝では梁・簡文帝が千仏を対象とした誓願を行っていることがあげられる[37]。

千仏信仰を含む北朝時代の多仏信仰については、これらの仏名が記された造像碑などの石刻資料に対する詳細な研究があり、本章に関わる内容としては以下のような考察がある。すなわち、多仏名信仰は地域的には広範囲にみられるが、とくに山西・河南地方に多く、なかでも山西地方には千仏造像碑を中心とした類例が多い。年代との関係としては北魏の東西分裂以降に増加し、その理由としては民衆の仏教理解が進み、教化僧がより高度な仏教儀礼を造像と関連づけて民衆に広めたためとみる。多仏名の造像碑として信仰された仏の種類は、過去七仏・定（錠）光仏・多宝仏・釈迦仏・弥勒仏という過去・現在・未来の三世仏の系列と、他方仏である無量寿仏または阿弥陀仏と観音・勢至菩薩そして六方仏・十方仏・十六王子などの広義の十方諸仏の系列とを組み合わせて三世十方仏を構成している例が多い。刻された仏・菩薩名は『大通方広経』『菩薩瓔珞本業経』『大方陀羅尼経』などの懺悔との関わりで実践的性格が深い経典に基づいている場合が多く、供養者は「斎主」「懺悔主」「行道主」などと記されており、刻文内容の吟味から、比丘・比丘尼の指導のもとに邑義において仏名を称えて、礼拝・行道・懺悔し、時には菩薩戒を授けるなどの儀礼が行われていたとみられ、道俗がともに行う礼懺であったとされる。多仏名の刻された造像碑は一〇〇〇人に及ぶ事例もあるように、概して多人数が供養者として造立に関与しており、このような造像の方法は寄進者を募るために有効であり、「阿弥陀仏主董元士」のように各々の仏名に供養者名が付される例が多いことから、寄進者は供養主として名が刻まれることによって功徳が実感されたとする(38)。

典型的事例をあげて南北朝期の仏名信仰をみてきたが、そのなかでも北朝では可視的表徴としての千仏図像が盛行したことが特色である。このような南北朝期の千仏信仰の様相を参照すると、北朝で盛行をみた特定の経典に基づいた千仏の図像やその仏名を記すという行為は、延嘉七年金銅仏銘の内容と基本的に一致する。

このことから延嘉七年金銅仏銘に現れた仏教信仰の系譜を考察するならば、北朝で展開した仏名信仰が高句麗に流入し、千仏の造像を発願したことが想定される。その結果として造られたのが延嘉七年金銅仏銘に記された賢劫千仏の一つである「因現義仏」であり、この作例はたんに高句麗における仏名信仰の実修を示すのみならず、六世紀の高句麗において、仏名信仰およびそれを可視的に表現した千仏信仰という北朝の系譜を引く仏教信仰が行われていたことを端的に示している。

第四節　高句麗千仏信仰の内容と意味

延嘉七年金銅仏銘の内容の検討に戻ると、五三九年の可能性が高いとされる延嘉七年には高句麗の楽浪地域すなわち現在の平壌に東寺という寺院が建立されており、ここにおいて千仏信仰が行われていたことが記述されている。さらに、その千仏信仰の内容は前節でふれたように「賢劫千仏」を造って、そのなかでもとくに「第廿九因現義仏」を「流布」すると記されている。すなわち、「賢劫千仏」のなかでも第二九番目の因現義仏を流布した、とあるのであるから、銘文にいう「賢劫千仏」を造ったなかで流布を特記した「因現義仏」は当然ながら、この銘文が記された金銅仏であると考えられる(39)。

さらに、この銘文から類推するに、この時点で楽浪にあった東寺において、おそらく延嘉七年銘金銅仏の他にも千仏信仰のもとに賢劫千仏の名を冠したいくつかの仏像が奉じられていたであろうことが想定される。

その根拠として、銘文の「因現義仏」の出典を検討すると、『賢劫経』のなかでも巻六の「千仏名号品」にみえる内容が注意される。そもそも『賢劫経』は喜王菩薩の請問に対して、釈迦が八万四千の法門、仏の功徳、賢劫千仏の諸因縁すなわち現在の住劫に現れる千仏の名称と経歴などについて述べたものである。その具体的内容は維耶離国の声聞・菩薩など大衆が集う説法の場において、菩薩の行うべき三昧についての喜王菩薩の問いに対し、釈迦は了諸法本という三昧を得れば諸度無極すなわち諸波羅蜜を成就し、諸三昧門に入ることができ、無上正真の道に及んで最正覚を成ずることができると説くものである。(40) すなわち釈迦は諸度無極を得て、八万四千の諸仏門に入ることができるのは、今ここにいる菩薩・大士だけでなく、この賢劫ですでに無上正真におよび最正覚を成じ、この三昧の四如来以外に一千の如来である、と述べている。そして、喜王菩薩が、それらの如来の名を問うと、釈迦はこれに答えて、歎じて千仏の名号を説いた。加えて、すでにこの賢劫中に無上正真におよび最正覚を成じ、この三昧に学んで仏となる千仏の名号が列挙される。ここでは「銘文」にみえる「因現義仏」が賢劫中で成仏した千仏の名号の一つとしてみえている。

このような『賢劫経』千仏名号品の仏名は単なる羅列ではなく、釈迦が歎じて説く千仏の名号を衆生が聞いて受持し、諷誦することによって生死の罪が滅除されるという内容であげられている。これは釈迦が説く諸仏名の称名による衆生の聞名、そして衆生の称名とその聞名であって、すなわち聞名と称名による衆生の利益を説くために示された仏名とされる。

このような『賢劫経』における千仏は南無が付されないことが、その他の仏名経類との明らかな相違点であるといい、この点からも延嘉七年金銅仏銘の「因現義仏」の仏名がこの経に依拠することを示している。また、『賢劫経』の内容からは、千仏名号の一つである「因現義仏」のみが称えられるとは考えられず、「銘文」に「高麗」「東寺」という地名と寺名が記されているように、高句麗の東寺において、おそらくはその他の仏名を記した仏像または図像が制作され、それらに対する信仰の実修として諸仏の名号を称えることが行われていたと考えられる。

すなわち、この金銅仏の銘文からは、楽浪の所在する高句麗の王都である長安城（平壌城）では六世紀前半代に、寺院において『賢劫経』などの千仏信仰を説く経典に基づいて結縁した知識たちが、千仏の一とみなした金銅仏を造立し、供養していたことがつぶさに読み取れるのである。

いっぽう、北朝代の千仏図像に対する信仰の意味については、『過去荘厳劫千仏名経』の内容がしばしば参照される。すなわち、善男善女が三世三劫諸仏の名号を聞けば、歓喜して信楽《しんぎょう》し、声に出して朗誦し続け、読誦して誇らず、あるいは他人の言うことを書写し、また、仏の形像を画き作り、香華や伎楽を供養し、仏の功徳を讃歎し、帰命頂礼し、至心に礼をなせば、すぐれて十方諸仏国土は珍宝純摩尼珠が満ち、これらが積もって梵天に至る、とあり、(41)仏名を唱え、それらを文字に記し、造形として表すことによる功徳が示されている。

そして、経に説くこの内容を実際に表現したのが石窟などの彫刻や絵画に表された千仏であるとする見方がある。それによると『過去荘厳劫千仏名経』に述べられた個々の信仰内容について、傍題は他人の言うことを書写する功用があり、図像は仏の形像を画き作ることにあたり、声に出して朗誦し続け、読誦するのは帰命頂礼し、至心に礼をなすことは塔廟の周囲を囲繞することにあたるのであって、これらに接し、また行うことによって僧侶や衆生が供養礼拝を実修したとみる。(42)千仏図像の表現された塔廟型式の石窟が、『過去荘厳劫千仏名経』に依拠しているとみるかどうかは、あくまでも十分条件としての要素であって、その他の可能性も否定できないが、千仏の図像と傍題によって、千仏または仏名を示す経典の思想を具現しようとしたことは疑いない。

現状で傍題の残存する千仏図像は敦煌莫高窟に顕著であるが、これを敷衍すると本来的に北朝代の千仏図像には傍題の有無とは別にすべからく所依の経典があり、これに基づいて描画され、あるいは造像されていたと考えられる。敦煌などの西域と地域的に接続する山西省などに多くみられる北朝石刻の造像銘から説かれているように、その背景には北朝期における仏名の称名による懺悔信仰の高揚とその民衆次元での展開があると考えられる。(43)

ここまで縷々述べてきたように五、六世紀の東アジアにおいて千仏信仰の盛行した北朝の影響のもとに、所依経典の種類については細部的な違いをみせつつも、延嘉七年銘金銅仏を制作した六世紀の高句麗では「因現義仏」を含む『賢劫経』に依拠した仏名信仰たる千仏信仰が奉じられていたのである。

結語

本章では延嘉七年金銅仏銘について、銘文の語のうち、とくに仏名経にみえる仏名に着目し、この種の語を含む銘文資料について、仏名信仰およびそれを可視化した千仏信仰の観点から北朝の例をあげて検討した。千仏信仰は個々の所依経典に基づいており、その実修が千仏の表現や仏名の書写であるから、併行する時期の中国の南朝では北朝に比して千仏の表現が顕著でないという知見と照らし合わせると、『賢劫経』の示す信仰を具現化した延嘉七年金銅仏銘に現れた高句麗の千仏信仰は北朝の系譜を引くことを論じた。

以上のように本章では考古・美術資料とそこにみえる文字資料によって、高句麗仏教の系統が北朝にもとめられることを証した。ただし、東アジアにおける古代仏教そのものが複雑な様相を呈していることからも、これは高句麗仏教の実相の一端を考察したのにすぎないことは自明である。本章で扱った資料の分野は複数に及び、それらに対する識者の叱正を得て、考古資料を中心とした東アジア仏教の地域的展開についての検討を重ねたく思う。

注

（1）　大西修也『日韓古代彫刻史論』（中国書店、二〇〇二年）一八〜二一頁。

（2）　本章では仏名経類を所依の経典とし、それらを読誦することによって懺悔を実修する一般的な仏名信仰に対して、同様の経典に依りつつ、千仏に対して実際に図像としての描画や造像を行う類型を千仏信仰と措定した。ただし、千仏図像といっても、依拠経典は多様であるが、本章ではとくに過去・現在賢劫・未来からなる三千仏名経を中心とした信仰を千仏信仰と措定している。

北朝石窟の千仏図像と依拠経典については、下記文献を参照。梁暁鵬「第三章第三節　千仏図像与仏経」(『敦煌莫高窟千仏図像研究』民族出版社、二〇〇六年)〔中国語文献〕、王静芬「仏名与懺悔」(『敦煌研究』二〇一〇年第二期)〔中国語文献〕。

(3) この仏像と銘文に関する基礎的知見は下記の文献を参照。金元龍「延嘉七年銘金銅如来像銘文」(『考古美術』五―九、一九六四年)〔ハングル文献〕、尹武炳「延嘉七年銘金銅如来像の銘文について」(『考古美術』五―一〇、一九六四年)〔ハングル文献〕、黄寿永「延嘉七年銘金銅如来立像」(『美術資料』九、一九六五年)〔ハングル文献〕。この論文で黄寿永氏は、この金銅仏が二次的な移動を経て、埋納された可能性を示唆している。

(4) 文明大「延嘉七年銘金銅仏立像と高句麗彫刻の様式」(『韓国文化』二―五、一九八〇年)。

(5) 朱秀完「三国時代年号銘金銅仏像の制作年代に関する研究」(『韓国史学報』四四、二〇一一年)〔ハングル文献〕。

(6) 黄寿永編『韓国金石遺文』(一志社、一九七六年)〔ハングル文献〕。なお、この金銅仏の像の種類については如来とする見方もあるが、本章では金銅仏としての一般的呼称を用いた。

(7) 韓国国史編纂委員会編『韓国古代金石文資料集』Ⅰ(国史編纂委員会、一九九五年)〔ハングル文献〕。

(8) この銘文にみえる「延嘉七年歳在己未」についての主な説については、下記論文を参照した。金煐泰「高句麗因現義仏像の鋳成時期――延嘉・延寿の長寿王年号の可能性試考――」(『仏教学報』三四、一九九七年)〔ハングル文献〕。

この論文では新羅・瑞鳳塚出土の銀製盒にみえる「延寿元年」の年号との類似から「延嘉七年」を高句麗・長寿王代の年号とし、その治世の七年である四一九年と断じている。しかしながら、同じ論文で、この銘文にみえる千仏信仰と関係する経典群(『賢劫千仏名経』など)の漢訳年代が六世紀初めであり、これらが高句麗に伝来する以前に延嘉七年銘金銅仏が造像されたと述べており、経典の翻訳時期を根拠としている。

(9) ここでふれた年号比定論についての議論については、下記論文を参照した。チョン・ウンヨン「金石文にみえる高句麗の年号」(『韓国史学報』五、一九九八年)〔ハングル文献〕。

(10) 『賢劫経』巻第六(大正新脩大蔵経第一四巻四六頁上段)では「仏告喜王菩薩。當歎頌斯諸菩薩。等於賢劫中當成仏者。所有名号」とあり、続いて「拘留孫」以下の仏名が列挙され、そのなかの二九番目に「因現義」とみえている。

(11) 金煐泰「賢劫千仏信仰」(『三国時代仏教信仰研究』仏光出版社、一九九〇年)〔ハングル文献〕。

(12) 金煐泰「賢劫千仏信仰」(前掲注11)。

(13) チョン・ソニョ「六世紀高句麗の仏教信仰」(『百済研究』三四、二〇〇一年)〔ハングル文献〕。

(14) 大西修也『日韓古代彫刻史論』(前掲注1)六五～六六頁。

(15) 禿氏祐祥「敦煌遺文と仏名経」(西域文化研究会編『敦煌仏教資料』西域文化研究第一、法藏館、一九五八年)。

(16) 井ノ口泰淳「敦煌本「仏名経」の諸系統」(『東方学報』三五、一九六四年)。

(17) チョン・ソニョ「六世紀高句麗の仏教信仰」(前掲注13)。

(18) 賀世哲「関于北朝石窟千仏図像諸問題」(『敦煌研究』一九八九年第三期)〔中国語文献〕。

(19) 莫高窟の千仏図像の事例と時期などに関しては注(2)および下記論文を参照した。寧強・胡同慶「敦煌莫高窟第二五四窟千仏画研究」(『敦煌研究』一九八六年第四期)〔中国語文献〕、劉永增「〝千仏囲繞式説法図〟与《観仏三昧経》」(『敦煌研究』一九九八年第一期)〔中国語文献〕、賀世哲「関于北朝石窟千仏図像諸問題」(前掲注18)。

(20) 賀世哲「関于北朝石窟千仏図像諸問題」(前掲注18)、梁曉鵬『敦煌莫高窟千仏図像研究』(前掲注2)七二～八二頁。

(21) 敦煌莫高窟第二五四窟の年代については、北魏中期の四六五年から五〇〇年頃と推定されている。樊錦詩・馬世長・関友恵「敦煌莫高窟北朝石窟の時代区分」(敦煌文物研究所編『敦煌莫高窟』第一巻、平凡社、一九八〇年)。

(22)　梁暁鵬『敦煌莫高窟千仏図像研究』（前掲注2）一三九〜一四六頁。
(23)　温玉成「龍門古陽洞研究」（『中原文物』特刊、一九八五年）〔中国語文献〕。
(24)　賀世哲「関于北朝石窟千仏図像諸問題」（前掲注18）。
(25)　『無量寿経』の五十三仏については、下記論考を参照した。池田勇諦「大経五十三仏章の意味するもの」（『同朋大学論叢』二四・二五、一九七一年）。
(26)　賀世哲「関于北朝石窟千仏図像諸問題」（前掲注18）。
(27)　梁暁鵬『敦煌莫高窟千仏図像研究』（前掲注2）三一〜三四頁。
(28)　劉永増「〝千仏囲繞式説法図〟与《観仏三昧経》」（前掲注19）。
(29)　劉永増「〝千仏囲繞式説法図〟与《観仏三昧経》」（前掲注19）。
(30)　千仏図像については『法華経』見宝塔品に依拠して制作されたというのが、従前の一般的な見方であり、そのなかでも敦煌石窟については隋代の千仏図像について、他の仏典の影響を否定し、これを強く主張する説も提示されている。小山満「敦煌隋代石窟の特徴」（『創大アジア研究』一三、一九九二年）。
　これに対し、本章で取り扱っている敦煌第二五四窟は、傍題の存在から、仏名経典に依拠することは明白であるが、いうまでもなく、地域や時代および表現方法の異なる千仏図像のすべてを仏名経典に依拠すると考えるわけではない。
(31)　南北朝期の石窟の特徴については、下記文献を参照した。宿白『中国石窟寺研究』（文物出版社、一九九六年）〔中国語文献〕、宿白「早期仏教遺跡与石窟寺遺跡的分布」（『中国仏教石窟寺遺跡――3至8世紀中国仏教考古学』文物出版社、二〇一〇年）〔中国語文献〕、劉策・余増徳編著『中国的石窟』（上海文化出版社、一九九六年）〔中国語文献〕九〜二〇頁。
　また、南京・棲霞山石窟については、下記論文を参照した。符永利「浅論棲霞山石窟的供養人問題」（『長江文化論叢』二〇一二年版）〔中国語文献〕、項長興「棲霞寺千仏岩石窟滄桑」（『江蘇地方志』二〇〇二年第五期）〔中国

語文献〕、項長興「棲霞寺千仏岩石窟尋覓仏龕題刻総跡」（『敦煌研究』二〇〇六年第二期）〔中国語文献〕。

(32) 広元市文物管理所・成都市文物考古研究所・北京大学考古文博学院「広元皇沢寺石窟調査報告」（『四川文物』二〇〇四年第一期）〔中国語文献〕。

(33) 郭麗英（京戸慈光訳）「中国ならびに日本における仏名の読誦」（牧田諦亮監・落合俊典編『中国撰述経典（其之三）』七寺古逸経典研究叢書第三巻、大東出版社、一九九五年）。

(34) 以上の仏名経の成立と仏名信仰の展開および下記の徳美の事例については、注（33）文献を参照した。

(35)『続高僧伝』巻第二九・唐京師会昌寺釈徳美伝（大正新脩大蔵経第五〇巻六九七頁上段）
因往太白山誦仏名経一十二巻。毎行懺時誦而加拝。人以其総持念力功格涅槃。

(36)『続高僧伝』巻第二九・唐京師会昌寺釈徳美伝（大正新脩大蔵経第五〇巻六九七頁中段）
武徳之始。創立会昌。又延而住、美乃於西院造懺悔堂。像設厳華堂宇宏麗。周廊四注複殿重敞。誓共含生断諸悪業。鎮長礼悔潔浄方等。凡欲進具必先依憑、蕩滌身心方登壇位。又於一時所汲浴井忽然自竭、徒衆駐立無由洗懺。美乃執爐臨井。苦加祈告。応時泉涌。還同恒日。時共宗焉。

(37)『広弘明集』巻第一六所収の梁・簡文帝の千仏願文に「而善生一念敬造千仏」（大正新脩大蔵経第五二巻二一〇頁上段）とみえる。

(38) 以上の内容は、倉本尚徳「北朝時代の多仏名石刻――懺悔・称名信仰と関連して――」（『東洋文化研究所紀要』一五四、二〇〇八年）による。

(39) チョン・ソニョ「六世紀高句麗の仏教信仰」（前掲注13）。

(40) 以下に摘要した『賢劫経』の内容とそこにみえる称名思想については、下記の論文を参照した。畝部俊英「『賢劫経』における称名思想」（『同朋大学論叢』六一、一九八九年）。

(41)『過去荘厳劫千仏名経』（大正新脩大蔵経第一四巻三七一頁上段）
若有善男子善女人。聞是三世三劫諸仏名号。歓喜信楽称揚讃歎帰命頂礼。復能書写為他人説。或能画作立仏形像。或能供養香華妓楽。歎仏功徳志心作礼者。勝用十方諸仏国土満中珍宝純摩尼珠積至梵天。

(42) 寧強・胡同慶「敦煌莫高窟第二五四窟千仏画研究」(前掲注19)、梁曉鵬「莫高窟第二五四窟千仏文本的符号学分析」(『敦煌学輯刊』二〇〇五年第二期)〔中国語文献〕。

(43) 注(18)(19)の文献を参照。

第二章　高句麗金銅仏銘にみる北朝仏教の影響と地域的展開

——景四年辛卯銘金銅仏を中心に——

序　言

朝鮮三国時代の仏教の信仰実態を示す資料としては、仏像そのものとそこに記された銘文がある。このような造像銘は造像の発願などの経緯や目的が記されており、具体的な信仰の実修が記されている。高句麗の所産とされる金銅仏には、百済や新羅と比較して造像銘が記されているものが多く、そのなかには延嘉四年銘文のように長文の例も知られている。これらは高句麗の仏教の具体相を知るために好個の資料であるが、類型的な語句が用いられている場合もあり、一定の知見からさらなる考究の進展を図ることが難しい面もある。

このような課題に対して、近年の中国南北朝から隋・唐代にいたる造像銘の研究は統計的な方法を駆使した知見が示されるにいたり、造像銘の新出資料の増加ともあいまって新たな考察が蓄積されている。本章ではこのような研究成果を参照することによって、現況では新たな論点の見出しにくい高句麗造像銘の研究において、中国の造像銘と共通の語句が多くみられる景四年辛卯銘金銅仏の銘文について、内容を検討し、高句麗で実修された仏教の具体相を明らかにする。

第一節　景四年辛卯金銅仏銘の釈字・釈読と従前の研究

本章で銘文の内容を考察する景四年辛卯銘金銅仏は一九三〇年に黄海道谷山郡で出土した。[1] 高さは一五・五センチメートルで、舟形光背の中央に本尊仏を配置し、その左右に脇を配置した一光三尊仏である。光背裏には陰刻によって、縦書きで下記のような七行とその下段に横書きで一行の銘文があり、これらによって尊像は無量寿仏であることがわかる。

景四年辛卯銘金銅仏[2]

景四年在辛卯比丘道
[須]共諸善知識那婁
賤奴阿王阿[据]五人
共造无量寿像一軀
願亡師父母生生心中常
値諸仏善知識等値
遇弥勒所願如是
願共生一処見仏聞法

この景四年辛卯金銅仏銘（以下、銘文については景四年辛卯銘と略称）について、本章ではそこに示された仏教信仰の内容について論じるため、これに関連した範囲で、釈字・釈読の確定とそれに関する先行諸説を参照しておきたい。まず、「景四年在辛卯」の「景」字については、「日京」「白亘」などのように二字として釈字を行う説や「景」は「景□」あるいは「□景」などの年号が省略して記されたとする見解もある。(3) ただし、通説的には「景」という釈字が行われており、二字に判読する見方も含めて、この部分が高句麗の年号であるとする点については共通した見解となっている。(4) 実際の暦年代比定に関しては、年号に続く「在辛卯」という干支が重視されており、この「辛卯」年に対し、仏像の様式も参照したうえで、実年代としては文咨王二〇年（五一一）、平原王一三年（五七一）の両説があり、そのうち後者の説がとられることが一般的である。(5) 以下に考証していくように本章では北朝代の造像銘との比較検討によって景四年辛卯銘の特質を考察することによって、辛卯年が北朝代と併行することを結果的に論証することになるはずであり、その意味では北朝代であることが確定していれば問題なく、文咨王二〇年（五一一）、平原王一三年（五七一）のいずれであっても論旨に影響はない。

その他の釈字では「比丘道須」の「須」については、字画の残存状態が不良で判読が難しく、確定は困難であるため、ここでは一応、「須」と仮定しておく。また、「賤奴阿王阿据五人」の「据」字も偏の部分が土偏である可能性もあるが、ともに人名の一字であり、本章の考察にはとくに影響がないため、それぞれ「須」「据」と仮定して議論を進める。

景四年辛卯銘の意味は、発願者である比丘・道須と那妻をはじめとした善知識たちが、ともに無量寿像一軀を造り、亡き師・父母が心中で生生し、常に諸仏・善知識に見《まみ》え、弥勒に見えることを願い、ともに一所に生じ、仏に見え、法を聞くことを願う、というものとなっている。

これまでの諸説でふれられているように銘文の内容は、尊像が無量寿仏であるのにもかかわらず、弥勒に見えることを願目としており、阿弥陀と弥勒がともに現れている点が、この銘文にみえる仏教信仰の特徴となっている。(6)

しかしながら、景四年辛卯銘には、それ以外にも顕著な特色があり、それは南北朝期の造像銘にはみられない独自的な内容であるにもかかわらず、これまでは言及されることがなかった。ここでは、このような景四年辛卯銘の系譜と独自的な特色を明らかにしていくが、それに先立ち、まず、本章の内容に関わる従前の研究を瞥見して、以降の考察に資することとしたい。

景四年辛卯銘金銅仏の発見以降、銘文の釈字と釈読が行われて、基本的な資料として位置づけられた。その後の研究の展開のなかで、本章に関係する見解をあげていくと、まず、安啓賢氏は景四年辛卯銘金銅仏の一光三尊仏という仏像の様式および造像銘の内容ともに北朝仏教の様式を忠実に倣っており、阿弥陀（無量寿）と弥勒の二つの浄土が明確に分化せず、礼拝対象と礼拝が未分化な状態の浄土信仰と位置づけ、景四年辛卯銘金銅仏は北朝仏教から影響を受けたとし、北朝の事例としては龍門石窟古陽洞の北魏・杜永安造無量寿像記をあげている。(7)

この見解を受けて、金煐泰氏は景四年辛卯銘の内容は弥勒信仰と阿弥陀信仰との未分化現象とし、これは北魏の弥勒信仰をそのまま踏襲したものと断じ、このような現象は高句麗における弥勒信仰の初期的な状態であると位置づけた。(8)

チョン・ソニョ氏は本尊仏そのものは無量寿仏であるが、弥勒に見える仏法を聞くことを願っていることから、阿弥陀信仰と弥勒信仰とがともに現れているとしたうえで、この金銅仏が出土した場所が新羅と接する黄海道谷山郡であることに注目し、造像者としては地方の在地支配者あるいは中央から派遣された地方官などを想定した。そして、このような在地の有力者が無量寿仏を造像する点については、新羅の阿弥陀信仰と関連すると示唆した。(9)

このような年代比定の論拠として、銘文の内容に無量寿仏と弥勒が混淆している点があげられ、同様の内容が五世紀中葉・後葉の北魏の造像記に現れることから、これを年代推定の端緒として「辛卯」年を五一一年または五七一年にあてる見方がある[10]。ただし、本章で考察するように北朝造像銘で無量寿仏（阿弥陀仏）と弥勒の混淆が盛行するのは六世紀前半であり、景四年辛卯銘の年代推定にも、この事実を基本とすべきであろう。

梁銀景氏は本章でも資料としている南朝造像銘を参照しつつ、南北朝ともに彫像と発願対象が一致しない場合が多く、これは当時の仏教信仰における願を現しているとした。また、梁・武帝が受けたとされる菩薩戒名である冠達を参照し、銘文にみえる「賤奴」という語も捨身した貴族の法名であると推定し、これによって景四年辛卯銘の内容と造像は北朝の影響で派生したのではなく、むしろ南朝仏教との影響関係のなかで当時盛行した無量寿仏・弥勒を同時に希求したものとみた。造像様式そのものは地理的要因により中国・山東地域の影響が強いとし、仏像様式から景四年を五七一年に比定した[11]。

第二節　銘文に関連する北朝造像銘

景四年辛卯銘では尊像を「無量寿像」であるとし、それにもかかわらず、「弥勒」に見えることが願目とされており、このような無量寿信仰すなわち阿弥陀信仰と弥勒信仰との混淆は、北魏および北朝の石刻仏像の造像銘にしばしば現れることが、つとに指摘されている。その後は、これらの造像銘にみえる信仰対象の混淆について、事例の集成と仏典の内容との相関的研究も行われている[12]。

これらの研究に導かれつつ、本章の検討課題と関係する典型的な造像銘を以下に例示することとする[13]（以下では

無量寿仏・西方浄土に関する語句は二重傍線、弥勒・釈迦・観音に関する語句は一重傍線で示した。次節も同様である）

弥勒と無量寿仏あるいは西方浄土の混淆

①比丘僧欣造弥勒石像記(14)　太和廿三年（四九九）

比丘僧欣為生縁父母並眷属師僧造弥勒石像一区　願生西方無量寿仏国　龍華樹下三会

説法　下生人間侯王子孫與大菩薩同生一所

②比丘尼法慶造弥勒像記　永平三年（五一〇）　龍門石窟古陽洞

比丘尼法慶為七世父母所生因縁敬造弥勒像一躯願使来世託生西方妙楽国土下生人間公王長者遠離煩悩又願己身

與弥勒俱生蓮華樹下三会説法一切衆生永離三途

③黄元徳等造弥勒像記　永平四年（五一一）　龍門石窟古陽洞

清信女五品使□黄元徳弟王奴等敬造弥勒像一区並五十三仏為亡母願亡母託生西方妙

楽国土

④杜永安造無量寿像記　神亀二年（五一九）　龍門石窟古陽洞

輒割資産造無量寿仏…（中略）…及七世父母所生父母因属知識常與善遇弥勒三唱

⑤昌国県新興寺尼曇顔造弥勒金像記(15)　普泰二年（五三二）　根津美術館所蔵

昌国県新興寺尼曇顔為亡妹曇利敬造弥勒金像一躯願師僧眷属弟子父母宗親一切衆生直生西方無量仏国

釈迦と無量寿仏あるいは西方浄土の混淆

⑥比丘恵合造釈迦造像銘　正始五年（五〇八）　龍門石窟古陽洞

比丘恵合為亡□□造釈迦一区願託生西方面奉諸仏

⑦比丘尼恵智造釈迦像記　永平三年（五一〇）　龍門石窟古陽洞

比丘尼恵智為七世父母所生父母造釈迦像一躯願使託生西方妙楽国土下生人間為公王長者　永離三途又願身平安

遇與弥勒倶生蓮華樹下三会説法一切衆生普同斯願

⑧比丘尼道□造釈迦像記　正光二年（五二一）　龍門石窟火焼洞

比丘尼道□敬造釈迦像一区□七世父母所生父母亡兄弟……託生西方……□□□浄之

処……諸仏願一切衆生

⑨清信女宋景妃造釈迦像記　孝昌三年（五二七）　龍門石窟蓮華洞

仰為亡考比敬造釈迦像一区藉此微功願令亡考比託生西方妙楽国土値聞仏法

観音・弥勒・多宝仏・菩薩などと無量寿仏あるいは西方浄土の混淆

⑩比丘□□造観像記　太和二年（四七八）

敬□観像一区願□化生西方天□□□蓮花

⑪昊道興造光世音像記　太和廿二年（四九八）

為亡父母造光世音一区願居家大小　託生西方妙洛世界

⑫比丘尼宝□造像銘　正光六年（五二五）

上為亡父母□師敬造像一躯幻容已就願令亡者□西方妙楽国土恒在龍華樹下三会説法常與仏居若下生人間□為国

王長者及衆生普同斯福所願如是

⑬楊元凱造多宝仏像記　太昌元年（五三二）　龍門石窟蓮華洞

仏弟子楊元凱為亡父母造多宝仏両区在窟願亡父母離其三徒八離託生西方安楽之処値遇諸仏恒與善因

⑭法義兄弟一百人等造尊像記　永熙三年（五三四）

仰為皇帝陛下今為七世父母…（中略）…敬造尊像一区二侍者菩薩巌姿超絶色精崑宝光払紫虚暉洞皎日崇髣□於幽蹤依稀於霊容者也縁□微□願令亡者遊神西方浄仏国土

その他にも、釈迦と無量寿仏および西方浄土の混淆、あるいは観音と無量寿仏および西方浄土の混淆もみられ、それぞれを示す代表的な造像銘をあげた。(16) ここにみられる仏教信仰の混淆について、学史的には塚本善隆氏が龍門石窟の北魏代の造像銘に関して、西方阿弥陀の極楽浄土への往生を明白に述べて、阿弥陀仏への専念と帰命を表白しているものはなく、「弥勒」や「長命老寿」「亡者生天」などの語が伴う雑然たる無量寿信仰であると論じている。(17) その後の多くの発見例を追加して、無量寿仏や浄土に関する語句を含む北朝造像記を精査した齊藤隆信氏は無量寿仏の造立と西方浄土への願生・往生業としての念仏の三者が結びついていない状態であり、無量寿仏すなわち阿弥陀崇拝と往生浄土の信仰の様態が明確にならない段階と位置づけた。(18)

このような造像銘の内容および諸見解を整理した陳敏齢氏は一面において釈迦・弥勒・観音などの信仰があり、もう一面では西方浄土を祈求するとし、これらにみられる信仰の混淆状態を以下の五種に大別している。すなわち、[1] 長命得楽　[2] 二世得益　[3] 離苦得楽　[4] 待見弥勒　[5] 往生↓下生人間（龍華三会）であって、これらに通定する祈願内容は長命老寿および益や楽を得ることであり、阿弥陀の名称を「無量寿仏」とすることから、神仙思想における不老長生の思考と関連するという見方が示されている。(19)

無量寿仏と釈迦・弥勒・観音などの混淆のなかでも、景四年辛卯銘との比較において重要な無量寿仏と弥勒の混淆について、無量寿仏すなわち阿弥陀仏およびその西方浄土に関する語（二重傍線）と龍華三会など弥勒に関する語（一重傍線）を主な例ごとにみていくと、①では「願生西方無量寿仏国」と「龍華樹下三会説法」「與大菩薩同生一所」、②では「託生西方妙楽国土」と「與弥勒倶生蓮華樹下三会説法」、③では「託生西方妙楽国土」と「敬造弥勒像一区」、④では「造無量寿仏」と「弥勒三唱」、⑤では「直生西方無量仏国」と「敬造弥勒金像一躯」としてみえている。

これらの各々の銘文について、解説するのは煩雑にすぎ、かつ本章の目途とするところとは異なるので、弥勒と無量寿仏の混淆のもっとも古い年紀の記された①北魏・太和二三年（四九九）の弥勒像銘文を典型として、その特徴を示すと「比丘僧欣」が「父母並びに眷属、師僧のため」に「弥勒石像一区」を造り、「願わくは西方無量寿仏国に生ぜん」とあり、続けて「龍華樹の下で三会し、法を説く」とあり「人間に下生し、侯王子孫、大菩薩と一所に同生す」と記されていることが注目される。この資料に顕著にみられるような北朝造像銘に現れた仏教の特徴の一つに弥勒信仰と阿弥陀信仰の混淆があげられる。すなわち、造像銘に「託生西方」「託生西方妙楽国土」などの阿弥陀浄土信仰と関係する語があっても、尊像そのものが無量寿仏や阿弥陀仏とは限らないのであって[20]、北朝では浄土信仰が阿弥陀信仰から発生するのではなく、まず、生天の願望があって、それが仏教の輪廻転生思想へと結びついているとされる[21]。これに関して北朝仏像の造像銘を分析した佐藤智水氏は北朝仏像では銘文に西方浄土の願目があっても、それが無量寿像や阿弥陀像であるとは限らず、北朝仏教では浄土信仰が阿弥陀仏への帰依から出発したわけではないと述べている[22]。

いっぽう、造像銘にみえる「託生西方」を含む語について注目した久野美樹氏は無量寿仏の信仰は阿弥陀経典だけに依拠するのではなく、『法華経』如来寿量品などにみえる如来が無量の寿命をもつことと関連づけて、西方無量寿仏の浄土観を説明した。また、「託生西方」と「龍華三会」などの弥勒信仰との語の複合的な出現については、天台大師・智顗の師である慧思の撰になる『南岳思大禅師立誓願文』に「此求道の誓願力を以って、長寿仙となりて弥勒に見え奉らん」とみえる誓願が、北朝における仏教思想を代表するものとして位置づけ、これによって造像銘に現れた信仰対象の混淆を理解した(23)。これらの見方は造像銘にみえる無量寿仏と弥勒の混淆に対する現状の典型的な理解と位置づけられよう。

北朝仏教のなかでもとくに北魏の皇帝は自らがすなわち如来であるという信仰が特徴であるのに対し、石刻仏像は造像銘の分析によって、王や高位高官の造像もみられるが、邑義と呼ばれる集団の造像も含めて、無位無官の庶人による造像が多く、それには婦女も含まれることがわかっている(24)。北朝仏教に関する先学の業績のなかでも、造像銘にみえる北朝仏教の特質に関して、本章に関わる点は以上のように整理できる。

第三節　南朝造像銘にみる仏教信仰

南朝の造像銘については残存する数量的な少なさから、北朝造像銘に比して、かならずしも研究が活発であったわけではないが、近年にいたり南朝造像銘の全体的な把握の試みが行われようとしている。それによると一九九六年の時点で、七三点とされていたが、その後に四川省成都などで重要な資料が発見された。このような紀年銘資料は時代別には宋代一一点、斉代六点、梁代五一点、陳代五点とされており、その後の増加資料を勘案しても梁代の造像が多いことに変わりない(25)。

これらのなかで、近年発見された南朝仏像の造像銘も含めて、信仰対象と内容が判明する代表的な事例を前節の北朝造像銘の分類に倣って次に示す。

弥勒と西方浄土の混淆

⑮大同三年銘（五三七）弟子劉造像銘(26)

願生西方面睹慈氏

釈迦と無量寿仏あるいは西方浄土の混淆

⑯成都・万仏寺石刻造像 WSZ44(27)　梁・中大通五年銘（五三三）四川省博物館所蔵

上官法光為亡妹令玉尼敬造釈迦文石像一躯願令玉尼永在生処値生西方無量寿国捨身受形常見諸仏同真

⑰梁・太清三年銘（五四九）釈迦双身像(28)　四川省博物館所蔵

仏弟子丁文乱為亡妻蘇氏敬造釈迦双身尺六刑石造一丘願亡妻幷及七世永離幽苦常往西方浄土現在孫安穏□諸滅

願一切衆生普同斯願

観音などと無量寿仏あるいは西方浄土の混淆

⑱成都・万仏寺石刻造像 WSZ45(29)　梁・中大同三年銘（五四八）四川省博物館所蔵

比丘□愛泰為亡□兄及現□□□敬造官世菩薩一躯明□天游神浄土□□兜率供養□仏現□眷属□□所常□□□父

王家六□□切衆生普同□□

弥勒・釈迦・観音の混淆

⑲成都・商業街出土90CST⑤:6(30)　斉・建武二年銘（四九五）

荊州道人釈法明奉為七世父母師徒善友敬造観世音成仏像一躯願生生之処離三涂八難之苦面諸仏弥勒三会

⑳成都・商業街出土90CST⑤：8[31]　梁・天監十年銘（五一一）

仏弟子王州子妻李兼女咸割身口敬造釈迦石像一躯願過去有亡父母値吾諸仏面観世尊普及三界五道衆生普同斯願

このような南朝造像銘にも観音や釈迦および無量寿仏などの複数が記載されており、これらが混淆していたことがわかる。ただし、南朝と北朝の造像銘を比較して重要なことは、北朝造像銘で数多くみられた弥勒と無量寿仏あるいは西方浄土との混淆が南朝造像銘では顕著ではないことが、その特色としてあげうる。これには南朝造像銘の残存数の寡少さも考慮する必要があるが、少なくとも管見では南朝造像銘における弥勒と無量寿仏あるいは西方浄土への混淆を示す記載は、上掲⑮の梁・大同三年銘（五三七）弟子劉造像銘にみえる「願生西方面睹慈氏」のみであり、ここでは「西方」浄土と「慈氏」すなわち弥勒とが記され、西方に生して、弥勒に見えることを願目としている。

以上のように造像銘と実際の造像から知られることは、南朝においては早い時点から無量寿仏および西方浄土に関する信仰があったが、発見されている造像銘の作例が少なく、造像活動そのものが活発でないこととあいまって、現状で知られる主な造像銘を参照しても北朝に比して無量寿仏と弥勒との混淆は顕著ではないという傾向がある。

南朝における無量寿仏と弥勒の信仰のあり方については宿白氏が詳細に論じている。それによると、本章に関係する無量寿仏と弥勒の混淆は南朝では顕著ではなく、上掲の梁・大同三年銘弟子劉造像銘を例として、むしろ無量寿仏と弥勒の双方を兼ねあわせて信仰されたと論じている[32]。以下では、それを示すものとしてあげられた事例の吟味を行う。

まず、南朝における無量寿仏および阿弥陀仏の信仰と造像例としてあげられているのは、東晋代の僧として知られる支遁（道林）が「釈迦文仏像讃」「阿弥陀仏像讃」を、宋・斉・梁の三朝に仕えた沈約が「弥陀仏銘」「弥勒賛」を頌していること(33)や、東晋時代の名匠として知られる戴逵父子が無量寿像と弥勒像の双方を彫していることである(34)。

梁の宝唱の撰になる『名僧伝』によると、道安の弟子である恵精が隆安年中（東晋・三九七〜四〇一）に病にかかった時、口に弥勒を誦し、懈《おこた》ることがなかった。弟子の智生が看病しつつ、なぜ西方に生することを願わず、もっぱら弥勒を呼ぶのかと問うと、恵精は答えて言うに、自分たち道安と弟子八人はかつて誓願を発し、兜率天に生し、弥勒に見えることを願い、道願らはことごとく先に弥勒に見えたのに、ただ自分はなお存しており、ここで本願を欲す、と。語りおえると、恵精の身体は光輝いて、顔は愉悦にみち、にわかに遷化したという(35)。道安は弥勒信仰をもっており、隠士の王嘉や弟子たちと弥勒像の前で誓願を立て、兜率天への上生を願っていたことは、よく知られており、弟子である恵精が兜率天への同生を願うのは当然のことであるが、弟子の智生が西方浄土への生天と比して質《ただ》すという内容から、道安とその弟子が活動した四世紀後半には、無量寿仏浄土の信仰がすでに流布していたことを示している。編纂時期が下るが、『続高僧伝』では南朝末の慧思に関わって、弥勒と阿弥陀が説法して悟りを開くのを夢みたがために二像を造り、並べて同じく供養した、という記載があり、無量寿仏と弥勒の信仰の並存を示している(36)。

ここでは南朝にも無量寿仏と弥勒や観音などとの混淆した信仰があったが、造像銘では北朝に比してその数が少ないという傾向があることを示した。

第四節　景四年辛卯銘に現れた仏教信仰の内容と系譜

景四年辛卯銘にみえる信仰の系譜について論じる前に、前節までで論じてきた南北朝期の造像銘にみえる信仰対象の混淆について、整理しておかねばならない。まず、北朝の造像銘では弥勒と無量寿仏または西方浄土、釈迦と無量寿仏または西方浄土などの混淆がみられたのに対し、南朝造像銘では観音と無量寿仏または西方浄土、釈迦と無量寿仏または西方浄土、釈迦と弥勒などの信仰の混淆がみられ、弥勒と無量寿仏あるいは西方浄土の混淆は顕著ではないことを指摘した。

このような傾向がみられるとすれば、景四年辛卯銘にみえる弥勒と無量寿仏との混淆は、北朝仏教の影響を受け、その系譜上にあることが想定される。これをさらに具体的に証するべく、特徴的な語句について南北朝期の造像銘との対照を行うに際して、北朝の造像銘の語句については先学による精緻な研究があることから、これらも参考として検討を行うこととしたい。

景四年辛卯銘にみえる「値諸仏」およびその同義語と類語は、北朝造像銘では「値遇諸仏」「値仏聞法」「常與仏会」などとしてみえており、その意味は諸仏に会うことである。そして、これらの語は北朝造像銘においては、「生天」や「託生」などとともに願目として連記されることが多い。このことから、北朝代には死後の世界における存在を肯定するのみならず、亡者は死後に天に昇って再生し、あるいは西方の仏国・無量寿国・浄土・妙楽国に生を託して、諸仏に会うことを願って造像し、銘を記していることがわかる。

同じような造像銘の傾向は南朝造像銘にも、「永在生処値生西方無量寿国」の語や「願生生之処離三涂八難之苦面諸仏弥勒三会」などの文がみえることから、南朝においても、北朝と同じく、死後も亡者は無量寿国その他において存在し、かつそこで長く生し、苦難を逃れることなどを願ったことが知られる。

このような南北朝期の造像銘から知られる来世観は景四年辛卯銘にも色濃く現れている。すなわち、南北朝期造像銘にみえる「生生」「値遇諸仏」に対応する語として、景四年辛卯銘には「願亡師父母生生」「常値諸仏」「値遇弥勒」などの語がみえている。すなわち、景四年辛卯銘仏の造像者は「願亡師父母生生」は亡き師や父母が「生生」して、常に諸仏や弥勒に見えることを願目としているのである。ただし、南北朝期の造像銘と大きく異なる点は、亡者が「生生」する場所であって、南北朝期の造像銘では「西方浄土」「西方妙楽国」「西方無量寿仏国」などであるのに対し、景四年辛卯銘には「願亡師父母生生心中」とみえる。景四年辛卯銘では「亡師父母」が「心中」で「生生」し、とどまることが願目とされているのであって、このような「生生心中」の語は管見の限りでは南北朝期造像銘にはみられない。「生生」「心中」の語はともに諸仏典に広くみえる至極一般的な語であるのに対し[37]、これらが成語として用いられるのは管見では例を知らない。

そのために「生生心中」の語義のうち、「心中」に限って、その一般的使用法を景四年辛卯銘と時期を同じくする南北朝期までの中国史料や文献からあげると、「心の中」の意味で用いられている。その例は多いが、景四年辛卯銘と併行する時期には「心中に故人を念ずる（心中念故人）」（『宋書』楽志・東阿王詞）、「すなわち、心中に痛裂を覚える（便覚心中痛裂）」（『南史』彭城王義康伝）、「ゆえに心中悲しむのみ（故心中悲耳）」（『南史』劉勔伝）などの例があり、いずれも「心の中」として解することができる。

「心中」は仏典に頻出する仏教語であり、意味としては心臓の中の空所であり、ウパニシャッドの哲人はここにアートマンが位置すると考えた、などの意味もあるとされる[38]。このような「心中」の語について、景四年辛卯銘にみえる信仰との関連から検索してみると、無量寿仏に関する経典として、『無量寿経』では二度出現するが、『大阿弥陀経』（『仏説阿弥陀三耶三仏薩楼仏檀過度人道経』）では一七回、『平等覚経』（『仏説無量清浄平等覚経』）では二一回にわたって現れ、両経ともに「会当得心中所欲願爾」「為心中所欲願」「心中倶願言」などのように菩薩の願と関係した用例がみられる。また、観法を説く『観無量寿経』には「心中」の語そのものではないが、関連する語として「心想中」の語がみえる。この語はいわゆる十三観のなかでも第八観・像想観にみえるもので、仏を想ずる理由に諸仏如来が法界身として、一切衆生の心想の中に入る、という文脈で用いられている(39)。また、『観無量寿経』そのものが阿弥陀仏およびその清浄の国土またはその浄土への九品の往生人を観想し、あるいは阿弥陀仏の名を称念して、戒律を守り、その観念する自己の心想中に阿弥陀仏を見出すことができれば、無量の罪を滅して、浄土に往生して悟りを開くことができると象徴的に論じられるように(40)、「心想中」の語に『観無量寿経』の説くところが象徴的に現れている。このことからしても「心中」の語の用例としてよりも、むしろ『観無量寿経』では「心想」の語に典型化して現れているように、阿弥陀や極楽を観想することに象徴される阿弥陀仏の仏国土を説く内容との関係を重視したい。いうまでもなく、『観無量寿経』は観想による念仏を説く経であり、これはまさに景四年辛卯銘の「願亡師父母生生心中」につながる思考である。『観無量寿経』の結語の部分には釈迦が阿難に向かって、無量寿仏の名号を、常に持《たも》つ、すなわち心にとどめ続けることを説いており、この経の説くところをしめくくっている。このような点から景四年辛卯銘の「心中」の語には『観無量寿経』に説かれている観想の実修との関係が想定される。

いっぽう、仏典において「生生」は「生生世世」の語として周知のように、頻出の語であり、「心中」の語も、たとえば『無量寿経』には「結憤心中不離憂悩(41)」「心中閉塞意不開解(42)」などとして現れる。

景四年辛卯銘に現れる弥勒と関連する経典を検索してみると、いわゆる弥勒三部経のなかで、『観弥勒菩薩上生兜率天経』『弥勒下生経』『弥勒大成仏経』には「生生」の語の組み合わせはみえず、「心中」の語は『弥勒大成仏経』に「得見弥勒。於何心中修八正路」としてみえるのみである。(43) 以上のような「心中」などの語の出現の状況や用法などからみて、無量寿仏と弥勒が記されている景四年辛卯銘の記載内容は『無量寿経』『観無量寿経』などの阿弥陀仏を説く経典を背景としていると考えられる。

ここまでみてきたように、景四年辛卯銘では造像銘の文脈と仏典および同時代の漢籍の一般的な意味からしても造像者の「心中」で「亡師父母」が「生生」することを願目としたと理解してよかろう。このように造像者の心中に生生を願うという内容の願文は南北朝造像銘では例がなく、景四年辛卯銘の願目の特色であり、中国とは異なった高句麗独自の来世観の一端を示していると考えられる。このように景四年辛卯銘は語句の出典論的検討からは南北朝造像銘の系譜を引きながら、それらにはみられない独自の仏教信仰を形成していたことを示している。

いっぽう、景四年辛卯銘には無量寿像を造りながら、弥勒に見えることが記されており、このような信仰対象の混淆は南朝・北朝の双方の造像銘にみえることにふれた。そのなかでも、とくに無量寿仏と弥勒の混淆は北朝に顕著であることから、景四年辛卯銘に現れる仏教信仰は北朝仏教の系譜を引いていると考える。

このような見方に大過なしとするならば、景四年辛卯銘金銅仏が造像された六世紀後半代における高句麗の仏教は北朝の造像銘の系譜にあり、その仏教の影響を受けているが、景四年辛卯銘には亡者が造像者の心中に存《なが》えるという、南北朝とは異なった独自の来世観の創出がみられ、高句麗独自の仏教信仰の展開がみられたことが跡づけられた。

結　語

文末にあたって、本章の結論を摘要することによって結語にかえたい。まず、平原王一三年（五七一）と推定される景四年辛卯銘にみえる内容から、高句麗の仏教の系譜に関しては、比丘・道須と那妻をはじめとした善知識たちが、ともに無量寿像一軀を造り、亡き師・父母が心中で生生し、常に諸仏・善知識に見え、弥勒に見えることを願い、共に一所に生し、仏に見え、法を聞くことを願う、という内容が記されていることを論じた。

同時代の中国では弥勒と無量寿仏または西方浄土、釈迦と無量寿仏または西方浄土などの混淆がみられる北朝の造像銘や観音と無量寿仏または西方浄土、釈迦と無量寿仏または西方浄土、釈迦と弥勒などの信仰の混淆がみられる南朝造像銘と類似するが、とくに景四年辛卯銘にみえる弥勒と無量寿仏との混淆は、北朝仏教の影響を受け、その系譜上にあることが想定される。ただし、景四年辛卯銘では造像者の心中に生生を願うという内容の願文は、南北朝造像銘にはみられず、高句麗独自の来世観と考えられる。このような考定に大きな誤謬がないならば、北朝に系譜を引く仏教信仰を受容した高句麗では、独自の来世観が混淆された仏教信仰の地域的展開がなされていたことが考えられる。

注

（1）関野貞『朝鮮美術史』（朝鮮史学会、一九三二年）五四～五五頁。
（2）景四年辛卯銘の釈字・釈読については、下記の文献を参照した。黄寿永編『韓国金石遺文』（一志社、一九七六年）〔ハングル文献〕、韓国国史編纂委員会編『韓国古代金石文資料集』Ⅰ（国史編纂委員会、一九九五年）〔ハングル文献〕。

（3）銘文の釈字・釈読についての諸説の対比は下記を参照した。韓国国史編纂委員会編『韓国古代金石文資料集』Ⅰ（前掲注2）、梁銀景「景四年辛卯銘金銅三尊仏の新たな解析と中国仏像との関係」（『先史と古代』二三、二〇〇五年）〔ハングル文献〕。

（4）ただし、金煐泰氏は、「景」を「昌」と釈字し、その前に「太」字の欠失を想定し、新羅・真興王代の太昌四年（五七二）の干支が辛卯であるため、その可能性を示唆した。金煐泰「三国時代仏教金石文考証」（『仏教学報』二六、一九八九年）〔ハングル文献〕。しかしながら、「景」字の前に何らかの字画の存在を認めることは難しい。

（5）ここでふれた景四年辛卯銘金銅仏の年号比定論については、主として金石文の資料集のなかで、資料紹介に際する釈字・釈読として扱われており、それらの諸説と年号比定の議論については、下記論文を参照した。チョン・ウンヨン「金石文にみえる高句麗の年号」（『韓国史学報』五、一九九八年）〔ハングル文献〕、梁銀景「景四年辛卯銘金銅三尊仏の新たな解析と中国仏像との関係」（前掲注3）。

本章では仏教美術としての考察は目的としていないが、参考として上記梁銀景論文では仏像としての検討から山東地域の影響を受け、古式の東魏の様式を示すと論じていることを記しておく。関連した内容の文献として下記参照。文明大ほか『高句麗仏像と中国山東仏像』（東北亜歴史財団、二〇〇七年）〔ハングル文献〕。

また、中国の金石文との字形の検討から五一一年説をとる論もある。許仙瑛「高句麗金銅仏像銘文――辛卯銘金銅三尊仏像光背銘文を中心に――」（『文化史学』四一、二〇一四年）〔ハングル文献〕。

なお、景四年辛卯銘を含む日本における高句麗金石文の紹介と研究としては、下記があげられる。このうち中吉氏は平原王一三年（五七一）説をとっており、田中氏は両説を紹介している。中吉功『新羅・高麗の仏像』（二玄社、一九七一年）、田中俊明「高句麗の金石文」（『朝鮮史研究会論文集』一八、一九八一年）。

（6）安啓賢「韓国仏教史　上」（高麗大学校民族文化研究所編『韓国文化史大系』六　宗教・哲学史、高麗大学校民

族文化研究所出版部、一九七〇年）一九〇頁〔ハングル文献〕、金煐泰「三国時代の弥勒信仰」（東国大学校仏教文化研究院編『韓国弥勒思想研究』東国大学校出版部、一九八七年）〔ハングル文献〕、チョン・ソニョ「六世紀高句麗の仏教信仰」（『百済研究』三四、二〇〇一年）〔ハングル文献〕など。

（7）安啓賢「韓国仏教史　上」（前掲注6）一九〇頁、安啓賢『韓国仏教思想史研究』（東国大学校出版部、一九八三年）九～一〇頁〔ハングル文献〕。

（8）金煐泰「三国時代の弥勒信仰」（前掲注6）。

（9）チョン・ソニョ「六世紀高句麗の仏教信仰」（前掲注6）。

（10）チョン・ウンヨン「金石文にみえる高句麗の年号」（前掲注5）。

（11）梁銀景「景四年辛卯銘金銅三尊仏の新たな解析と中国仏像との関係」（前掲注3）。

（12）佐藤智水「北朝造像銘考」（『史学雑誌』八六―一〇、一九七七年）、久野美樹「造像背景としての生天、託生西方願望――中国南北朝期を中心として――」（『仏教芸術』一八七、一九八九年）、佐藤智水『北魏仏教史論考』（岡山大学文学部、一九九八年）、倉本尚徳「北朝・隋代の無量寿仏・阿弥陀像銘――特に『観無量寿経』との関係について――」（『仏教史学研究』五二―二、二〇一〇年）など。このうち、とくに倉本論文からは、類例の集成的研究など、多くの示唆を受けた。

（13）個別の報告のある事例は注を付したが、それ以外の造像銘の典拠は下記によっており、例ごとには注を付していない。大村西崖『支那美術史彫塑篇』（仏書刊行会図像部、一九一五年）、王昶『金石萃編』石刻史料新編（新文豊出版公司、一九七七年）、陸増祥『八瓊室金石補正』石刻史料新編八巻（新文豊出版公司、一九七七年）、北京図書館金石組編『北京図書館蔵中国歴代石刻拓本匯編』（中州古籍出版社、一九八九～一九九一年）〔中国語文献〕、松原三郎『中国仏教彫刻史論』（吉川弘文館、一九九五年）。

（14）端方撰『陶斎蔵石記』第五（厳耕望編『石刻史料叢書』甲編之一二第二八函所載、芸文印書館、一九六六年）、大村西崖『支那美術史彫塑篇』（前掲注13）。

(15) 水野清一「北魏普泰二年金銅菩薩立像」(『仏教芸術』四、一九四九年)。
(16) これ以外にも下記のような例があるが、前掲注(12)の倉本尚徳氏の論考では偽刻の可能性が指摘されているため、ここでは一応、除外した。
　宝零山宝胡寺比丘僧弘□造無量寿像記　正光四年(五二三)
　　大魏正光四年歳在癸卯八月十九日宝零山宝胡寺比丘僧弘□徒□等　造無量寿像一区
　　上□皇帝陛下師訓父母因縁眷属法界衆生□願己身□□　伏願弥勒下生□三会在初唱
　(中央研究院歴史語言研究所仏教拓片研読小組編『中央研究院歴史語言研究所蔵北魏紀年仏教石刻拓本目録』所載〈中央研究院歴史語言研究所、二〇〇二年〉)。
(17) 塚本善隆「龍門造像に見る礼拝対象の変化」(『塚本善隆著作集』第二巻、大東出版社、一九七四年)。個別の造像銘については下記論考を参照。塚本善隆「龍門石窟に現れたる北魏仏教」(『塚本善隆著作集』第二巻、大東出版社、一九七四年)〈初出は一九四一年〉。
(18) 齊藤隆信「中国初期浄土教再探」(『日中浄土』一九、二〇〇八年)。
(19) 陳敏齢「曇鸞的浄土思想――兼論北魏金石碑銘所見的浄土――」(『東方宗教研究』四、一九九四年)〈中国語文献〉。
(20) 藤堂恭俊「北魏代に於ける浄土教の受容とその形成」(『仏教文化研究』一、一九五一年)。
(21) 佐藤智水「北朝造像銘考」(前掲注12)。
(22) 佐藤智水『北魏仏教史論考』(前掲注12)。
(23) 久野美樹「造像背景としての生天、託生西方願望――中国南北朝期を中心として――」(前掲注12)。なお、『南岳思大禅師立誓願文』の引用部分を掲げておく(大正新脩大蔵経第四六巻七九一頁下段)。
　以此求道誓願力　作長寿仙見弥勒
(24) 佐藤智水「北朝造像銘考」(前掲注12)。

(25) 八木宣諦「南朝像銘の研究――資料と概要――」(『印度学仏教学研究』四四―二、一九九六年)。
(26) 端方撰『陶斎蔵石記』第五(前掲注14)。
(27) 袁曙光「四川省博物館蔵万仏寺石刻造像整理簡報」(『文物』二〇〇一年第一〇期)〔中国語文献〕。
(28) 霍巍「四川大学博物館収蔵的両尊南朝石刻造像」(『文物』二〇〇一年第一〇期)〔中国語文献〕。
(29) 袁曙光「四川省博物館蔵万仏寺石刻造像整理簡報」(前掲注27)。
(30) 張肖馬・雷玉華「成都市商業街南朝石刻造像」(『文物』二〇〇一年第一〇期)〔中国語文献〕。
(31) 張肖馬・雷玉華「成都市商業街南朝石刻造像」(前掲注30)。
(32) 宿白「南朝龕像遺跡初探」(『考古学報』一九八九年第四期)〔中国語文献〕。
(33) 支道林の「釈迦文仏像讃」(大正新脩大蔵経第五二巻一九五頁下段)「阿弥陀仏像讃」(大正新脩大蔵経第五二巻一九六頁中段)は『広弘明集』巻第一五、沈約の「弥陀仏銘」(大正新脩大蔵経第五二巻二一一頁下段)「弥勒賛」(大正新脩大蔵経第五二巻二一二頁中段)は『広弘明集』巻第一六所収。
なお沈約の信奉した仏教信仰の内容と著作については、下記を参照した。神塚淑子「沈約と仏教――「懺悔文」を中心として――」(『中哲文学会報』三、一九七八年)。
(34) 『法苑珠林』巻第一六(大正新脩大蔵経第五三巻四〇六頁上段～中段)
晋世有譙国戴逵字安道者、風清概遠肥遯舊呉。宅性居理游心釈教、且機思通瞻巧擬造化。思所以影響法相。咫尺応身乃作無量寿挾侍菩薩。……俄而迎像入山陰之霊宝寺、道俗観者皆発菩提心。高平郗超聞而礼覲。遂撮香而誓曰、若使有常復睹聖顔。如其無常願会弥勒。
(35) 『名僧伝抄』(卍新纂続蔵経第七七巻三五七頁上段～中段)
安平後隆安中疾病、口誦弥勒、未嘗懈息。弟子智生侍疾、問曰何不願生西方、而専呼弥勒。答曰吾等道安八人先発誓願、願生兜率、面見弥勒、道願悉以先見。唯吾尚存、欲遂本願。語畢即有光照于身、容顔更悦、俄而遷化。

(36)『続高僧伝』巻第一七・陳南岳衡山釈慧思伝（大正新脩大蔵経第五〇巻五六二頁下段）
　又夢弥勒弥陀説法開悟、故造二像並同供養。又夢随従弥勒與諸眷属同会龍華。
(37)朝鮮三国時代の造像銘でも建興五年歳在丙辰金銅光背銘に「願生生世世値仏聞法」として「生生」の語が用いられている。この建興五年歳在丙辰については、五九六年とする見方が一般的である。黄寿永編『韓国金石遺文』（前掲注2）、金煐泰「三国時代仏教金石文考証」（前掲注4）などを参照。
(38)中村元『佛教語大辞典』上巻（東京書籍、一九七五年）七六八頁。
(39)『観無量寿経』（大正新脩大蔵経第一二巻三四三頁上段）
　仏告阿難及韋提希。見此事已。次當想仏。所以者何。諸仏如来是法界身。遍入一切衆生心想中。是故汝等心想仏時。是心即是三十二相八十随形好。是心作仏是心是仏。諸仏正遍知海従心想生。
(40)石田充之「『観無量寿経』入門」（佐藤春夫訳注・石田充之解説『観無量寿経』法藏館、一九五七年）。
(41)『無量寿経』巻下（大正新脩大蔵経第一二巻二七四頁下段）。
(42)『無量寿経』巻下（大正新脩大蔵経第一二巻二七七頁上段）。
(43)『弥勒大成仏経』（大正新脩大蔵経第一四巻四二八頁下段）。

第三章　広開土王碑の守墓と勲績記事の史的背景

序　言

広開土王碑は、立碑された五世紀初頭を前後する時期の東アジアの国際関係史の資料であるとともに立碑の意味が記されており、文化史的な意義も大きい。思想史や文化史に関わる文章としては、勲功ある広開土王のために子である長寿王が立碑するにあたって、先王と祖先王の陵墓に対する永劫の守墓を記している部分があげられる。このような広開土王碑の主たる立碑目的たる守墓に関して、筆者はこれまでも検討を行ってきたが、本章ではまず具体的な内容を記した第Ⅳ面のいわゆる守墓人烟戸条に用いられた語に対して、出典論的な分析を行い、この部分の依拠文献を検討し、それによって広開土王碑の立碑思想を考察することを目的とする。

これまでも広開土王碑文の文化史的内容に対する研究としては、始祖伝承に関わる説話がとりあげられるなどの方向性が模索されてきたが、質量ともに軍事的・対外的内容の研究と比肩するものではない。いっぽう、広開土王碑文の内容のなかでも、とくに枢要の位置を占めるのが広開土王の勲績記事と王陵の守墓役を記した、いわゆる守墓人烟戸の記事であり、これに関しては一定の研究の蓄積をみている。ただし、後にふれるように勲績記事に関しては主として広開土王の武勲としての領域拡大がこれまでの議論の対象となっており、守墓人烟戸条との思想的関連を意識した言及は稀であった。本章では広開土王の勲績記事に対して、類語が頻出し、出典論的にも関係する後漢代の石刻の用例を参照して、守墓人烟戸条と有機的な連関性のある勲績記事のもつ基本的な意味について文化史的な位置づけを試みる。

第一節　広開土王碑文の語句に関する出典論的研究

広開土王碑文の出典論的研究の萌芽は、二〇世紀初めの今西龍による発言があげられる。すなわち、今西は一九一九年（大正八）に行った講演で、広開土王碑文の守墓人烟戸に関する部分について、「高句麗人が漢人に書かせたものともみられる」として、広開土王碑文の撰文に漢人が関与し、中華世界の思想が背景として存在することを示唆した。(1) これは言いかえると、広開土王碑文の出典論としては、漢籍の知識が存在したことを暗に示している。

いっぽう、那珂通世は広開土王碑にみえる「自上祖先王以来墓上不安石碑致使守墓人烟戸差錯唯国岡上広開土境好太王盡為祖先王墓上立碑銘其烟戸不令差錯」（第Ⅳ面第八行）の文意について、高句麗歴代の王陵には石碑はなかったが、広開土王代になって、多くの石碑を立て、守墓人である烟戸を定めたのであって、これは『三国史記』高句麗本紀・故国壌王九年三月条にみえる仏教の求福に伴う国社の創設と宗廟の修築記事と関連し、この記事の主体は広開土王であるとみる。そして、このような陵墓に対する対応は仏教の影響であり、『三国史記』高句麗本紀にみえる夫余の太后廟の事例から、仏教が移入するまでは陵墓の制度がきわめて簡素で素朴なものであったと論じた。(2)

水谷悌二郎氏は碑文の語句について、たとえば「造渡」（第Ⅰ面第三行）は『爾雅』釈水や『詩経』大雅大明などにみえる「造舟」の語を含む内容を典故とし、「奴客」（第Ⅱ面第四行）は『後漢書』竇憲伝や『三国志』魏書徳郭皇后伝・蜀書糜竺伝などの用例を出典とすると述べているように、漢籍による撰文を想定した。いっぽうで広開土王碑文を新羅・真興王碑や『魏書』百済伝および『宋書』倭国伝の文章と比すると、大きな径庭があるとし、碑文には漢籍を典拠とする辞句はみえるものの、漢・魏・六朝の金石文にみえる雅語が用いられていないとして、高句麗人によって撰文されたと結論づけた。(3)

武田幸男氏は広開土王碑文にみえる「広開土境」「広開土地」などの広開土王の諡号に関する語について、「保全土境」「広開水田」「広土開境」（いずれも出典は『三国志』）などの類似の語をあげて、時期的に先行する中国文献に留意すべきであると指摘しており、広開土王碑文に関して出典論的に言及している。(4)

広開土王碑文の思想および信仰的な背景を論ずる方向としては、碑文にみえる神話の分析があるが、(5)その後の出典論的検討としては川崎晃氏による研究がある。川崎氏は中国古典や正史との対照検討を行い、出典論的方法によって広開土王碑の語句の典拠を明らかにした。そして、広開土王碑文の語句や文章が『孟子』『三国志』を中心とした漢籍を典拠として撰文され、広開土王の勲功を称えるにふさわしい語句や文章を選んで、儒教の徳治主義的な政治思想を受容し、そのなかでもとくに孟子の湯武放伐論と王道論に立脚して広開土王を中国の聖君に比したことを指摘した。(6)

広開土王碑の主たる内容の一つである広開土王の事績の顕彰と称揚が儒教思想に基づくとする川崎氏の研究は本章を草するにあたって裨益するところが大きいことを明示したうえで、次に広開土王碑文の内容と語句に対する出典論的検討に入りたい。

第二節　出典・典故からみた守墓の特質

本節では広開土王碑の立碑目的の一つを明示した第Ⅳ面守墓人烟戸条で文脈上、重要な意味をもつ語をとりあげて、それらを出典論的に吟味する。まず、守墓人烟戸条のなかでももっとも重要な部分に関わる語句として、守墓と「洒掃」にあたる「守墓人」の語についての出典論的な検討を行いたい。

まず、「守墓人」の語について、管見の限りでは漢籍文献に現れる例はわずかである。試みにそれらをあげると『太平広記』『明会典』『欽定大清会典則例』などであり、そのいずれも編纂や撰定は広開土王碑の立碑された五世紀を大きく下り、あるいは説話的な内容を含む。説話にみえる例として、試みに『太平広記』にただ一カ所現れる守墓人の例をみると、死した僧・韜光の身代わりとして、瓶の中から声を発して生前親交のあった僧・和衆と言葉をかわす霊としてみえている。(7)

上記の文献のなかで、守墓人が制度としてみられるのは、管見の限りでは明・清の制度・典礼やその施行細則であり、『明会典』には洪武三年（一三七〇）に各々封爵官品の差によって、一様に功臣の守墓人戸を給したとある。(8)『欽定大清会典則例』には順治九年（一六五二）の条に皇帝に議を奏上した内容のなかに、外藩たる蒙古親王に対して守墓人一〇戸、郡王は八戸としたなどの記載がみえる。(9)

「守墓人」の語の基本的意味をなす「守墓」の語にまで広げてみると、正史では『宋書』をはじめとして、『魏書』（三カ所）、『周書』、『南史』、『北史』（三カ所）、『隋書』、『宋史』（二カ所）、『明史』（三カ所）、『清史稿』（五カ所）に現われている。

このうち広開土王碑と同時代の記載で「守墓」の語がみえるのは、五胡十六国時代の北涼王であった沮渠蒙遜に関わる内容であって、彼が亡母のために王太妃の礼をもって葬送を行い、「守墓三十家」を置いたとみえている。(10)この「守墓」は「家」の単位で示されていることから、その点では「烟戸」としてみえる広開土王碑文の「守墓人」と類似した戸単位の徴発形態であったとみられる。

また、広開土王碑よりは年代が下るが、五八七年に隋が南朝・梁を滅ぼした二年後には陳の東揚州刺史蕭厳と呉州刺史蕭瓛が隋に反抗している。これを鎮めた隋は一〇年後に梁二主すなわち梁の宣帝・蕭詧の子である蕭厳と明帝・蕭巋の子の蕭瓛に各々の守墓一〇戸を給い、梁の後主・蕭琮には柱国を拝し、莒国公の爵位を賜ったとある。(11)

これらは要するに「守墓人」は前述の清代の事例以外では、五胡十六国の北涼王・沮渠蒙遜が亡母の墓に対して王太妃の礼として置いた例や隋の文帝が南朝・後梁の皇子に与えたという例が知られ、礼制の一環として墓を守護するために戸単位の集団が置かれることがあったことを示している。

ただし、一般的制度というよりは上記二例に端的に示されているように、皇族などを対象として特定個人の墓に対する特別な処遇として置かれたものが「守墓」であったらしい。

いっぽう漢訳仏典では、わずかながら「守墓人」の用例が認められる。それは、いわゆる四大律の一つである『摩訶僧祇律』にみえる守墓人に関する話柄である。そこでは出家者が衣を求める際の問答として、次のようにみえている。もし、阿練若すなわち静寂の場所あるいは山林がなければ、塚（墓）の間に至り、その守墓人がいれば、その時は「私は弊衣を拾おうとしている」と言いなさい。もし、守墓人がこれを取らせて、「取れば私に示しなさい」と言うと、比丘は「今まさにこれを取って示した」と言った、などとみえる。(12)ここでは墓の間に落ちている弊衣をめぐる比丘との思惟的・観念的な会話の相手として、「守墓人」がみえている。ただし、話柄からみて、制度的職制としての守墓人ではなく、たんに墓を守る人という一般的な語と考えられる。

「洒掃」の語については川崎晃氏による出典論的研究のなかで、「洒掃穹室」（『詩経』豳風・東山）、「洒掃廷内」（『詩経』大雅・文王之什・抑）、「於粲洒掃」（『詩経』小雅・鹿鳴之什・伐木）、「當洒掃」（『論語』・子張篇）、「當洒掃墳塋」（『三国志』蜀書蔣琬伝）などの用例があげられている(13)。

これらのなかで具体的な洒掃の意味を示すものとして『論語』子張篇の例をあげておこう。すなわち、「子游曰く、子夏の門人小子、洒掃・応対・進退に当りては則ち可なり。抑末なり。之に本づくれば則ち無し。之を如何。子夏之を聞きて曰く、噫、言游過てり。君子の道は孰れをか先に伝え、孰れをか後に倦まん。諸《これ》を草木の区して以て別あるに譬う。君子の道は焉んぞ誣《し》うべけんや。始有り卒ある者は、其れ唯聖人か」とあり、現在も用いられる掃除と来客の接待などの若者が学ぶべき作法たる「洒掃応対」の語の典故として知られる(14)。ここでは子游が、子夏の年少の門人たちは、掃除や応対や立居振舞については可であるが、それは枝葉のことであって、もっとも根本的なことではなく、これはいかがなものかと問うと、これを聞いた子夏は、子游は間違っている。君子を養成するのに、何を先にし、何を後にして怠るというものではなく、譬えば草木を育てる時は、時節に応じて徐々に育て方を変えて行くようなものである。君子の道はごまかせるものではない。すべて備わるのは、ただ聖人だけであろう、と言った。この会話の中に洒掃の語がみえる。

この他に洒掃の対象と意味を示すものとして後漢の陳蕃の話がある。陳蕃は一五歳の時、一室に閑居し、庭も軒先も荒れ果てるままにしていた。父の友人である薛勤が訪ねてきて、「孺子、何ぞ洒掃して以って賓客を待たざる」、すなわち、君はなぜ清掃して、賓客たる父の友人の私を接待しないのだ、と言った。陳蕃は大丈夫たる者の処世は天下を掃除することにあり、どうして一室だけに安んじておられようかと言うと、薛勤は陳蕃に世を清くする志があることを知り、これを非凡であるとした[15]。

また、三国時代の例としては、諸葛亮に後事を託された蔣琬の子である蔣斌が綏武将軍・漢城護軍となったが、魏の大将軍・鍾会が漢城に到達した時、蔣斌に書を送って礼を尽くし、西方に着いたならば蔣琬の墳塋を洒掃して、祭祀し、敬意を表したい、と述べたところ、蔣斌は返書して、墓の場所を知らせ、謝するとともに孔子に対する顔回の仁愛をあげて、亡父への追慕の情をつのらせたことをしたためた。鍾会はその意を嘉して、蔣琬の墳塋である涪県に着くと、書したことを行った[16]。ここでは敵対する蜀と魏の将軍同士のやりとりのなかで、相手に対する礼を尽くす行為として、亡父の墓を「洒掃」して祭祀することが位置づけられている。

このように経書では大切な賓客を迎えるに際して、また、対象となる人の墓に敬意を表するための行為として「洒掃」の意味があり、広義には儒教的な礼の顕現であるといえよう。

いっぽう、仏典にも「洒掃」の語はみえ、原始仏典といわれるものの漢訳語のなかにも用いられているが、用字よりむしろ、行為としての清掃が注目されている。たとえば、『増壱阿含経』では仏塔を管理し、清掃することの功徳が説かれ、また、仏塔を破壊するものは阿鼻地獄に堕ちると説かれている[17]。清掃の功徳を説く経文は多いが、典型として『大般涅槃経』をあげると、釈迦が無畏菩薩に説いた偈のなかに「仏僧の地を塗掃すれば、すなわち不動国に生ぜん」とあり[18]、清掃行為の功徳を説いている。

また、仏典において清掃は功徳と説かれており、その例は多いが、これを示す端的な説話としては、たとえば『仏五百弟子自説本起経』輪提陀品には輪提陀は寺院を清掃した功徳により、正覚を得て、阿羅漢になった、とあることに象徴される[19]。原始仏典では『根本説一切有部毘奈耶』に典型とされるように、沙門たちの作事として窣睹波所すなわち塔の工事や清掃を行うとある[20]。このように仏塔を清掃することは、古代インドの労働観や職業観からみた時、賤業の部類に属する行為であるが、これが宗教的には高い価値をもつとして昂揚され、とくに清掃行為は仏塔に関わった時に聖視されるという[21]。また、『日本霊異記』などの古代の仏教説話にも清掃は功徳として現れる[22]。ただし、従来から広開土王碑文には明らかに仏典を典拠とする語の存在は指摘されていないことを勘案し、功徳を説く用法からみても、この語が仏典を典拠としたとみることは難しい。

用字においても、この語が用いられる内容も仏典とは異なり、むしろさきにみた経書や正史にみえるような「洒掃」が敬礼すべき墓などを対象として行われていることからも、広開土王碑文の「洒掃」は儒教的な礼およびそれに基づく習俗をもとにしていると考えられる。

いっぽう、碑文の第Ⅳ面にみえるその他の語では、「雖有富足之者亦不得擅買」の「富足」の語はそのものの意味としては、富んで満ち足りることであり、至極一般的な語と思われるが、史籍には存外に用例が少ない。周知の用例としては後漢・王符の『潜夫論』の「礼儀は富足に生ず、盗賊は飢寒より起こる」が知られる[23]。すなわち、国が豊かになって生活にゆとりが出れば、人々は自《おの》ずと礼儀を重んじるようになるのであって、盗賊は飢えと寒さによるのである、として為政者の務めを説く。

その他には曹魏の司馬芝が大司農になった時、農政に関する上奏のなかに、天子が四海の内をもって家とすることを説くのに『論語』顔淵篇を引いて、百姓が満ち足りなければ、君主は誰とともに充足するのかとあるのをあげ、「富足之田」すなわち富裕充足の田は、天の与える時を失わず、地力を尽くすことにあると述べている[24]。

また、「其有違令売者刑之買人制令守墓之」にみえる「制令」は、「買う人は制令して、これを守墓す[25]」または「買う人は制して、これを守墓せしむ」と釈読され、前者の読みでは「制令」は制度法令・法度などの意味の語であり、その用例としては『春秋左氏伝』昭公元年にみえる趙孟の言のなかに往古の国のこととして、「これが表旗をあげ、これが制令を著わし」とあり、境域を示す旗とともに令を制することとして述べられている[26]。ここでは「令」は使役の用法を含意する語としての「制令」であり、守墓人烟戸条ではこの文章の前に「又制守墓人自今以後」に続く文章があり、これは「又、制す」として以下の内容を規定していることを勘案すると、「制令」も「制して……せしむ」という釈読をとりたい。

ここまでの検討を以下に整理すると、「守墓人」の語は中国史籍には稀な語であり、碑文にみえるような政府や為政者による制度的な「守墓人」は管見では明・清時代に行われ、広開土王碑の立碑以前の中国史料・文献では葬祭の習俗として現れるのであり、制度として施行された例は知りえず、同義の語としては「守墓」が用いられている。いっぽう、わずかに仏典にも「守墓人」の語がみえるが、制度としての用例ではなく、墓を守る人としての一般名詞的な用法であり、広開土王碑文には仏典を典拠とする語が顕著でないことを勘案すると、「守墓人」の語も仏典に依拠するとは考えにくい。

「洒掃」は一般的な語ではあるが、経書や史書では、そこを訪れる人やその墓に対する敬意の場合、その発露たる行為として用いられることがある。「洒掃」の語は仏典にも現れるが、古代インドの職業観としては卑賤なものとされ、仏塔などに関する場合には宗教的な位置づけがなされるとされる。ただし、このような仏典にみえる語が広開土王碑文にみえる制度的な「守墓人」の行う「洒掃」行為と関連するとは考えにくい。

その他では「富足」も一般的な語ではあるが、広開土王碑文の立碑年代より編纂年次がさかのぼる史料では、たんに満ち足りるという意味そのものよりは、儒教的な礼に関する文脈のなかで用いられることがある。

「制令」はこれらで熟語を構成するのではなく、その意味でも一般的な語ではないが、広開土王碑文にみえる「制令守墓之」と類似した語の構成の文が『春秋』『史記』などにみえることから、このような用例と用法を典拠として、この部分が成文された可能性がある。

以上のように語句の出典論的な検討からは、広開土王碑の立碑目的たる高句麗王陵の永遠なる保全に関わる広開土王碑文第Ⅳ面の守墓人烟戸条にみえる語について、中国史籍や仏典を検ずるに、広開土王碑文の他の語句に仏典を依拠とする語が顕著でないことから、経書や史書にみえる儒教的な礼やそれに基づく慣習を背景としているとみてよかろう。そして、別に論じたように広開土王碑第Ⅳ面の守墓人烟戸条には祖先に対する追孝の意味をもつ王陵の保全が記され[27]、あわせて礼に関わる語句が用いられていることは内容的にも文脈上も整合性をもつものと理解される。ここでは祖先王の守墓を主たる立碑目的としている広開土王碑そのものが経書などを典拠とし、儒教的思想に依拠していることを推定した。

第三節　勲績顕示記事の位置づけ

広開土王碑文にみえる勲績記事のなかでも、勲績の語句そのものが用いられているのは第Ⅰ面の「遷就山陵於是立碑銘記勲績以示後世焉」という文章である。この語に示される広開土王の一義的な勲績は碑文の八条からなる紀年記事を中心として広開土王が略取することによって実現した支配領域の拡大であることが定説となっており、このことは広開土王碑文理解の定点となっている。

さらに広開土王碑文の勲績記事を受けて、これと継起的に関連する内容としては第Ⅳ面にみえる「唯国岡上広開土境好太王盡為祖先王墓上立碑銘其烟戸不令差錯」（第Ⅳ面八行一四～四一字）という部分がある。これらの文章は広開土王陵を造営して、ここに碑を立てて勲績を銘記して後世に示し、祖先王の墓のほとりに碑を立てて、広開土王陵とともにそれらの守墓を行う烟戸の混乱がないようにする、という内容である。

このような勲績記事について、すでにふれたように広開土王の略取した領域などに関しては詳細な研究があるのに対し、それらの理念的基盤となるべき勲績記事の碑文における意味、ひいては勲績記事を碑文に銘示することの思想的・文化的意義そのものについては論及されることがなかった。その理由として、碑文そのものの内容のみからは検討が難しいことがあげられる。

いっぽう、中国では後漢代以降に墓碑に死者の勲績を記すことによる頌徳の行為が盛行する。この種の碑文には勲績を銘記する旨の語が散見し、語句と意味の類型としては広開土王碑の勲績を示す語と相通じる。このことから広開土王碑文の勲績記事を後漢代以降の墓碑などの勲績顕彰・頌徳の文章や内容と対照することによって、その出典論的かつ思想的系譜を検討し、さらには広開土王碑文における勲績記事の位置づけと意味を考察する。

広開土王碑文の勲績記事の属性を検討するに際して、関連する主な見解をあげておきたい。広開土王碑文の勲績記事に関する研究としては略取した領域に関する検討があり、そのなかで広開土王碑文に記された八条からなる紀年記事は文型として「王躬率」型か「教遣」型のいずれかに属し、親征の場合とそうでない場合を含めて、それぞれ王の勲績を強調するための常套的な表現であることが定説とされている。(28)

このことを前提として、これまでは広開土王の勲績の内容を明らかにすることに研究の中心があった。そのうち学史的な位置を占める研究としては、武田幸男氏の論考がある。それによると広開土王碑の研究の主要な論点として、当時の国際関係を検討する起点として、広開土王碑文が後世に示そうとした勲績の実態を明らかにすることの重要性を説き起こし、広開土王碑文中の「永楽太王」すなわち広開土王の勲績を分析し、その結果、高句麗の主権を体現する軍事的君主として顕現していると論じた。そして、高句麗および東アジアの視点から広開土王碑文が後世に示そうとした「勲績」の内容として、広開土王が実現した領域支配の実態を明らかにした[29]。

李成市氏は広開土王碑文の勲績記事は広開土王の偉大な業績をたんに書き連ねたのではなく、内容的には広開土王自身の国土拡大に関わる武勲に限定され、あくまでも守墓役体制の護持をめざす文章の前提として要請される部分であり、決して広開土王の武勲のみを称えることのみが目的ではないとする。すなわち、広開土王の武勲それ自体が意味をもつのではなく、広開土王の武勲によって守墓人が拡大され、それによって維持された高句麗王を中心とした秩序構造を根拠とすることを示し、広開土王陵とその守墓人の関係を必然化させる意味があるとする[30]。

いっぽう、広開土王碑文に勲績が記されることの一義的意味およびその思想的背景について論じられることは稀であった。広開土王の勲績の思想史的ないし文化史的意味に関しての言及は学史的にも少ないが、そのなかで那珂通世は謚号にみえる「広開土境」は広開土王の「功業ヲ讃揚セル」「美号」であるとした[31]。これを受けて武田幸男氏は広開土王碑文に記された後世に示すべき勲績の集約的な表現であるとし、あわせてすでにふれたように「広開土境」の語に関しては広開土王碑文にみえる「広開土地」などの広開土王の謚号に関する語とともに、「保全土境」「広開水田」「広土開境」（いずれも出典は『三国志』）などの類似の語をあげて、時期的に先行する中国文献に留意すべきであると指摘した[32]。これらの見解は勲績記事と関わる王号の検討方法を示している。

以上のように広開土王の謚号に関して、「広開土境」を中心として、それが象徴する勲績に関して注視されてきた。しかしながら、勲績を碑文に銘記するという行為それ自体の意味について、これまではほとんど関心がもたれなかったといってもよい。

いっぽうで、わずかではあるが、広開土王碑の立碑位置や碑文の内容に関して中国の思想的習俗との比較によって検討がなされている。

たとえば、碑文第Ⅰ面の文末にみえる「於是立碑銘記勲績以示後世焉」の文から、広開土王碑が王の勲績碑すなわち中華世界では墓側に立てられた神道碑であるとみて、その位置が将軍塚の東南方にあり、これは中国の神道碑と同一であることから、広開土王陵を将軍塚に比定する根拠とするとともに、中国正史にみえる高句麗における五経などの流布による「漢文化」に対する積極的な受容という背景を重視する見方もある。[33]

その後、広開土王碑文の語句や文章については、たとえば「顧命」（第Ⅰ面第四行）は『書経』の篇名、「昊天不弔」（第Ⅰ面第五～六行）や「洒掃」（第Ⅳ面第五～六行）は『詩経』、「躬率」（第Ⅰ面第七行他）は『史記』『漢書』など、「不軌」（第Ⅲ面第三行）は『春秋左氏伝』などのように経書や史書を出典としており、その他にも『孟子』『三国志』などを典拠として撰文され、広開土王の勲功を称えるにふさわしい語句や文章を選んで、儒教の徳治主義的な政治思想を受容し、そのなかでもとくに孟子の湯武放伐論と王道論に立脚して広開土王を中国の聖君に比したことが指摘されている。[34]

他の視点として、広開土王碑文に記された守墓役体制の創出過程において王命を意味する「教」の語が繰り返し用いられ、そのことによって王の意思が法制化していくとする見方があり、このような叙述方法は後漢の桓帝の時に魯の乙瑛の請願を受けて、孔子廟を守らせる経緯を記し、この件に関与した人々の功績を称えた内容の公文書をそのままの形式で刻した後漢・永興元年（一五三）銘の乙瑛碑を参照すると、広開土王碑も同様に石刻文書の性格を備えており、漢代には必ずしも一般的でない略字や用字法も含めて漢代に源流をもつ漢字文化を受容したものと考えられている。[35]

この研究は後漢代の石刻銘文に広開土王碑文との類語や共通する内容があることに基づいて出典論的な方法によって広開土王碑文の用字と内容を吟味している点において、本章で用いた方法の先蹤となるものである。

このような用字法にとどまらず、碑文に勲績を刻すことは、後漢代以降の金石文では「勒勲」などの語で表されるように、特定の人物を碑文によって顕彰することを象徴する定型句であり、このような語が存在するほどに碑文による人物の称揚は儒教的行為としてひろく行われていた。次節では金石文や史書から、このような「勒勲」の内容をとりあげて、それが指し示す具体的な様態を示してみたい。

第四節　中国文献にみえる勲績顕示記事とその意味

碑を立てて、人物の勲績を刻し、あるいは頌徳を行うことは後漢代に盛行することに対しては『文心雕龍』誄碑に後漢以来より碑碣が起こったというとする記述があることに加え[36]、実際の石碑・石刻も後漢の紀年を有する資料が多く知られている[37]。このような後漢代の紀年をもつ石刻は九〇例あまりが数えられるといい、そのうちもっとも時期のさかのぼる例は建武二八年（五二）の三老諱字忌日記とされ、もっとも遅いものは建安二一年（二一六）の綏民校尉熊君碑とみられている[38]。また、墓碑としてほぼ全文が判明する例としては永建六年（一三一）銘国三老袁良碑が最古のものとみられており[39]、この後、西暦一六〇年前後から諱・字や祖先の系譜から始まる一定の書式をとるようになるとする見方が示されている[40]。

いっぽう『文心雕龍』誄碑には「また宗廟に碑あり。これを両楹に樹《た》つ。事は牲を麗《つな》ぐに止まり、未だ勲績を勒せず。しかるに庸器漸く欠く、故に後代には碑をもちう」とあり、祖先祭祀のための廟にある柱には祭祀用の犠牲を繋ぎとめるだけで、いまだ人の勲功業績を刻すことはなかったが、勲績を刻す青銅器が次第になくなってきたので、後世には碑を用いるようになったと述べている[41]。

同じく立碑と撰文については、「これをもって石に勒して勲を讃《ほ》むる者は銘の域に入り」とし、すなわち、石に刻して勲功を称讃すれば、その文は銘の域に入るとしている。また、賛にいわくとして「遠きを写し、虚を追い、碑誄以て立つ。徳を銘し、行を纂《あつ》め、文采允《まこと》に集まる」とあり、遠い過去を写し、故人を偲んで、碑と誄を立てるのであり、徳を銘して、行いを纂《あつ》め、文の彩りが集まると述べられている(42)。

『文心雕龍』は文学としての言及であるため、この言辞を検証するためには実際の史・資料の内容による検証が必要となろう。漢代以降の石刻による人物の検証に関しては、すでに石刻や史書をあげて、その展開様相を実証的に示した研究がある。それによると、表墓すなわち墓に刻文をしたり、図像化することによって人物を顕彰することは前漢代後半に創始され、いずれも後漢代に盛行し、行為主体も皇帝から地方長官まで広がり、それに伴い顕彰の対象も廷臣から在野の賢人や烈女などにも及んでいくと説かれている(43)。

このような業績に導かれつつ、以下では勲績を勒す、すなわち金石などに刻すための碑に関して、広開土王碑文の内容と関連する史書や石刻の記載をあげておこう。

さきにみた後漢代の墓碑は時期によって内容が変化していくが、とくに二世紀前半頃を中心として、墓主の功徳や勲績をほめたたえる頌徳の文章が盛行する。

たとえば永建六年（一三一）銘の国三老袁良碑には「民被沢艶畿義大本徳、曜其碣、□煌煌数万世」とあり、袁良から民が被った徳を称揚し、それを碑碣にして輝かせ、その煌々たることが永遠であることを記している。従事武梁碑には「垂示後嗣、万世不忘」とあり、碑の内容を子孫に垂示し、万世に忘れないと記す(44)。また、建和元年（一四七）の敦煌長史武斑碑には「伊君遺徳□孔之珍、故□石銘碑、以旌明徳焉」とあり、伊君の遺徳を石碑に刻して、明徳を旌《あらわ》すとある(45)。

碑石に人物の賢徳や勲績を記すことについては、建和二年（一四八）銘の石門頌摩崖に「嘉君明知、美其仁賢。勒石頌徳、以明厥勲」とあり、司隷校尉楊孟文の明知や仁賢のうるわしさを石に勒して頌徳し、その勲績を明らかにすると記されていることに明らかである。(46)

同じく頌徳や勲績の称揚の経緯が知られるのが楊震の墓碑である。『後漢書』楊震伝によると彼は高潔、清廉で知られたが、樊豊・周広らの讒言にあい、延光三年（一二四）に毒を仰いで自死する。後に順帝が即位すると、樊豊・周広らは誅殺となり、弟子である虞放・陳翼の働きで楊震の名誉は回復され、改葬を許されて、子にも官職が与えられた。改葬の直前、墓に大鳥が現れ、葬送の前にはうつむいて悲しげな声で鳴き、涙を流して、葬送が終わると飛び去ったという。(47)

その後、楊震の死から五〇年ほどして、孫である楊統の門人が墓碑を立てた。碑そのものは失われているが、その文章には「懿《うるわ》しきかな盛徳、満世に栄を垂る。勲を金石に勒《きざ》み、日月と炯《かがや》きを同じたらしめん」とあり、「勒勲金石」、すなわち死者の功績を金石に刻することによって日月と同じく永遠の輝きをもつというのである。同じ碑文には「（楊震の子孫が）先訓を奉遵し、易世替《すた》れず、天は嘉祚を鍾《あつ》めて、永世極まり罔《な》し」とあり、子孫が先訓すなわち祖先の教えを遵守することによって、世は代わらず、天は嘉祚つまり王業の福をあつめて永世に極まることがない、とある。ここでは子孫が祖先の教えを守ることで世の繁栄がもたらされることを説いている。この他にも後漢代の墓碑には、同様に墓主の徳を碑などに銘すだけでなく、このことによって、後世の祭祀が定まることなどが記されている。その端的な例としては孔子の第一九世であると記され、延熹六年（一六三）に没した孔宙の墓碑に「ここにおいて故吏・門人、すなわち共に名山に陟《のぼ》り、嘉石を采《と》り、銘を勒して後に示し、彝式あら俾《し》めん」とあり、名山の良い石で碑を作り、銘を刻んで後世に示して、祭祀の方式を存続させることを述べている。ここでは

「勒名示後」すなわち石碑に銘を刻んで後世に示すことが、祖先の祭祀の基本として認識されている。(48)

この種の立碑の意味するところについては、永寿三年（一五七）の孟孝琚碑に「身は滅するも名は存し、美称修飾して、勉めて素意を崇めんとす。…（中略）…恵みは後昆に流れ、四時祭祀し、煙火連延して万歳絶えず、後人に勖《はげみ》とならんことを」とあり、「身滅名存」すなわち死者の身体は滅んでも名は残り、名を称え崇めると、その恵みは後昆すなわち子孫に伝わり、四時祭祀して、その煙や火が連なり、永遠に絶えることがなく、後人の励みになるとしている。(49)ここでは死者の名を崇めて伝えることによって、子孫にその恩恵を垂れ、祭祀が続けられることは後人の励みになるとあり、死者の名の顕彰や宣揚は子孫に恵みをもたらすという因果関係が示されている。

死者である墓主に対する頌徳の時間的継起関係に関しては、建寧五年（一七二）銘の郙閣頌碑に「勒石示後。乃作頌曰」とあり、(50)碑石に人物の頌徳を刻すことによって後世に示すことこそが目的であることがわかる。中平三年（一八六）銘の張遷碑にも「於是刊石豎表、銘勒万載」とあり、碑文の内容を石に刻して立て表し、万載すなわち永久に銘し勒すことが謳われている。(51)このような「勒石示後」「銘勒万載」は次節でふれるように広開土王碑文にみえる「勲績以示後世焉」と同義であり、類型的な語句であることに注意したい。

ここでみたように死者の徳を顕彰する墓碑は後漢以降に盛行するが、史書などにも同様の内容を表す語や内容がみえている。たとえば、死者の勲功を刻む「勒勲」の語の例を瞥見すると、『後漢書』には安帝の鄧皇后に関して以下のような記事がある。元初五年（一一八）、平望侯の劉毅が鄧太后に徳政が多いことから、すみやかに言行録を作成すべきであると考え、安帝に上奏した言辞のなかで、どうか史官に『長楽宮注』および『聖徳頌』を編纂させ、これによって輝ける功績を宣揚し、勲功を金石に刻み、これを日月のごとく掲げて、はてしなく広め、それにより陛下の烝烝の孝を崇《たか》められるべし、と述べている。(52)ここでは鄧太后の勲績を宣揚する方法として金石に刻することが象徴的にあげられている。

おなじく『後漢書』班梁伝では論に言うとして、夷狄の地で功名を求めた人物を評して、祭肜と耿秉は匈奴を征伐する権謀の端緒を開き、班超と梁慬は西域を支配する計略を展開し、ついに功をたて名をあげ、爵位を受け、功績を祖廟にのべて、後世に勲績を刻した、とある。(53)ここでは「勒勲于後」として表現されているが、やはり後世に勲を刻すことが重視されている。

このように勲績を銘する素材のなかでも、とくに石碑は、厚葬の風習の一つとして曹操がこれを禁じたとされるが、(54)史料としては、その後も現れ、東晋以降の立碑に関しては、裴松之の立碑に対する献策が参考になる。それによると世間では私に碑を立てて一族を顕彰しているが、碑文には事実と乖離したことが記されていることに対する献策のなかに「諸々の碑を立てんと欲する者は、宜しくことごとく言上せむべし。朝議をなし、許すところあらば、然りて後にこれを聴《ゆる》すべし」とあるのに象徴されるように、(55)吏民がほしいままに立碑するのではなく、碑文の内容が真実だと認められたら、これを許すことにする、と述べている。このように、少なくとも広開土王碑と同時代の東晋頃においては朝廷が立碑を統御することが求められるほどに立碑が行われていたことがわかる。(56)

曹操と同時代において勲績を金石に刻す意味を示した史料として、『三国志』蜀書・許靖伝には、孫策が長江を渡って東進して来た際に許靖らは難を避け交州へ逃れたが、その際に曹操に出した書信の全文があげられており、これが曹操が交州に派遣した使者の張翔が許靖を強引に招聘しようとしたためかえって忌避され、腹いせに許靖の出した書信をすべて捨てたため、結局届けられることはなかったとし、その末尾には周の啓邸の事績を引いて、人臣の採用に関して論じたなかで、天子が選んだ人物が社稷を安んじ、下民を救済したあかつきには、管弦にあわせて音楽がかなでられ、その勲功が金石に勒されるであろうと述べ、そのために願わくは努めて、国のために自重し

て、民のために自愛することを説いている。(57)

南北朝期の記述として『宋書』武三王伝・江夏文献王義恭条にみえる太宗明帝の詔として、皇室の基礎は崇め定めて、『易経』の屯の卦と剝の卦すなわち困厄衰敗が維《こ》れ難く、ために啓を弘き載を熙《ひろ》め、績《いさお》を底《とど》めるのに真心をこめ、もとより世祀を饗するにより、宗彝に勲を勒せよ、とある。(58) このように皇室の顕彰とその永続のためには、世々祭祀を行い、勲績を宗族の彝器に刻することが求められていた。また、『梁書』柳慶遠伝には陳吏部尚書姚察の言として、以下のようにみえる。王茂、曹景宗、柳慶遠はまさに世に一家をなしたが、奇特な節操があることを顕わさない。梁が興り、その日月の余輝にあることを知り、西周の宣王を助けた中興の賢臣たる方叔と邵虎の事績を跡づけ、鍾鼎にその勲功を刻したのは、偉いことであると賛嘆している。(59)

これらの事例が示すように後漢から南北朝にかけて、勲績を金石に勒すという語が散見し、いわば定型句のように用いられていることから、碑や青銅器に勲績を刻すことによって死者たる墓主の生前の事績や現実社会の人物の功績を顕彰することが行われたことがわかる。

第五節　立碑における勲績顕示の文化史的意義

碑を立てて勲績を勒することは、後漢代に盛行し、それ以降にも行われたのであり、このような顕彰行為が中国で創始され、思想的系譜もまたここに存することは明らかである。

このことを認識したうえで広開土王碑文の勲績記事について検討してみたい。まず、勲績記事そのものは冒頭にもふれたように「以甲寅年九月廿九日乙酉遷就山陵於是立碑銘記勳績以示後世焉」とあって、その内容は山陵すなわち広開土王の陵墓を造り、そこに碑を立てて勲績を銘記したことを述べており、そのなかでも「於是立碑銘記勲績以示後世焉」はまさに後漢代の墓碑などにみえる死者のために金石に美称で修飾して刻する行為であることは明らかである。そして、このことはとりもなおさず広開土王碑の立碑行為そのものが後漢代以来の中国の思想に基づいて行われていることを示している。

そして、広開土王碑文には勲績の銘記とともに王陵の守墓に関する文章が記されている。すなわち、「自上祖先王以来墓上不安石碑致使守墓人烟戸差錯唯国罡上広開土境好太王盡為祖先王墓上立碑銘其烟戸不令差錯」の箇所であり、すなわち、広開土王以前の「上祖・先王」の陵墓には、「墓の上」に石碑がなかったために、守墓人の烟戸が差錯するにいたったが、広開土王のみが祖先王の墓の上《ほとり》に碑を立てその烟戸を銘して差錯せしめず、と解される。すなわち広開土王陵をはじめとして、「国罡上」の地に所在するすべての「祖王・先王」の陵墓の「守墓人烟戸」の「差錯」を防ぎ、これによってそれらの陵墓の永劫の安寧を祈念し、さらにはこれを実行するために後世に伝え示す機能をもたせるべく、「国罡上」に立碑したのが広開土王碑であって、それは相対的位置観念としては、すべての国内王系の王陵の「ほとり」に立碑したものであったのである。このような意味をもつ広開土王碑の立碑の背景には上述の武田氏の指摘のように、高句麗の領域的拡大、確立があるとみられ、これと深く関わって、支配領域から「守墓人烟戸」を徴発することを力点とし、それによって広開土王陵に象徴される歴代王陵の未来永劫の守墓による保全が高句麗国家体制維持の可視的表徴であった。

以上のような効力をもつ勲績記事の根幹として、立碑による墓主たる広開土王の事績の顕彰や勲績の称揚そのこと自体が中国の思想的系譜に基づいていることを指摘し、そのことが高句麗王陵の保全として制度的に示されることが可視的な高句麗王系の継続性の表徴であり、ひいては高句麗の政治・社会体制維持を具現化するものである。(60)

いっぽう立碑による顕彰・頌徳の目的については、かつて別稿で論じたことがあるが[61]、煩をいとわず、本章の結論に関連する部分のみを摘要する。まず、後漢代に盛行した石祠堂の題記には、その祠堂の建立の目的を記すものがあり、その典型としては「爰示後世、台台勿忘」（王孝淵墓碑）という文章があげられる[62]。これは墓碑の内容について、爰《ここ》に後世に示し、代々（台台）忘れることなかれ、とあり、その永劫の伝示を銘記し、これが示す内容とその対象は「唯観者諸君、願勿販傷」（薌他君石祠堂題記）という文章によって端的に示されている[63]。すなわち、この文は、ここに来た者はただ見るだけで、塋域の構築物を販《ひさ》ぎ、あるいは損壊しないように、という意味であり、この題記のある墓に対する外来者からの保全と保護を記している。このような内容を示す題記の類例は多いが、その他には永寿三年（一五七）の紀年のある石祠堂の題記にみえる「家子来入堂宅、但観耳、無得刻画、……唯省此書、無忽矣」（山東・嘉祥宋山三号墓題記）という文章があげられる[64]。これにもやはり、ここに来った人はただ石祠堂を見るだけで、落書をしてはいけないとあり、ここに来観する人士はこのことを忽《ゆるがせ》にすることなかれ、と説いている。

これらの告示は石祠堂およびそれの建っている墓を訪れる人々、すなわちこれを見る者に対して銘じて示す内容であって、明らかに来観者の存在を前提としている。その背景には漢代において、墓やそれに接して建てられた石祠堂などを来訪する習慣があったことに由来する。

このことを踏まえて、同様の表現として広開土王碑文にみえる「唯国岡上広開土境好太王盡為祖先王墓上立碑銘其烟戸不令差錯」の部分、すなわち、「祖王・先王すべての王墓ごとに、はじめて立碑・銘戸（烟戸を銘すること）を実施したのは広開土王自身であって、それ以前は石碑を安置しなかった」の内容を考察するならば、広開土王以前の祖王・先王の陵墓には、「墓の上」に石碑がなかったために、守墓人の烟戸が差錯するにいたった、と解されることと広開土王陵のみで碑が発見されている事実に関しては、広開土王碑がただたんに広開土王陵のみに対して立てられたものではなく、広開土王陵の造られた集安平野を指す「碑文」中の文字である「国岡上」にある広開土王陵およびこれに先立つ陵墓に対する「守護」「洒掃」すべきことを記した碑であると解される。[65] そのため広開土王碑が保全の効力を期待したのは広開土王およびその祖先の陵墓であり、碑文の主要な内容たる守墓の部分は、ここに来る人々に向かって、これらを保全することが一義的な目的であり、そのことによって、思想的には立碑者である長寿王の孝を宣揚するための意図があったと考える。[66]

後漢代の立碑の意味としては、すでにふれたように立碑による亡親などの顕彰の背景には儒教倫理の浸透や文学の展開などの思想的基盤とした人物評論の盛行と、それに伴う自己表現および自己主張があったとされている。さらに、その背後には後漢代に行われた郷挙里選の選挙科目である察挙の一つとして、前漢代より行われていた孝を主体とした世評による官吏登用である孝廉選ないしは挙孝廉と呼ばれる官吏登用制度が展開した。[67] このように後漢が国家的に儒教を媒介に察挙を通じて在地社会と関係を結ぶ関係を儒教的察挙体制と称されるほどの状況となった。[68] それに起因して肉親のための墳墓造営は孝の美名を得る手段となったことが考えられる。その一環として亡親や祖先あるいは師の墓などに立碑する行為も位置づけられるであろう。[69]

広開土王陵に対する立碑は、祖先や亡親に対する孝の発露ではあっても、この点において、後漢代の立碑とは質的に異なるのであって、すでにふれたように広開土王碑にはかつて祖先王の陵墓には碑が立てられておらず、広開土王以前の祖王・先王の陵墓には、「墓の上」に石碑がなかったために、守墓人の烟戸が差錯するにいたったと解され、はじめてすべての王陵に立碑したのは広開土王であると広開土王碑文に銘記されているのであり、このことは、たんに祖先王に対する広開土王個人の孝にとどまらず、これを介して高句麗王陵の未来永劫の整備と保全を期したのである。そして、高句麗王陵の完整された姿こそは、とりもなおさず高句麗国の永劫の保全とそこに象徴される繁栄の継続性を可視的に顕揚する手段であった。ここにおいて、立碑者である個人の現実社会での立身や出世を目途とし、祖先に対する孝の称揚として可視化した後漢代の墓碑とは異なり、高句麗さらにはその王陵独自の意味が存したと考える。

結　語

本章では広開土王碑の内容のうち、主たる立碑目的を記したとされる守墓の内容について、出土論的検討を行い、守墓およびそれと有機的に結びついた勲績記事に関して検討することによって、広開土王碑の立碑背景について考察した。文末に際して、本章の内容を摘要し、結語にかえたい。

まず、広開土王碑文に用いられた語句や文章に関する学史的な整理を行い、出土論的検討によって思想的背景を考究するための有効性を示した。

次に広開土王碑文にみえる守墓に関係する語として「守墓」「洒掃」「富足」「制令」などをあげ、出典の検討から、これらの語が経書や史籍において、礼に関する用例が多いことを示し、祖先王の陵墓を永劫に保全するという広開土王碑の立碑目的が儒教的な出典による傾向があることを明らかにした。

続いて守墓と文脈上で関係する勲績記事について、これまでの研究による論点を整理し、広開土王が実現した支配領域としての解釈が主であって、勲績そのものの文化史的な意義は問われてこなかったことを確認するとともに石刻文書として中国史書や漢代碑文との相関的研究を示し、そのような方法の有効性を例証した。

これをもとに中国の石刻や史書にみえる事例によって、後漢代を中心として南北朝頃にいたるまで、墓主の生前の頌徳や勲績の顕彰を碑などに刻すことが盛行していた事実を示した。そして、このような後漢代を中心とした墓主に対する立碑による頌徳や顕彰は、その背景に儒教倫理の浸透などの思想的基盤とした人物評論の盛行とそれに伴う自己表現および自己主張が存することを述べた。その背後には後漢代に行われた郷挙里選の選挙科目である察挙の一つとして、前漢代より行われていた孝を主体とした世評による官吏登用である孝廉選ないしは挙孝廉と呼ばれる官吏登用制度が展開し、それに起因して肉親のための墳墓造営は孝の美名を得る手段となったのであり、その一環として、後漢代の石刻などに記された亡親や祖先あるいは師の墓などに対する立碑と墓の保全行為が位置づけられると考えた。

これに対して、広開土王陵に対する立碑は、祖先や亡親に対する孝の発露ではあっても、後漢代の立碑とは質的に異なるのであって、祖先王に対する広開土王個人の孝にとどまらず、これを介して高句麗王陵の未来永劫の整備と保全を期したのであって、高句麗王陵の完整された姿こそは、とりもなおさず高句麗国の永劫の保全とそこに象徴される繁栄の継続性を可視的に顕揚する手段であり、その次元において立碑者である個人の現実社会での立身や出世を祖先への孝の称揚として可視化した後漢代の墓碑とは異なる高句麗独自の立碑の意味があると論じた。

注

（1）今西龍「朝鮮の文化」（『朝鮮史の栞』近沢書店、一九三五年）。
（2）那珂通世『那珂通世遺書』（大日本図書、一九一五年）五〇〇～五〇一頁。
（3）水谷悌二郎『好太王碑考』（開明書院、一九七七年）九七～一〇〇頁。
（4）武田幸男『高句麗史と東アジア』（岩波書店、一九八九年）二四八～二四九頁。

(5) 松原孝俊「神話学から見た「広開土王碑文」」(『朝鮮学報』一四五、一九九二年)。
(6) 川崎晃「第二章　高句麗広開土王碑の基礎的考察」(『古代学論究——古代日本の漢字文化と仏教』慶応義塾大学出版、二〇一二年)。
(7) 『太平広記』巻第三三〇・鬼一五・僧韜光
…(前略)納之瓮中、以盆覆之。瓮中忽哀訴曰吾非韜光師、乃守墓人也。知師與韜光師善、故仮為之。
(8) 『明会典』巻一六二
洪武三年定功臣守墓人戸各以封爵官品之差等給之。
(9) 『大清会典則例』巻一四〇
一守墓。順治九年、題準蒙古親王守墓人十戸、郡王八戸(後略)…
(10) 『魏書』巻九九・列伝第八七・盧水胡沮渠蒙遜
其母死、以王太妃礼葬焉。又為蒙遜置守墓三十家。改授牧犍征西大将軍、王如故。
(11) 『北史』巻九三・列伝第八一・僭偽附庸・梁／蕭琮
上遣左僕射高熲安集之、曲赦江陵死罪、給復十年。梁二主各給守墓十戸、拝琮柱国、賜爵莒国公。
(12) 『摩訶僧祇律』巻第九(大正新脩大蔵経第二二巻三〇三頁下段～三〇四頁上段)
若無阿練若住処、応至塚間。若有守墓人応語言。我欲拾弊衣。若守墓人教取。取已示我當取示之。若取死女人衣時。女身未壊者、応往頭辺而取。若身已壊得随意取。若死男子衣亦随意取。若死人衣有宝者。応足蹋却宝持衣而去。若不覚有宝持衣還。乃知有宝者。応付浄人持作湯薬。若守墓者。語比丘言。聴汝取不好衣。好者勿取。是比丘到塚間。不見弊者多有好衣。即持還語守墓人言。正有是好衣耳。守墓人聴取便取。若言是好不聴汝取。比丘応還更求余者。
(13) 川崎晃「第二章　高句麗広開土王碑の基礎的考察」(前掲注6)。
(14) 『論語』子張第一九

子游曰子夏之門人小子、當洒掃応対進退、則可矣。抑末也。本之則無、如之何。子夏聞之曰、噫言游過矣。君子之道、孰先伝焉。孰後倦焉。譬諸草木、区以別矣。君子之道。焉可誣也。有始有卒者、其唯聖人乎。

(15)『後漢書』陳王列伝第五六・陳蕃
陳蕃字仲挙、汝南平輿人也。祖河東太守。蕃年十五、嘗閑処一室、而庭宇蕪穢。父友同郡薛勤来候之、謂蕃曰孺子何不洒埽以待賓客。蕃曰大丈夫処世、當埽除天下、安事一室乎。勤知其有清世志、甚奇之。

(16)『三国志』巻四四・蜀書一四・蔣琬費禕姜維伝第一四・蔣琬子斌
子斌嗣、為綏武将軍、漢城護軍。魏大将軍鍾会至漢城、與斌書曰巴蜀賢智文武之士多矣。至於足下、諸葛思遠、譬諸草木、吾気類也。桑梓之敬、古今所敦。西到、欲奉瞻尊大君公侯墓、當洒掃墳塋、奉祠致敬。願告其所在。斌答書曰知惟臭味意眷之隆、雅託通流、未拒来謂也。亡考昔遭疾疢、亡於涪県、卜云其吉、遂安厝之。知君西邁、乃欲屈駕脩敬墳墓。視予猶父、顔子之仁也。聞命感愴、以増情思。会得斌書報、嘉歎意義、及至涪、如其書云。

(17) Legittimo Elsa「『増壹阿含経』における舎利、舎利供養、仏塔」(『印度学仏教学研究』五七―三、二〇〇九年)。

(18)『大般涅槃経』巻第一九(南本)および二一(北本)(大正新脩大蔵経第一二巻七三四頁中段・第一二巻四九一頁中段)

…(前略)塗掃仏僧地。則生不動国。(後略)…

(19)『仏五百弟子自説本起経』輪提陀品(大正新脩大蔵経第四巻一九一頁上〜中段)
即取其掃帚。便掃彼寺舎。竟睹寺清浄。心中甚忻踊。令我無垢塵。如此寺舎浄。用是功徳故…(中略)…値得見正覚。導師而無上。已成阿羅漢。(後略)…

(20)『根本説一切有部毘奈耶』巻第三四(大正新脩大蔵経第二三巻八一五頁中〜下段)
作時者、若於窣睹波所有営作及衆僧事業。或時掃灑大如席許。或復塗拭如牛臥処。

(21) 杉本卓洲「仏塔の生成とその信仰の展開」(『仏教学セミナー』六三、一九九六年)、杉本卓洲『インド仏塔の研究――仏塔崇拝の生成と基盤』（平楽寺書店、一九八四年）、杉本卓洲『ブッダと仏塔の物語』（大法輪閣、二〇〇七年）。

(22) 黒須利夫「古代における功徳としての「清掃」――『日本霊異記』上巻第十三縁の一考察」（根本誠二、サムエルC・モース編『奈良仏教と在地社会』岩田書院、二〇〇四年）。

(23) 『潜夫論』愛日
　　礼儀生於富足、盗窃起於貧窮。

(24) 『三国志』巻一一・魏書一一・崔毛徐何邢司馬伝・司馬芝
　　夫王者以海内為家、故伝曰百姓不足、君誰與足。富足之田、在於不失天時而盡地力。

(25) 武田幸男「附録二『広開土王碑文』釈読」（『高句麗史と東アジア』〈前掲注4〉）。

(26) 『春秋左氏伝』昭公元年
　　引其封疆、而樹之官、挙之表旗、而著之制令、過則有刑、猶不可壱。

(27) 本書第三部第四章。

(28) 濱田耕策「高句麗広開土王陵碑文の研究――碑文の構造と史臣の筆法を中心として」（『朝鮮古代史料研究』吉川弘文館、二〇一三年）〔初出は一九七四年〕、武田幸男『高句麗史と東アジア』（前掲注4）一六四～一六五頁。関連した研究史の整理は下記論文を参照。武田幸男「その後の広開土王碑研究」（『年報朝鮮学』三、一九九三年）。

(29) 武田幸男『高句麗史と東アジア』（前掲注4）。

(30) 李成市「広開土王碑の立碑目的と高句麗の守墓役制」（『高句麗研究』二、一九九六年）。

(31) 那珂通世『那珂通世遺書』（前掲注2）。

(32) 武田幸男『高句麗史と東アジア』（前掲注4）二四八～二四九頁。

(33) 白承玉「広開土王陵碑の性格と将軍塚の主人公」（『韓国古代史研究』四一、二〇〇六年）〔ハングル文献〕。

(34) 川崎晃「第二章　高句麗広開土王碑の基礎的考察」(前掲注6)。
(35) 李成市「広開土王碑の立碑目的に関する試論」(『韓国古代史研究』五〇、二〇〇八年)〔ハングル文献〕。
(36) 『文心雕龍』誄碑第一二
　自後漢以来、碑碣云起。
(37) 永田英正編『漢代石刻集成』本文篇、図版・釈文篇(同朋舎出版、一九九四年)。
(38) 趙超『古代石刻』(文物出版社、二〇〇一年)〔中国語文献〕、李徳品「論東漢碑文的発展分期」(『遵義師範学院報』一一―三、二〇〇九年)〔中国語文献〕。
(39) 宋・洪适撰『隷釈』巻第六。
(40) 小池一郎「費鳳別碑と五言律の成立」(『同志社外国文学研究』三三・三四、一九八二年)。
(41) 『文心雕龍』誄碑第一二
　又宗廟有碑、樹之両楹、事止麗牲、未勒勛績。而庸器漸缺、故后代用碑。
(42) 『文心雕龍』誄碑第一二
　是以勒石讃勲、入銘之域、賛曰写遠追虚、碑誄以立。銘徳纂行、光采允集。
(43) 角谷常子「後漢時代における為政者による顕彰」(『奈良史学』二六、二〇〇八年)、角谷常子「中国古代における石刻流行の社会的背景」(『奈良大学総合研究所所報』一七、二〇〇九年)。
(44) 国三老袁良碑、従事武梁碑の典拠は、宋・洪适撰『隷釈』第六。
(45) 王昶『金石萃編』巻八・石刻史料新編(新文豊出版公司、一九七七年)。
(46) 松井如流解説『漢石門頌』(二玄社、一九六〇年)、上海書画出版社編『漢石門頌』(上海書画出版社、一九七九年)〔中国語文献〕、伏見冲敬『新訂　書の歴史』中国篇(二玄社、二〇一二年)など。
(47) 『後漢書』楊震列伝第四四
　歳余、順帝即位、樊豊、周広等誅死、震門生虞放、陳翼詣闕追訟震事。朝廷咸称其忠、乃下詔除二子為郎、贈銭百万、以礼改葬於華陰潼亭、遠近畢至。先葬十余日、有大鳥高丈余、集震喪前、俯仰悲鳴、涙下霑地、葬畢、乃飛去。

(48) 永田英正編『漢代石刻集成』本文篇「楊震碑」「孔宙碑」（同朋舎出版、一九九四年）。

(49) 陳孝寧「昭通漢《孟孝琚碑》訳釈――謹以此献給該碑出土九十周年――」（『昭通師専学報』一九九二年第二期）〔中国語文献〕、陳孝寧「昭通東漢《孟孝琚碑》浅探」（『民族芸術研究』一九九三年第五期）〔中国語文献〕。

(50) 伏見冲敬解説『漢郙閣頌』（二玄社、一九六一年）、秦公ほか編『西狭頌・郙閣頌』中国石刻大観精粋篇題跋集9（同朋舎出版、一九九二年）。

(51) 西林昭一解説ほか『張遷碑　後漢』（二玄社、一九九〇年）、米運昌・呉緒倫「《張遷碑》歴史与書法芸術価値浅析」（『山東師大学報』〈社会科学版〉一九九八年第二期）〔中国語文献〕。

(52) 『後漢書』巻一〇上・皇后紀第一〇上／和熹鄧皇后

宜令史官著長楽宮注、聖徳頌、以敷宣景燿、勒勲金石、県之日月、攄之罔極、以崇陛下烝烝之孝。

(53) 『後漢書』班梁列伝第三七／梁慬

論曰……祭肜・耿秉啓匈奴之権、班超・梁慬奮西域之略、卒能成功立名、享受爵位、薦功祖廟、勒勲于後、亦一時之志士也。

(54) 『宋書』巻一五・志第五／礼二

漢以後、天下送死奢靡、多作石室石獣碑銘等物。建安十年、魏武帝以天下雕弊、下令不得厚葬、又禁立碑。

(55) 『宋書』巻六四・列伝第二四・裴松之

松之以世立私碑、有乖事実、上表陳之曰…（中略）…以為諸欲立碑者、宜悉令言上、為朝議所許、然後聴之。

(56) 魏晋南朝の立碑の実態とそれに対する為政者の対応については、下記論考を参照。劉涛「魏晋南朝的禁碑与立碑」（『故宮博物院院刊』二〇〇一年第三期）〔中国語文献〕。

(57) 『三国志』蜀書・巻三八・許麋孫簡伊秦伝第八／許靖

苟非其人、雖親不授。以寧社稷、以済下民、事立功成、則繫音於管絃、勒勲於金石、願君勉之。為国自重、為民自愛。

(58)『宋書』巻六一・列伝第二一・武三王／江夏文献王義恭
泰始三年、又下詔曰皇基崇建、屯・剝維難、弘啓熙載、底績忠果、故従饗世祀、勒勲宗彝。

(59)『梁書』巻九・列伝第三・柳慶遠
陳吏部尚書姚察曰王茂・曹景宗・柳慶遠雖世為将家、然未顕奇節。梁興因日月末光、以成所志、配迹方・邵、勒勲鍾鼎、偉哉。

(60) 門田誠一「高句麗王陵域における広開土王碑の相対的位置──「墓上立碑」の再吟味を通して──」(『古代東アジア地域相の考古学的研究』学生社、二〇〇六年)〔初出は一九九八年〕。

(61) 本書第三部第四章。

(62) 謝雁翔「四川省郫県犀浦出土的東漢残碑」(『文物』一九七四年第四期)〔中国語文献〕。
なお、本章で以下に引用する石刻文は提示した部分の意味の理解を優先するために、本来の空画や改行は示さず、文の区切りを重視して、筆者による句読点のみを記した。

(63) 羅福頤「薌他君石祠堂題字解釈」(『故宮博物院院刊』総二期、一九六〇年)〔中国語文献〕。

(64) 済寧地区文物組・嘉祥県文管所「山東嘉祥宋山一九八〇年出土的漢画像石」(『文物』一九八二年第五期)〔中国語文献〕、李発林『山東漢画像石研究』(斉魯書社、一九八二年)〔中国語文献〕一〇一～一〇八頁、錫禄編著『嘉祥漢画像石』(山東美術出版社、一九九二年)〔中国語文献〕一二五頁。

(65) 門田誠一「高句麗王陵域における広開土王碑の相対的位置──「墓上文碑」の再吟味を通して──」(前掲注60)。

(66) 門田誠一「高句麗王陵の築造思想にみる儒教と仏教──追孝から追福へ──」(『仏教大学歴史学部論集』二、二〇一二年)、本書第三部第四章所収。

(67) 本章に関わる範囲において、孝廉選については下記論文を参照。鎌田重雄「漢代の孝廉について」(『秦漢政治制

度の研究』下、日本学術振興会、一九六二年）、福井重雅「漢代官吏登用制度の概観」（『漢代官吏登用制度の研究』創文社、一九八八年）、濱口重国「漢代の孝廉と廉吏」（『秦漢隋唐史の研究』下、東京大学出版会、一九九六年）、草野靖「漢代における帝政の発展と選挙制度」（『九州大学東洋史論集』三二、二〇〇四年）、鷲尾祐子「前漢の任官登用と社会秩序——孝廉と博士弟子——」（『中国古代史論叢』五、二〇〇八年）。

(68) 渡邉義浩『後漢国家の支配と儒教』（雄山閣、一九九五年）一三七～一四三頁。

(69) 加藤直子「ひらかれた漢墓——孝廉と「孝子」たちの戦略——」（『美術史研究』三五、一九九七年）、鄭岩「関于漢代喪葬画像観者問題的思考」（中国漢画学会・北京大学漢画研究所編『中国漢画研究』第二巻、広西師範大学出版社、二〇〇五年）〔中国語文献〕。

第四章　高句麗王陵の築造思想にみる儒教と仏教

――追孝から追福へ――

序　言

高句麗王陵の研究は被葬者たる王の比定が主要な検討課題であって、造営の背景にある信仰や思想について論じられることは稀であった。

いっぽう高句麗王陵に関する唯一の体系的な文字資料である広開土王碑文に関しては、そこにみえる国名やその比定、それらの政治的関係などに論究が集中し、碑文そのものに立碑目的として示されている王陵の守墓については、論じられることが少なかった。

本章では広開土王碑文にみえる守墓に関する語句について、漢代の石祠堂などに記された石刻文と比較して、守墓の目的と効力を期待した対象などの具体的内容を考察する。あわせて、碑文と経書の語句やその用法から、碑文の思想的系譜が儒教の孝にあることを論じる。さらに広開土王碑と守墓対象である王陵を結節している思想的背景を考察する。次に伝・東明王陵（真坡里一号墳）と定陵寺址の関係について、仏教信仰から検討し、王陵と寺を併置することの系譜についても言及する。これらを通じて、高句麗王陵の造営思想が儒教的な追孝から仏教的な追福に変化することを論じる。

第一節　高句麗王陵の造営思想に関する諸説

高句麗王陵の造墓の背景にある思想について、早い時点で言及したのは那珂通世である。那珂は広開土王碑の第Ⅳ面にみえる「自上祖先王以来墓上不安石碑致使守墓人烟戸差錯唯国岡上広開土境好太王盡為祖先王墓上立碑銘其烟戸不令差錯」の文意について、高句麗歴代の王陵には石碑はなかったが、広開土王代になって多くの石碑を立て、守墓人である烟戸を定めたのであって、これは『三国史記』高句麗本紀・故国壌王九年三月条にみえる仏教の求福に伴う国社の創設と宗廟の修築記事と関連し、この記事の主体は広開土王とする。そして、このような陵墓への対応は仏教の影響であって、『三国史記』高句麗本紀の夫余・太后廟の事例をあげて、仏教が移入するまでは陵墓の制度がきわめて簡素で素朴なものであったと推定している。(1)

宗教的な背景とは次元を異にして、中華世界の皇帝陵などの陵園との関係については、つとに池内宏によって論じられて以来、近年では西谷正氏によって総体的な施設としての高句麗王陵を意味する「高句麗王陵コンプレックス」が提唱され、(2)東潮氏も陵園としての意味づけを行っている。(3)

また、碑文の第Ⅰ面にみえる「於是立碑銘記勲績以示後世焉」の文から、広開土王碑が王の勲績碑すなわち中華世界では墓側に立てられた神道碑であるとみて、その位置が将軍塚の東南方にあり、これは中国の神道碑と同一であることから、広開土王陵を将軍塚に比定する根拠とするとともに、中国正史にみえる高句麗における五経などの流布による「漢文化」に対する積極的な受容という背景を重視する見方もある。(4)

このような広開土王碑文の属性については広開土王陵に対する守墓役を後世に伝示するための「石刻文書」とい

われる[5]。この見解は広開土王碑の立碑目的を喝破した卓見として学史に位置づけられる。ただし、「石刻文書」としての布令の対象に関する考究が残されている。これに対して、次節以降では広開土王碑が伝示し、布告すべき対象を検討し、布令の思想的意味について論ずる。

いっぽう、高句麗王陵の造墓および葬祭に関わる信仰が顕現するのが、伝・東明王陵と定陵寺址（ともに平壌市）である。定陵寺址は伝・東明王陵に伴う寺院とみられており、伝・東明王陵は神話上の存在である東明王の陵墓ではなく、実在の王の陵墓とみられるから、定陵寺址は王陵に伴う寺院であり、双方は高句麗王陵に対する仏教信仰の存在とその様相を具体的に示す遺構である。

伝・東明王陵については、これまで主として被葬者の比定の問題が検討されてきたが、広開土王碑の属性や立碑目的と対照して考究することによって、仏教信仰に基づく造墓の様相がより明確になると考える。そのため東アジアにおける陵墓と寺院との関係を北魏などの例も参照して系譜性にも言及し、高句麗王陵の造墓と葬祭思想の変化について論じてみたい。

第二節　広開土王碑文の儒教関係の語句――「立碑」に関する思想と目的

広開土王碑文について、とくに立碑の目的と意味に関して、研究史を瞥見したなかで、広開土王一代の勲績と守墓役を後世に伝示するという立碑目的があることが知られた。

広開土王碑文のなかで具体的にこれを示すのは「遷就山陵於是立碑銘記勲績以示後世焉」（第Ⅰ面）、「祖先王墓上立碑銘其烟戸不令差錯」（第Ⅳ面）という文章である。これらの文章は広開土王陵を造営し、碑を立てて勲績を銘記して後世に示し、また、祖先王の墓のほとりに碑を立てて、広開土王陵とともにそれらの守墓を行う烟戸の混乱がないようにする、という内容である。

ここにみえる意味をさらに深く検証するために比較すべきは漢代に盛行した石祠堂の題記である。石祠堂とは墓の傍らに造られた祭祀用の建物であり、このほかに墓碑や石闕などで墓域が構成されていた。このような石祠堂の題記には、広開土王碑の立碑目的を記した文章と類型的に近い内容の文章がしばしばみられる。その典型が「爰示後世、台台勿忘」（永建三年〈一二八〉王孝淵墓碑）という文章であり[6]、これは墓碑の内容について、爰《ここ》に後世に示し、代々（台台）忘れることなかれ、とあり、その永劫の伝示を銘記している。この種の題記が伝え示す内容とその対象は「唯観者諸君、願勿販傷」（永興二年〈一五四〉薌他君石祠堂題記）という文章によって端的に示されている[7]。すなわち、この文は、ここに来た者はただ見るだけで塋域の構築物を販《ひさ》ぎ、あるいは損壊しないように、という意味であり、この題記のある墓に対する外来者からの保全と保護を銘じている。

同様の内容を示す題記の類例は多いが、典型例としては永寿三年（一五七）の紀年のある石祠堂の題記にみえる「皆良家子、来入堂宅、但観耳、無得刻画、…（中略）…唯省此書、無忽矣」（山東・嘉祥宋山三号墓題記）という文章があげられる[8]。これにもやはり、ここに来った人はただ石祠堂を見るだけで、落書をしてはいけないとあり、ここに来観する人士はこのことを忽《ゆるがせ》にすることなかれ、と説いている。

これらの告示は石祠堂およびそれの建っている墓を訪れる人々、すなわちこれを見る者に対して銘じて示す内容であって、明らかに来観者の存在を前提としている。その背景には漢代において、墓やそれに接して建てられた石祠堂などを来訪する習慣があったことに由来する。

このような行為は、石祠堂などに残された落書によって知ることができる。その例としては、孝堂山石祠堂にみえる次のような刻文があげられる。

平原郡湿陰邵善君以永建四年四月二十四日来過此堂叩頭謝賢明(9)

この題記銘文の永建四年は後漢・順帝の治世で一二九年にあたり、この年の四月二四日に平原郡湿陰邵善君が孝堂山石祠堂に来て、ここで頭を垂れたことを記している。

また、別の題記には来観者を具体的に示した以下のような文章がある。

泰山高令明永康元年十月廿一日敬来親記之(10)

これは後漢・桓帝の永康元年すなわち一六七年の一〇月二一日に泰山（山東省泰安市）の高令明がここに来観して記したという内容である。これらの刻文の平原（現在の山東省徳州市陵県）、泰山ともに孝堂山石祠堂からほど遠からぬ場所であって、これらは来観者の出身地を示す具体的な事例である。

いっぽう、画像石の題記には「孝子武始公、弟綏宗、景興、開明」（武氏祠石闕銘(11)）、「孝子仲章、季章、季立、孝孫子僑」（元嘉元年〈一五一〉武梁碑(12)）、「孝子張文思哭父而礼」（山東・肥城欒鎮村、建初八年〈八三〉画像石題記(13)）などの文が刻されていることがあり、親の死を悼み悲しんで、造墓する「孝子」の存在が銘記されている。この他には「兄弟暴露在冢、不辟晨夏、負土成墓、列種松柏、起立石祠堂」（薌他君石祠堂題記(14)）、「悲哀思慕、不離冢側、墓廬□庵、負土成墳、徐養淩柏」（山東・嘉祥宋山三号墓題記(15)）などの語がみられ、これは遺族が自ら土を負って墳丘を築き、松柏を植えて墓を造ったという内容である。とくに「負土成墳」とそれに類する語は父母のために土を負って墳を成したという行為であって、亡父母への孝として一種の定型的な語となっており、魏晋南北朝期を中心として、後漢から隋・唐にかけて史籍に散見される。その端的な例として後漢の祭遵の話をあげよう。祭遵は光武帝に付き従ってその覇業を助けた二八人の功臣であるいわゆる「雲台二十八将」の一人と数えられる人物である。

彼は若くして経書を好み、家は富裕といえども慎ましく粗末な衣服を着ていたが、母を亡くした時は土を担いで塚を作った[16]。また、竹林の七賢の一人として名高い山濤の逸話として、亡母のために「負土成墳」し、かつ手ずから松柏を植えたとされている[17]。ほかにも東晋の范宣や劉宋の郭世道をはじめとした名高い孝子が亡父母のために「負土成墳」「負土築墳」「負土築塋」をなしたという記載が多く認められる。

この種の祠堂題記は造墓に際する子や遺族の孝を記したものであり、これらを刻した理由は儒教的倫理によって評価を行う官吏登用制度の存在があったと考えられる。すなわち、孝や廉といった儒教の徳目を基準とした官吏任用制度である孝廉選であって、これは前漢から行われていたが、後漢に入って制度および運用において展開をみるとされる[18]。また名目上は孝廉選とはいえ、実際の評価にあたっては孝に重きが置かれていたことが指摘されている[19]。このような制度の展開とともに子たる造墓者たちは親の死去に伴う造墓への傾倒を現世に向かって宣揚するようになる。

その一方で、石祠堂への来観者の目的は、題記や石祠堂・石闕・墓碑などの結構に表れた造墓者たちの孝に接することも含まれていたと考えられる。それは邵善君の記した刻文に「叩頭して賢明を謝す」と端的に記されていることからも容易に推測される。

これらを総じていうと、石祠堂への後世の来観者たちは墓の結構や石祠堂などの施設に接するだけでなく、題記などにみえる造墓者たちの孝の顕現に接するためであったことがわかる[20]。そして石祠堂にみえる「爰示後世、台台勿忘」「唯観者諸君、願勿販傷」「唯省此書、無忽矣」などの石祠堂の保全に関わる告辞は、このような来観者をはじめとした墓を訪れる後世に生きた人々に向けたものと考えられる。

このような漢代の石祠堂の題記の内容は広開土王碑の「銘記」「以示後世焉」の語の内容と布告の対象を考察す

るに際して参考となる。前節の研究史でふれたように、広開土王碑に記された守墓役を後々まで伝え示すための「石刻文書」としての媒体であるという属性を表すとされてきた[21]。この場合、あくまでも広開土王碑の内容を後世に伝え示すという機能的な属性に着目して論じられたものである。

しかしながら、たんに碑文の内容を後世に伝え示すという機能的な属性だけにとどまらず、一定の対象を想定していたことが、後漢の石祠堂の題記から想定される。すなわち、ここまでみてきた石祠堂における題記などが守り伝える対象は、物理的な存在としての祠堂すなわち先祖の墓そのものであることはいうまでもないが、その根幹にある思想的な意味は、それらの刻文の対象となった祠堂を造った人々の営為すなわち子孫による被葬者への孝の発露にあり、いきつくところとしては造墓と葬祭を担った子孫の孝を宣揚する目的であった。

このような漢代祠堂の題記に表れた孝思想との比較対照によって、広開土王碑文にみえる後世に伝え示す内容が孝およびその母体となる儒教思想に基づいて撰文されたことが想定される。

これを傍証するものとして、広開土王碑文の語句に関する中国古典や正史との出典論的方法による典拠の検討結果があり、その端的な例は広開土王碑文の「国岡上広開土境平安好太王」（第Ⅰ面）や慶州・壺杅塚出土の青銅壺杅銘文の「国岡上広開土地好太王」にみえる「広開土境」「広開土地」について『三国志』にみえる「保全土境」「広開水田」「広土開境」などの例をあげて広開土王碑文に先行する中国文献に留意すべきことが指摘されている[22]。

その後も広開土王碑文の語句や文章について、たとえば「顧命」（第Ⅰ面第四行）は『書経』の篇名、「昊天不弔」（第Ⅰ面第五～六行）や「不弔昊天」「洒掃」（第Ⅳ面第五～六行）は『詩経』、「躬率」（第Ⅰ面第七行他）は『史記』『漢書』など、「不軌」（第Ⅲ面第三行）は『左伝』などのように経書や史書を出典としており、その他にも『孟子』『三国志』などを典拠として撰文され、広開土王の勲功を称えるにふさわしい語句や文章を選んで、儒教の徳治主義的な政治思想を受容し、そのなかでもとくに孟子の湯武放伐論と王道論に立脚して広開土王を中国の聖君に比したことが指摘されている。[23] あわせて、たとえば広開土王碑文に示されるように軍事的君主である「王」の特性・道義性が強調され、宣揚される場合には「太王」として姿を表すとされるように、[24] 広開土王碑文の一般的な語である「王」や「太王」に関しても、用いられる状況によって属性が変化することを認識する必要がある。

これらの研究の驥尾に付して、筆者も広開土王碑文にみえる守墓に関係する語として「守墓」「洒掃」「富足」「制令」などをあげ、これらの出典の検討から、これらの語が経書や史籍において、礼に関する用例が多いことを示し、祖先王の陵墓を永劫に保全するという広開土王碑の立碑目的が儒教的思想によってたつことを明らかにした。[25] このように広開土王碑文は出典論や典故からは儒教および孝に関わる語句が用いられている。

他の視点として、広開土王碑文に記された守墓役体制の創出過程において王命を意味する「教」の語が繰り返し用いられ、そのことによって王の意思が法制化していくとする見方があり、このような叙述方法は後漢代の公文書をそのまま刻した永興元年（一五三）銘の乙瑛碑を参照すると、広開土王碑も同様に石刻文書の性格を備えており、漢代には必ずしも一般的でない略字や用字法も含めて漢代に源流をもつ漢字文化を受容していると考えられている。[26]

以上のような広開土王碑文の出典論的な意味や典故を含めた漢字文化と関連して、参照されるのは「祖王先王但教取遠近旧民守墓洒掃」（第Ⅳ面）の文章であり、これは碑文の文脈としては広開土王が生前に「教して言った」内容であり、「祖王と先王が教して遠近の旧民を取らせて、守墓洒掃させた」という意味であって、祖先王による旧民の掠虜とそれによる陵墓の守墓と洒掃の史的由来を述べた部分である。この文章のなかで、とくに主体者である祖王先王との関連で重要な字句は主体者である「祖王先王」とそれを「教」して行わせたという箇所である。広開土王碑文の「教」字を含む語については、従前、いわゆる辛卯年条記事を中心にして前置文を構成し、それには

「王躬率」型と「教遣」型があり、軍事行動の類型としては前者が王の直接行動によるのに対し、後者は王の間接的な行動と認識されている。[27] そして、「教遣」の語に用いられた「教」については、これを使役の語とみて、「遣わしむ」と読むとする場合もあるが、より適切には「教して遣わしむ」であるとされる。「教」字そのものについては、教は諭令の意味であり、令と同義であり、より具体的には教は教令であり、外藩国の王の命令を教というのは中華の皇帝が詔勅と称するのと同じであると理解されている。[28] おなじく、「教」は高句麗王の言葉であり、命令の表現であり、広開土王碑をはじめ中原高句麗碑などの高句麗の金石文に多出する語であるとされている。[29] このような研究から「教」は広開土王碑文に頻出するいわば一般的な語ではあるが、使用される文脈によって「教」「教遣」などのように異なる用法があるとみられており、これに従うならば個々の出典や典故も文脈や用例によって多様であることが推定される。

ただし、広開土王碑文における「教」の一般的な意味や文脈上の用例とは別の次元で、各々の箇所における「教」を含む語の典故があることは、さきにふれた『孟子』『三国志』などを中心とした漢籍を典拠とした語の存在から想定されるが、この箇所に関しての出典論的検討は行われてこなかった。それには辛卯年条および紀年記事以外の「教」字については関心がもたれなかったという前提がある。出典論ならびに思想的背景を検討するにあたって、参照すべきは「祖王先王但教取遠近旧民守墓洒掃」という部分で、これは広開土王が存命の時に「教」して「言」った言葉として碑文にみえる。ここでは広開土王の「教」と「祖王先王」の「教」とがみえ、内容的には祖先王による遠近の旧民の略取による守墓洒掃の由来について、広開土王が「教」して「言」ったことを述べている。「教取」は祖先王が旧民を「取らしめ」て守墓洒掃させた、という意味であり、この文脈では広開土王の「教遣」とともにさきにふれた諭令であるとみてよかろう。

いっぽう、この部分を以上のような高句麗の軍事や政治の実態的な検討としてではなく、言辞の選択という観点において、出典や典故から検討する場合、「教」には、このような広開土王碑文の内容に即した検討とは異なり、「王」たる広開土王と「先王」の「教」という字句の構成が注目される。先王そのものは先代の王もしくは往昔の聖王という意味の一般的な語であり、経書などに頻出するが、「教」との組み合わせを出典論的にみるならば、「先王」が「教」するという文脈は儒教の経書にみえることが特徴である。すなわち『孝経』三才章に「先王は教の以て民を化す可きをみる。是の故に之（筆者注・民）を先《みちび》くに博愛をもってして、民其の親を遺《わす》るるなし」とあり、先王すなわち往古の聖君主が教化して民を導いたことを述べている(30)。また、開宗明義章では「仲尼居し、曾子侍す。子曰く、先王、至徳要道あって、もって天下を順にす。民用て和睦し、上下怨みなし。汝これを知るか、と。曾子席を避けて曰く、参不敏なり。なんぞもってこれを知るに足らん。子曰く、それ孝は徳の本なり。教のよって生ずるところなり」とあり、曾子の問いに対して、孔子が孝とは徳の本であり、教えによって育まれるものであると説いている(31)。ここでは先王の理想的な徳治をもって、民を教することが説かれており、先王と孝とが教の語を介した文脈を構成している。

この他にも『孝経』には先王の語が散見される。その典型としては卿大夫章の「先王の法服にあらざれば敢て服せず。先王の法言にあらざれば敢て道《い》わず。先王の徳行にあらざれば敢て行わず。この故に法にあらざれば言わず、道にあらざれば行わず」という文章があげられる。ここでは先王すなわち往古の聖王が行う衣服が礼制に則ったものであり、これを用いるべきことを説き、また、その礼にかなった言葉でなければ用いず、その徳に基づく行いでなければ行わない。すなわち、礼法にかなわなければ、いっさい何も言わず、道徳にかなっていなければ、何も行ってはならないことを述べている(32)。

また、孝治章では「子曰く、昔者、明王の孝をもって天下を治むるや、あえて小国の臣を遺《わす》れず。しかるをいわんや公侯伯子男においてをや。ゆえに万国の懽心を得て、もってその先王に事《つか》う」とある(33)。ここでは先王が孝をもって天下を治めるのは爵位あるものはもとより、小国の臣下に対しても礼を忘れず、そのために万国の嘉するを得て先王に事《つか》えたと説かれている。

史料の上で「先王」の「教」そのものについての説明として、『漢書』礼楽志に音楽は聖人の楽しむものであり、しかもこれによって民心を善導することができるのであり、人を感動させることが深く、それが風俗を移しかえることを容易にするがゆえに先王はその教えを明らかにしたとみえる(34)。

同じく史料の上で「先王」が「教」する、ないしは「教」との関係がみえるのは、たとえば『漢書』礼楽志の以下のような記載をあげることができる。すなわち、漢の武帝が儒教によって制度を整え、政治を行おうとしたが、竇夫人が黄老の言を好み、儒教を尊ばなかったためとり行われなかったことに際して、董仲舒が武帝の策問に対して答えた言には次のような部分がある。それは先王の徳教を廃し、ただ法を執る吏を用いて民を治めさせながら、徳化の四海に被るを望むのは成就しがたいのであり、それゆえにいにしえの王者は教化をもって大務としないものはなく、大学を立てることによって国に教え、庠序（郷学）を設けることによって邑を化し、教化がすでに明らかになり、習俗ができあがれば、天下にかつて一人の獄囚もいたためしがない、という内容である(35)。これは王者の徳化の根幹を説いているのであって、ここにおいて董仲舒は先王が徳化の先例であり、理想として示されており、さらに王者にとって教化は大なる務めであり、そのために大学（太学）を立てて国を教化する、と述べている。ここでは当然ながら先王は教して徳化することを実行する者であって、儒教的な礼制における主体者の理想とする姿として示されている。このような意味合いから、文献には先王が儒教的礼学の体現者として表れる。

「教」の語に関しては広開土王碑のみならず新羅碑文にもみえ、新羅の用例が高句麗の影響であるとみても、国または地域を越えて使用されており、一定の一般化が想定される。このような「教」の語はすでにふれた見解の他にも諸説が示されているが、本章で検討している「先王」の「教」という文脈の意味と典故という検討に限定した範囲においては、まず、「教」が文書の形式かたんなる言説かが関心の中心となる。なぜならば、ここで問題にしている典故との関係では「教」が一定の形式を踏んだ実体的な王命を伝える文書であるか否かが中国古典との典故関係を判断するための材料となるからである。この点を検討するためには漢代から唐代にかけての文書形式としての教の先学の研究を参照するに如《し》くはない。この問題に関しては中村裕一氏が唐代の「教」を検討するために漢代から隋代までの教に関説している。それによると教という文書は南朝梁・劉勰の『文心雕龍』や南朝・梁の任昉撰『文章縁起』などに記述があり、それらは漢代にはみられ、唐代の教はその系譜にあり、変容過程を示すのが南北朝の教であるとする。北朝の教はほぼ残存せず、南朝の教は唐・欧陽詢の撰になる『芸文類聚』に引用され、また唐の『文館詞林』には三七篇が所収されている。それらの検討から南朝以前の教は諸侯や郡太守が管内に対して発する命令であり、南朝の教は発信先を示す「綱紀」などの特定の語で始まることから、特定の形式を備えた命令書であるとされている[36]。

　このような南朝の教を参照すると、広開土王碑の「教」が特定の形式を備えた文書であったかは、実物ないしは逸文が残存しないことから不詳とするほかはないが、少なくとも制度的な文書であるとするならば、教は現実の命令を下す行政的機能をもつ。一方で内容的にみても『孝経』などの経書の用例は命令書としての用法とは考えにくい。これらの点から広開土王碑にみえる「先王」の「教」に関しては、前述の広開土王碑の成文に中国古典が典故となったことを勘案しつつ、碑文の当該部分の文脈と行文から、実際の命令書の様式とは別の次元において、典故として『孝経』の記述を参照したものと推定した。

「教」の語は広開土王碑文のみならず、高句麗の金石文には頻出する語であるが、祖王・先王との組み合わせと墓に対する立碑による墓の保全という内容に則して、語句の出典を参照すると、広開土王一代の守墓役を伝え示すという立碑の目的が期待される広開土王碑において、とくに碑文の守墓や墓の洒掃などの保全に関わる部分に関しては、漢代の石祠堂と同じく墓と付属施設を含む塋域に対する儒教的な思想に基づいてその保全を期待して撰文されたと考えられる。

より具体的には、広開土王碑文が守墓の対象とする「唯国岡上広開土境好太王盡為祖先王墓上立碑銘其烟戸不令差錯」（第Ⅳ面八行一四～四一字）の部分は「祖王・先王すべての王墓ごとに、はじめて立碑・銘戸（烟戸を銘すること）を実施したのは広開土王自身であって、それ以前は石碑を安置しなかった」と記され、広開土王以前の祖王・先王の陵墓には、「墓の上」に石碑がなかったために、守墓人の烟戸が差錯するにいたった、と解される。このことと広開土王陵のみで碑が発見されている事実を勘案すると、広開土王碑がただたんに広開土王陵のみに対して立てられたものではなく、広開土王陵の造られた集安平野を指す「碑文」中の文字である「国岡上」にある広開土王陵およびこれに先立つ陵墓に対する「守護」「洒掃」すべきことを記した碑であると解される。[37]そのため広開土王碑が保全の効力を期待したのは広開土王およびその祖先の陵墓であり、碑文の主要な内容たる守墓の部分は、ここに来る人々に向かって、これらを保全することが一義的な目的であり、さらに、そのことによって、立碑者である長寿王の孝を宣揚するための意図があったと考えられる。

すでにみたように広開土王碑文の「祖王先王」が「教」して守墓・洒掃させたという内容は、上述のような儒教的な文脈における「先王」と「教」との関係を文辞の典拠としていることが想定される。以上のように来観者に対する守墓の宣揚と儒教的な文脈における「先王」と「教」との関係によって、広開土王陵の造営思想が儒教的な孝、すなわち亡親に対する追孝に基づいたものであることを推定した。

第三節　高句麗王陵と追福

広開土王碑の立碑基盤となった孝思想に対して、伝・東明王陵は近傍に定陵寺址が存在し、造墓行為に仏教思想が関与したことが容易に想定される。

まず、伝・東明王陵と定陵寺址との考古学的事実関係を概述しておきたい（**図1**参照）。伝・東明王陵は平壌市街の東郊に位置する真坡里古墳群のなかの一基である。古墳の規模は一辺約三二メートル、高さ約八・二メートルであり、埋葬施設は横穴式石室で、蓮華文などの壁画があることが知られている。築造時期については、北朝鮮の報告書では五世紀末頃とされているが、石室の型式からは伝・東明王陵古墳の年代を五世紀中葉から六世紀初めにかけての時期が推定された[38]。その後、高句麗古墳壁画における蓮華文の変遷を加味して築造時期を五世紀末頃に限定し、被葬者が四九一年に死んだ長寿王であることが強調されている[39]。

伝・東明王陵の南側約一五〇メートルでは寺院址が発掘されており、出土した銘文のある土器と瓦から「定陵寺」という寺名であったと推定されている[40]。定陵寺址の伽藍配置は一塔三金堂式とされるが、すべての金堂が同時期に存在したかについては疑義を呈する見方もある[41]。寺址の遺構は全体が東西約二〇〇メートル、南北一三〇メートルに及び、南門の北側では塔址とみられる八角形の建物址の東・西・北に金堂跡が配されており、いわゆる一塔三金堂の形式をとる伽藍であることが知られている。

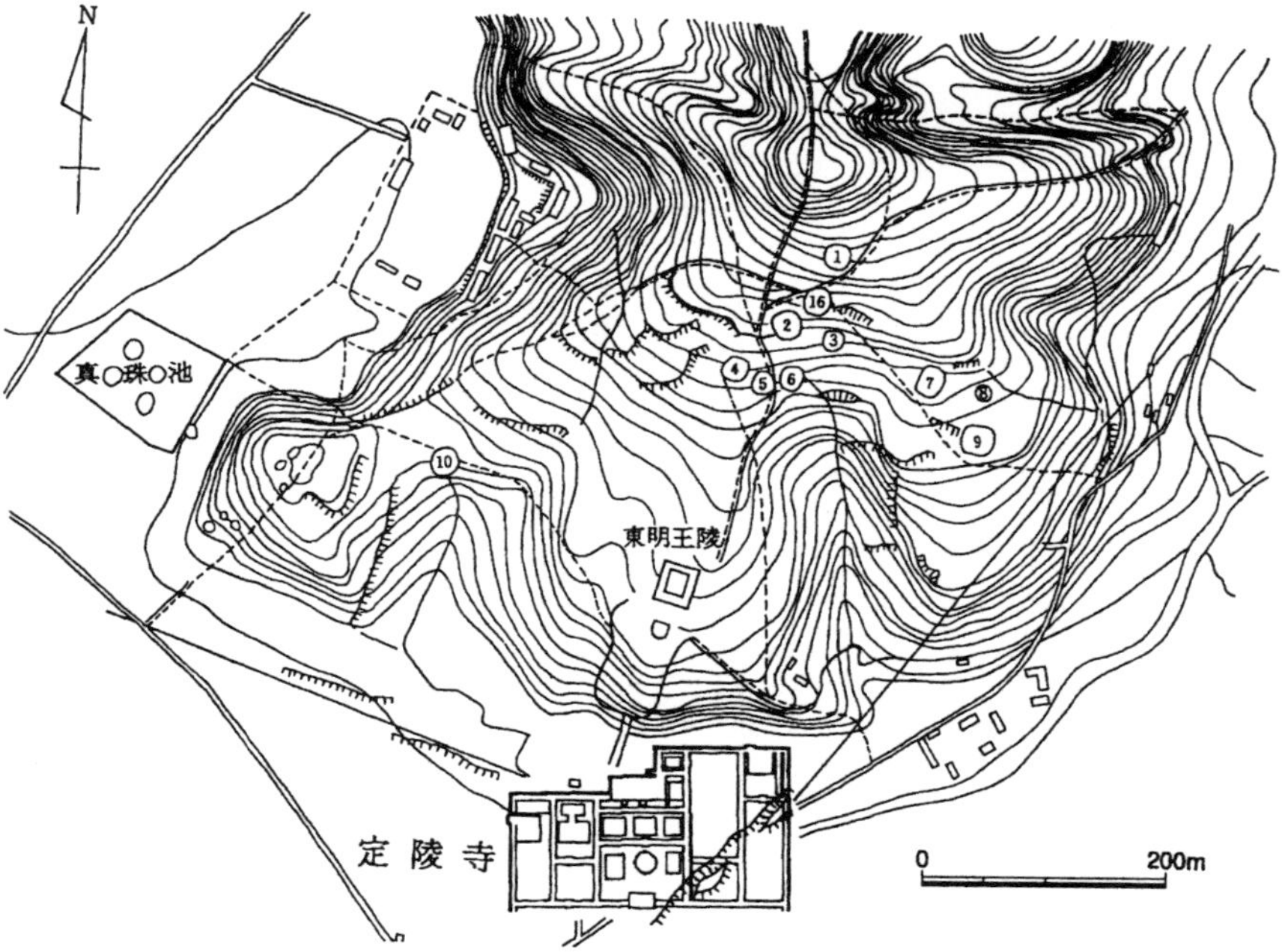

図１　伝・東明王陵と定陵寺址

定陵寺址の築造年代について、報告書では伽藍配置が左右対称ではないことから、報告者が『三国史記』にみえる四九八年創建の「金剛寺」より古い様相をみせるとし、『三国史記』の三九二年の記事である「創九寺於平壌」の九寺よりは新しいと断じている。ただし、定陵寺址から出土した瓦が清岩里廃寺の出土瓦より型式的に新しいとみて、清岩里廃寺を「金剛寺」とする前提のもとで定陵寺址を六世紀前半以降の創建とする説[42]や定陵寺址の遺構は二期に分けられるとする見解があるように[43]、いまだ問題が残されている。

以上のように、これまでの考古学的知見を瞥見すると、定陵寺址の構造についてはいまだ確定をみないが、伝・東明王陵の築造推定年代は諸説において、ほぼ五世紀後半から末頃に集約されることから、これを年代の一端とすると、定陵寺址の築造年代の上限も、一応ここにおくことができよう。

いっぽう、定陵寺址の属性については「陵寺」の銘文瓦の出土と背後に造営され、真坡里古墳群のなかで最大の古墳である伝・東明王陵との位置関係からみても、王陵である伝・東明王陵に伴う寺院とみるのが定説である[44]。伝・東明王陵は前述のとおり、石室の構造から五世紀後半から末頃と推定されており、その被葬者は四九一年に死んだ長寿王とする見方があり、現状では主流をなす説となっている[45]。これらの事実認識に大過なしとすれば、伝・東明王陵では墳墓の造営や祭祀を行うに際して、仏教が思想的背景となったことが知られる。

高句麗への仏教の移入は、『三国史記』高句麗本紀の小獣林王二年（三七二）のこととして、前秦・第三代の皇帝である苻堅が順道という僧を遣わして仏像・経文をもたらしたという記載が公伝とされる。同じく『三国史記』にはその二年後の小獣林王四年（三七四）のこととして、来歴は記載されていないが僧・阿道が渡来したと記され、また翌年には肖門寺と伊弗蘭寺が創建され、それぞれに順道と阿道が住んだと記されている[46]。同様の記載は『三国遺事』巻三・順道肇麗にもみられるが、ここでは「又四年甲戌、阿道来自晋」として、『三国史記』にはみられない阿道の出自についてふれている[47]。このような記載とは別に、梁『高僧伝』巻四・竺法潜の条には竺法潜に関する記述を支遁（三一四〜三六六）が「高麗道人」に書き送っている記述があり[48]、高句麗の地において、あるいは高句麗人のなかで仏教を奉ずる人物の存在が推定され、順道による「公伝」以前に、高句麗において私的に仏教を信奉する人が存在したことを想定する可能性が考えられる史料とされている。

いっぽう、高句麗で行われた仏教信仰の内容と依拠経典に関しては、従前は弥勒信仰とみることが多かった。たとえば、徳興里古墳の墨書に「釈加《ママ》文仏弟子[49]」とあることから、仏教信者であることが推定される被葬者の「鎮」について、その奉じた信仰の対象について、高句麗の領域から出土したと考えられる金銅光背銘（黄海道谷山郡花村面発見辛卯年〈五七一年〉銘金銅三尊仏光背、旧・平壌市平川里発見永康七年〈五五一年〉銘金銅光背）などには「弥勒」の文字がみえることから弥勒信仰であったという見解がある[50]。

いっぽう、筆者は五世紀初頭の徳興里古墳の墨書傍題の「自然」を含む語について、出典論的に検討し、これらが初期無量寿経と呼ばれる阿弥陀経典類に頻出し、主に阿弥陀仏国土（浄土）の有様を表すのに用いられる語であることから、この時期にはすでに初期無量寿経に依拠した阿弥陀信仰が存在したことを証した[51]。

これらの知見から、伝・東明王陵および定陵寺址が造営されたと考えられる五世紀後半以降の高句麗では、すでに一定の経典に依拠した弥勒信仰および阿弥陀信仰を中心とした仏教信仰が浸透していたことがわかっており、このような高句麗における仏教の弘通のもとに王陵に対する追福が行われたことは疑いない。

第四節　高句麗王陵築造思想の変化とその意味

伝・東明王陵古墳の被葬者については、北朝鮮の研究者は東明王とするが、そもそも東明王そのものが伝説中の存在であって、考古学的には相対的な先後関係として集安所在の諸王陵に後続することは確実とされている。また、伝・東明王陵古墳の被葬者を特定の人物とはせず、象徴的な構築物とする説もあるが[52]、一方では『三国史記』には平壌遷都以降の安蔵王三年（五二一）に王が卒本すなわち桓仁に行き、始祖廟を祭祀したという記事があることから、伝・東明王陵に始祖廟の機能があったことに否定的な見方がある[53]。また、伝・東明王陵古墳からは金製冠飾りや棺釘が出土していることからも、実際の埋葬がなされたとみて問題ない。

より具体的には伝・東明王陵は土築の墳丘をもち、裾部にのみ列石を施す外部構造と横穴式石室の形態などからみて、その築造時期は集安の諸王陵のなかでも最後に築造されたと考えられている将軍塚に遅れるものとするのが定説である。さきにふれたように実年代は五世紀後半から末頃とみられており、この時期に該当するのは四九一年に没した長寿王ということになる。長寿王の陵墓については将軍塚をこれにあて、旧都の集安へ帰葬したとする説もあるが[54]、筆者も現時点では伝・東明王陵を長寿王に比定する説が妥当と考える。

ただし、本章の検討課題との関わりからいえば、被葬者の問題とは別に、太王陵から将軍塚そして伝・東明王陵という築造順序の相対的な前後関係は動ずることがないという事実が重要になる。

本章と関係する高句麗王陵の築造順に対して、ここまでふれた外部または付帯施設の検討による築造思想の推移を勘案するならば、以下のように整理される。すなわち、広開土王碑が立碑された時点では、そこに記された語の出典論的検討によって、儒教思想および孝の思想に基づく立碑頌徳とその後世への伝示による宣揚が企図されていたことが知られた。これに対し、後続する伝・東明王陵になると近傍に寺刹を建立し、王陵に対する仏教的な追福が行われるようになる。このような見方に大過なしとすれば、集安所在の広開土王陵とこれに後続する伝・東明王陵との間には造墓思想に大きな転換があったことになる。

王陵造営思想の大きな変化を論ずるに際して、当然考慮すべきは広開土王碑に示された守墓すべき対象となる王陵の特定である。当然ながら、これに関して問題となるのは、広開土王碑文において勲功を称揚された広開土王の陵墓は、どの古墳かについては多くの論者によって論じられているが、大きくは将軍塚説と太王陵説に大別される。いっぽう、広開土王碑文の立碑目的である守墓と洒掃の対象を、どのように考えるかに関しては大きく分けて広開土王陵のみと考えるか、広開土王陵を含む墓域として広開土王碑文では「国岡上」とされた地にあるすべての陵墓とみるかという二つの見方がある。これに対して、筆者はかつて、碑文にみえる「自上祖先王以来墓上不安石碑致使守墓人烟戸差錯唯国岡上広開土境好太王盡為祖先王墓上立碑銘其烟戸不令差錯」の文章が「上祖・先王より以来、墓上に碑を立てていなかったために守墓人烟戸が差錯した」ために「ただひとり広開土王陵のみが、ことごとく祖王・先王のために墓上に碑を立て、その烟戸を銘し、差錯しないようにした」という内容であることから、広開土王碑の立碑によって伝示される守墓行為は広開土王陵とそれ以前に「国岡上」に存在したすべての王陵に対する「守墓・洒掃」行為を目的として立碑されたものであって、広開土王陵のみとの距離や位置関係とは無関係であると論じた(55)。

広開土王陵に比定される古墳がいずれであるにしろ、集安に所在することに異論をはさむ余地はないため、このような私見を適用すると、広開土王陵を含む祖王・先王の陵墓に対して、広開土王碑の内容は、その保全を伝示せしめるのであるから、広開土王碑の立碑者である長寿王の父であり、先王である広開土王の陵墓のみならず、祖先王の陵墓すべてに対して効力をもつのであって、このような行為は祖先祭祀に他ならない。そして、このことは前節において広開土王碑にみえる語句の出典論的検討から証した儒教的な孝の思想の存在と見事に一致する。高句麗王陵の造墓に、このような儒教および孝思想が盛り込まれる背景としては、小獣林王二年（三七二）に太学を立て儒教による教育を進め、翌年には律令を始めて頒布したと伝えられる高句麗における儒教思想の展開があるものと思料される[56]。

いっぽう、伝・東明王陵と定陵寺址の関係に現れた仏教的追福の実修行為としての陵に伴う寺院の系譜を瞥見してみたい。これに関しては、同時代の東アジアを博覧してみても、遺跡と文献史料の双方で、陵墓に伴う寺院が確認できるのは北魏・永固陵と思遠仏寺のみである。北魏・永固陵は山西省大同市街の北郊約二五キロメートルの方山と呼ばれる丘陵にあり、四八一年から四八四年にかけて造営された文明太后（馮太后）の陵墓とそれに付属する永固堂や寺院である思遠仏寺などから構成されていると考えられている。また、洛陽への遷都によって実際に埋葬されることはなかったが、永固陵の近傍には孝文帝の寿陵があり、万年堂と呼ばれている。

文明太后は孝文帝の祖母であり、五胡十六国の一つである北燕の出身で、祖国の北燕が北魏に滅ぼされた後、一四歳で文成帝の貴人となり、後に皇后に立てられた。陵墓である永固陵は東西一二四メートル、南北一〇六メートル、高さ一メートルの基壇上に築かれた直径約九〇メートル、高さ約二二メートルの平面円形の陵墓である[57]。

永固陵の所在する丘陵の麓には寺院址（中国では寺廟とする）とみられる遺構がある。この遺跡の名称は『水経注』では「思遠霊図[58]」、『魏書』では「思遠寺」と記されていることから[59]、これらをもとに、それぞれの呼称がとられることもある。近年では、この遺構は丘陵上の白仏台遺跡と崖下の草堂山遺跡などの近傍に所在する仏教遺跡を包括した語であるとする見方が示されている（図2参照）[60]。ここでは同時代の史料である『魏書』の記載を尊重して、思遠仏寺と呼んでおき、単位となる個々の遺跡を指す場合は遺跡名を使用する。

このように永固陵に伴う仏教建築群としては、永固陵と同じ台地上にある白仏台遺跡と崖下にある草堂山遺跡があるが、後者は発掘調査によって塔址を中心とした仏教建築であることが判明している[61]。また、両遺跡からは天人が蓮華から化生する文様のある軒丸瓦や塑像仏、仏像の彫刻された石板などの仏教遺物が出土していることからも、双方ともに寺院址であると推定されており、廟としての性格とあわせて寺廟の語が用いられている[62]。

永固陵と白仏台遺跡および草堂山遺跡にみる陵墓と寺廟との関係とその同時期の他地域への波及については、高句麗の伝・東明王陵と定陵寺址の造営に影響を与えたことが示唆されている。すなわち、長寿王は孝文帝代の北魏に頻繁に使いを送っており、とくに四八八年からは年に二度以上も遣使している。これに対し、長寿王の訃報に接した孝文帝が東郊の行宮で哀悼し、車騎大将軍・太傅・遼東郡開国公・高句麗王を追贈し、康という諡を贈っている[63]。

加えて文明太后の母の出自が楽浪王氏であることと孝文帝の昭皇后は高句麗人である高肇の妹であることに表れているように、五世紀後半の北魏と高句麗とが緊密な関係を保っていることを根拠として、永固陵を模して、高句麗において陵墓と寺院とを一体として造営したものが伝・東明王陵と定陵寺址である可能性が示されている[64]。

現時点では考古資料そのものによる実証は難しいが、この見解は正鵠を射ていると思われる。なぜなら、同時期において、墓主の追福のために陵墓や古墳と寺院が隣接して造営されるのは北魏と高句麗以外に、その実例を知ることができないからである。たとえば南朝では、王や王族の陵墓は石闕や石獣などの施設や造形物を伴って、墓として単独で営まれる。これに対して、時期的には六世紀代に下るが、南朝における追福の特徴は父母などの尊属の

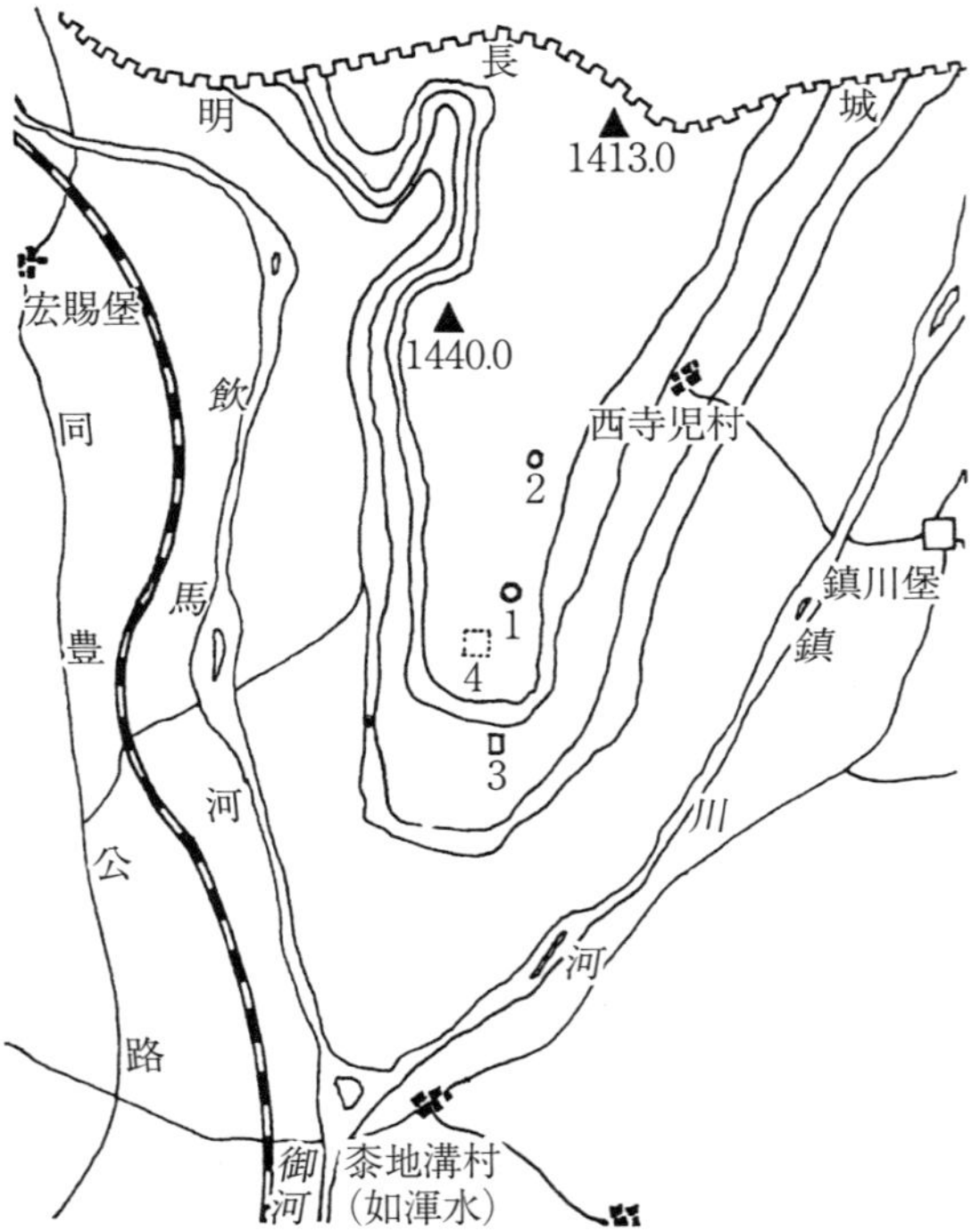

図2　北魏・永固陵と関係遺跡

（1永固陵　2万年堂　3草堂山遺跡　4白仏台遺跡）

ために寺院そのものを営む点にある。周知の例としては、仏教の篤信によって史上に著聞する梁の武帝は亡父の追福のために皇基寺（後に皇業寺と改名）を営んだことがあげられる。すなわち、『資治通鑑』には梁・大同二年（五三六）に武帝が父の蕭順之を追福するため、皇基寺を建てようとした際に、孟少卿が帝に媚びるために曲阿の弘氏を冤罪に落とし、その木材を奪ってこの寺院の建築に用いさせた、という記事がみえる。(65)この後も、大同一〇年（五四四）に武帝が蘭陵に行幸して、父の文帝夫妻の建陵と妻の郗皇后を葬った修陵に謁陵し、皇基寺で法会を設けたと記されているように、武帝は亡親や亡妻のために供養を行っている。(66)

このような亡親のための寺院造営という南朝皇帝の行った追福と比較しても、北魏の永固陵の陵墓に伴う寺院の造営は当該時期の東アジアにおいて、きわめて特徴的な追福の行為形態といえる。とくに南朝に頻繁に遣使を行っていた六世紀代の百済において、陵山里寺址・王興寺址などの王室祈願寺と呼ばれる百済王や王族による亡親や亡王子などの追福のための造寺行為が舎利容器銘文などの確実な考古資料によって立証されていることも勘案すると、高句麗が同時期の北魏の影響さらには模倣を行ったことは、積極的に認めるべきであろう。

以上のように陵墓の保全と立碑者を、孝の宣揚を立碑の目的とした儒教的な孝の思想に基づいた広開土王陵と広開土王碑から、後続する伝・東明王陵と定陵寺址では仏教的な追福へと造墓思想が変化することを論ずるとともに、後者についてはその系譜を具体的に示した。

結　語

本章では高句麗王陵とその付帯施設の時期的変容について、縷々述べてきた。文末にあたって、内容を摘要し、結語にかえたい。

まず、高句麗王陵の造営にあたって、思想に関して論じた研究を学史的に整理し、この種の言及が少ないことを指摘し、これを明らかにするという本章の目的を示した。

次に広開土王碑文にみえる立碑目的である守墓に関する語句について、漢代石祠堂の石刻文や経書と対照検討し、広開土王陵を含めた祖先王の陵墓に対する守墓役を後世に伝示するという広開土王碑の目的は、来観者に墓の保全を顕示することにあり、「先王」が「教」するなどの経書に依拠する語と碑文の内容から、広開土王陵の造営思想が儒教的な孝、すなわち亡親および祖先に対する追孝に基づいたものであることを示した。

このような論点に基づき、広開土王碑と広開土王陵の造営思想である儒教的な追孝に対して、伝・東明王陵と定陵寺址の関係は明らかに仏教に基づいた追福であることを対置的に示した。

これを踏まえて長寿王陵に比定される伝・東明王陵が、広開土王陵の候補とされている太王陵や将軍塚のいずれにも時期的に遅れるという築造順序を確認したうえで、広開土王陵と広開土王碑の関係に示される儒教的な追孝から長寿王陵と定陵寺址の存在形態に明らかなように仏教の追福へと、高句麗王陵の造営思想が変化していることを明らかにした。そして、このような陵墓と寺院を近接して配置するという形態は、先行研究で指摘されているように北魏の文明皇太后の墓である永固陵と思遠仏寺との関係と類似し、その時代的背景としては、孝文帝の昭皇后が高句麗人であることも含めて、伝・東明王陵の築造時期である五世紀後半から末頃には北魏との緊密な通交があったことを重要視する必要があることを論じた。

本章では、これまでほとんど論じられることのなかった高句麗王陵の造営の背景にある思想とその時期的変化について、広開土王碑文と漢代の石祠堂題記などの文字のある考古資料の内容を比較して吟味し、それを経書・史書などの文献記載から位置づけた。文字を有する考古資料の研究には、このような歴史考古学的方法を用いることが本来的であると考え、儒教の礼や孝の高句麗での受容の実態をはじめとして、墳墓と寺院・廟の関係と意味などを含め、今後の出土資料によって考古学的にもさらに検証すべき課題を提示しつつ、論を閉じることとしたい。

注

(1) 那珂通世『那珂通世遺書』(大日本図書、一九一五年) 五〇〇～五〇一頁。
(2) 西谷正「高句麗王陵コンプレックス」(『史淵』一三四、一九九七年)。
(3) 東潮「高句麗王陵と巨大積石塚——国内城時代の陵園制——」(『朝鮮学報』一九九・二〇〇、二〇〇六年)。
(4) 白承玉「広開土王陵碑の性格と将軍塚の主人公」(『韓国古代史研究』四一、二〇〇六年)〔ハングル文献〕。
(5) 武田幸男『高句麗史と東アジア』(岩波書店、一九八九年)。
(6) 謝雁翔「四川省郫県犀浦出土的東漢残碑」(『文物』一九七四年第四期)〔中国語文献〕。
なお、本章で以下に引用する石刻文は提示した部分の意味の理解を優先するために、本来の空画や改行は示さず、文の区切りを重視して、筆者による句読点のみを記した。
(7) 羅福頤「薌他君石祠堂題字解釈」(『故宮博物院刊』総二期、一九六〇年)〔中国語文献〕。
(8) 済寧地区文物組・嘉祥県文管所「山東嘉祥宋山一九八〇年出土的漢画像石」(『文物』一九八二年第五期)〔中国語文献〕、李発林『山東漢画像石研究』(斉魯書社、一九八二年)〔中国語文献〕一〇一～一〇八頁、朱錫禄編著『嘉祥漢画像石』(山東美術出版社、一九九二年)〔中国語文献〕一二五頁。
(9) 関野貞「後漢の石廟及び画像石」(『支那の建築と藝術』岩波書店、一九三八年)〔初出は一九〇九年〕。
(10) 関野貞「後漢の石廟及び画像石」(前掲注9)。
(11) 中国画像石全集編集委員会編『中国画像石全集』1山東画像石(山東美術出版社、二〇〇〇年)〔中国語文献〕。

(12) 蔣英炬・呉文祺『漢代武氏墓群石刻研究』（山東美術出版社、一九九五年）（中国語文献）。
(13) 王思礼「山東肥城漢画像石墓調査」（『文物参考資料』一九五八年第四期）（中国語文献）。
(14) 羅福頤「薌他君石祠堂題字解釈」（前掲注7）。
(15) 注（8）に同じ。
(16) 『後漢書』列伝第一〇・銚期王霸祭遵列伝第一〇／祭遵
　少好経書。家富給、而遵恭倹、悪衣服。喪母、負土起墳。
(17) 『晋書』巻四三・列伝第一三・山濤
　会遭母喪、帰郷里。濤年踰耳順、居喪過礼、負土成墳、手植松柏。
(18) 本章に関わる範囲において、孝廉選については下記論文を参照。鎌田重雄「漢代の孝廉について」（『秦漢政治制度の研究』下、日本学術振興会、一九六二年）、福井重雅「漢代官吏登用制度の概観」（『漢代官吏登用制度の研究』創文社、一九八八年）、渡辺信一郎『中国古代国家の思想構造——専制国家とイデオロギー——』（校倉書房、一九九四年）、渡邉義浩『後漢国家の支配と儒教』（雄山閣、一九九五年）、濱口重国「漢代の孝廉と廉吏」（『秦漢隋唐史の研究』下、東京大学出版会、一九九六年）、草野靖「漢代における帝政の発展と選挙制度」（『九州大学東洋史論集』三二、二〇〇四年）、鷲尾祐子「前漢の任官登用と社会秩序——孝廉と博士弟子——」（『中国古代史論叢』五、二〇〇八年）。
(19) 鎌田重雄『秦漢政治制度の研究』下（前掲注8）。
(20) 加藤直子「ひらかれた漢墓——孝廉と「孝子」たちの戦略——」（『美術史研究』三五、一九九七年）、鄭岩「関于漢代喪葬画像観者問題的思考」（中国漢画学会・北京大学漢画研究所編『中国漢画研究』第二巻、広西師範大学出版社、二〇〇五年）（中国語文献）。
　なお、本章で挙例した画像石傍題に関しても、上記二論文を参照したところが多い。
(21) 武田幸男『高句麗史と東アジア』（前掲注5）五四～五五頁。

(22) 武田幸男『高句麗史と東アジア』（前掲注5）二四八〜二五一頁。
(23) 川崎晃「第二章　高句麗広開土王碑の基礎的考察」（『古代学論究——古代日本の漢字文化と仏教』慶應義塾大学出版、二〇一二年）。
(24) 武田幸男『高句麗史と東アジア』（前掲注5）二五四〜二五五頁。
(25) 門田誠一「広開土王碑文にみえる守墓人烟戸の思想的背景」（『古代東アジア地域相の考古学的研究』学生社、二〇〇六年）。
(26) 李成市「広開土王碑の立碑目的に関する試論」（『韓国古代史研究』五〇、二〇〇八年）〔ハングル文献〕。
(27) 濱田耕策「高句麗広開土王陵碑文の虚像と実像」「高句麗広開土王陵碑文の研究」（『朝鮮古代史料研究』吉川弘文館、二〇一三年）〔初出は各々一九七三、一九七四年〕。
(28) 那珂通世「高句麗古碑考」（『那珂通世遺書』〈前掲注1〉）〔初出は一八九三年〕。
なお、「教」字の意味についての研究史的整理は、武田幸男『高句麗史と東アジア』（前掲注5）一六一〜一六四頁参照。
(29) 篠原啓方「高句麗太王陵出土銅鈴の釈読について」（『東アジア文化交渉研究』四、二〇一一年）。
(30) 『孝経』三才章第七
先王見教之可以化民也。是故先之以博愛、而民莫遺其親。
(31) 『孝経』開宗明義章第一
仲尼居、曾子侍。子曰先王有至徳要道、以順天下、民用和睦、上下無怨。汝知之乎。曾子避席曰参不敏、何足以知之。子曰夫孝、徳之本也、教之所由生也。
(32) 『孝経』卿大夫章第四
非先王之法服不敢服、非先王之法言不敢道、非先王之徳行不敢行。是故非法不言、非道不行。
(33) 『孝経』孝治章第八

子曰昔者明王之孝治天下也、不敢遺小国之臣、而況於公侯伯子男乎。故得万国之懽心、以事其先王。

(34)『漢書』巻二二・礼楽志第二
楽者、聖人之所楽也、而可以善民心。其感人深、其移風易俗易、故先王著其教焉。

(35)『漢書』巻二二・礼楽志第二
至武帝即位、進用英雋、議立明堂、制礼服、以興太平。会竇太后好黄老言、不説儒術、其事又廃。後董仲舒対策言……今廃先王之徳教、独用執法之吏治民、而欲徳化被四海、故難成也。是故古之王者莫不以教化為大務、立大学以教於国、設庠序以化於邑。教化已明、習俗已成、天下嘗無一人之獄矣。

(36)中村裕一「第一章第二節　教――少林寺武徳八年（六二五）秦王「教」を中心に――」（『唐代官文書研究』中文出版社、一九九一年）。

(37)門田誠一「高句麗王陵域における広開土王碑の相対的位置――「墓上立碑」の再吟味を通して――」（『古代東アジア地域相の考古学的研究』〈前掲注25〉）〔初出は一九九八年〕。

(38)永島暉臣慎「集安の高句麗遺跡」（読売テレビ放送編『好太王碑と集安の壁画古墳』木耳社、一九八八年）。

(39)曺永鉉「伝東明王陵の築造時期について」（『啓明史学』一五、二〇〇四年）〔ハングル文献〕。

(40)金日成総合大学『東明王陵とその付近の高句麗遺跡』（金日成総合大学出版社、一九七六年）〔ハングル文献〕、以下本文では「報告書」と記す。

(41)金正基「高句麗定陵寺址および土城里寺址発掘報告と考察」（『仏教芸術』一〇、一九九一年）〔ハングル文献〕、千田剛道「高句麗・百済の王陵付属寺院」（『奈良文化財研究所紀要』二〇〇七年度、二〇〇七年）。

(42)田村晃一「高句麗の寺院址に関する若干の考察」（佐久間重男教授退休記念中国史・陶磁史論集編集委員会編『中国史・陶磁史論集――佐久間重男教授退休記念』佐久間重男教授退休記念中国史・陶磁史論集編集委員会、一九八三年）。

(43)チョン・ジェホン『東明王陵に対する研究』（社会科学出版社、一九九四年）〔ハングル文献〕。

(44) 東潮・田中俊明『高句麗の歴史と遺跡』(中央公論社、一九九五年)。
(45) 永島暉臣慎「集安の高句麗遺跡」(前掲注38)。
この他に長寿王陵を漢王墓にあてる論者もある。東潮『高句麗考古学研究』(吉川弘文館、一九九七年)。

近年の高句麗王陵の比定論については、下記の文献で整理されている。チョン・ホソプ「高句麗積石塚の被葬者に関する再検討」(『韓国史研究』一四三、二〇〇八年)〔ハングル文献〕、チョン・ホソプ「高句麗壁画古墳の現況と被葬者に対する再検討」(『民族文化研究』四九、二〇〇八年)〔ハングル文献〕。
(46)『三国史記』巻一八高句麗本紀一・第六・小獣林王
二年夏六月、秦王苻堅遣使及浮屠順道、送仏像・経文、王遣使廻謝、以貢方物。四年、僧阿道来。五年春二月、始創肖門寺、以置順道。又創伊弗蘭寺、以置阿道、此海東仏法之始。
(47)『三国遺事』巻三・順道肇麗
高麗本記云、小獣林王即位二年壬申、乃東晋成安二年、孝武帝即位之年也。前秦符《ママ》堅遣使及僧順道、送仏像経文、時堅都関中、即長安。又四年甲戌、阿道来自晋。明年乙亥二月、創肖門寺以置順道、又創伊弗蘭寺以置阿道、此高麗仏法之始。
(48) 梁『高僧伝』巻四・義解一・竺法潜伝所引与高麗道人書。
(49) 当然ながら、一般には「釈迦牟尼仏」と漢訳名が用いられることが多い。
(50) 田村圓澄「古代朝鮮の弥勒信仰」(『朝鮮学報』一〇二、一九八二年)、田村圓澄「星宿劫と星宿図——高松塚古墳の星宿図によせて——」(『九州歴史資料館研究論集』七、一九八一年)。
(51) 門田誠一「銘文の検討による高句麗初期仏教の実相——徳興里古墳墨書の仏教語を中心に——」(『高句麗壁画古墳と東アジア』思文閣出版、二〇一〇年)〔初出は二〇〇一年〕。
(52) 姜賢淑「高句麗石室封土墳の淵源に関して」(『韓国考古学報』四〇、一九九九年)〔ハングル文献〕。
(53) チョン・ホソプ「高句麗壁画古墳の現況と被葬者に対する再検討」(前掲注45)。

(54) 将軍塚を長寿王陵とする論者は多数存在するが、近年では東潮氏や桃崎祐輔氏が論じている。高句麗王陵とみられる積石塚の被葬者比定については、下記論文を参照。東潮「高句麗王陵と巨大積石塚――国内城時代の陵園制――」(前掲注3)、桃崎祐輔「高句麗太王陵出土瓦・馬具からみた好太王陵説の評価」(海交史研究会考古学論集刊行会編『前田潮先生退官記念論文集　海と考古学』六一書房、二〇〇五年)。

高句麗王陵とみられる積石塚の被葬者比定については、下記論文を参照。チョン・ホソプ「高句麗積石塚の被葬者に関する再検討」(前掲注45)。

(55) 門田誠一「高句麗王陵域における広開土王碑の相対的位置――「墓上立碑」の再吟味を通して――」(前掲注37)。

(56)『三国史記』巻第一八高句麗本紀一・第六・小獣林王

二年…(中略)…立太学、教育子弟。

三年、始頒律令。

(57) 大同市博物館・山西省文物工作委員会「大同方山北魏永固陵」(『文物』一九七八年第二期)〈中国語文献〉、王雁卿「北魏永固陵寝制度的幾点認識」(『山西大同大学学報』〈社会科学版〉二三―四、二〇〇八年)〈中国語文献〉。

(58)『水経注』巻一三・漯水

羊水又東注于如渾水、乱流径方山南、嶺上有文明太皇太后陵、陵之東北有高祖陵。二陵之南有永固堂、堂之四周隅雉、列榭階欄及扉戸、梁壁、椽瓦、悉文石也。…(中略)…、有思遠霊図、図之西有斎堂、南門表二石闕(後略)…

(59)『魏書』巻一一四・釈老志第一〇

(太和元年三月)又於方山太祖営塁之処、建思遠寺。

(60) 岡村秀典・向井佑介編「北魏方山永固陵の研究――東亜考古学会一九三九年収集品を中心として――」(『東方学報　京都』八〇、二〇〇七年)、向井佑介「北魏平城時代の仏教寺院と塑像」(『仏教芸術』三一六、二〇一一年)。

(61) 大同市博物館「大同北魏方山思燕仏寺遺址発掘報告」(『文物』二〇〇七年第四期)〈中国語文献〉。

(62) 岡村秀典・向井佑介編「北魏方山永固陵の研究——東亜考古学会一九三九年収集品を中心として——」(前掲注60)。
なお、永固陵の付属施設として『水経注』にみえる「永固堂」が陵前に造られていることから、寝廟と同様な機能をもち、『北史』にみえる寝廟にあてる見方がある。ただし、そうであったとしても、仏教的建築である寺廟の存在と抵触することはなかろう。村元健一「北魏永固陵の造営」(『古代文化』五二―二、二〇〇〇年)。

(63)『魏書』巻一〇〇・列伝第八八・高句麗
太和十五年、璉死、年百余歳。高祖挙哀於東郊、遣謁者僕射李安上策贈車騎大将軍・太傅・遼東郡開国公・高句麗王、謚曰康。

(64) 岡村秀典・向井佑介編「北魏方山永固陵の研究——東亜考古学会一九三九年収集品を中心として——」(前掲注60)。

(65)『資治通鑑』巻第一五七・梁紀一三・高祖武皇帝一三
(武帝・大同二年正月) 上為文帝作皇基寺以追福、命有司求良材。曲阿弘氏自湘州買巨材東下、南津校尉孟少卿欲求媚於上、誣弘氏為劫而殺之、没其材以為寺。

(66)『南史』巻七・梁本紀中第七・武帝下
(大同一〇年) 三月甲午、幸蘭陵。庚子、謁建陵、有紫雲蔭陵上、食頃乃散。帝望陵流涕、所霑草皆変色、陵傍有枯泉、至是而流水香潔。辛丑、哭于修陵。壬寅、於皇基寺設法会、詔賜蘭陵老少位一階、并加頒賚。

第四部　東アジアの祭祀と信仰の系譜と展開

――金石文とその関連資・史料――

第一章　東アジアにおける殺牛祭祀の系譜
――新羅と日本古代の事例の相対的位置――

序　言

一九八〇年代以降に発見された石碑の銘文によって、牛を殺して祭天や盟誓を行うことが新羅における特徴的な祭祀行為であることが判明した。すなわち、「鳳坪新羅碑」にみえる牛を殺して天を祭る儀式であり、同じく「冷水新羅碑」にも牛を殺して、天に語り告げるという盟誓の儀式があることが知られている。これらはいずれも六世紀代の所産であると考えられており、新羅の領域における牛を殺して行う祭儀および盟誓の実態を伝えている。

いっぽう、牛を殺す祭儀は元来、中国古代において行われたことは広く知られている。また、日本古代にも牛を殺す祭儀があり、その淵源と社会的かつ思想系譜上の意義をめぐって種々の議論が行われている。

本章ではこのような牛を殺して行う祭儀や盟誓を殺牛祭祀と措定し、中国で創始されたこのような祭祀との対比において、新羅の殺牛祭祀を東アジアのなかでの視準として位置づけることによって、新羅と日本の殺牛祭祀の差異を抽出し、それによって両者の系譜と特質について考察する。

第一節　東アジアの殺牛祭祀についての従前の研究

新羅と日本の殺牛祭祀に対する具体的な論及を行うにあたって、東アジアの殺牛祭祀とくに新羅と日本を対象とした従前の研究動向を整理することによって、本章の目途とするところを学史的に明確にしたい。

まず、東アジアの殺牛行為については、佐伯有清氏の体系的な研究が知られる。佐伯氏は東アジアのみならず世界各地の文献と民族誌を検討し、「殺牛祭神」については、雨乞い、軍事の吉凶を占う、祟りや毒気を祓う、という三つの類型に分類した(1)。

栗原朋信氏は中国古代の郊祀や宗廟祭祀および盟誓の場合、生きた動物を犠牲とし、その最上が牛であるが、日本にはこのような犠牲は受容されず、獣類が祭祀に供せられても、それは幣帛としてであって、日本古代の殺牛祭神はあくまでも渡来人の祭祀であり、日本の農耕儀礼の一般的な祭祀ではないとする(2)。

井上光貞氏は唐と日本の律令制を比較するなかで、日本では動物の犠牲を排除したのであり、祈年祭以外には動物の供献がみられず、殺牛祭祀に関与したのは渡来人であるとする(3)。

日本古代の殺牛祭神については、さきの佐伯有清氏をはじめとした諸研究の後、近年においても、言及が行われている。川村邦光氏は、殺牛祭祀は奈良・平安時代には神祇信仰の儀礼として定着したが、それ以前は雨乞いのための殺牛祭祀について、豊穣を祈願する農耕儀礼というよりは、天体の動きによる吉凶が認められる点から、讖緯思想に基づくものとみて、道教的・陰陽道的な外来の新しい儀礼であったとする(4)。

新羅の殺牛祭天儀礼に関しては、鈴木英夫氏が蔚珍・鳳坪碑文の内容では、王京の支配共同体が高句麗との境界の住民を処罰し、その際に「斑牛」を殺しており、迎日・冷水碑に関しては、新羅王が地方有力者の相続に際して裁定を下した後に、牛を殺すとし、これらの内容をもとに日本の殺牛儀礼は新羅に求められるとする。ただし、新羅では殺牛馬儀礼は王権が関与する公的なものであるのに対し、日本では民間祭祀的な性格を有するとする。これを律令国家が「漢神」として弾圧したのは国家が関与しない共同体間の独自の規範を規制するという要因があったとする。また、新羅の殺牛儀礼は夫余などの習俗と関係するとみる(5)。

日本と朝鮮半島の古代における殺牛祭祀を考察するうえで参照すべき中国古代の動物供犠についても、考古資料と文献との相関から体系的な研究がなされており、礼制における供犠については、本章でも多くをこれによっている(6)。中国古代の礼制と犠牲は情報が多く多岐にわたるため、ここでは新羅と日本古代の殺牛祭祀と関係する部分に限定して次節以下でふれることにしたい。

殺牛祭祀に関連して、『古語拾遺』にみられる牛の肉を溝口に置いて蝗《いなご》の害を防ぐ、という記述が殺牛祭祀と同一視されて論じられることが多いが、本章では牛を殺すという行為を伴う場合とは区別し、殺牛行為に関わる祭祀のみをとりあげることとする。

第二節　新羅と日本古代の殺牛祭祀

ここでは新羅と日本古代の殺牛祭祀に関して論じるために、それらについて概観し、次節でふれる中国古代の殺牛祭祀との相関的あるいは対照的な検討の前提としたい。

1　金石文にみえる新羅の殺牛祭祀

韓国では一九八〇年代に新羅時代の碑文の発見があいついでおり、新羅時代の祭政に関する新たな知見が集積している。そのような碑文のなかに牛を殺す儀礼が散見される。

「鳳坪新羅碑」は一九八八年に慶尚北道蔚珍郡竹辺面鳳坪里で発見された。碑石は高さ二〇四センチメートルで、一つの面のみに一〇行にわたって約四〇〇字が刻まれていた。立碑の年代については、碑文の内容から、法興王一一年（五二四）であることがわかっている。碑文の内容はおよそ四つのまとまりで構成されており、そのなかに新羅王の命令を違えたために処罰された高句麗との境界に位置する村々の首長たちの名前と、彼らに加えられた刑罰（「杖六十」「杖百」）が記されている。また、そのときに新羅の官人によって牛を殺して天を祭る儀式が行われており（「新羅六部煞斑牛□□□事大人」）、それに参与した者、立碑に関係した人々の名前、そしてその後には、首長と三九八人の村民が、以後、王の命令に背くことのないように天の前で誓った盟誓の言葉も記されている。(7)

一九八九年に慶尚北道迎日郡神光面冷水里で発見された「冷水新羅碑」は、不定形の自然石に合計二三一字が刻まれていた。碑文には「癸未年」という干支紀年があり、これについては四四三年と五〇三年という二つの意見があるが、韓国の国宝指定の際には五〇三年に比定された。碑文の内容は地方における有力者の財物取得の紛争に新羅の高官七人が調停し、王の命令でその次第について規定し、またそれに背けば「重罪」を科するとある。そして、牛を殺してお祓いをし（「事煞牛抜語故記」）、天に語り告げ、その際に二人の在地首長が調停に立ち会ったことを記している。さらに、「冷水新羅碑」では、牛を殺して行う祭祀の手順も記されている。それによると七人の新羅の役人（「典事人」）がひざまずき（「跟蹈」）、次に身をかがめて、言葉を告げ、牛を殺した後に呪術的な文句を発する

(「抜語」)というものである。[8]

このように新羅では誓いをかわす時には、当事者や立会人が集まって牛を殺して、天を祭っていたことがわかる。そして、その誓いや盟約が王権の統治や行政に関わるものの場合、碑文にして皆に知らせ、また、後世に伝え示すべきものであったことが知られる。

2　日本古代の殺牛祭祀

日本古代の殺牛祭祀については、すでに研究史の節(本書第一節)でみたように、従前は中国の影響や朝鮮半島からの渡来人との関係が議論の中心であって、一貫して外来系の祭祀と考えられてきた。このような研究の方向性は現在も主流をなしており、定説化している。

このような日本古代における殺牛行為について再検討するために、関連する文献記述を瞥見しておきたい。まず、殺牛祭祀に関するもっともさかのぼる記述としては、『日本書紀』に皇極天皇元年(六四二)七月戊寅条に次のような内容がある。すなわち、日照りが続いたので雨乞いのため、村々の祝部の教えにしたがって、牛馬を殺して諸社の神を祀り、あるいは、しばしば市を移したり、河伯(河の神)に祈ったりしたがまったく効果がなかったと群臣が語り合ったのに対し、蘇我大臣蝦夷は、諸寺で大乗経典を転読悔過し、雨を祈ろうと提案した、という記事である。[9]

下って延暦一〇年(七九一)九月一六日には伊勢・尾張・近江・紀伊と並んで若狭・越前に対し、百姓が牛を殺して漢神を祀ることが禁止された。[10]『類聚三代格』にも同日の「応禁制殺牛用祭漢神事」という太政官符がみられ、これに違反した場合は故殺馬牛罪という罪科に問われた。[11]また、延暦二〇年(八〇一)四月八日には越前一国に対して、牛を屠って神を祀ることを禁止している。[12]

説話のなかの牛に目を向けると、『日本霊異記』にみえる殺牛説話として著聞する楢磐嶋の話には斑牛がみえる。すなわち、諾楽（奈良）の左京六条五坊の人である楢磐嶋は聖武天皇の時代に大安寺の修多羅分の銭三〇貫を借りて、越前の都魯鹿（敦賀）津に行き、交易して購入した品物を運び、琵琶湖を船で運搬して帰る途中、急病にかかった。そこで船を留め、馬を借りて帰ろうとして、北陸道を南下し、山代（山背）の宇治橋に至ると、閻羅王によって自分を召しに遣わされた三人の鬼に会った。しかし、鬼たちに自分の家にいた二頭の斑の牛を殺して食べさせたので、鬼は同年生まれの人を磐嶋の代わりに召していったため、彼は助かり九〇歳以上まで長生きしたという。[13]ここでは次節以降で述べる中国の礼式や祭儀で用いられることのない「斑牛」がとりあげられ、特別視されていることが注目される。

後の史料では一二世紀初頭に成立した『江談抄』には斑牛に関する説話が載せられている。すなわち、藤原兼家が大納言の時代に合坂（逢坂）関に雪が降り、道が真っ白になる、という夢を見て、雪は凶夢と思い夢を占う夢解に語ると、夢解はこの夢は良いお告げであるとして、そのわけは「班牛」（斑牛）が献上されるためであると解き、まもなくそれが実現し、夢解は褒美をもらった。その後、大江匡衡にこのことを話すと驚いて、褒美はとりあげるべきとして、逢坂の関に雪の白は関白を意味する、と解きなおしたところ、兼家はたいへん感激した。翌年、兼家は関白の宣旨をたまわった、という話が載せられている。[14]このように奈良・平安時代の説話や逸話にも、稀ではあるが、斑牛に関する記述がある。

第三節　東アジアにおける殺牛祭祀に関する文献・考古資料

新羅および古代日本の殺牛祭祀を東アジアの殺牛儀礼のなかで相対的に位置づけるべく、比較を行うために、中国古代における殺牛儀礼、仏教における殺牛儀礼、殺牛と関連する考古資料に大別して、それらの特性について類型化して整理する。

1　歴史および思想関係史料

中国の正史や文献にみられる殺牛行為について、典型的な例をあげて類別的に略述してみたい。中国古代の殺牛儀礼の中で、新羅を主とした他地域との比較に資するために、以下のような類型があげうる。

①儀礼に伴う殺牛

a犠牲牛の色と姿

中国古代では礼楽では祭祀に伴って、牛が重要な供犠の一つであった。天子が社稷を祀る時の供物とされる大牢は牛・羊・豚の三種の犠牲であった。犠牲の「犠」の字は後漢・許慎の『説文解字』によれば、「犠、宗廟之牲也」すなわち、犠とは宗廟のいけにえである、とみえている。[15]

また、『説文解字』には「牷、牛純色」とみえ、[16]南朝・梁の顧野王によって編纂された字典である『玉篇』にも「犠、純色牛」とあり、[17]牷や犠と表記されるいけにえの牛とは、そもそも毛色が単一な牛の意であったことが知られる。これはすでにみた新羅の殺牛祭祀では「斑牛」が用いられるのとは異なっている。『説文解字』では「牲、牛完全」とあり[18]、犠牲に用いる牛は完全な姿をしていなければならなかったことがわかる。同じく、明代の字典である『字彙』牛部には「祭天地宗廟之牛完全曰犠」とあり、天地を祀る宗廟の犠牲は完全な牛を意味したことが知られる。

b　儀礼に伴う殺牛

儀礼に際して牛を屠っていた例として典型的な記述をいくつかあげると、まず、天と地を祀る儀式である郊祀を行うにあたり、『礼記』曲礼篇には「天子は犠牛を以ってし、諸侯は肥牛を以ってす」と記されている[19]。また、『周礼』地官・大司徒には「五帝を祀り、牛牲を奉ず」とみえる[20]。

礼書にみえる犠牲の序列としては、牛の飼養と供犠がもっとも重視されたことは『大戴礼記』曾子天円の記載によって知られる。すなわち、そこでは五牲すなわち牛・羊・豚（豕）・犬・鶏の秩序階層を組み合わせにより示しており、それによると諸侯の祭祀たる大牢は牛であり、大夫の祭祀である小牢は羊であり、士の祭祀である饋食などは豚であると規定している[21]。加えて『礼記』王制には、天地神の祭祀には繭か栗ほどの長さで角が生えたばかりの子牛、宗廟の牛には角が握りこぶしほどの長さのもの、賓客をもてなす牛は角が一尺に成長したものを用いると細かく規定した後、諸侯は祭儀などの特別なことがなければ牛を殺して用いることはない、と記されていることから、牛が犠牲として貴重であることがわかる[22]。

同じく牛を最上の犠牲とすることは『易経』に「東鄰の牛を殺すは西鄰の禴祭して、まことにその福を受くるにしかず」とあることからも知られる[23]。すなわち「東の隣家では牛を屠って豊かな祭りをするが、それは西の隣家が豚を供えた質素な祭によって十分に幸福を授けられるのに及ばない」と説いており、中国古代の礼制では祭祀の際には牛を屠ることが、最上の行為であったことが知られる。同じ文章は『礼記』にもみられ、孔子が饗応において、進める物がいかに豊かであっても、それらを省略すれば礼節にかなわない、ということを説く内容の例文として引かれている。(24)

『漢書』郊祀志にも牛の犠牲が散見する。たとえば、秦の始皇帝が五名山大川を祀る際の供え物として、「牛・犢各一頭」を用いている。(25)また、漢の高祖が豊邑の枌楡の社に祈り、沛を従えて沛公になると、蚩尤を祀り、鐘鼓や旗に犠牲の血を塗った。(26)

その他にも以下のような記載がある。前漢の高祖の二年に黒帝祠というものを建て、その四年後に天下がすでに定まってから二年後、すなわち高祖八年（紀元前一九九年）のこととして、(27)ある人が言うのには、周が興った時に、邑ごとに后稷の祠を立て、今に至るまであまねく天下に血食、すなわち動物の血を供えて祀っている、という。そこで高祖は御史に天下に令して、霊星祠を立て、毎年、季節ごとに牛を供えて祀れ、と詔を下した。(28)

また、牛そのもののみならず牛角を祭儀に用いることもあった。前漢の武帝の時に、后土神（土地の神）を祀るに際して、有司（役人）は太史令の司馬談や祠官の寛舒らと相談し、天地の祀りに用いる牛の角は繭や栗のごとくに小さいため、今、陛下が親しく后土を祀られるなら、沢中の圜丘に五壇をつくり、壇ごとに一頭の黄犢と大牢を備え、祀りがすめば、ことごとく地中に埋め、祀りに従事する者の衣服は黄色のものを尊びます、といった。そして、武帝は東の汾陰に行幸し、后土祠を立て、寛舒らの議したとおりにした。(29)

ここでは牛の角が天地を祀るために用いられていたことがわかり、また、后土祠には牛を供えていたことも知られる。

②奢侈品・贄物としての殺牛行為

中国古代には牛を殺す行為やその結果としての牛肉が奢侈を示したり、その象徴としての奢侈品や贄物として認識されたという記載がみられる。その典型例を以下にあげてみる。

『戦国策』では戦いを論ずるに際して、「人君は戦いと聞けば、私財を送り届けて軍卒を富ませ、飲食を送り届けて決死の軍士をもてなし、車の轅《ながえ》を折って薪とし、軍士のために飯を炊き、牛を殺して軍士に酒をのませる」ことが戦争であり、これは君主を疲弊させる道に他ならないと説く(30)。ここでは士卒を奮起させるための最大のもてなしが牛を屠ることであることになる。

また、戦国時代の斉の王族として、常に天下の有能の士たちを食客として厚遇し、その数三〇〇〇人ともいわれた孟嘗君が斉の宰相であった時、自分の領地である薛に馮驩を取り立てに赴かせた。馮驩はあちこちで貸した金を回収して回り、一〇万銭を回収した。すると馮驩はこの一〇万銭で酒肴を整え、金を借りている者を呼び出した。そこで酒をたくさん造らせ、肥えた牛を買い、借金している者を呼んで、利息を出した者、出せない者ともに証文を調べた。その日に牛を殺し、酒盛りを始めた。その後、返済できそうな者には返済期日を設け、貧しくて返済できない者には借用契約書を提出させ、全部自分の手元に置いた。こうしておいてから、馮驩は、孟嘗君が皆に銭を貸したのは、領民が生業を営みやすくするためであり、無理な取り立てはせず、返済能力のない者の借金の証文は、その場で焼き捨てた。この話の後段では、馮驩の言動として以下のような内容が記されている。すなわち、孟嘗君も食客を養う立場にあるのだから、その養う費用を捻出するため、皆から利息を取るのであり、孟嘗君も金銭的に苦しいのだから、そこを理解して、返済できる者は期日までに返済してほしい、と馮驩が言って、手元に置いておいた返済不能者の借用証文を焼き捨てると(31)、一同は何度も頭を下げて感謝した。孟嘗君は、馮驩が借用証文を焼き捨てたと知って、大いに怒り、馮驩を呼び戻し、問いつめたが、馮驩は彼がとったのが上策であることを説くと、孟嘗君はこれに感心し、馮驩に厚く礼を述べた、という結末となっている。この話でも、やはり牛を殺すことがもてなしの方法とされている。

漢代にも牛がもてなしのための奢侈品であったことに関しては、たとえば『漢書』霍光伝の記載があげられる。霍氏が奢侈であった頃に、これを諫めた茂陵の徐生に対する上書のなかの例話として、煙突の近くに薪を置いていて、火災にあった家が、はたして失火し、近隣の人たちに助けられて、消火し、その感謝のために牛を殺し、酒を出した。顚末として、失火した家の主人が先に煙突を曲がったものにし、薪を移していれば、そのような費《つい》えは必要ではなかったとして、霍氏が誅滅されたことに先見のあった徐氏に対する例話としてあげられている。ここでもやはり、饗応として牛を殺すことがみえている[32]。

③礼楽以外の祭祀に伴う殺牛行為

中国古代には礼楽に牛・羊・豚などが牲として供えられることはいうまでもないが、この他の祭祀においても、牛を殺して行う記載があり、次にこれらを挙例してみたい。

a病気平癒のための祈りと殺牛

『韓非子』外儲説右下には「一に曰く」として、以下のような話が載せられている。秦の襄王が病んだ時、民は王のために祈り、王の病気が癒えると、人々は牛を殺して神に感謝の祀りをした。郎中（近侍の官）の閻遏と公孫衍がこれをみて、王に拝賀して、王の徳が堯舜にも勝るというと、王は驚いて、なぜか、と聞いた。これに対して二人は堯舜もいまだ民がそのために祈るところまではいたらなかったのに、今、王が病んだ時に民が牛をもって祈り、病が癒えると牛を殺して感謝の祀りをしたために、臣は堯舜に勝るというと、王はそれがどこの里かを調べて、里正（里の長）や伍老（隣組の長のような役職）を罰し、一つの屯（家の単位）ごとに甲二領を取り立てた。閻遏と公孫衍はこれを恥じて、なにもいうことができなかった。その後、数カ月してから、酒を飲みながら、二人が王にその理由を聞くと、王は民がそのような行為をなしたのは、民が自分を愛したからではなく、権勢のゆえであり、自分が権勢を捨てて、民と互いに親しんで治めていけば、そうでなくなった時に民はなにもしてくれなくなるだろう。そのためについに恩愛で治める道を絶ったのだといった。[33] ここでは王の病気平癒祈願のために牛を殺して神を祀っていることが知られる。『韓非子』には本来的に存在した部分と後補の部分とがあり、この部分は後者とされるが、後補部分も韓非子の学統を継いで書きつがれていることは認識されている。

同じく病気平癒のために牛を殺して祈っている事例は『三国志』にもみられる。曹操が陳矯を魏郡の西部都尉にした時、曲周（河北省邯鄲市）に住む民の父が病気にかかった時、子は牛を犠牲に捧げて祈禱した。県は法律にこだわり死刑にしようとしたが、陳矯はこれを孝行であるとして、上奏してこの男を赦免した。[34]

b死者の冢への祀りとしての殺牛

漢代には牛を殺して死者の冢を祀るという話柄が認められる。すなわち、前漢の丞相となった于定国の父の于公は公平な裁きで、人々に慕われ、存命中から彼のために祠が建てられたほどであった。東海郡（山東省）に孝行な婦人がいたが、姑を殺したという冤罪を晴らせず、断罪された。その後、旱魃となり、占った于公はその原因を孝婦の冤罪に求めたため、後任の太守は牛を殺し供えて、自ら孝婦の冢を祀り、また、墓に対してその孝を顕彰したところ、たちどころに大雨が降り、穀物が実ったので、郡中の人々は大いに于公を敬重した、という。[35]

c謝礼・報奨としての殺牛

孝武帝には六人の男子がいたが、そのうち、広陵の厲王胥は昭帝が年少で子がないことから、これに取ってかわろうという野心をもっており、李女須という巫女に祈禱させて願をかけた。すると李女須に孝武帝がのりうつって胥を天子にする、と言った。胥は李女須に多額の銭を賜い、巫山で祈禱させた。時に昭帝が崩御したので、胥は李女須が良い巫女である、といって、牛を殺して供え、祈禱して、報い祀った(36)。

d誓約に伴う殺牛

『三国志』裴松之の註には『呉書』に言うとして、呉の孫堅の有力な武将であった韓当の子である韓綜の記載に牛を殺して行う誓約がみられる。すなわち、いったん、叛逆を企てた韓綜は、左右の者が言うことを聞かぬのではないかと恐れ、父を埋葬するからといって親戚の姑や姉をみな呼び戻して、彼女らを残らず将兵に嫁がせ、お手付きの女中でさえもすべて側近たちに賜与してしまい、牛をつぶして酒を飲み、血をすすって誓約を行った(37)。この記載は礼楽に関してではなく、誓約に際して牛を殺して誓いあった例としてあげられる。

劉宋代に益州刺史の劉道済が費嫌・張熙らを信任して酷政を布いていた時、帛氏奴がこれに怒り、人を集めて盗賊をなし、趙広らとともに叛するに際して、五城令の羅習が刺史の劉道済の腹心であるにもかかわらず盗賊を止めないが、いったん発露した時には禍は測り知れないとし、誓いを結び、ともに戒めあって牛を殺して盟誓した(38)。ここでも、やはり一味同心するのに際して、牛を殺して盟誓を行っている。

e民間祭祀に伴う殺牛行為

地方における殺牛祭祀については、『後漢書』の次の記述が名高い。すなわち、会稽では習俗として、淫祀が多く、占いを好み、民は常に牛をもって神を祀る、とある。これに続けて、第五倫が会稽の太守になった時、この地方に殺牛祭神が流行し、牛の肉を食べて祭らなければ病気になり、死ぬ時牛の鳴き声を出すと信じられていた。そこで、第五倫は、この祭りを断つために属県に対して、巫祝が鬼神に依託し、偽って農民をおそれさせるものがあれば、皆これを抑え、みだりに牛を殺す者がいれば、罰するという命令を出した。はじめ民は恐れ、呪詛妄言したが、ついに断絶することができ、民は安んずることができた、という[39]。

また、地方では城陽景王や項羽神に対して、牛を殺して祭祀を行っていたことがつとに指摘されている[40]。たとえば、南朝・梁の蕭琛が呉興郡の太守に遷任された時、郡には項羽廟があり、土民はこれを憤王と名づけ、はなはだ霊験のあるものとしていた。そのうちに郡の役所に幕を張って神座を設け、公私にわたって祈禱をし、二〇〇〇石程度をすべて用いて、役所では祠を拝し、居室を避けて他の部屋へ移した。蕭琛は神を移して廟に還し、これを処すことを疑わなかった。また、蕭琛は牛を殺すことを禁じ、祭祀を解放し、乾し肉をもって、生肉に代えた、という[41]。

f 漢民族以外の殺牛祭祀

異民族のなかでは夫余の殺牛祭祀が、あまねく知られている。すなわち、『後漢書』夫余国伝には、戦争の時に天を祭り、牛を殺してその蹄で吉凶を占う、とみえる[42]。また、『三国志』夫余伝でも、同じ記載があるが、殺した牛の蹄の開き方によって、開いていれば凶であり、閉じていれば吉であるという記述が加わっている。

北魏時代には甘粛南部に拠ったチベット系遊牧民の宕昌羌について、その習俗として文字がなく、ただ草木の栄落によって時候を知り、その歳時を記すのみであり、三年に一度皆が集まって牛羊を殺して天を祭る、と記されている[43]。

また、北朝代のタングートすなわち党項の習俗についてふれるなかで、三年に一度、集まり会して、牛羊を殺して天を祭る、と記されている[44]。同じく、隋代以降にも党項が三年に一度集って、牛羊を殺していたことが記されている[45]。これらのように夫余、宕昌羌、党項などの漢民族以外の祭祀において、牛を殺すという行為を伴う祭天儀礼がしばしば行われていたことが知られた。

④牛角の利用と祭儀

牛そのもののみならず牛角を祭儀に用いた事例としては、すでにふれたように前漢の武帝の時に、后土神（土地の神）を祀るに際して、有司は太史令司馬談や祠官の寛舒らと相談し、天地の祀りに牛の角を用いていたことを示した。(46) ここでは牛の角が天地を祀るために用いられていたことがわかり、また、后土祠には牛を供えていたことも知られる。

この他に牛を用いた呪術が中国医書に記されている。たとえば、梁の簡文帝が撰したとされる『如意方』は本来、一〇巻から成ったというが、逸書となった。ただし、この書は日本古代の医書などに引用が散見される。そのなかで牛角に関する記述として丹波康頼の『医心方』には『如意方』からの引用が数多くなされており、牛の角に関する記述もみられる。すなわち、牛の角を家の中に埋めると金持ちになる、という記載である。(47) 古代の医書には呪術的な記述も多々みられるが、この記述では単純な医術というよりは呪術的な処方として記されている。このように牛そのものだけでなく、牛角も祭儀や呪術的な行為に用いられていた。

2　仏典の記述

仏教では牛はいわゆる六畜の一つにあげられ、数多くの経典に現れる。ここでは典型的な例のみをあげると、『無量寿経』巻下のなかでも、中国で付加されたとされる、いわゆる「三毒五悪」段の中には「屏営として、愁苦して、念を重ね、慮《おもんばか》りをつみ、心のために走《は》せ使われて、安き時のあることなし。田あれば田を憂い、宅あれば宅を憂い、牛馬六畜・奴婢・銭財・衣食・什物、また共に憂えてこれを憂う」「田なければまた憂い、田あらんことを欲し、宅なければまた憂いて、宅あらんことを欲し、牛馬六畜・奴婢・銭財・衣食・什物なければ、また憂いてこれあらんことを欲す(48)」として、業欲の一つとしての財物として示される。

牛を殺す行為そのものは、僧尼の守るべき戒律を記した律部教典のなかにも、あげられている。たとえば、いわゆる四大広律の一つである『四分律』には「卑業」として「猪・羊を販売し、牛を殺し、鷹鷂を放つ、猟人・網魚、作賊・捕賊者・守城・知刑獄なり」とあげられており、牛を殺すのは「卑伎術」と位置づけられている(49)。同じく四大広律にあげられる『十誦律』でも、「悪戒人とは殺牛、殺羊、養鶏、養猪、放鷹、捕魚、猟師、囲兎、魁膾、呪龍、守獄なり」としてみえ(50)、比丘が悪戒人のところに赴き、問答を行うという設定で、戒律を説く部分に、悪戒すなわち戒律に背くことの一つとしてあげられている。

北涼の曇無讖の訳である『優婆塞戒経』には経中に説く「悪律儀」の一つとして「一には畜羊。二には畜鶏。三には畜猪。四には釣魚。五には網魚。六には殺牛。七には獄卒。八には猟狗を畜う。九には長揺を作る。十には猟師と作る。十一には呪龍。十二には人を殺す。十三には賊と作る。十四両舌。十五には苦鞭鞋枷鎖押額鉄釘焼炙を以って人に加うるなり（後略）(51)…」として、牛を殺すことが戒律に背くことの大なる要素であることが述べられている。

牛を殺すことが戒律に背くことは、たとえば『大智度論』には「此の人は宿業の因縁に、多く牛・馬・猪・羊・麞・鹿・狐・兎・虎・狼・師（獅）子・六駮・大鳥・衆鳥を殺し、多くこの如き等の種類の鳥獣を残賊するにが故に、還ってこの衆の鳥獣の頭、来って罪人を害するなり」とみえ(52)、牛馬をはじめとした鳥獣を殺すことが宿業としてあげられている。

同じく、『大智度論』には、比丘や比丘尼のなかに世間的に仮名《けみょう》を負うて戒を結ぶに実相を論ずることがないことを論ずるに際して、「道人の鞭打して牛羊等を殺せば罪重く、しかも戒は軽きがごとし、女人を讃歎するは、戒中には重きも後世の罪は軽し。化の牛羊を殺せばすなわち衆人嫌わず、譏らず、論ぜず。ただ自ら心の罪を得るのみ。もし真と化の牛羊を殺すに、心異ならざれば、罪を得ることは等し。しかりて戒を制するの意は衆人の譏嫌の為の故に重しと為す」[53]とあるように、牛や羊を殺すことが罪を犯し、戒を破ることの譬えとして用いられている。

その他の教典のなかにも殺牛は戒律を乱し、あるいはまた人の業を判断する具体的な規範の一つとしてあげられる場合が多い。このように仏教における殺牛行為は破戒行為、人間の業、あるいは卑賤な仕事として位置づけられていたことが知られる。

3　出土遺物――中国・新羅の対比的検討

牛を殺す行為に関連する考古資料は、研究史の節（本章第一節）でふれたように、とくに中国古代の祭祀坑などの出土例について体系的な研究が行われており、多くの事例があげられている。その総体的な内容は先行研究に追うこととし、ここでは、新羅と中国古代の殺牛祭祀の特質と関連する内容について、以下にとりあげることにする。

新石器時代から春秋・戦国時代の墓から牛・馬・羊・豚・犬などの骨が出土することがあり、これらは埋葬に伴う動物供犠と考えられている。とくに牛の供犠は殷・西周時代に行われるようになり、戦国時代になると羊を主として、牛・馬が用いられることが明らかにされている[54]。しかしながら、本章は新羅と古代日本の殺牛祭祀との比較を目的とするため、このような墓に対する牛を用いた供犠は古代の朝鮮半島や日本の考古資料としては顕著ではないため、次に祭祀行為そのものに牛が用いられる遺構や遺物に限って、代表的な事例をあげたい。

中国古代における周知の文物として、山西省侯馬から発見された侯馬盟書がある。遺跡は春秋時代後期の大国であった晋に関わった盟誓が行われた場所で、盟約が朱書された石簡・玉玦・玉片が多数発見されている。それらに記された文章の内容には盟約の際に牛馬を犠牲にして祭祝を行ったことが記されている[55]。このような盟誓に関する遺跡は、侯馬遺跡の他にも侯馬市と曲沃県で合わせて九カ所が知られている。その他では天馬・曲村遺跡（山西省翼城県・曲沃県）で春秋・戦国時代の祭祀坑が六〇基近く発見され、玉器とともに牛・馬・羊の骨が出土している。春秋時代以来の秦の都であった雍城遺跡（陝西省）では一八一基の祭祀坑のうち、八六基が牛を犠牲にした祭祀坑であった。

実物の犠牲や遺構の他では竹簡に祈禱を行う儀礼である祭禱が記されている。たとえば包山二号墓（湖北省荊門市）で出土した包山楚簡は書写年代が紀元前三一六年頃とされているが、そのなかに「戠牛」「犆牛」「特牛」などの牛の犠牲を示す語がみえ、これらは主として祖先神の祭祀において行われたと考えられている[56]。「特牛」の語は、紀元前四世紀半ばから後半頃の望山一号墓から出土した望山楚簡にもみえている[57]。その他では紀元前三世紀中頃から後半とされる秦の祭禱玉版の銘文にも「用牛犠貳」の語がみえる。この銘文の大意は祭主にあたる作器者が病気になって、華山で祈禱したところ、効験があって平癒したので、報恩の祭禱を行った、という内容で、このような祭祀に牛が犠牲として用いられていたことがわかる[58]。

金石文の記載によって、同様に牛を殺して盟誓を行っていたことが明らかになった新羅では、殺牛そのものを示す考古資料は知られていないが、牛が死んだ際にのみ得ることができる牛角が古墳から出土している。牛角に関する動物学的な知見では、ウシ科の動物の角は骨と皮膚組織の上にかぶさった角質で、一生落ちることはないが、死ぬと角質と骨がきわめてうまく分離するという[59]。つまり、牛の角は鹿などの角と違って、内部が皮膚組織であるため、生きている状態でうまく切断することは難しく、逆に言うと、牛の角がうまくとれるのは牛が死んだ時、あるいは殺した時に限られ、完全な形で牛の角を得られるのは牛が死んだ時ということになる。

このような点から注目されるのが、天馬塚（慶尚北道慶州市）で出土した牛角である。天馬塚では副葬櫃下段の部分からは、実物の牛の角が二〇本出土した。また、副葬品収蔵櫃内の北側から、「截頭牛角形金銅器」二個が出土している。これは、端部に孔が開けられ、金銅糸が通されており、これらの中には、黍粒とみられる穀がつまっていたとみられているが、用途はわからない。[60]天馬塚の被葬者は確定をみないが、被葬者の有力な候補として、炤知王（在位四七九～五〇〇）や智証王（在位五〇〇～五一四）があげられているように、[61]王または王族の墓と考えて大過ない。これらによって、新羅では王墓・王族の葬送のなかで牛に関わる祭祀が存在したことが知られる。

高句麗では牛そのものに直接関わる考古資料は寡聞にして知らないが、古墳壁画のなかには、牛の図が描かれることがある。とくに安岳三号墳の牛舎の図（前室東側室南壁）では赤牛、黒牛とともに茶色と白色の斑牛が描かれており、[62]これらは高句麗においても基本的に認識されるべき牛の区分であったことがわかる。

第四節　東アジアにおける新羅と日本の殺牛祭祀の特質

中国およびその周辺の殺牛行為について、史料の出典の属性と殺牛行為の意味によって例示してきたが、これらとの比較および相関のなかで、新羅および日本の殺牛祭祀の系譜について述べておきたい。

中国における祭祀的殺牛行為はすでに殷代にはみられ、春秋・戦国時代には一般的に行われていたとされる。おしなべていえば、中国古代の殺牛行為は諸子と呼ばれる思想のなかに認められるが、一般的には儒教的礼制のなかに位置づけられるのであって、これについては『易経』や『礼記』に説くとおりである。すなわち、礼楽のなかで牛を屠って祭祀を行うのが礼式の最たるものとされたのである。また、このような儒教的礼楽における祭祀物としての牛の価値から、牛そのものが饗応の際の奢侈な食物としての意味に転化したと考えられる。

これらの礼楽に伴う殺牛の他にも、牛を殺すことは病気平癒のためや死者の冢への祭り、謝礼・褒賞、誓約などに際して行われたことを文献と史料の記載から挙例した。また、礼制に依拠しない民間で行われた祭祀のなかでも、牛を殺す行為がみられ、漢民族以外にも夫余や宕昌羌および党項などに殺牛祭祀の習俗がみられる。これらは礼制に基づく殺牛とは異なる祭祀と位置づけられる。また、牛そのものの供犠だけでなく、漢代には牛角も祭儀に用いていた。

いっぽう、仏典において、牛を殺すことは戒律に背く行為であり、そのために禁忌ともなり、逆説的に業欲を具現する行為でもあった。このことによって、当然ながら殺牛祭祀が仏教とは相容れない行為を実修することを確認した。

考古資料としての殺牛を示すものとしては、先秦時代の侯馬盟書や祭禱を記した竹簡にみえる牛の犠牲の例をあげ、これらと対比させて新羅古墳から出土する牛角およびそれを模した金銅製品や角杯形土器をとりあげ、牛が死んだ際には角が採取できないことから、牛角やその模製品の存在が殺牛の存在を裏づけることを述べた。

これらと対照して、新羅の殺牛祭祀の特色をあげると、まず祭儀を行うにあたって、犠牲として屠る牛の姿態の特徴が注目される。すなわち、「鳳坪新羅碑」に「新羅六部煞斑牛□□□事大人」とみえるように、新羅六部の官人によって天を祭る儀式が行われる際に犠牲とされたのは「斑牛」であったことがわかる。

これに対して、すでに『玉篇』の記載をあげて論じたように中国古代においては、犠牲とされる牛は、そもそも毛色が単一な牛であった。これは新羅の殺牛祭祀とは根本的に異なる点である。牛そのものの犠牲や供犠は中国の思想書および史料に多出することは、すでにみたとおりであるが、管見の限りでは中国の古代の文献には、この「斑牛」が祭儀に用いられる例は知られず、のみならず、通史的にみても中国史料で、この語が現れる例はきわめて稀であり、例外的であるとさえいえる。

いっぽう、すでにふれたように日本の七世紀以降の殺牛に関する記述の特色としては、すでにいわれている「漢神」という字義にも端的に示されるように、外来の祭祀として認識されていたことであり、その系譜については、新羅の殺牛祭天に由来するという見解が示されている。これについて、『日本霊異記』において、「斑牛」を飼育していたとされる楢磐嶋の出自が注目される。すなわち、『続日本紀』には宝亀八年七月甲子に左京に住む楢日佐河内ら三人に長岡忌寸を山村許智大足らに山村忌寸を賜った、という記事がある[63]。このうち、長岡忌寸を賜った楢氏はいうまでもなく楢磐嶋の所属する氏族であり、『新撰姓氏録』大和国諸蕃には己智氏と同族であるとし[64]、また、秦太子の後裔とされる己智すなわち巨智氏は秦氏と同族であり[65]、ともに新羅系の渡来系氏族とされる[66]。

このように新羅の殺牛祭天に特徴的な「斑牛」が、日本古代の新羅系とされる氏族と関連することは、伝承ではあっても、その前提として、朝鮮半島ひいては新羅における「斑牛」の特別視という史的背景が存在した可能性が考えられる。

この点からみると日本古代の殺牛祭祀は、中国古代に発する殺牛祭祀の直接の系譜を引くのではなく、斑牛を殺して天に誓う新羅の祭儀の要素の一部を受け継ぎながらも、それが『古語拾遺』にみられる牛の肉を溝口に置いて蝗の害を防ぐことや『日本書紀』に皇極天皇元年（六四二）の祈雨のために牛馬を殺して諸社の神を祀ることに示されるように、在来の信仰習俗として取り込まれることとなった。やがて『日本霊異記』にみえるように仏教的価値観との相関などを経て、さらに変容し、習俗として禁止とされるようになるのであろう。

結　語

まず、殺牛祭祀に関する研究史を瞥見し、これまでの議論を統括するとともに、言及されなかった論点を抽出した。

次に新羅と古代日本の殺牛祭祀についての事実提示と各々の特色を提示し、とくに新羅においては、金石資料である冷水碑と鳳坪碑にみえる殺牛祭祀と古代日本における牛馬を屠って神を祀る祭祀を例示した。

次に東アジアにおける殺牛祭祀を示す文献・史料と考古資料のなかで、新羅と古代日本の殺牛祭祀を検討するうえで参照すべき事例をあげた。とくに文献にみえる中国古代の牛の犠牲や殺牛行為に関しては、儀礼に伴う犠牲、奢侈品・贅物としての殺牛行為、病気平癒や墳墓に対する祭祀、謝礼・褒賞としての殺牛、誓約に伴う殺牛、民間祭祀に伴う殺牛などのように狭義の儀礼ではない行為に際して殺牛行為が行われることを例示した。また、漢民族以外では夫余や党項などの殺牛を瞥見した。牛角の利用については漢代に后土神を祀るに際して用いられている例などを示した。いっぽう、仏典では殺牛行為は破戒行為、人間の業、あるいは卑賤な仕事として位置づけられていたことを示した。考古資料としては、先秦時代の盟書にみえる牛の犠牲や新羅古墳から出土する牛角や角杯を示した。とくに新羅の牛角や角杯は牛が殺された場合にしか、入手できない牛角の属性から、牛角の利用は殺牛と深く関連していることを述べた。

これらと対照して東アジアのなかで新羅の殺牛祭祀を検討すれば、斑牛が犠牲として用いられ、天に対する盟誓が行われることが特色であることを示した。日本古代の殺牛祭祀については、『日本霊異記』の殺牛記事に関して

「斑牛」の記述がみえ、これを飼育していた人物が渡来系であることから、中国古代に発する殺牛祭祀の直接の系譜を引くのではなく、斑牛を殺して天に誓う新羅の祭儀の要素の一部を受け継ぎながらも、牛の肉を溝口に置いて蝗の害を防ぐことや祈雨のために牛馬を殺して諸社の神を祀ることに示されるように、在来の信仰習俗として取り込まれたと考えた。

本章で参照した記載や考古資料は広範な地域におよび、所属する時代も多様であって、殺牛の意味も多岐にわたる。諸般の教示を得て、東アジアの供犠や祭祀の意味をさらに深化させた考察を行いたく思う。

注

（1）佐伯有清『牛と古代人の生活』（至文堂、一九六七年）。
（2）栗原朋信「犠牲礼についての一考察」（『上代日本対外関係の研究』吉川弘文館、一九七八年）。
（3）井上光貞『日本古代の王権と祭祀』（東京大学出版会、一九八四年）二七～三四頁。
（4）川村邦光「古代日本と道教的・陰陽道的テクノロジー――仏教、神祇信仰、道教的・陰陽道的信仰の展開――」（山折哲雄編『講座仏教の受容と変容』六　日本編、佼成出版社、一九九一年）。
（5）鈴木英夫「「殺牛儀礼」と渡来人」（田村晃一・鈴木靖民編『アジアからみた日本』新版古代の日本2、角川書店、一九九二年）。
（6）岡村秀典『中国古代王権と祭祀』（学生社、二〇〇五年）。
（7）韓国古代史研究会編『韓国古代史研究』二（知識産業社、一九八九年）（ハングル文献）、李成市「蔚珍鳳坪里新羅碑の基礎的研究」（『史学雑誌』九八―六、一九八九年）、鈴木英夫「「殺牛儀礼」と渡来人」（前掲注5）。近年の釈読としては、カン・チョンフン「蔚珍鳳坪新羅碑の再検討」（『東方学志』一四八、二〇〇九年）（ハングル文献）を参照。

（8）韓国古代史研究会編『韓国古代史研究』三「迎日冷水里新羅碑特集号」（知識産業社、一九九〇年）〔ハングル文献〕、深津行徳「迎日冷水里新羅碑について」（『韓』一一六、一九九一年）、鈴木英夫「「殺牛儀礼」と渡来人」（前掲注5）。

（9）『日本書紀』皇極天皇元年（六四二）七月戊寅条。

秋七月…（中略）…戊寅、群臣相謂之曰、隨村々祝部所教、或殺牛馬、祭諸社神。或頻移市。或禱河伯。既無所效。蘇我大臣報曰、可於寺々転読大乗経典。悔過如仏所説、敬而祈雨。

（10）『続日本紀』巻四〇・延暦十年（七九一）九月一六日

断伊勢、尾張、近江、美濃、若狭、越前、紀伊等国百姓、殺牛用祭漢神。

（11）『類聚三代格』巻第一九・禁制事・延暦一〇年（七九一）九月一六日太政官符・応禁制殺牛用祭漢神事

…（前略）諸国百姓、殺牛用祭、宜厳加禁制莫令為然。若有違犯、科故為殺馬牛罪。

（12）『類聚国史』神祇一〇・雑祭・延暦二〇年（八〇一）四月八日

越前国禁□加□□屠牛祭神。

『日本紀略』延暦二〇年（八〇一）四月八日

令越前国禁断屠牛祭神。

（13）『日本霊異記』中巻第二四・閻羅王の使の鬼、召さるる人の賂を得て免す縁

（14）『江談抄』第一―三〇・大入道殿夢想事

（15）『説文解字』巻三・牛部

犧、宗廟之牲也。

（16）『説文解字』巻三・牛部

牷、牛純色。

（17）『玉篇』

犧、純色牛。

(18)『説文解字』巻三・牛部
牲、牛完全。

(19)『礼記』曲礼・下第二
天子以犧牛、諸侯以肥牛、大夫以索牛、士以羊豕。

(20)『周礼』地官司徒
祀五帝、奉牛牲、羞其肆。享先王亦如之。

(21)『大戴礼記』曾子天円
序五牲之先後貴賤、諸侯之祭牲牛曰太牢、大夫之祭牲羊少牢、士之祭牲特豕曰饋食。

(22)『礼記』王制第五
祭天地之牛、角繭栗、宗廟之牛、角握、賓客之牛、角尺。諸侯無故不殺牛。（後略）…

(23)『易経』
東鄰殺牛、不如西鄰之禴祭、実受其福。

(24)『礼記』坊記第三〇
子云、敬則用祭器。故君子不以菲廃礼。不以美没礼。故食礼。主人親饋則客祭。主人不親饋則客不祭。故君子苟無礼。雖美不食焉。易曰、東鄰殺牛。不如西鄰之禴祭。寔受其福。詩云、既酔以酒、既飽以徳。以此示民。民猶争利而忘義。

(25)『漢書』巻二五上・郊祀志第五上
於是崤以東、名山五、大川祠二、曰太室。太室、嵩高也。恒山、泰山、会稽、湘山、水曰泲、曰淮。春以脯酒為歳禱、因泮凍、秋涸凍、冬塞禱祠。其牲用牛犢各一、牢具圭幣各異。

(26)『漢書』巻二五上・郊祀志第五上

及高祖禱豊枌楡社、徇沛、為沛公、則祀蚩尤、釁鼓旗。

(27)次注にみえる『漢書』巻二五上・郊祀志第五上の「其後二歳」についての理解は下記の文献によっている。藤田忠「漢・高祖の霊星廟について」(『国士舘大学文学部人文学会紀要』別冊2、一九九〇年)。

(28)『漢書』巻二五上・郊祀志第五上

其後二歳、或言曰周興而邑立后稷之祠、至今血食天下。於是高祖制詔御史、其令天下立霊星祠、常以歳時祠以牛。

(29)『漢書』巻二五上・郊祀志第五上

其明年、天子郊雍、曰今上帝朕親郊、而后土無祀、則礼不答也。有司與太史令談、祠官寛舒議、天地牲、角繭栗。今陛下親祠后土、后土宜於沢中圜丘為五壇、壇一黄犢牢具。已祠尽瘞、而従祠衣上黄。於是天子東幸汾陰。汾陰男子公孫滂洋等見汾旁有光如絳、上遂立后土祠於汾陰脽上、如寛舒等議。

(30)『戦国策』巻一二・斉五・蘇秦説斉閔王

戦者、国之残也、而都県之費也。残費已先、而能従諸侯者寡矣。彼戦者之為残也、士聞戦則輸私財而富軍市、輸飲食而待死士、令折轅而炊之、殺牛而觴士、則是路君之道也。

(31)『史記』巻七五・列伝第一五・孟嘗君

…(前略)召取孟嘗君銭者皆会、得息銭十万。迺多醸酒、買肥牛、召諸取銭者、能與息者皆来、不能與息者亦来、皆持取銭之券書合之。斉為会、日殺牛置酒。酒酣、乃持券如前合之、能與息者、與為期、貧不能與息者、取其券而焼之。(後略)…

(32)『漢書』巻六八・列伝第三八・霍光金日磾／霍光

臣聞客有過主人者、見其竈直突、傍有積薪、客謂主人、更為曲突、遠徙其薪、不者且有火患。主人嘿然不応。俄而家果失火、鄰里共救之、幸而得息。於是殺牛置酒、謝其鄰人、灼爛者在於上行、余各以功次坐、而不録言曲突者。人謂主人曰、郷使聴客之言、不費牛酒、終亡火患。今論功而請賓、曲突徙薪亡恩沢、燋頭爛額為上客耶、主人乃瘖而請之。今茂陵徐福数上書言霍氏且有変、宜防絶之。郷使福説得行、則国亡裂土出爵之費、臣亡逆乱誅滅之敗。往事既已、而福独不蒙其功、唯陛下察之、貴徙薪曲突之策、使居焦髪灼爛之右。

(33)『韓非子』第三五巻・外儲説右下・第三五
一曰、秦襄王病、百姓為之禱、病愈、殺牛塞禱。郎中閻遏、公孫衍出見之曰、非社臘之時也。奚自殺牛而祠社、怪而問之。百姓曰人主病、為之禱、今病愈、殺牛塞禱。閻遏、公孫衍説、見王、拝賀曰過堯舜矣。王驚曰、何謂也。対曰堯舜其民未至為之禱也。今王病、而民以牛禱、病愈、殺牛塞禱、故臣窃以王為過堯、舜也。王因使人問之何里為之、訾其里正与伍老屯二甲。閻遏、公孫衍媿不敢言。居数月、王飲酒酣楽、閻遏、公孫衍謂王曰前時臣窃以王為過堯舜非直敢諛也。堯舜病、且其民未至為之禱也。今王病而民以牛禱、病愈、殺牛塞禱。今乃訾其里正与伍老屯二甲、臣窃怪之。王曰子何故不知於此。彼民之所以為我用者、非以吾愛之為我用者也、以吾勢之為我用者也。吾釈勢与民相收、若是、吾適不愛、而民因不為我用也、故遂絶愛道也。

(34)『三国志』巻二二・魏書二二・陳矯
曲周民父病、以牛禱、県結正棄市。矯曰、此孝子也。表赦之。

(35)『漢書』巻七一・雋疏于薛平彭伝第四一・于定国
太守竟論殺孝婦、郡中枯旱三年。後太守至、卜筮其故、于公曰、孝婦不当死。前太守彊断之、咎党在是乎。於是太守殺牛自祭孝婦冢、因表其墓、天立大雨、歳孰。郡中以此大敬重于公。

(36)『漢書』巻六三・列伝第三三・武五子／広陵厲王劉胥
始昭帝時、胥見上年少無子、有覬欲心。而楚地巫鬼、胥迎女巫李女須、使下神祝詛。女須泣曰、孝武帝下我。左右皆伏。言吾必令胥為天子。胥多賜女須銭、使禱巫山。会昭帝崩、胥曰女須良巫也、殺牛塞禱。

(37)『三国志』巻五五・呉書一〇・程黄韓蔣周陳董甘淩徐潘丁伝第一〇・韓当
呉書曰、綜欲叛、恐左右不従、因諷使劫略、示欲饒之、転相放效、為行旅大患。後因詐言被詔、以部曲為寇盗見詰譲、云将吏以下、当並収治、又言恐罪自及。左右因曰、惟当去耳。遂共図計、以当葬父、尽呼親戚姑姉、悉以嫁将吏、所幸婢妾、皆賜與親近、殺牛飲酒歃血、與共盟誓。

(38)『宋書』巻四五・列伝第五・劉粋／粋弟・道済
其年七月、道済遣羅習為五城令、(帛)氏奴等謀曰、羅令是使君腹心、而卿猶有作賊盗不止者、一旦発露、則為禍不測。宜結要誓、共相禁検、乃殺牛盟誓。

(39)『後漢書』列伝第三一・第五鍾離宋寒・第五倫
会稽俗多淫祀、好卜筮。民常以牛祭神、百姓財産以之困匱、其自食牛肉而不以薦祠者、発病且死先為牛鳴、前後郡将莫敢禁。倫到官、移書属県、暁告百姓。其巫祝有依託鬼神詐怖愚民、皆案論之。有妄屠牛者、吏輒行罰。民初頗恐懼、或祝詛妄言、倫案之愈急、後遂断絶、百姓以安。

(40)佐伯有清『牛と古代人の生活』(前掲注1)一五五～一五九頁。

(41)『梁書』巻二六・列伝第二〇・蕭琛
郡有項羽廟、土民名為憤王、甚有霊験、遂於郡庁事安施牀幕為神座、公私請禱、前後二千石皆於庁拜祠、而避居他室。琛至、徙神還廟、処之不疑。又禁殺牛解祀、以脯代肉。

(42)『後漢書』列伝第七五・東夷列伝／夫余
有軍事亦祭天、殺牛、以蹄占其吉凶。

(43)『魏書』巻一〇一補・列伝第八九・宕昌羌
俗無文字、但候草木栄落、記其歳時。三年一相聚、殺牛羊以祭天。

(44)『北史』巻九六・列伝第八四・党項
三年一聚会、殺牛羊以祭天。

(45)『隋書』巻八三・列伝第四八・西域／党項
三年一聚会、殺牛羊以祭天。
『旧唐書』巻一九八・列伝第一四八・西戎／党項羌

三年一相聚、殺牛羊以祭天。

『新唐書』巻二二一上・列伝第一四六上・西域上／党項

三年一相聚、殺牛羊祭天、取麦他国以醸酒。

(46)『漢書』巻二五上・郊祀志第五上

其明年、天子郊雍、曰今上帝朕親郊、而后土無祀、則礼不答也。有司與太史令談、祠官寛舒議、天地牲、角繭栗。（後略）…

(47)『医心方』

如意方云、埋牛角宅中、富。

(48)『無量寿経』巻下（大正新脩大蔵経第一二巻二七四頁中段～下段）

屏営愁苦。累念積慮。為心走使無有安時。有田憂田。有宅憂宅。牛馬六畜奴婢銭財衣食什物。復共憂之。重思累息憂念愁怖。……無田亦憂欲有田。無宅亦憂欲有宅。無牛馬六畜奴婢銭財衣食什物。亦憂欲有之。

(49)『四分律』巻第一一・九十単提法一（大正新脩大蔵経第二二巻六三五頁中段）

若本非卑姓習卑伎術即是卑姓。卑業者。販売猪羊殺牛放鷹鶕獦人網魚作賊捕賊者守城知刑獄。

(50)『十誦律』巻第二（大正新脩大蔵経第二三巻一〇頁中段）

讃歎有三種。一者悪戒人。二者善戒人。三者病人。悪戒人者。殺牛殺羊養鶏養猪放鷹捕魚獦師囲兎偸賊魁膾呪龍守獄有比丘到悪戒人所。

(51)『優婆塞戒経』巻第七・業品第二十四之余（大正新脩大蔵経第二四巻一〇六九頁下段）

是故経中説悪律儀。一者畜羊。二者畜鶏。三者畜猪。四者釣魚。五者網魚。六者殺牛。七者獄卒。八畜獦狗。九作長搋。十作獦師。十一呪龍。十二殺人。十三作賊。十四両舌。十五以苦鞭鞋枷鎖押額鉄釘焼炙加人。

(52)『大智度論』巻第一六（大正新脩大蔵経第二五巻一七六頁上段）

此人宿業因縁多殺牛馬猪羊麞鹿狐兎虎狼師子六駮大鳥衆鳥。如是等種種鳥獣多残賊故還為此衆鳥獣頭来害罪人。

(53)『大智度論』巻第八四（大正新脩大蔵経第二五巻六四八頁中段）
如道人鞭打殺牛羊等罪重而戒軽。讃歎女人戒中重後世罪軽。殺化牛羊則衆人不嫌不譏不論。但自得心罪。若殺真化牛羊心不異者得罪等。然制戒意為衆人議嫌故為重。
(54)岡村秀典『中国古代王権と祭祀』第六章　墓の動物祭儀（前掲注6）。
(55)山西省文物工作委員会編『侯馬盟書』（文物出版社、一九七六年）、江村治樹「侯馬盟書の性格と歴史的背景」（『春秋戦国秦漢時代出土文字資料の研究』汲古書院、二〇〇〇年）〔初出は一九七八年〕。
(56)陳偉「湖北荊門包山卜筮楚簡所見神祇系統与享祭制度」（『考古』一九九九年第四期）〔中国語文献〕、岡村秀典『中国古代王権と祭祀』（前掲注6）。
(57)浅原達郎「望山一号墓竹簡の復原」（小南一郎編『中国の礼制と礼学』朋友書店、二〇〇一年）。
(58)李零「秦駰禱病玉版的研究」（『国学研究』六、一九九九年）〔中国語文献〕、侯乃峰「秦駰禱病玉版銘文集解」（『文博』二〇〇五年第六期）〔中国語文献〕。
(59)三浦慎悟「角のできかた、使われかた」（『アニマ』一三三、一九八四年）。
(60)韓国文化財管理局『天馬塚――慶州市皇南洞第一五五号古墳発掘調査報告書』（学生社、一九七五年）。
(61)韓国文化財管理局『天馬塚――慶州市皇南洞第一五五号古墳発掘調査報告書』（前掲注60）。
(62)共同通信社ほか編『高句麗壁画古墳』（共同通信社、二〇〇五年）。
(63)『続日本紀』宝亀八年・七月
甲子。左京人従六位下椀日佐河内等三人賜姓長岡忌寸。正六位上山村許智大足等四人山村忌寸。
(64)『新撰姓氏録』大和国諸蕃
長岡忌寸己智同祖。諸歯王之後也。
(65)『新撰姓氏録』大和国諸蕃
己智出自秦太子胡亥也。

(66) 平野邦雄「秦氏の研究（二）」（『史学雑誌』七〇―四、一九六一年）。

第二章　東アジアの霊山

——地域史・交渉史の視点から——

序　言

中国大陸と朝鮮半島には数多くの信仰と関係する山々があり、それらは永きにわたって人々の崇敬を集め、多くは現在にいたるまで山岳信仰の名山として著聞する。その歴史の蓄積は途方もなく厚く、また人々の心の文化の集積でもあって、本章でそれらのすべてを網羅的、体系的に扱うことは紙幅も、また筆者の力量もはるかにこえている。よって、ここではとくに古代における東アジアの地域間交渉史考究という筆者の研究課題と関連して、まず、東洋学の研究史としての山岳信仰についてふれた後、東アジアの他地域と歴史的関係性を有する霊山の側面を中心として概述したい。

中国における霊山の研究はあまりにも浩瀚であり、明・清代以来、それぞれの霊山ごとに地誌が著され、近代以降に、叢書としてまとめられている。(1) これを体系的に繙き、論述することは各々の霊山について一書をなすほどの研究であるが、論点をしぼり、いくつかの側面から整理することも、あながち意味のないことではなかろう。そこで、ここではとくに山岳ではありながら、東アジアの他地域との関わりに着目して整理し、一定の視点を提供することによって鶏肋たりうれば幸いである。

筆者は日頃、考古学を中心として東アジアの地域史を学んでいる者であるがために、多岐にわたる先学の成果によりつつ、東洋史や中国文学の成果を筆者なりの視点で整理することによって、古代における中国と朝鮮半島の山岳信仰の特色を概観してみたい。

第一節　中国の霊山と山岳信仰の多面的歴史相

中国大陸における山に対する信仰は現在にいたるまで、永きにわたって、歴史の諸相と深く関わりながら続いている。山への信仰を記した文献としては、まず、『山海経』をあげねばならない。『山海経』は春秋時代から前漢頃にいたる長い期間にわたって形成された内容をもつと考えられている。そして、日本における東洋史学および中国文学などを含む東洋学の研究において、多様な側面から考究されてきた。

中国の霊山とされる山々には神仙思想や道教の信仰に基づく山岳と仏教信仰による山岳がある。五岳とされる東岳・泰山（山東省）、西岳・華山（陝西省）、南岳・衡山（湖南省）、北岳・恒山（山西省）、中岳・嵩山（河南省）である。もともと泰山以下の四岳に対する祭祀があって、後に嵩山が加えられて、五岳になった(2)。

これらに対して、たとえば『史記』封禅書では『尚書』にいうとして、伝説上の聖帝である舜が四岳に登って柴を焚いて祭りを行い、また五岳を巡狩し、禹もこれに遵じたと記され(3)、これらの説話は五岳の意味を象徴的に示している。いっぽうで仏教の霊山としては五台山、峨眉山、普陀山、九華山の四つの名山がある。この他にも天台山や廬山など仏教の展開に資した山々がある。

これらに対して地域史・交渉史の視点から瞥見していくにあたって、まず、東洋学の研究史を繙きながら、中国古代の山岳に対する信仰を象徴的に記した『山海経』の内容を瞥見する。その後、東アジアの他地域との関係という側面から、個々の霊山について記述する。とくにそのなかでも日本の僧と関わりの深い霊山を中心としてふれたい。

第二節　東洋史学・中国文学の研究からみた『山海経』の山神祭祀

1　『山海経』とその研究

『山海経』はすでにふれたように春秋時代の末から前漢代にかけて形成されたとされるが、諸説があり、定説をみない。とくに編著者の特定はそのような本書の性格上、非常に困難とされる。(4)『山海経』は一八編が現存し、大きくは前半五編の山経と後半一三編の海経に二分され、命名もこれによっている。

本章に関わる山岳に関する記述は前半の山経にみられるが、その内容は地名の考察、洛陽を中心とした諸地域の山岳とそこにいる神々とその祭祀法、神話伝承、山川に棲む動植物などである。内容は現代人の目から見ると奇異な記述であり、とくに動植物については荒唐無稽と思われる記載が多いが、必ずしも事実に基づかない記述のみではないとされる。(5)

『山海経』にみえる山々に対して、近代以降の日本における文献学的研究としては小川琢治氏の業績があげられる。小川氏は版本・錯簡・形成された時期などについて、その後の研究の基礎を築いた。(6)その後、『山海経』に関する専論としては神田喜一郎氏の研究がある。(7)さらに、中国史に対する歴史地理学的な研究で知られる森鹿三氏も再三にわたって、『山海経』を中心とした中国の古代の山岳信仰について論じている。(8)また、中国文学の立場から、

『山海経』についての体系的な研究は伊藤清司氏や松原稔氏によって行われている。[9]

2　『山海経』にみえる山岳祭祀の意味

『山海経』には山岳の祭祀について、多くの記述があるが、ここでは前述の諸研究の要点をまとめて、中国古代の山岳に対する信仰観念について整理してみると、

①山岳に犠牲を供えることが多い。
②山岳に玉を埋める行為が儀礼の中心となっている。
③犠牲・玉を用いる場合、穀類や酒類を供える。
④上記の祭祀の前提として、人の死後には霊魂が山岳に集まり、草木鳥獣虫魚玉石などの形となって生活すると考えられた。

となる。

中国古代の山岳祭祀については、いわゆる経書とされるものにも記述があり、先学はそれらと『山海経』の記述との比較研究を行い、如上の論点を導き出している。また、松原稔氏によれば、経書における山岳祭祀は公的であり、政治的に王侯が執り行い、天下安寧を祈願したり、降雨を願ったり、旅程の安全を祈るなどの目的で遠隔地からの山岳崇拝が主体であるとする。これに対し、『山海経』にみえる山岳祭祀は祖先神と山中に棲む動物が結合した山の神への畏敬に基づく祭祀であり、山神祭祀という方が適切であるとする。そして、経書とは対照的に在地的な民間の祭祀であると位置づけている。[10]このように『山海経』にみられる山神祭祀は中国古代の習俗としての山岳信仰の特色を端的に示しているとされている。

第三節　泰山――封禅儀礼の山

1　泰山への信仰

泰山は山東省泰安市にあり、中国五岳の筆頭として歴史に著聞するのみならず、現在も多くの参拝者を集めている。泰山は海抜一五二四メートルで、古代の皇帝たちが、ここで天地を祀った封禅の儀式を行ったことで知られる。ここで封禅を執り行った主な皇帝をあげると、秦の始皇帝、前漢の武帝、後漢の光武帝、唐の太宗、玄宗などの史上に名高い帝王たちの名が並ぶ。泰山への信仰は古く、『詩経』や『春秋左氏伝』『孟子』をはじめとした先秦時代の文献にも現れる(11)。

そのうちいくつかの記述をあげると、真偽は別として『孟子』尽心章句上には「孔子……登太山而小天下」とあり、孔子が太山（泰山）に登ったという記述がある。また、『春秋左氏伝』には昭公四年（紀元前五三八年）正月に泰山の名が現れることから、すでに紀元前六世紀頃には泰山に対する信仰があったとされている(12)。

2　始皇帝の封禅

泰山で初めて行われた秦の始皇帝の封禅の儀式については、『史記』始皇本紀に記載がある。それによると始皇帝の二八年（紀元前二一九）に現在の鄒（山東省の国名）の嶧山に石を立て、秦の徳を石に刻んで、封禅や諸方の山川を祭祀することを議した後、泰山に上り、石を立て、土を高く盛って祭りをし、山を下り、さらに泰山の下にある梁父山の土地を平らにして地を祭り、石を刻したとある(13)。それに続いて、「皇帝位に臨み、制を作り、法を明らかにし、…（中略）…この泰山に登り、東方の果てを周覧す（後略）…」のように「泰山」の語が含まれた文章を刻した石を立てたことが記されている。(14)『史記』始皇本紀には始皇帝にちなむ刻石は七種が記されているが、他の六種が始皇帝自身によるのに対し、この泰山刻石の文章の末尾には「遺詔を遵奉し、永く重戒を承く」という文があり、始皇帝の死後、その事業を回顧するために二世皇帝によって追刻された部分があることが知られる。(15)

始皇帝の封禅を嚆矢として、歴代の皇帝が封禅を行ったところとして知られる泰山の南麓にある岱廟には、数多くの石刻・碑があるが、とりわけ、この記載にみられる泰山刻石が名高い。これは清の嘉慶二〇年（一八一五）に再発見された二つの石片である。従来、刻石の文字は宰相であった李斯によるものとされてきたが、近年ではこれに疑問を呈し、趙高の筆になるとする主張もある。(16)

また、この刻石が再発見される以前にも、宋代にはすでに傷みが著しかったらしく、その時点で判読できる字数はわずかであったという。(17)その後、原刻石の文字は時代を経て伝存されているが、その過程で新たな拓本とされるものが加わったりし、種々の別本があるため、基本となる要件である文字数を含めて、(18)流伝のなかで論議される点が多い。

これらのことから泰山刻石を歴史資料として使用する場合は前提となる歴史学的な検証作業を経ることによって、泰山が有する豊富な史・資料が、いっそう東アジアの人文学研究の展開に寄与することになろう。

第四節　神仙思想・道教からみた霊山の様体——金文にみえる霊山と唐代の詩作より

1　金文にみえる霊山としての泰山

中国の霊山は一つの宗教や信仰によるのではなく、複合的な要素によって成立していることが多い。ここではとくに泰山と天台山をとりあげ、前者は考古資料としての金石文にみえる例から、神仙思想の霊山としての側面をみて、後者は唐代の詩作にとりあげられた例から、道教における霊山の特質にふれることにする。

金文とは金属器に刻されたり、鋳出された銘文のことを指し、中国では殷代より青銅器に文章が記される。泰山が記されるのは青銅で作られた鏡であり、後漢代の方格規矩四神鏡の銘文には、(19)しばしば「上大山見神人、食玉英飲澧泉、駕交龍乗浮雲（後略）…」のような文章を含む類型の銘文がみられることが指摘されている。(20)ここに出てくる「大山」は「太山」とも記されるが、これはある文字を同音の他の漢字で表す漢語に特徴的な音通という表記法であり、泰山を指すことに違いはない。銘文そのものは「泰山に上って神人に見え、玉英を食し、澧泉を飲み、交龍に駕して、浮雲に乗り（後略）…」というほどの意味で、この後にも吉祥句が続く場合が多い。

この類型の銘文にみられる「神人」「玉英」「澧泉」「上天」などはいずれも神仙思想および後の道教に関連する語句であり、泰山に上ると神人に会える、という文からは、後漢代に泰山は神仙の居るところと認識されていたことがわかる。そして、このような銘文に記されているのは、いずれも不老長生に資する仙人の生活であり、また、道家の養生に対する方法である。(21)この類型の銘文で「上泰山」の文字が用いられる場合もあり、(22)神仙の住む山としての泰山が、すでにこの文字とともに認識されていたことが知られる。

2　唐代詩作中の道教的霊山としての天台山

唐代の詩作のなかには霊山がしばしば読み込まれ、天台山もその例外ではない。たとえば、李白（七〇一～七六二）は「天台山暁望」という詩のなかで、天台山を「華頂、百越に高し」と形容し、あるいはまた、「薬を服し、金骨を錬る」として、仙人になるための服薬を詠み、道教の霊山であることを示している。この詩は天宝元載（七四二）の作品とされ、時の著名な道士たちの推薦により、李白は玄宗皇帝に召しだされた年であり、時勢に応じて、豊かな想像力で神仙にいたろうとする姿勢を表現したらしい(23)。

また、「春眠暁を覚えず」で始まる「春暁」の詩によって著聞する孟浩然（六八九～七四〇）は、四〇歳まで故郷である襄陽（湖北省）に隠棲した後、科挙試験を受け、進士に応じようとしたが、落第する。この後、彼は失意のうちに、いったん故郷に戻るが、屈辱の念は晴れることなく、南へと旅立つことになる。このあたりの経緯と、孟浩然の心情との関わりを考察したものとして、近年の加藤国安氏の論考がある(24)。それに導かれながら、傷悴の孟浩然の心に映じた道教の霊山としての天台山を点描しよう。

孟浩然の詩のなかで、唐代当時の天台山について知ることができる詩作は数々ある。まず、天台山に向かう際には「羽人、丹丘にあり。吾亦た此れ従り逝《よ》かん」とあり(25)、羽人すなわち仙人が住うところであるとし、そこに向かおうとする気持ちを表現している。

また、天台山の特質について、端的に示す詩作としては題名そのものが「天台の道士に寄せる」という詩があり、その内容には天台山が海上にあるという三仙山を眺められるといい、また、仙薬である霊芝を採取したり、伝説の仙人である赤松子に仙界に連れていってもらう、ことなどが詠われている。

他にも「鶏鳴いて日の出を見、毎《つね》に神仙と会う。往来す、赤城の中」とか、(26)友人である太一という道士が「霞を餐《く》らい、赤城に臥す」と詠じている。(27)

このような天台山の道教的霊威にふれた孟浩然は精神的慰安を得たことによって、やがて現実へと回帰するとされる。(28)同じく唐代の詩人である白居易（七七二～八四六、白楽天）には、簡寂観という道観で、仙薬としての雲母粉を服用した、という内容の詩がある。(29)中年以降の白居易は道教に傾倒したとされることから、(30)この詩に詠われた雲母粉の服用は詩的な心象風景ではなく、詩人の実際の体験である可能性が高い。このことからも看取されるように唐代における道教は、現代人が想像しがちな無稽な呪的習俗ではなく、当時の人士にとって、現実の効力を期待された思想と行為であったことを思うべきであろう。

第五節　円仁が書き残した霊山――五台山

1　円仁の五台山への巡礼行

五台山は中国山西省東北部の五台県にある仏教の名山として知られる。五峰があり、その最高峰は標高三〇〇〇メートルに及ぶ。五台山は『華厳経』にみえる文殊菩薩の住地である清涼山に模され、普賢菩薩の霊地である峨眉山、観音菩薩の霊地である普陀山とともに、中国仏教における霊山として並び称される。

五台山における仏教の盛期は唐代であるが、日本からも奈良時代の玄昉をはじめとして、その後、平安時代には「請益僧」、いわば短期留学生として遣唐使に伴って入唐した円仁が、畢生の願いであった仏教の聖地である五台山を訪れている。時に唐の開成五年（八四〇）、円仁は四七歳であった。円仁が五台山にあった時に目にし、耳に聞いた多くの事物を含めて、円仁の入唐の有様は彼が書き残した日記である『入唐求法巡礼行記』としてあまりにも名高く(31)、近代以降におけるその研究史においても、駐日大使でもあったライシャワー氏による研究が著聞するほどに国際的、かつ学際的である(32)。

円仁の記述のなかで東アジアの地域間交渉の視点からとくに興味深いものとして、南台の谷にあった七仏寺教誡院にあった一篇の漢詩である。すなわち、渤海の僧である貞素が、かつてここに住んでいた日本僧・霊仙を追悼して詠じた作「日本国内供奉大徳霊仙和尚を哭する詩ならびに序」を板に墨書したものであり、これを見た円仁はその全文を筆記している。末尾に「太和二年四月十四日書」とあり、記された年次が八二八年であることがわかる。円仁が五台山を訪れる一〇年以上前にここに住した日本僧の存在を、この記載によって知ることができる。

2　巡礼行記の分析——社会経済史的視点

円仁と『入唐求法巡礼行記』に関する膨大な研究成果を整理し、あるいは総括する任に筆者ははるかに及ばないが、とくに多様化する近年の研究のなかで興味深い論点を一つあげると、円仁の在唐中の金銭出納についての分析が行われていることがあげられる。すなわち、井上泰也氏による支出や収入の逐一に及ぶ詳細な検討であり(33)、とくに注目されるのは、円仁より二三〇年余り後に入宋した成尋の金銭出納との対照的検討がなされた点にある(34)。詳細は井上論文にゆずるとして、社会経済史の面から興味深いのは円仁と成尋の用いた貨幣とその代替に得た財物である。円仁は銅銭と沙金（砂金）、絹を用いて支払いをしており、銅銭の使用は『入唐求法巡礼行記』の記述から判明する三四回の支出のなかで一四回とされる。これに対して、成尋の場合は銅銭、沙金、銀に加えて水銀による支出も二回みられる。水銀は古代から中世にかけて、外国との貿易品であり(35)、とくに唐から宋代の中国では水銀の需要が大きく、日本から輸入されたが、その結果として、日本が神仙思想における東方の蓬萊や扶桑という霊山や霊地として認識されたのではないかという指摘もある[36]。

いっぽう、成尋の支出のなかで銅銭による支払例は約二三〇回にも上るという。円仁の渡唐から成尋の入宋までの間の経済の変化が彼らの日記にも如実に現れており、この点でも古代から中世に中国へ渡った僧たちの記録が歴史資料としての多様性と重要性を示している。

また、五台山をはじめとした仏教の名山に登拝した日本僧は、史料の上では北宋代に二二人、南宋代には一〇九人に上るとされ[37]、これらの人々が歩んだ道々には艱難とともに多様な研究の材料が残されている。

第六節　成尋の記録による日宋交渉の向こうにみえる仏教の名山——天台山

1　成尋の渡宋日記

五台山のところでも注目した天台宗の僧・成尋（一〇一一～一〇八一）は、宿願の末、六二歳で宋に渡り、天台山と五台山に登拝したことで知られる。唐代から宋代にかけての中国に渡った日本の僧は数多おり、宋代だけをとりあげても、一〇〇人を軽く超えることはすでにふれたとおりであり、成尋以前にも円珍や奝然、寂昭などの僧が唐代から宋代の中国へ渡っているが、円珍の日記（八五三～八五九年在唐）は伝存せず、抄本である『行歴抄』一巻のみが残されている。奝然や寂昭の日記も失われた。成尋はこれらの僧の日記を読んでおり、円仁や奝然の日記を携えて旅行している[38]。

成尋が先達たちの残した記録も参照して書き残した詳細な日記があり、その有様をつぶさに後世に伝えている。

すなわち、『参天台五台山記』であり、成尋の入宋の価値を史料的にも高めている。(39)

この日記は記事が微に入り、細に及ぶが、とくに成尋を天台山や五台山に向かわせた交通とその背景にある当時の日宋交渉を中心に瞥見したい。

2　成尋の乗船にみる日宋交渉

成尋を乗せた宋の商船が日本を出発したのは延久四年（一〇七二）三月一五日であり、出航地は肥前国松浦郡の壁島（現在の加部島、佐賀県東松浦郡呼子町）であった。現在は架橋によって陸続きになっているこの島は、あたかも玄界灘の波濤から呼子の港を守るような位置にある。加部島のさらに沖には『日本書紀』には後の武寧王である百済の斯麻王が生まれたと記されている加唐島があり、(40)南南西には豊臣秀吉が大陸侵略の拠点とした名護屋城がある。よりさかのぼると呼子には縄文時代の末から弥生時代の初め頃にかけて、大陸の墓制である支石墓を含む墓地として知られる大友遺跡も知られている。(41)これらから知られるように、この地域は古代より大陸との交渉と深い関わりをもっているのみならず、歴史のなかで大陸への足がかりとされた地である。中世には倭寇の拠点となったこの地は、近年の研究では環シナ海という、現在の国境を越えた地域設定もなされるほど海を介した交流と交渉の結節点となっていた。近代以前はとくに島や半島が海路にあっての要衝であることが多いが、呼子や加唐島、そして成尋が日本列島に最後の足跡を残した加部島もまさにそのような地であった。

成尋が入宋に際して詠んだ歌が残っている。

白波をわけてぞわたる法《のり》の舟さしけむ人の跡を尋ねて
（『新千載集』巻八・羈旅歌）

法の船とは仏教でいう弘誓《ぐぜい》の船であり、衆生を救わんとする仏の誓いを、人々を渡し行く船にたとえた語であるが、旅立ち行くわが身をそれに仮託した成尋の心延《ば》えを伝えている。

成尋を乗せた船の手配をしたのは宋人の曾聚であることに加えて、成尋の弟子たちが宋の皇帝から贈られた経典や仏像などを携えて帰国した際も、宋人の孫吉の船で明州を出航したという記事がある。(42) これにとどまらず当時の入宋は宋船に頼っており、宋人の往来が盛んであり、延久五年（一〇七三）から永保二年（一〇八二）までの間の足かけ八年にわたって日本に滞在し、当時、宋商人としてよく知られていた孫忠が孫吉その人であるとする見方も示されている。(43) このような記事から、彼が宋と日本の間の公的および民間での交渉において重要な役割を担っていたことがわかる。ここで民間としたように、成尋の入宋も公式な裁可を受けたものではなく、いわば密航によって宋に渡った成尋が、結局は時の神宗皇帝に拝謁するまでにいたったのも、当時の宋王朝が日本との交渉を求めていたという背景がある。

そのような点から、成尋が乗った船は当時の国際的な環境をそのまま映しており、船頭たちはそれぞれ南雄州（現在の広東省）、福州（福建省）、泉州（福建省）など、いわゆる閩越地域と呼ばれる華南地域の、しかも沿海地方の人々が主であったが、その他にも同乗の人として、但馬（兵庫県）に住む中国人・林養の子であった林皐もいた。林養については『百錬抄』の康平三年（一〇六〇）に越前国（福井県）に漂着したため、宮廷では彼らに食糧を与えて、博多へ向かわせたという記事がある。(44) その林養の子が『参天台五台山記』の延久四年（一〇七二）三月二二日条に「但馬唐人」として現れる成尋と同船した林皐であり、これらによって林養が日本に住み着いたことがわかる。(45) この間の経緯は当時の日本と宋の交流の一端を反映しているといえよう。いわば当時の国際的状況を象徴するこのような便船の存在こそが、成尋の五台山や天台山への登拝を可能にしたのである。

成尋は壁島を後にした後、風浪に弄《もてあそ》ばれながらも杭州（浙江省）に到着する。その後、オウムや象を見物したり、南方の珍果である茘枝を食したりと、見聞を重ねながら、成尋の旅は続いていくが、結局、彼は再び日本への帰路はたどることなく、九年間の滞在の末、七一歳を一期として、宋で入寂したと伝えられる。(46)しかしながら、彼の日記は同行した僧たちの帰国に際して持ち帰られ、一年三カ月に及ぶ詳細な記録が後世に伝えられることとなった。そして、平安時代末の日宋間の交渉の実態と中国の風物、そして、仏教の名山の有様を今も我々に示している。

第七節　日本僧の撰した石碑のある霊山——嵩山

1　嵩山の日本僧

嵩山は河南省鄭州の南西に聳え、標高は一四四〇メートルを測る。山中には少林寺や中岳廟のある霊山で、『史記』封禅書にも「嵩高を中岳となす」と記されているように、(47)中国の五岳のなかでは中岳として知られる。漢代の遺跡としては中岳廟の南に元初五年（一一八）の銘文のある太室石闕と登封県の北に延光二年（一二三）銘の陽城県開母廟石闕という、いずれも後漢代の紀年銘のある石闕がある。(48)

その後の嵩山には三国時代には寺院が建てられ、後に仏教の名山としても知られるようになるが、北魏の道士である寇謙之が、ここで修行して、新天師道という道教教団を成立させたことから、道教の霊山でもあった。

その後、すでにふれたように宋代には成尋以後で、記録によってその活動がよくわかる日本僧としては、古源邵元がいる。

邵元は永仁三年（一二九五）越前に生を享け、鎌倉、京都で禅を学び、その後、嘉暦二年（一三二七）に元に赴き、五台山登拝の後、少林寺に留学し、都合二一年間にわたって少林寺で学んだ。彼は元の朝廷から、一〇〇人の高僧のうちの一人に選ばれるなど、当代の中国において、名を高めた。

邵元の事績は佐藤秀孝氏の一連の著作に詳しい(49)。本章も佐藤氏の業績に従って、その人生を彩る重要な事項について以下に摘要してみたい。

2　邵元による撰碑

邵元は時の少林寺管長である菊庵法照が遷化した一六年の後に、熟達した中国語で、師を哀悼する辞を呈し、碑文に残したことで知られる。「少林寺照公和尚塔銘」と題されたこの石碑は邵元の撰した碑文のなかでも、もっとも年紀がさかのぼる至元五年（一三三九）正月の立碑であるが、少林寺の塔林に現存し、風雪に耐えて、邵元の撰文を後世に示している(50)。

これを含めて、邵元が元にあった時に撰したとされる碑文は五点あったとされるが(51)、現存ないし内容が伝えられるものは三点である。現存する碑文のうち、さきの「照公和尚塔銘」には冒頭に「当山首座日本国沙門邵元撰並書」とあり、この碑がまごうことなく、邵元の撰文と書であることを伝えており、少林寺の首座としての彼の文筆を物語っている。

邵元はまた、中国に渡学した日本僧のなかでも、中国全土といってよいほど広域に足跡を残したことでも知られる。それは現在の区分でいえば、四川省や広東省を除いた中国の主要な省域に及び、その間に自らが首座を務めた嵩山・少林寺の他にも、天台山や天目山、五台山などの仏教の名山を巡礼している。

邵元は貞和三年（一三四七）に帰国し、その後、観応二年（一三五一）には京都・東福寺第二五世として修禅を重ね、貞治三年（一三六四）に七〇年の生涯を閉じた。

嵩山は現在の日本では一般に山中にある少林寺が武道の聖地としてとりあげられることが多いが、現代社会においてアジアのなかの日本を考える場合にも、中世に名文を撰した日本僧の足跡が残ることを思うべきであろう。

第八節　阿弥陀信仰の展開した霊山――廬山

1　廬山の慧遠

廬山は江西省北部、九江市の南部に位置する。東北から南西へ長さ二九キロメートル、幅一六キロメートルにわたって、九九に及ぶ峰々があり、最高峰である大漢陽峰は海抜一四七四メートルである。

廬山は慧遠が隠居したことから、中国仏教の聖地として著聞する。慧遠は東晋代にこの山の東林寺にあって、中国ではじめて阿弥陀信仰を奉じた教団を組織したことで知られる。(52) すなわち、五世紀の初め（四〇二）、慧遠のもとに集まった一〇〇名余りの信者が阿弥陀像の前で斎戒の後、誓願し、西方への往生を念じた。それが後世になって白蓮社といわれる念仏結社である。この結社において、慧遠は阿弥陀仏国土に対する信仰のなかでも、『般舟三昧経』に依拠した観想念仏による阿弥陀信仰に励んだ。慧遠の信仰した観想念仏とは端的にいえば、『般舟三昧経』に説かれている内容、すなわち、阿弥陀が西方にあって、無量の光明によって十方世界を照らしている有様を思念することを主体とする。

また、慧遠は膨大な著作を残し、それは後世にまとめられ、一〇巻五〇編余りに上る。彼の思想としては「神不滅論」や報応を主宰するものが「業」であるとすることに特色のある「三世報応説」やそれと関連して、業報の法則を現実の命題によって論証しようとした「三報論」などがあるとされる。[53]これらの省察は仏教学者の手に委ねるほかはないが、慧遠の言行のなかで、とくに時の現実およびその蓄積である歴史と関係が深いのは東晋の権力を掌握し、強盛を誇った桓玄との間に交わされた議論である。これは桓玄が僧侶の腐敗に対して、沙門も王者を礼敬すべきだとしたのに対し、四〇四年、桓玄に反論して『沙門不敬王者論』を著し、結局、皇帝に対する僧侶の礼拝は行われることはなかった。[54]この名高い議論は当該時期の東アジアにおける信仰と権力の関係に対する認識を知るうえで見逃すことはできない事件であった。

いっぽう廬山に関しては慧遠の住んだ東林寺に関する考古資料が知られている。一九七五年に江西省九江市内で出土した銘文のある陶罐で、形態的には肩部に両耳のついた平底短頸壺であり（高さ一九・一センチメートル、口径一二・九センチメートル、底径一二・四センチメートル）、体部には方格文が打捺され、体部上半部に陰刻で「東林寺乞米」の五字が記されていた。土器の特徴からみて、東晋代の東林寺に関係した遺物であり、住僧の用いた容器かと推定されている。[55]少なくとも東晋代に東林寺に関して用いられた実用の容器であるとみてよかろう。

2　慧遠と同時期の東アジア仏教の実相

いっぽう、慧遠とその結社が観想による阿弥陀信仰を奉じていた同時期の東アジアを眺めてみても、信仰の実態や実修の有様がこと細かにわかる地域は少ないが、そのなかで筆者はとくに高句麗に注目している。もとより、高句麗は新の王莽が国名を「下句麗」と卑称したという記述がある頃、すなわち、紀元前後から六六八年に唐と新羅の連合軍によって滅ぼされるまでの長きにわたって、力を保った東アジアの強国である。三一三年の楽浪郡滅亡の後、高句麗に亡命した漢人の残した壙墓に残された壁画と墨書から、四世紀から五世紀にかけての、高句麗領域における仏教信仰が具体的に知られる例がある。西暦にすると四〇八年の墨書銘がある徳興里古墳では玄室東壁に「自然音楽」「自然飲食」「七宝俱生」などの墨書があり、筆者はかつて、これらが早い時期に漢訳された無量寿経の一群にみられる語であることを指摘したことがある。そして、その背景には初期無量寿経と呼ばれる一群の経典による阿弥陀信仰が存在したことを論じた(56)。

このような五世紀初めの高句麗における阿弥陀信仰は、ほぼ同時期に江南地域で行われた慧遠の阿弥陀信仰とは依拠する経典も異なり、信仰内容も違うということが注目される。すなわち、中国における阿弥陀信仰の画期とされる廬山の慧遠による観想念仏が、その後、高句麗へと伝わったのではなく、高句麗の阿弥陀信仰は系統を異にしていた可能性が高い。仏教の霊山の一つである廬山も、他地域との比較検討によって、東アジアにおける仏教の系統や展開の様相を知るために、さらに重要な視点を提供することになろう。

第九節　朝鮮半島の霊山と山岳信仰

朝鮮半島の山岳信仰・崇拝に関する研究の方向性としては、本章第一一節でふれる新羅の山岳祭祀に関わる研究のほかにも、たとえば仏国土の思想と関連させて山岳崇拝・五台山信仰・金剛山法起菩薩住処信仰・四方仏などの受容と展開に関する七、八世紀の新羅と日本の様相について、同質性と異質性を論じた考察や(57)、近年では韓国と日本の神話における山岳崇拝に関して、日本の天神を主とした内容について山神崇拝・祖先崇拝の側面に着目し、古代国家の成立に関与した支配理念の点から双方の共通性を示唆した比較神話学的研究などがある(58)。個別の山岳祭祀に関しては太白山（白頭山）について、白という色彩との民俗・文化誌的位置づけや神仙信仰の側面からの研究がある[59]。

また、新羅の山岳崇拝に関しては、ここでふれる祭祀制度に関する研究のほかには、山神についての考察もあり、そこでは新羅の山岳信仰としての山神における神格の位置づけと意義およびその変化について、後代の文献なども参照しつつ、考察されている。それによると山神が空にいる時は天神であり、天神が山岳に降りた時は山神になるとし、天神と山神は一体として天上と山上を往来する。また、山神は祖先神として崇拝され、新羅の始祖は天上から山岳に降臨した山神であったことを強調する。そして、一般論として、山神は各地域の英雄と結合して地方の土豪の祖先神となったとする。また、山神の性は女性であり、よって山神の本体である天神も女性神であるとする。山神は時代が下るに従って外来思想の影響を受け、新羅固有の山神が、儒教および道教と習合し、男神化するとともに封爵を受けるなど、中国の影響を受けた山神となったとする[60]。

これらの論考は近代史あるいは宗教史または文化人類学的な視点を示しているが、ここでは碑などの考古資料や史料から知られる朝鮮半島の古代における山岳信仰・祭祀について、前節までの中国古代の山岳信仰・祭祀と対比的な視点から俯瞰しておきたい。

第一〇節　三韓時代の山岳祭祀

1　秥蟬神祠碑と土城

三国時代に先立つ、馬韓・弁韓・秦韓のいわゆる三韓の時代に行われた山岳祭祀は文献史料に残る記載が極端に少なく、また、考古学の面でも確たる資料がない。そのようななかで、三韓時代の初め頃に該当する紀元一世紀に山川の神を祀ったという内容の記された金石文が知られている。これは秥蟬神祠碑または秥蟬平山君碑と呼ばれる後漢時代初め頃の石碑であって、三韓在地の集団の所産ではなく、漢王朝が朝鮮半島を支配するために置いた郡県に立てられた碑であることが碑文よりわかっている。秥蟬神祠碑は現在の朝鮮民主主義人民共和国平安南道龍岡郡海雲面にある漢代の土城址から発見された(61)。城址そのものは『東国輿地勝覧』などに「於乙洞土城」として記載されている(62)。一九一三年に関野貞らの調査の際に、城址の南西約五〇〇メートルの地点に存在した碑が報告されており、「秥蟬」の語を含む銘文から、この土城が漢代の楽浪郡二五県のなかの秥蟬県治であることが判明したことにより、秥蟬県碑とも呼ばれる。碑文は以下のとおりである(63)。

元和二年四月戊午秥蟬長浡興
□建丞属国会□為衆□□
□□神祠刻石辞曰
□平山君徳配代嵩威如□□
□佑秥蟬興甘風雨恵閏土田
百姓寿考五穀豊成盗賊不起
□□蟄臧出入吉利咸受神光

七行八〇字に及ぶ碑文は風化が著しく、判読に難のある文字も多く、確実な文字は五八字とされるが、全体の意味はとることができる。すなわち元和二年（八五）四月に楽浪郡下の秥蟬県の長が神祀としての平山君を祀り、秥蟬県が風雨に恵まれ、土地と田を潤し、人々が長命であり、五穀豊穣で盗賊が跋扈せず、吉利がもたらされ、みなに神の光を受けることを祈願した、内容である。すなわち、治者が己が治める県の平安と吉祥を山神に願うために立碑したというのである。この文章を釈すために参考となるものとして『後漢書』章帝紀元和二年条や祭祀志に、章帝が元和二年正月に詔して、「山川鬼神」「山川百神」を祀らせた、という内容とも対応することが指摘されている。[64]このようにみると三行目の二つの欠字がある神は「山川」神であることが推定されるのである。この碑は朝鮮半島で発見されている碑のなかでももっとも年代のさかのぼるものであるとともに、漢の辺郡における山川神の祭祀の実態を示す金石文として重要である。

2　碑文にみる山川神の祭祀

後漢代には地方において官吏が祭祀を行うようになり、対象の種別としては、境域内の山沢・当該地域の先賢・新興の神霊などがあり、[65]とくに山沢・河川などに対する祭祀は前漢末以降に盛んになったとされる。[66]ただし、このような山川祭祀に関する石刻類は実物が残存する場合がほとんどなく、金石文の集録にみえる事例を中心に検討されている。このような資料状況にあって碑は実物資料が現地に存した稀少な例であり、歴史地理的な知見を包摂している。

このような中華世界の山川に対する祭祀の朝鮮半島におけるその後の変遷や展開については、文献史料・考古資料いずれの面からも探ることは非常に難しい。しかしながら、中国の史書・文献によるならば、この後、三韓時代から三国時代にかけての山岳祭祀は次に述べる新羅において盛行したことが知られる。これについては新羅の山岳祭祀とあわせて、次にみていくことにする。

第二節　新羅の山岳祭祀

1　三韓から三国時代における新羅の祭祀の特色

三国時代以降の朝鮮半島において、新羅の祭祀は山岳を祭祀の対象としたことで、百済や高句麗と際立った違いをみせる。たとえば、高句麗と百済が系譜関係を主張する対象である夫余の人々は牛の蹄を用いた卜占があり[67]、高句麗では東盟という天に対する祭祀があった。また、高句麗の国の東には大きな洞窟があり、そこで「隧神」を祀っていたという[68]。その他、中国の史書に現れる三韓から三国時代の朝鮮諸国の祭祀は、百済では毎年、四回（四仲の月）に王が天および五帝を祀ったというが[69]、これが史実であるとしても、中華世界の祭祀がもたらされたものと思われる。

史料を博覧しても、三韓から三国時代にかけての山岳に関する祭祀は、なかなか見出せない。ただ、『三国史記』祭祀志には古記にいうとして、高句麗では毎年三月三日に「楽浪之丘」に会し、狩猟をして猪と鹿を捕らえ、天および山川を祀った、とある[70]。これだけをもって高句麗に山に対する祭祀があったかどうかを断ずることはできないが、新羅を除く地域での山に対する祭祀に関する記載である。ただし、このような祭祀が高句麗で行われていたとしても、「山川」を祀るという点は、すでにふれた『後漢書』章帝紀元和二年条や祭祀志にみえる「山川鬼神」「山川百神」の祭祀と共通するのであって、高句麗独自の祭祀であったかどうかはわからない。秥蟬神祠碑の立碑に認められるように、漢代の祭祀が郡県を経て朝鮮三国へと流入したことは蓋然性としては想定されよう。

2　新羅の国家祭祀

三韓から三国にかけて、馬韓に続く百済や高句麗では漢代の郡県を除いて、在地の信仰として山岳に対する祭祀が盛行したとは考えられないのに対し、とくに統一新羅以降は山岳祭祀が国家的祭祀の中心となっていた。

新羅は国家として名山大川の祭祀を行ったが、これについては『三国史記』巻第三二・雑志第一に収められている祭祀志によって、その内容を知ることができる。(71)祭祀志に記された新羅の祭祀には三山五岳以下の名山大川に対して、大祀・中祀・小祀があった。すなわち、大祀の対象となった三山は奈歴・骨火・穴礼であり、これらは新羅の王都である慶州とそれを取り巻く地域に位置し、慶州を鎮護する役割をしていると指摘されている。(72)

中祀は東西南北と中岳の五岳、すなわち、東は吐含山（慶州市）、南は地理山（現在の智異山）、西は鶏龍山（現在も同じ）、北は太伯山（太白山）、中は父岳（現在は八公山）である。中祀にはこれら五岳の他に四鎮・四海・四瀆があるが、これらはいずれも、国土の周囲を取り囲み、国境となる地域であるとされている。また、小祀は全国に散在する二四の山岳を祭祀の対象とし、ほとんどがその地域の鎮山となっており、それらはその地域を守護し、防御する山であるとされている。(73)

これらから知られるように新羅の国家祭祀のなかで、大祀の対象である山々は王城の周囲にあり、王室を守り、中祀の対象は国境にあって国土を守り、小祀の対象は地域を守るために配されていると指摘されている。(74)また、このような観点から大祀と中祀は国家的祭祀であり、小祀の山々の神は地方官が祀ったとする見解がある。(75)

このような大祀・中祀・小祀という新羅の国家祭祀は唐の祭祀を受容して行われたのであるが、それにもかかわらず唐の祭祀とは基本的に異なる点が多々認められることが指摘されている[76]。具体的に例示すると唐の大祀は昊天上帝・五方上帝・皇地祇・神州・宗廟などである。昊天上帝は儒教の最高神であり、五方上帝は東西南北と中央を五行の色によって祀るものであり、皇地祇は大地および西王母の住む崑崙を含む全王土の神であり、神州は宮城を巡る千里四方の土地であり、または王居の地であるともされる。宗廟はいうまでもなく皇帝の祖先を祀る霊廟である。

また、唐の中祀は日月・星辰・社稷・先代帝王・岳・鎮・海・瀆・帝社・先蚕・孔宣父・斉太公・諸太子廟などであり、これらは日・月・星などの天空、土地や穀物の神、山川の神、養蚕の神、儒教の聖人などである。唐の小祀は司中・司命・司人・司録・風師・雨師・山林・川沢などであり、新羅の小祀が山々であるのとは大きく異なる[77]。このように新羅では形式的には唐の祭祀を受容しながら、山川を主体とした独特の祭祀形態を形成していた。

結語

中国と朝鮮半島の山岳信仰の対象となった霊山について瞥見してきた。中国、朝鮮半島における霊山は非常に多く、また、山に対するあるいは山を拠り所とする信仰は時代を超えて行われ、また信仰内容も儒・仏・道の三教のみならず在地の信仰などが混淆していることが多いため、研究の論点は多岐、多様に及ぶ。それに対し、本章では、そのなかでも、とりわけ筆者が関心をもっている東アジアの地域間交渉・交流に関わる側面を中心とした視点から、いくつかの中国および朝鮮半島の霊山を抽出して、整理を試みた。

本章の論旨は多岐にわたるため、煩を厭わず、最後にもう一度、要点をまとめることによって、結語に代えたい。

まず、中国古代の山岳に対する基本的な信仰について知るために『山海経』の記述にみられる祭祀形態と信仰内容について、先学の研究を摘要した。そして、『山海経』にみられるのは山岳というよりは山神に対する地域的な信仰であることを示した。

次に中国五岳の筆頭であり、秦の始皇帝以来の皇帝たちが封禅の儀式を行ったことで知られる泰山について、始皇帝による最初の封禅の有様を記した刻石には、すでに「泰山」の語が用いられていた。

また、泰山は「大山」「太山」として、後漢代の銅鏡の銘文にもみられ、「玉英」「澧泉」などの語とともに神仙思想の霊山として銘されるべき存在であったことがわかる。

神仙思想から展開した道教に関わる事例として、とくに唐代の詩作における天台山の描写と表現について、中国文学の最近の研究に導かれながら、とくに天台山をとりあげた詩の多い孟浩然の作品について瞥見した。科挙試験に落第した後に登拝した彼は、神仙的な言辞をふんだんに用いて道教的霊山としての天台山を描写したのである。

次に五台山は、古代から中世の日本僧たちが、巡礼を熱望した文殊菩薩の聖地であった。ここに登拝した僧たちのなかには詳細な記録を残した場合があり、とくに円仁は九世紀前半の五台山について活写している。その記録には彼に先んじること十余年、五台山の一庵に住した日本僧の姿が記されていたり、金銭の使い方などの実社会との関わりなど、一般的には記録として残りにくい歴史の場面が散りばめられている。

その後、平安時代の末に円仁の日記を携えて入宋した成尋は日本を出発する時から詳細な記録を残した。それによって出航地として九州西北部の離島である「壁島」（加部島）の歴史地理的意味が推し量られ、また、乗船していた中国人船頭たちや渡来者の子孫などから、当時の日中交渉の具体的な様相を知ることができる。

その後、鎌倉時代の僧である古源邵元は中岳・嵩山の碑石に刻むことによって、達意の文章を今に伝えている。

廬山は四世紀初めに慧遠が観仏三昧による阿弥陀信仰を奉じた名山として知られる。これは、およそ一〇〇年後の高句麗壁画古墳の墨書の分析から復原される初期無量寿経による阿弥陀仏国土を中心とした信仰とは依拠経典が異なっており、別系統の阿弥陀信仰が四世紀から五世紀の東アジアに展開していたことが想定された。

いっぽう、朝鮮半島における山岳信仰が、金石文の記載から、確実に知られるのは、三韓在地の信仰ではなく、漢代の楽浪郡に属する県治に伴う秥蟬碑の内容であり一世紀末の後漢代の山川神の祭祀が行われていたことがわかる。

その後、三国時代以降の山岳祭祀が盛行したのは新羅においてである。新羅の国家祭祀は唐の祭祀体系を元にしながらも、名山大川に対する祭祀が行われ、かつ王京や地域の境、そして、国境を、それぞれ大山によって守るという体系と思想によっているとされる。

以上のように、与えられた課題はあまりにも大きく、体系的な叙述を試みるにはいたらなかったが、筆者の専攻する東アジア地域史や地域交渉史の視点を中心として、できるかぎり、時代を追いながら、中国および朝鮮半島における霊山と山岳信仰についてのいくつかの切り口を、筆者なりに設定してみた。

注

（1）たとえば、姜亜沙・経莉・陳湛綺編『中国名山志』全一六巻（全国図書館文献縮微複製中心、二〇〇五年）。

（2）蘇哲「古代中国の山岳崇拝」（『季刊考古学』六三、一九九八年）。

（3）『史記』封禅書第六

尚書曰、舜在璇璣玉衡、以斉七政。…（中略）…択吉月日、見四岳　諸牧、還瑞。歳二月、東巡狩、至于岱宗。

岱宗、泰山也。柴、望秩于山川。……五月、巡狩至南岳。南岳、衡山也。八月、巡狩至西岳。西岳、華山也。十一月、巡狩至北岳。北岳、恒山也。皆如岱宗之礼。中岳、嵩高也。五載一巡狩。禹遵之。

(4) 松原稔『山海経の基礎的研究』(笠間書院、一九九五年)。
(5) 松原稔『山海経の基礎的研究』(前掲注4)。
(6) 小川琢治『支那歴史地理研究』(弘文堂書房、一九二八年)。
(7) 神田喜一郎「山海経より観たる支那古代の山岳崇拝」(『支那学』二―五、一九二二年)。
(8) 森鹿三「中国古代における山嶽信仰」(『東洋学研究』歴史地理編、同朋舎、一九七〇年)〔初出は一九三一年〕。
(9) 松原稔『山海経の基礎的研究』(前掲注4)、伊藤清司『中国の神獣・悪鬼たち――山海経の世界』(東方書店、二〇一三年)。
(10) 松原稔『山海経の基礎的研究』(前掲注4)。
(11) 劉慧『泰山宗教研究』(文物出版社、一九九四年)〔中国語文献〕。
(12) 蘇哲「古代中国の山岳崇拝」(前掲注2)など。
(13) 『史記』巻六・秦始皇本紀第六/始皇二八年

始皇東行郡県、上鄒嶧山。立石、與魯諸儒生議、刻石頌秦徳、議封禅望祭山川之事。乃遂上泰山、立石封、祠祀。

(14) 『史記』巻六・秦始皇本紀第六/始皇二八年

刻所立石、其辞曰皇帝臨位、作制明法、臣下修飾。二十有六年、初幷天下、罔不賓服。親巡遠方黎民、登茲泰山、周覧東極(後略)…

(15) 松井嘉徳「泰山石刻・琅邪台刻石訳注」(『書論』二五、一九八九年)、大野修作「泰山と刻石資料」(『月刊しにか』四―六、一九九三年)。
(16) 宮家準「中国の山岳信仰と泰山」(『月刊しにか』四―六、一九九三年)、大野修作「泰山と刻石資料」(前掲注

15)。
(17) 姜豊栄編注『泰山歴代石刻選注』(青島海洋大学出版社、一九九三年)。
(18) 文字数については二二三字であることが確認されている。小西憲一「泰山石刻の全文文字数について」(『香川大学国文研究』二五、二〇〇〇年)。
(19) 確実な出土例の代表的な資料としては、佐賀県桜馬場遺跡出土鏡群のなかの一例や福岡県前原市井原鑓溝遺跡出土鏡などがある。唐津湾周辺遺跡調査委員会『末盧国――佐賀県唐津市・東松浦郡の考古学的調査研究――』(六興出版、一九八二年)三四七～三四八頁。梅原末治「筑前国井原発見鏡片の復原」(『日本考古学論攷』弘文堂出版、一九四〇年)。
(20) 樋口隆康「中国古鏡銘文の類型的研究」(『東方学』七、一九五三年)。
(21) 駒井和愛「銘文に見える神僊の名と道家の養生説」(『中国古鏡の研究』岩波書店、一九五三年)。
(22) 確実な出土例の代表として洛陽西郊の新代に属すとみられる鏡がある。中国科学院考古研究所洛陽発掘隊「洛陽西郊漢墓発掘報」(『考古学報』一九六三年第二期)(中国語文献)。
(23) 加藤国安「李白の天台山・天姥山の詩――自由な魂への飛翔(一)」(『愛媛大学教育学部紀要　第Ⅱ部　人文・社会科学』三六―一、二〇〇三年)、加藤国安「李白の天台山・天姥山の詩――自由な魂のありかを求めて(二)」(『愛媛大学教育学部紀要　第Ⅱ部　人文・社会科学』三六―二、二〇〇四年)。
(24) 加藤国安「孟浩然と天台山――霊山での至高体験――」(『東洋古典学研究』一八、二〇〇四年)。その他、孟浩然の天台山行については、下記の文献参照。丁錫賢「孟浩然游天台山考」(『東南文化』一九九〇年第六期)(中国語文献)。
(25) 「将に天台山に適《い》かんとして臨安の李主簿に留別す」中の文章。
(26) 「越中で天台の太一子に会う」中の文章。
(27) 「天台山を尋ねる」中の文章。

(28) 加藤国安「孟浩然と天台山――霊山での至高体験――」(前掲注24)。
(29)「簡寂観に宿す」のなかに「何を以ってか夜の飢を療《いや》さん　一匙の雲母粉」という一節がある。原詩は「宿簡寂観」(『白楽天全詩集』第一巻〈続国訳漢文大成復刻版〉日本図書センター、一九七八年)。
(30) 平野顕照「白居易壮年期と道教」(『大谷学報』七二―三・四、一九九三年)。
(31)『入唐求法巡礼行記』については、下記のテキストを参照した。小野勝年『入唐求法巡礼行記の研究』一~四(鈴木学術財団、一九六四~一九六九年)、足立喜六訳注・塩入良道補注『入唐求法巡礼行記』一・二(平凡社〈東洋文庫一五七、四四二〉一九七〇、一九八五年)、久保田量遠・堀一郎「入唐求法巡礼行記」(『国訳一切経』史伝部二四、大東出版社、一九六三年補訂、初版は一九三九年)、深谷憲一訳『入唐求法巡礼行記』(中央公論社、一九九〇年)。
(32) E・U・ライシャワー著、田村完誓訳『世界史上の円仁――唐代中国への旅』(実業之日本社、一九六三年)、E・U・ライシャワー著、田村完誓訳『円仁　唐代中国への旅』(原書房、一九八四年)。
(33) 井上泰也「円仁の『日記』を読む――沙金の消息」(『立命館文学』五六四、二〇〇〇年)。
(34) 井上泰也「成尋の『日記』を読む――『参天台五台山記』の金銭出納」(『立命館文学』五七七、二〇〇二年)。
(35) 小葉田淳「水銀の外国貿易・国内産出と産業発達との関係」(『中世日支通交貿易史の研究』刀江書院、一九四一年)(初出は一九三四年)。
(36) シャルロッテ・フォン・ブェアシュア「唐・宋における日本蓬萊観と水銀輸入について」(『アジア遊学』三、一九九九年)。
(37) 木宮泰彦『日華文化交流史』(冨山房、一九五五年)三三四~三六三頁より算定。
(38) 成尋の生涯を叙述した著作としては、伊井春樹『成尋の入宋とその生涯』(吉川弘文館、一九九六年)を参照。
(39)『参天台五台山記』のテキストについては、下記を参照した。平林文雄『参天台五台山記――校本並に研究』(風間書房、一九七八年)、東洋文庫編『影印東福寺本参天台五台山記』(東洋文庫叢刊七)(東洋文庫、一九三七年)。

(40)『日本書紀』雄略五年夏四月条
加須利君則以孕婦、嫁與軍君曰、我之孕婦、既當産月。若於路産、冀載一船、随至何処、速令送国。遂與辞訣、奉遣於朝。六月丙戌朔、孕婦果如加須利君言、於筑紫各羅嶋産児。仍名此児曰嶋君。於是、軍君即以一船、送嶋君於国。是為武寧王。百済人呼此嶋曰主嶋也。

(41)宮本一夫編『佐賀県大友遺跡——弥生墓地の発掘調査——』(九州大学大学院人文科学研究院考古学研究室、二〇〇一年)。

(42)『参天台五台山記』延久五年六月一二日条
十二日甲申天晴。卯時、陳詠来、相定新訳経・仏像等、買船可預送、幷賜預太宗皇帝志送日本御筆文書、至于物実者、入孫吉船了。五人相共今日乗孫吉船渡了。

(43)原美和子「成尋の入宋と宋商人——入宋船孫忠説について——」(『古代文化』四四—一、一九九二年)。

(44)『百錬抄』康平三年(一〇六〇)八月七日条
諸卿定中大宋商客林養・俊政等来著越前国事。賜糧食可令廻却之由被定畢。後日賜安置符長徳仁聡例云々

(45)『参天台五台山記』第一・延久四年三月二二日条
廿二日壬寅。天晴。艮風大吹、唐人為悦。中心思之、万遍呪力也。其由示杪簡了。林皐告云(字林廿郎)昨日未時、入唐海了。以縄結鉛入海底時、日本海深五十尋、底有石砂。唐海三十尋、底無石、有泥土。昨日量了者。住室内間、不見斤量者。林皐、但馬唐人、林養子也。予見四方、無山無際。三人猶酔臥。終日竟夜、飛帆馳船、数万念誦、敢無間断。今日浜雀二来船中、如巡礼記。

(46)伊井春樹『成尋の入宋とその生涯』(前掲注38)。

(47)『史記』巻二八・封禅書第六
昔三代之君皆在河洛之間、故嵩高為中岳(後略)…
および注(3)参照。

(48) 張国臣ほか『嵩山』（地質出版社、一九八三年）〔中国語文献〕、伏見冲敬『漢・嵩山三闕銘』（二玄社、一九六〇年）。

(49) 佐藤秀孝「入元僧古源邵元について——嵩山少林寺から京都東福寺へ——」（『宗学研究』三八、一九九六年）、佐藤秀孝「入明僧無初徳始の活動とその功績——嵩山少林寺に現存する扶桑沙門徳始書筆の塔銘を踏まえて——」（『駒沢大学仏教学部研究紀要』五五、一九九七年）、佐藤秀孝「入元僧古源邵元の軌跡（上）嵩山少林寺首座から京都東福寺住持へ」（『駒沢大学仏教学部研究紀要』五四、一九九六年）、佐藤秀孝「入元僧古源邵元の軌跡（中）嵩山少林寺首座から京都東福寺住持へ」（『駒沢大学仏教学部研究紀要』六〇、二〇〇二年）、佐藤秀孝「入元僧古源邵元の軌跡（下）嵩山少林寺首座から京都東福寺住持へ」（『駒沢大学仏教学部研究紀要』六一、二〇〇三年）。

(50) 常盤大定「日本僧邵元の撰文せる嵩山少林寺の碑」（『東洋学報』一七、一九二八年）、塚本善隆「元における東福寺廿五世邵元とその撰書の元碑」（『塚本善隆著作集』六・日中仏教交渉史研究、大東出版社、一九七四年）〔初出は一九三六年〕など。

(51) 佐藤秀孝「入元僧古源邵元について——嵩山少林寺から京都東福寺へ——」（前掲注49）。

(52) 塚本善隆「中国初期仏教史上における慧遠」（木村英一編『慧遠研究』研究篇、創元社、一九六二年）。

(53) 梶山雄一「慧遠の報応説と神不滅論」（木村英一編『慧遠研究』研究篇、前掲注52）、鵜飼光昌「盧山慧遠の報応思想」（『中国言語文化研究』一、二〇〇一年）。

(54) 島田虔次「桓玄—慧遠の礼敬問題」（木村英一編『慧遠研究』研究篇、前掲注52）。

(55) 李訓剛「晋代〝東林寺乞米〟銘文陶罐賞」（『収蔵界』二〇一三年第五期）〔中国語文献〕、謝明良『六朝陶瓷論集』（国立台湾大学出版中心、二〇〇六年）〔中国語文献〕一六八頁。

(56) 門田誠一「高句麗の初期仏教における経典と信仰の実態——古墳壁画と墨書の分析——」『高句麗壁画古墳と東アジア』（思文閣出版、二〇一一年）〔初出は二〇〇一年〕。

(57) 李箕永「七、八世紀新羅および日本の仏国土思想——山岳崇拝と四方仏」（『韓国宗教史研究』二、一九七三年）

〔ハングル文献〕。

(58) 許南春「韓日古代神話の山岳崇拝と三山信仰」(『日本近代学研究』二三、二〇〇九年)〔ハングル文献〕。
(59) 都珖淳「韓国の山岳信仰と太白山」(『韓国道教学』一二、一九九三年)〔ハングル文献〕。
(60) 文暻鉉「新羅人の山岳崇拝と山神」(『新羅文化祭学術発表会論文集』一二、一九九一年)〔ハングル文献〕。
(61) 関野貞ほか『楽浪郡時代の遺蹟』〔古蹟調査特別報告第四冊〕(朝鮮総督府、一九二八年)。

文中の秥蟬神祠碑文の釈字・釈読も、この文献により、以下の注(66)(67)の文献の釈読を参考とし、掲載された図版を参照して釈文を示した。

(62) 『新増東国輿地勝覧』巻五二・中和／城郭

於乙洞土城在県西十九里土築周一千二百十二尺高五尺

(63) なお、近年、この釈字・釈読のなかで、年紀を「建武九年」(三三)、「建丞属国」を「遼丞属国」と釈読し、『三国志』魏書・烏丸鮮卑東夷伝に引く『魏書』にみえる建武二五年に置かれたとする遼東属国に先立つものとする見方が出されている。陳世慶「《平山神祠碑》旧釈建丞属国応為遼丞属国考」(『学術界』一七八、二〇一三年)〔中国語文献〕。

ただし、釈字・釈読が蓋然性の段階であり、遼丞属国の歴史的実態も不分明であるため、現状では検討されるべき仮説として理解しておきたい。

(64) 関野貞ほか『楽浪郡時代の遺蹟』(前掲注61)、葛城末治『朝鮮金石攷』(大阪屋号書店、一九三五年、復刻版は国書刊行会、一九七四年)八八～九七頁。
(65) 沈剛「東漢碑刻所見地方官員的祠祀活動」(『社会科学戦線』二〇一二年第七期)〔中国語文献〕。
(66) 田天「東漢山川祭祀研究――以石刻史料為中心」(『中華文史論叢』一〇一、二〇一一年)〔中国語文献〕。

なお、秦漢代の山川祭祀と思想との関わりを文献・史料から説いた論として下記参照。好並隆司「中国古代における山川神祭祀の変貌」(『秦漢帝国史研究』未来社、一九七八年)。

(67)『後漢書』列伝第七五・東夷列伝／夫余
　有軍事亦祭天、殺牛、以蹄占其吉凶。
『三国志』巻三〇・魏書三〇・列伝第三〇・烏丸鮮卑東夷／夫余
　有軍事亦祭天、殺牛観蹄以占吉凶、蹄解者為凶、合者為吉。
(68)『後漢書』列伝第七五・東夷列伝／高句麗
　以十月祭天大会、名曰東盟。其国東有大穴、号禭神、亦以十月迎而祭之。
『三国志』巻三〇・魏書三〇・列伝第三〇・烏丸鮮卑東夷／高句麗
　以十月祭天、国中大会、名曰東盟。
(69)『周書』巻四九・列伝第四一・異域上／百済
　其王以四仲之月、祭天及五帝之神。
(70)『三国史記』巻第三二・雑志第一・祭祀
　又云高句麗常以三月三日、会獵楽浪之丘、獲猪鹿、祭天及山川。
(71)『三国史記』祭祀志にみえる新羅の山岳祭祀全般については、下記文献を参照。洪淳昶「新羅の三山五岳と新羅人の山岳崇拝について」(『三上次男博士喜寿記念論文集　歴史編』平凡社、一九八五年)、文暻鉉「新羅人の山岳崇拝と山神」(東国大学校新羅文化研究所編『新羅文化祭学術発表会論文集』一二、東国大学校新羅文化研究所、一九九一年)〔ハングル文献〕。
(72)崔光植「新羅と唐の大祀・中祀・小祀比較研究」(『韓国史研究』九五、一九九六年)〔ハングル文献〕、崔光植「新羅国家祭祀の体系と性格」(『韓国史研究』一一八、二〇〇二年)〔ハングル文献〕、濱田耕策「祀典と名山大川の祭祀」(『新羅国史の研究——東アジアの視点から——』吉川弘文館、二〇〇二年)〔初出は一九八四年〕。
(73)崔光植「新羅と唐の大祀・中祀・小祀比較研究」(前掲注72)、崔光植「新羅国家祭祀の体系と性格」(前掲注72)。
(74)注(72)と同じ。

(75)　濱田耕策「祀典と名山大川の祭祀」(前掲注72)。
(76)　崔光植「新羅と唐の大祀・中祀・小祀比較研究」(前掲注72)、三橋健「日本の神祇令と中国の祠令・朝鮮の祭祀志」(『季刊日本思想史』四四、一九九四年)。
(77)　三橋健「日本の神祇令と中国の祠令・朝鮮の祭祀志」(前掲注76)。

第三章　東アジアの初期造塔の意味とその展開

序　言

日本列島における初現期寺院のなかで、飛鳥寺は『日本書紀』の記述のみならず、伽藍配置の特色や塔址から出土した舎利関係遺物によって、文献と考古資料の双方から検討が可能な稀少な事例としてあまねく知られる。

文献の記述としては、周知のように崇峻天皇元年（五八八）に百済から僧と技術者が派遣され、飛鳥の真神原の地にあった飛鳥衣縫造祖樹葉の邸宅を壊して法興寺（飛鳥寺）の造営が始められたとあり、これは本書の各論で述べたように私宅を喜捨する、いわゆる捨宅寺院として理解できる。また、これに先立ち、用明天皇二年（五八七）には、法興寺すなわち飛鳥寺の創建に際して、厩戸皇子の四天王寺の創建の誓願と同時に蘇我馬子が物部守屋との戦いに勝利した際には仏寺を建立することを誓い無事に勝利したので、飛鳥の真神原の地に寺を建てたとみえ、このような事由による造寺が同時代の東アジアでは類をみないことを示した（本書第二部第二章）。

いっぽう、塔基壇から出土した遺物は、二〇世紀末から二一世紀初めにかけて明らかになってきた陵山里寺址・王興寺址・弥勒寺西塔址などの百済の王室関係寺院の塔址出土遺物との比較検討が可能である。これらは舎利埋納器物などの銘文からも王室祈願寺と呼ばれることが多い。また、飛鳥寺址および百済王室祈願寺と時期的に併行する中国南北朝期の塔址や寺院址についても考古学的知見が漸増しつつある。これらのなかには伽藍全体の配置は不明であるが、塔址の検出によって、寺院址であることが明らかにされているものが多い。これらの点からみても、東アジアの初期寺院は塔とそこで行う舎利の荘厳や供養が伽藍の中心となっていることを示している。

このような資料上の条件を踏まえて、まず、考古資料を中心として東アジアの造塔および舎利埋納に関する主な研究を整理して現状の課題を示す。そして、東アジアの塔址が検出された寺院址および造塔に関する銘文、石塔などの金石文について、考古学的知見を含めて、各々の造塔行為の意味と特質を示す情報に限定して概観したうえで、日本における最初期の寺院である飛鳥寺址に関して同時代的に検討する。この目的のために対象とする考古資料や出土文字資料・金石文は五、六世紀代を中心とするが、関連する場合には七、八世紀代の事例も参照し、同時代の東アジアにおいて造塔と舎利信仰の観点から、飛鳥寺の塔と舎利埋納についての相対的な位置づけを行いたい。このような検討は本書の第二部と第三部で述べた朝鮮三国時代と日本古代の造塔行為と信仰を総括する意味をもつ。すなわち本章は五、六世紀を中心として、七、八世紀にかけて、東アジアの地域ごとの塔の存在の確認と造塔行為の意味と背景となる信仰を検討し、その文化史的・思想的背景について論ずることを目的とするために個々の遺跡や遺構などの具体的な事実提示は、これにそった範囲にとどめることとする。

第一節　東アジアにおける造塔と舎利埋納に関する諸研究

本章の趣旨と目的に照らして、まず造塔と舎利埋納に関して、東アジアにおける相対的位置づけのために造塔や舎利関係遺物およびその信仰に関して、単一地域を対象とした検討ではなく、複数の地域に及ぶ関連資料を整理することによって問題の提示にかえたい。

その嚆矢としては近年の百済寺院に関する考古学的成果をあげねばなるまい。百済の王族が祈願し、建立したことが銘文などによって判明している例としては、王興寺址の発掘調査成果があげられる。王興寺木塔址から出土した遺物に関しては、李漢祥氏が舎利関係遺物について紹介するとともに、[1]金工品を中心として個別的に検討している。[2]また、王興寺址木塔と弥勒寺址西石塔の舎利関係遺物を比較検討し、前者が装身具を主体とし、玉璧・常平五銖銭などの中国製品を含むのに対し、後者はこれらを含まず、この差異は埋納空間の違いに起因するが、両者とも基本的に同時代の墳墓副葬品と類似することを指摘した。また、王興寺址では舎利容器と舎利供養品が別であるのに対し、弥勒寺址では両者がともに舎利孔に埋納されているという点や舎利容器の組成などの点に両者の違いがあるとした。[3]王興寺址舎利関係遺物の種類に関する山本孝文氏の分析によると、種類としては百済古墳の副葬品と類似することを指摘しており、飛鳥寺舎利関係遺物とは差異があるとされている。[4]

美術史・仏教史の観点から、周炅美氏は南北朝期から隋・唐代を中心として中国の舎利荘厳について文献史料・美術資料・考古資料を相関的に検討した研究を大成したうえで、[5]三国時代と統一新羅時代の舎利信仰の特質について言及した。それによると、新羅の舎利信仰は『三国史記』に梁への通交がみえることから、梁・武帝の行った舎利供養の影響を想定した。舎利そのものの伝来は『三国史記』の記載から法興王代の末期に中国から将来されたとみる。また、『広弘明集』の記載から、隋・文帝による仁寿年間（六〇一～六〇四）の舎利供養に際して、もたらされた舎利の存在を想定した。実物の舎利遺物については、善徳女王代の六三四年に創建された芬皇寺模塼塔出土舎利関係遺物について、高麗時代の再埋納ではあるが、創建当初の遺物がみられ、外函や舎利容器の組成、埋納方法などにも中国隋代の影響がみられるとした。その他の七世紀代の舎利容器などにも唐代の影響を想定した。百済寺院址に関しては、これまで地鎮具とされてきた扶余・軍守里廃寺心礎石上部から発見された六世紀後半頃の石製仏像について、舎利荘厳具とともに仏像が出土した仁寿元年（六〇一）銘番州（広東省翁源県）の事例などと比較して、舎利荘厳具とともに安置された供養具と認識した。また、陵山里寺址出土の昌王銘舎利石盒については、外形が漢代の漆器などにみられるとし、器形的に中国古代の系譜を引くとした。百済の舎利信仰については、『観世音霊験記』にみえる帝釈精舎の七層木塔に埋納された舎利と金剛般若経銅版が火事で燃えなかったという奇瑞を引いて南北朝時代の舎利信仰との関係を想定した。また、金剛般若経銅版は百済固有の法舎利信仰を示すとした。同様に『三国遺事』にみえる高句麗の遼東王城の土塔の下から梵書が発見されたという記述についても、中国の法舎利信仰とは異なり、百済と高句麗で流行した法舎利信仰であるとした(6)。

同様に梁銀景氏も南北朝から隋・唐にかけての寺院との比較によって、扶余所在の百済寺院址の考察を行った。本章に関連する部分としては、百済の伽藍配置の特徴である一塔一金堂式とは差異があるにしろ、同様な堂塔の配置は北魏の思遠仏寺・永寧寺、隋代の青龍寺などに認められ、北朝時代の木塔址では版築基壇が設けられているのに対して、百済の木塔ではこのような基壇が確認されないが、これに関しては文献記載によって知られる木材によって構築された南朝の塔との関連を示唆した。百済の陵山里寺址は聖王を追慕するために陵墓の傍らに造られた寺院であり、同様の例は高句麗・定陵寺、中国・北魏の思遠仏寺、南朝・梁の開善寺・皇基寺などがあり、とくに梁の武帝が亡父のために墓の近隣に建立した皇基寺と陵山里寺址との類似を指摘した。扶余・東西里廃寺址は塔址が確認されていないが、仏像が出土しており、塔や金堂が一あるいは二基のみと記されている北魏・建中寺や隋・弘法寺における王侯貴族の邸宅を寺刹とした、いわゆる捨宅寺院との類似を指摘し、東南里廃寺址に対しても同様の属性を想定した(7)。

このような南朝・梁の仏教信仰と百済寺院との関係について、近藤浩一氏は『日本書紀』欽明天皇六年条などにみえる余昌すなわち威徳王が、戦死した父の聖王のために出家を企て、翻意して仏事を行ったとする記事とあわせて、陵山里寺址と王興寺址で出土した舎利関係銘文には威徳王が一族の供養のために孝思想により建立したことが記されているのは、南朝・梁の武帝が父母のために大愛敬寺や大智度寺を建立した孝思想の直接の影響であり、具体的には武帝による「孝思賦」などの文献が百済にもたらされたことによるとした(8)。

このような見解を受けて筆者も、飛鳥寺の造寺について『日本書紀』の記述と考古資料との双方の検討から、梁から百済へと伝わった寺院造立思想とは記述内容は異なり、逆に考古資料からは類似することを示した（本書第二部第一、二章）。

中国では舎利と木造層塔の系譜に関する考古資料が漸増しており、そのうち南北朝期の寺院址・塔址に関する考古学的研究として、北朝から隋・唐に関しては、何利群氏が北朝から隋・唐にいたる寺院遺跡を通覧した結果、この時期の国家的な造営による大規模寺院の伽藍配置は、「前塔後殿」から「多院多殿」へと展開し、その原因は北方経由の仏教では早くから釈迦信仰が盛行したが、隋・唐代に禅宗が分立することによって、信仰が多元化したことと関連すると結論づけた。この論では伽藍の多様化および複雑化を信仰対象と内容の多元化と関連させている(9)。

六朝の都城における寺院と仏塔については、賀雲翺氏が文献と考古資料の両面から検討し、伽藍配置としては門・仏殿・講堂・禅堂・塔・食堂などから構成されるとし、その変遷に関しては、三国時代の呉の寺院は中国伝統の方形院落建築の形態をとどめていたが、そこに多層楼閣式の仏殿あるいは塔が付加され、東晋から南朝初期には都城に「平地式」「規整式」の仏寺と「山林式」「自由式」の仏寺の二つの類型が出現し、これは韓国・日本の六、七世紀の寺院の伽藍の様相と類似するとみる。また、南京・江寧区胡村南朝墓壁面の塼で表現された塔の図像や四川省什邡の漢末から三国時代の塼の図像、南京・開善寺基壇近傍で出土した木塔を模した石塔の部材などを根拠として六朝の都城における仏塔は木塔が主体であることを証した[10]。

武帝期を中心とした南朝・梁代の造寺の目的については諏訪義純氏が、(一)鎮護国家、(二)親族への追善、(三)僧侶への帰依、(四)講論法会の四つに分類しており、本章の考察と関連する(二)親族への追善のために造立された寺院として、解脱寺・大愛敬寺・皇基寺・大智度寺をあげている[11]。

中国の塔と舎利供養に関しては、徐平芳氏は北魏から明にいたる舎利関係遺物などが発見された二六基の塔をあげて、関連する文献とともに舎利埋納・供養について時代ごとの様相を通観した[12]。

中国古代の塔や舎利とその東アジアにおける位置づけに関しては、楊泓氏が北朝から唐代にいたる塔と舎利容器に関する考古資料を通覧して、それらを四つの段階に大別し、時期ごとの歴史的特質を論じた。すなわち、第一段階は北朝初期であり、この段階で舎利容器に中国化が生じているとする。第二段階は北朝末期から隋・唐にかけての時期で塔の基壇に舎利容器が埋納されるようになり、それが展開していく時期であることを考古資料と文献記載の例によって示した。第三段階は唐の高宗・武后から武宗のいわゆる会昌の廃仏にいたる時期で、とくに唐・高宗年間には中国式の棺槨形舎利容器へと変化し、それを地宮に安置するなどに示されるような、仏教が中国の風俗・習慣にあわせて中国化する典型的な事象と位置づける。第四段階は唐・宣宗から唐末で皇帝の陵墓制によって地宮を造営し、同時に密教が流行したことによって、舎利容器の図像にも密教的な要素がみられ、仏教信仰の変化を反映しているとする。さらに、このような中国の造塔・舎利埋納の変化と韓国の舎利容器とを対照検討し、第一段階は陵山里寺址や王興寺址の舎利容器の様相と一致し、第三段階の舎利容器と感恩寺址や松林寺址などを典型とする統一新羅の舎利容器との類似をあげ、また、第四段階の舎利容器と善山・桃李寺址出土舎利容器との類似をあげた。

このように中国の各段階の舎利容器と同時期の韓国の事例との類似をあげて、具体的な影響関係を述べた(13)。

舎利容器については、袁泉氏が南北朝から宋代にいたる東アジアの事例について、覆斗方函形・霊帳形に分類するとともに、それらの宝珠形つまみなどの部分的特徴などの共通性を示した。さらに東アジアの舎利安置と関係する制度として墓塔・墳寺をあげた。このうち、墓との関係は東アジア古代の舎利信仰の特徴であり、本章の考察と関連するところが多い(14)。

東アジア各地の知見をうけた日本古代の塔の心柱と礎石の構造およびそれと関連する舎利安置方法に関する研究としては、鄴南城遺跡北朝塔址や韓国の塔址の発掘調査成果に関する佐川正敏氏の研究がある。そこでは塔の基壇と舎利孔の位置関係から、東アジアにおける地下式心礎と地上式心礎の類例を整理し、前者から後者への変遷に関する予備的知見を示した。また、飛鳥寺塔址出土遺物に関して、舎利に関する荘厳具または供養品とする他に、地下式心礎石の上面という出土位置を勘案すると、立柱に際する鎮壇などの儀礼に用いられたとする見方が示されている(15)。同様の結論は飛鳥寺塔址出土遺物の配置状態の復原的考察からもなされており、遺物が置かれた後に心柱が立てられたとは考えがたいという想定から、これらの遺物は立柱儀礼に伴うものとする説が出されている(16)。

また、百済王室祈願寺の調査成果をもとに飛鳥寺造営における百済からの技術移入の具体相を論ずる方向性も示されている(17)。また、王興寺址の遺構と遺物に関しても、飛鳥寺との比較も行われており、とくに雲母などの特殊な遺物の類似についても注目されている(18)。

このような諸研究のなかでも、百済王室寺院と飛鳥寺の塔址から出土した舎利関係遺物に関しては、差異を認める見方もあるが、双方ともに朝鮮三国時代および古墳時代の古墳副葬品を主体とする点については共通性がある。これについて筆者は双方ともに、それらの所持者による喜捨に起因すると考えた(19)。加えて、南北朝から隋・唐にかけての寺院建立の目的の一つとして、亡き親族に対する追福や邸を喜捨して造立した捨宅寺院の存在を指摘した梁銀景氏の見解は本章を起こすにあたって、裨益するところが大きい。また、南北朝から隋・唐の造塔と舎利埋納に関して、現状において総括と整理を行った何利群、賀雲翺、徐平芳、楊泓各氏による研究は、本章を草するに際して基本的な知見を形成している。

第二節　中国南北朝時代の初期造塔と信仰

中国における仏塔造立の説話的記事は後漢代にさかのぼるが、考古資料で跡づけうる塔や舎利埋納は南北朝時代以降であり、これらによって実質的な造塔・造寺および舎利埋納を行為として確認することができる。ここでは飛鳥寺の創建と造塔と併行する南北朝時代の塔と舎利埋納に関する知見を概観し、遺構としての検討ではなく、地域ごとに塔の有無やその築造背景となる信仰について列挙し、その後の両者の比較検討に資することとしたい。

1　南朝塔址と関連資料

南朝の塔址の有無やそれを含む伽藍については、遺構や遺跡が永らく不明であったが、近年の発掘調査によって、寺院関係遺構や遺物が発見された例が知られてきている。ただし、塔址そのものの遺構はいまだ発見されていないが、遺構を伴う仏教関係遺跡としては南京・鍾山寺廟遺跡が知られている。

南京・鍾山寺廟基壇遺構（江蘇省南京市）

一九九九年に南京市鍾（鐘）山の南麓で礎石を伴う二基の建物址とその周辺建物群が発見され、遺構としては石列を伴う基壇上の土盛とそこから礎石建物址が検出され、その他に井戸や排水溝などが発見された。出土遺物としては蓮華文軒丸瓦・丸瓦・平瓦・塼・青磁などの破片・鉄五銖銭・仏塑像片などが出土し、出土した蓮華文軒丸瓦などから南朝に属することが判明しており、報告者はこれらを劉宋代の大明三年（四五九）に孝武帝が築いた北郊壇と推定した(20)。その後、これらの遺構のうち、基壇を有する一、二号については、蓮華文軒丸瓦などから仏教建築であり、朝鮮半島や日本で知られている階段状の土築の塔とする見方が出され(21)、あるいは蓮華文軒丸瓦と塑像などによって、この遺跡を劉宋・元嘉一二年（四三五）に建立された上定林寺に比定する説が出されている(22)。

南京・開善寺（江蘇省南京市）

梁・天監一三年（五一四）に武帝によって建てられたとされる開善寺は、後に明・洪武九年（一三七六）に太祖が、この場所を陵寝にしたいとして、開善寺を別の場所に建立したと記載されている。その明孝陵の範囲が発掘され、南朝期の瓦塼・青磁片などや木塔を模した石塔が出土したとされている(23)。これによって南朝の木塔の存在が具体的に確認されることとなった。

南京・延興寺址（江蘇省南京市）

唐・許嵩の『建康実録』にみえる延興寺は東晋・康帝（在位三四二～三四四年）の建元年間に褚皇后によって造営されたと伝えられ、運瀆江の西岸（現在の南京市紅土橋付近）にあったと推定されているが、発掘調査によって南朝期の塑像が出土している(24)。

その他では、南京市域の複数の地点で南朝期の金銅仏が発見され、あるいは瓦塼・龕像などが出土しているが、いずれも確実な遺構は確認されていない(25)。

2　五胡十六国・北朝の塔址と関連資料

北朝期における初期造塔の信仰内容を示す資料としては、発掘調査された北魏の塔址が年代的にさかのぼり、北朝代の塔址の事例がこれに続く。また、伽藍を構成する建築遺構の他に、北魏と北涼の時期には小規模な石塔の事例が知られており、これらの銘文には「石塔」などの語があることから、塔としての認識が存在したことが知られ、東アジアにおいて、造塔の行為とその発願などの信仰の実修が知られるきわめて早い時期の事例として重要である。これらの遺跡に関して本章と関係する部分について、以下に瞥見する。

①遺構としての塔址と関連資料

河北・定県華塔址出土石函（河北省定県）

一九六四年に河北省定県華塔の塔基から石製函が発見され、蓋の銘文によって、北魏・孝文帝の太和五年（四八一）に造立されたことが判明している。石函の中には仏舎利を納めたガラス瓶が出土しており、その他には銭貨・金・銀・瑠璃・玉・瑪瑙・水晶・貝・珊瑚など九一種類、合計五六五七個体の遺物が出土した。その他にも銀製帯金具・璧・銅製印章・銅鏡・蓋弓帽などがあり、これらは一般的に古代墳墓に副葬される品目である。いっぽうでは、舎利函に埋納された器物のなかで、銅製匙の他には直接的に仏教儀礼の実修に関係するものがみられないことも特色である。(26) これらの点を含めて、北魏代の舎利埋納品として稀少である。

洛陽・北魏永寧寺（河南省洛陽市）

北魏の孝明帝の五一六年（熙平元年）に霊太后胡氏（宣武帝の妃）が洛陽城内に建立した寺として知られ、『洛陽伽藍記』などの当時の記録には高さ一〇〇メートル以上の九重の大塔であり、方形、木造の九重塔であって、塔刹に金の宝瓶と十一重の相輪をのせ、上層まで人が登れたなどの具体的な記述があり、その後、永熙三年（五三四）に焼失したとされている。この塔に関しては中国社会科学院考古研究所が一九七四年から一九九四年まで継続的に発掘調査を行っており、塔の基壇部分が検出された。その成果によると平面正方形の基壇（三八・二メートル四方、高さ二・二メートル）に、柱間九間四方で最内周と最外周の四隅に柱を立てて、計一二四本の柱が林立し、このうち七間四方分が日乾煉瓦でふさがれていた。塔を中心に回廊がめぐり南・東・西に門を開き、北側に大型の建物（金堂か）を配する伽藍の状況が明らかにされた。塔基壇の周辺からは塑像・壁画片・瓦などが多数出土した。そのうち塑像は塔の第一層目の版築壁面に造られた龕に安置されていたものと推定されている。(27)

思遠仏寺（山西省大同市）

北魏・永固陵は大同市街の北郊約二五キロメートルの方山と呼ばれる丘陵にあり、四八一年から四八四年にかけて造営された文明太后（馮太后）の陵墓とそれに付属する永固堂や寺院である思遠仏寺などから構成されていると考えられている。また、洛陽への遷都によって実際に埋葬されることはなかったが、永固陵の近傍には孝文帝の寿陵があり、万年堂と呼ばれている。

文明太后は孝文帝の祖母であり、五胡十六国の一つである北燕の出身で、祖国の北燕が北魏に滅ぼされた後、一四歳で文成帝の貴人となり、後に皇后に立てられた。陵墓である永固陵は東西一二四メートル、南北一〇六メートル、高さ一一メートルの基壇上に築かれた直径約九〇メートルの平面円形の陵墓である。(28)永固陵の所在する丘陵の麓には寺院址（中国では寺廟とする）とみられる遺構がある。この遺跡の名称は『水経注』では「思遠霊図」(29)、『魏書』では「思遠寺」と記されていることから(30)、これらをもとに、それぞれの呼称がとられることもある。近年では、この遺構は丘陵上の白仏台遺跡と崖下の草堂山遺跡などの近傍に所在する仏教遺跡を包括した語であるとする見方が示されている(31)（第三部第四章**図2**参照）。ここでは同時代の史料である『魏書』の記載を尊重して、思遠仏寺と呼んでおきたい。草堂山遺跡は、平面正方形で石積みの基壇のある塔址があったことがわかっている(32)。遺構は未調査であるが、白仏台遺跡にも塔址の存在の可能性が推定されている(33)。以上のように永固陵に付随して、塔を含む仏教建築が存在したことが判明しており、これは文明太后の追福を目的としたものとみられる。

鄴南城遺跡北朝塔址（河北省邯鄲市臨漳県）

鄴城は魏の曹操が拠点とした後、後趙、冉魏、前燕、東魏、北斉の都城として知られ、曹魏のものを鄴北城と通称するのに対し、東魏から北斉のものを鄴南城と呼び(34)、ここで大規模な寺院址が発見された。遺跡は鄴南城の中軸線を南に延長した線上にあり、その正門である朱明門が検出されているが(35)、そこからは南に一・三キロメートル離れた位置にある。塔址を含む遺跡の外側は濠に囲繞されており、築地などは発見されておらず、平面形は正方形である。ここから平面方形（一辺約四五メートル）の木塔址は、遺跡全体の南側部分とみられる地点で検出され、深さ約六メートルまで小礫と土で版築によって整地されていた。塔の心礎石の直下で、版築土層の最上層から舎利関係品を埋納していたとみられる塼製の容器（三辺ともに約七五センチメートル）が出土している。この木塔を含む遺跡の範囲には南西と南東の東西対照の位置に西南院・東南院と仮称された大規模な建物の存在が推定されている(36)。また、鄴南城東城壁から東側に約三キロメートル地点の埋蔵坑から玉製・石製・陶製の多数の仏像が出土し、造像銘から東魏・北斉を主体とし、北魏・隋・唐のものを含むとみられている(37)。

朝陽北塔址（遼寧省朝陽市）

修理に伴う発掘調査によって、現在の塔の下層から三燕（前燕・後燕・北燕）の宮殿とされる建築址の上に北魏・隋・唐・遼代の塔の遺構が検出され、歴代の重修を経ながら、同じ位置に存在したことが判明した。また、北魏代の塔は三燕時代の宮殿の上に造営されていたことから、『魏書』文成文明皇后列伝にみえる「思燕仏図」と推定されている。北魏代の塔の遺構は西側の一辺の一部が残存し、他の三方は残存部分の検出であるが、平面正方形と推定される範囲（一八・九メートル）で等間隔に二八個の礎石が発見され、塔の周囲を囲繞するように建物の遺構が検出されており、発掘者は中国最古の「堂閣周回」式仏塔建築の典型と位置づけている。また、北塔の北側に基壇があり、仏教関係建築址とみられている。このような建築址の遺存から、塔を中心として前面には門があり、塔の背後には仏殿があり、その外側に回廊を巡らした配置であることが判明しており、報告書では「前塔後殿」式寺院とされている(38)。

懐朔鎮仏寺（内蒙古自治区包頭市）

この他にも北魏代の塔址を含む寺院址として、懐朔鎮故城では北魏代に属する平面方形の小規模（一辺七・五メートル）な基壇が検出され、懐朔鎮仏寺とされている。ここでは永固陵近傍の草堂山遺跡の寺院址の出土品と類似した塑像が出土していないことなどから、塔址あるいは仏堂とみられている。この寺院址は記録にみえず、歴史的な位置づけは不明である。

以上のように北朝代には確実に塔が存在しており、それらの特徴は包括的には以下のように整理される。すなわち、北魏の木塔はいずれも平面正方形の木塔であることがわかっている。また、永固陵草堂山遺跡・朝陽北塔・懐朔鎮仏寺では塑像が出土しており、塔の壁面などに貼りつけて塔の内部を荘厳したものとみられている。

②北朝の小型石塔

〔北魏〕

北魏代には伽藍を構成する塔の他に石塔が作られ、これらは概して伽藍を構成する塔よりは規模が小さく、現状では伽藍に伴って発見された例はない。また、塔身に仏像が彫刻されることが特徴であることから、中型ないしは小型の造像石塔として集成と研究が行われている(39)。

曹天度造塔銘

北魏の石塔の事例については、すでに戦前に注目され、詳細に報告されており、その典型が天安元年（四六六）曹天度造塔銘である(40)。銘文は以下のとおりである。

夫至宗凝[寂][弘]之[古]人聖不自運暢由表感是以仰慕者願莫不如功務者因莫不果乃感竭家珍造□石塔[飾]儀麗暉以□永或願聖主契斉乾[坤]□□運表皇太后皇太子□□无窮群遼《ママ》百辟存亡宗□[延][沈]楚炭有形未[亥]菩提是獲天安元年歳次鶉□侶登蕤賓五日辛□内小曹天度為亡□顯寧亡息玄明於□平城造

銘文については、発見時から近年にいたるまで一定の研究がある(41)。銘文の願目は、供養者である曹天度が亡息玄明らのために平城に造った塔であると示されており、聖主・皇太后・皇太子を祝福し、やがては群僚その他の菩提を得ることを祈ることが主な内容である。ここにみえる皇太后を馮太后とし、皇太子は後の孝文帝とみられているが、いずれにしろ、肉親の追福のために造立された石塔であり、この目的はいうまでもなく北朝代の造像銘と同様である。すなわち、この石塔は同時期の造像とまったく同じ目的で造られたということである。

北魏代に属するこの種の石塔の遺存例は二二例に上り、出土地の明らかな事例は山西省・河北省・甘粛省・陝西省に及ぶ。また、紀年銘資料でもっとも古い例は太平真君三年（四四二）銘鮑纂石塔台座であり、時期が下る例は太昌元年（五三二）である。その規模は総高二〇センチメートルから、大型では二メートルを超える例もある。このような石塔は雲崗石窟第五窟南壁・第六窟中心方柱・第六窟南壁・第一一窟南壁および西壁・龍門石窟薬方洞などに石造または彫刻された塔と比較すると、それらの外的特徴や銘文からみても民間で造塔されたものであることが特徴とされる[42]。

その実例は上述の曹天度による造塔のほかにも、年次の古い典型例としては「為父前邢邢令亡母王造」（太平真君三年〈四四二〉銘鮑纂石塔台座）、「黄□相為亡父」「黄慮頭造」（延興二年〈四七二〉銘書学生黄□相釈迦座像[43]）、「有信士曹天護…（中略）…建立斯塔」（太和二〇年〈四九六〉曹天護造像塔[44]）、「慈心供養為亡父周帛」（正光四年〈五二三〉陶申儀像仏碑像[45]）などがあるように親族やそれを含む集団を主体とした発願の数多くの事例によって、亡親などの供養のために造られたことがわかる。

〔北涼〕

このような小石塔は北魏の他には北涼代の例が知られている。いうまでもなく北涼は五胡十六国の一つであり、甘粛省の酒泉や敦煌など五胡十六国の北涼の地域から発見されている小型の石塔は中国国外に流出したものを含めると現在二〇件近くの作例が知られており、それらは塔身が下から基壇・胴部・覆鉢・城塞文の区画・七重の傘蓋・鋸歯文のついた半球形で構成されるという共通の特徴をもつ[46]。伝存の確実な例に関する集成的な研究によると現状では一四例が知られており、これらのうち紀年銘をもつものは七基で、もっともさかのぼるのは玄始一五年〈四二六〉であり、時期が下るのは太延二年〈四三六〉であって、相対的に早い時期に制作されたことがわかる[47]。表現される図像は七仏と弥勒の組み合わせが特色であり、このような図像構成は塔の形状とともにガンダーラやカシュミールの作例の影響を受けたとされている。銘文には「此塔各為十種父母報恩歓喜五義」（承玄元年〈四二八〉銘高善穆塔）のように祖先に対する追福を祈願するものがみられ、この点は北魏石塔と類似する。

以上から知られるように外観や形態は異なるにしろ、亡父母や祖先などの追福を発願する目的で石塔が制作されたことが北魏と五胡十六国の北涼における仏教信仰の特徴であることを瞥見した。

③銘文資料にみる造塔

北魏代の塼や石塔などには造像のみならず造塔・造寺などの行為が記される場合があり、そのなかで銘文によって造塔の経緯が知られる主な事例をあげる。

北魏・長慶寺銘文塼（書道博物館所蔵）

北魏・平城に所在した長慶寺の構築材であった塼が伝存され、現在は書道博物館に所蔵されており、そこには紀年のある銘文が記されている。全文は以下のとおりである。

神䴥四年辛未二月朔造舎利塔七級平城長慶寺万歳昇平年豊民楽苣倩曇雲訳大蔵真経卅部香泥木石其固若山以鎮太平結塔僧恬浄勧縁僧永慈為記

これによると長慶寺は北魏・神䴥四年（四三一）に平城・長慶寺の僧らが七層の舎利塔を造った経緯が記されている。それによると、この塔には苣倩・曇雲の訳した大蔵経を蔵し、香泥木石で造作された塔の堅固なことは山のようであり、これをもって太平を鎮める、とある[48]。長慶寺は史籍にはみえないが、銘文によって、北魏の都であった平城すなわち現在の山西省大同に造営された寺院であり、ここで太平を鎮めたとある対象は、当時の社会ないしそれを含む国家であると考えられるから、造塔の目的は国家の鎮護であり、そのために僧侶が経を蔵する塔を造立している。

尚斉等八十人造像（アメリカ・セントルイス美術館所蔵）

河南省汲県出土とされる石製の一光三尊像で現在はセントルイス美術館に所蔵されており、背面に造像銘が記されている。長文のため、本章の考察に関連する部分を摘記すると、北魏・正始二年（五〇五）に司州汲郡汲県の尚斉ら八〇人余りの人々による邑義によって、「魏国永隆」として北魏の永久の隆盛と「斉等浄土生天」すなわち造像者らの浄土への生天を祈願して造像されたことが記されている。また、銘文には造像とともに「造塼浮図一区五級」とあり、塼で五重の塔を造ったことがみえている。この塼塔の現存は確認されていないが、北魏代に民間の組織が発願によって造像の他に建築物としての塔を造っていたことを示している[49]。

安陽・霊泉寺刻銘（河南省安陽市）

霊泉寺は河南省安陽市に所在する石造の双塔で、東西に並ぶ石塔のうち、西塔に刻銘があり、造営年次と経緯が知られる。刻銘は二カ所あり、それぞれ「大斉河清二年三月十七日」「宝山寺大論師憑法師焼身塔」と記されている[50]。これらによって北斉の河清二年（五六三）に宝山寺の憑法師という僧が焼身すなわち火葬されたことに伴う供養塔であることがわかった。

④参考事例

光州・霊山寺塔下銘（北京市・故宮博物院所蔵）

北魏の造塔に関する資料としては故宮博物院所蔵の太和元年（四七七）銘の光州・霊山寺塔下銘があげられる[51]。この銘文はかつて河南省光州の霊山寺に所在した塔の造立経緯について記されているが、資料性が安定をみないため、あくまでも参考資料として取り扱う。全文は以下のとおりである。

魏光州霊山寺塔下銘

維大魏太和元年歳次丁巳十二月朔八日王茂春劉虎子諸葛洪方山二百人等敬造霊塔願六通三達世栄資福合家眷属
慧悟法界永離苦海光祚群生咸同斯慶都邑主梁英才唯那牟文雍塔主華智

これによると太和元年（四七七）に王茂春以下二〇〇人が霊塔を造り、六通三達の神通力によって、栄え富み、一家眷属が皆で法界に慧悟し、永く苦海（界）を離れ、光祚群生し、みな同じく斯慶たらんことを祈願している。また、この銘文には民間の信仰集団であり、造営組織である邑義に関する邑主・唯那・塔主などの語がみえ、(52)造塔の体制・組織が記されている。この銘文が偽作でないならば、小型石塔ではなく、現世利益の祈願および追福のために寺院における塔の造立が行われた早い時期の例となる。

第三節　朝鮮三国時代の造塔と信仰

1　百済

陵山里寺址（忠清南道扶余郡）

陵山里寺址は百済最後の王都であった泗沘すなわち現在の扶余（忠清南道扶余郡扶余邑）で一九九三年に発見された。百済王陵と考えられる陵山里古墳群の西側に位置することから、遺跡名は陵寺址とも呼ばれている。発掘調査によって、伽藍配置は中門・木塔・金堂・講堂が南北に一直線に並ぶことが判明し、木塔心礎石の周囲から花崗岩製の舎利龕石製が出土した。舎利龕には「百済昌王十三季太歳在丁亥妹兄公主供養舎利」という銘文が刻されており、これによって、昌王一三年すなわち、威徳王代の五六七年に妹兄公主が舎利を供養したことが判明した。(53)

王興寺址（忠清南道扶余郡）

王興寺もやはり扶余に所在した寺院址で、『三国史記』『三国遺事』に記述がある。『三国史記』では、法王二年（六〇〇）に創建され、武王三五年（六三四）に完成したと記されている。王興寺址は一九三四年に「王興」銘文瓦の収拾によって、現在地に比定され、その後、二〇〇〇年以降に発掘調査が行われた。二〇〇七年に行われた木塔址の発掘調査では、木塔基礎（心礎石）部分から舎利孔に安置された状態で舎利容器が出土した。これまでの調査で検出された建物址としては南北に並んだ木塔・金堂・講堂があり、木塔址と金堂址の東西に廻廊をもった建物が存在することが判明している(54)。

舎利容器は青銅製外盒の中に銀製外壺を入れ、さらにその中に金製瓶を入れるという、金・銀・銅の容器の入れ子状をなしていた。青銅製外盒には銘文が刻まれており、一行五字ずつで、最後の行のみ四字で構成されていた。銘文は「丁酉年二月十五日百済王昌為亡王子立刹本舎利二枚葬時神化為三」と釈読されている。

銘文の釈意について、すでに発表されている見解を整理すると、「丁酉年二月一五日に百済王昌（威徳王）が、亡き王子のために刹（塔）を立てた。本（この）舎利は埋納した時は二枚であったが、神力によって化し、三（枚）となった」という内容になる。

これまで確定をみている点としては、百済王昌が『三国史記』や『日本書紀』にみえる記事から、威徳王の諱であることが知られており、その治世の丁酉年は五七七年となる。これはさきにみた『三国史記』の王興寺創建記事よりも年次がさかのぼることが知られている。

「銘文」の「亡王子」の「亡」字については、「三」字とみる見解もあったが、その後、「亡」字であるとする見方が確定しつつある。この「亡王子」については、威徳王の太子には『日本書紀』にみえる「阿佐太子」のほかに、五七七年以前に死亡した別の王子がいた、ということが知られた。さらに、百済王室の仏教は舎利に対する信仰が、中心的な位置を占めており、それは「本舎利二枚葬時神化為三」とみえるように舎利に関する奇瑞に感応しようとする信仰であったことが知られた。

弥勒寺址（全羅北道益山市）

弥勒寺は『三国遺事』に百済武王とその王妃である新羅の善化公主が龍華山麓の池から弥勒三尊が現れたため、池を埋めて伽藍を作ったという創建譚が伝わることで知られる。伽藍配置は三塔三金堂という稀有な伽藍配置をとり、三塔のうち、中央が木塔址で東西には石塔であったが現状では西塔が残存する。

西塔址の解体修理過程で二〇〇九年一月に心礎の調査が行われ、金製・銀製・銅製の三重の舎利容器とともに金製舎利奉迎記（以下では舎利奉迎記と略称）および多数の舎利供養遺物約五〇〇点が出土した。舎利奉迎記は金製、縦一〇・五センチメートル、横一五・五センチメートルの横長の金板に表面が一行九字で一一行、裏面も一行九字で一一行が基本であるが、一行目は一〇字、三行目も一字分の空格を含めて一〇字、一〇行目は八字、最後の一一行目は四字となっている。「竊以法王出世隨機赴」の書き出しから始まる銘文は表裏合わせて一九三字であり、その全文はすでに掲げた（本書第二部第三章参照）ので省略するが、文字は陰刻された後に朱漆で彩色されている。(55)

銘文の内容は前半では釈迦の出世と入滅、仏舎利の奇瑞、後半では百済王后である沙乇積徳の娘が伽藍を造立し、「己亥年正月廿九日」に舎利を奉迎し、大王陛下の年寿が久しく、仏法が弘通し、衆生を教化することと、王后の身体が不滅であり、永く子孫に福利があり、衆生とともに仏道を成さんことを願うというものである。すなわち、最終的には百済王と王后の身体の不滅と家系の福徳および仏道の成就を願目として舎利の供養と塔の建立を行ったことがわかる。

2　高句麗

『三国史記』などの文献記載では高句麗に仏教が伝えられたのは小獣林王代の三七二年で前秦から伝えられたと

され、造寺の記事としては小獣林王五年（三七五）に肖門寺・伊弗蘭寺などが建立されたことがみえる。

清岩里廃寺（朝鮮民主主義人民共和国平壌市）

この寺院遺構は平面八角形の塔址を中心として、その東・西・北の三面に建物址が検出され、これらは金堂とみられており、東アジアにおける一塔三金堂の伽藍配置をもつ寺院址の典型として知られる。[56]発掘当時、塔址はすでに基壇の外郭を残すのみであり、舎利の埋納方法などは不明である。この寺院址については『三国史記』に文咨王七年（四九八）に「秋七月創金剛寺」としてみえ、『東国輿地勝覧』に「金剛寺址在府東北八里」とあることから、金剛寺にあてる見解があるが、瓦の年代を五世紀初頭とみて、より古く想定する見方もある。

上五里廃寺址（朝鮮民主主義人民共和国平壌市）

この遺跡でも平面八角形の塔址の東西に建物址が検出されており、配置からみて清岩里廃寺址と同様に塔の三方に建物がある一塔三金堂の伽藍であったとみられている。文字を刻印された瓦・金銅製隅金具・心葉形垂飾などが出土したが、塔の心礎や舎利に関係する遺構・遺物は発見されていない。[57]

定陵寺址（朝鮮民主主義人民共和国平壌市）

造塔の史的経緯そのものは明らかではないが、造塔の意味が周辺の墳墓との関係から想定できるのが定陵寺址である。定陵寺址は真坡里古墳群のなかの一基である伝・東明王陵の南側約一五〇メートルで発見された寺院址であり、出土した銘文のある土器と瓦から「定陵寺」という寺名であったと推定されている。[58]伝・東明王陵は埋葬施設が横穴式石室で、壁画があることが知られている。築造時期については、北朝鮮の知見では五世紀末頃とされているが、石室の形式からは伝・東明王陵古墳の年代を五世紀中葉から六世紀初めにかけてのものとされている。[59]南門の北側では塔址とみられる八角形の建物址の東・西・北に金堂跡が配されており、いわゆる一塔三金堂の形式をとる伽藍であることが知られている。ただし、すべての金堂が同時期に存在したかについては疑義を呈する見方もある。[60]

定陵寺址の築造年代について、伽藍配置が左右対称ではないことから、報告者が『三国史記』にみえる四九八年創建の「金剛寺」より古い様相をみせるとし、『三国史記』の三九二年の記事である「創九寺於平壌」の九寺よりは新しいと断じている。ただし、定陵寺址から出土した瓦が清岩里廃寺の出土瓦より型式的に新しいとみて、清岩里廃寺を「金剛寺」とする前提のもとで定陵寺址を六世紀前半以降の創建とする説[61]や定陵寺址の遺構は二期に分けられるとする見解があるように[62]、いまだ問題が残されている。

以上のように、これまでの考古学的知見を瞥見すると、定陵寺址の構造についてはいまだ確定をみないが、伝・東明王陵の築造推定年代は諸説において、ほぼ五世紀後半から末頃に集約されることから、これを年代の一端とすると、定陵寺址の築造年代の上限も、一応、ここに置くことができよう。

いっぽう、定陵寺址の属性については「陵寺」の銘文瓦の出土と、背後に造営され、真坡里古墳群のなかで最大の古墳である伝・東明王陵との関係からも、王陵である伝・東明王陵に伴う寺院とみるのが定説である。[63]伝・東明王陵は　前述のとおり、石室の構造から五世紀後半から末頃と推定されており、その被葬者は四九一年に死んだ長寿王とする見方があり、現状では主流をなす説となっている。[64]これらの事実認識に大過なしとすれば、伝・東明王陵では墳墓の造営や祭祀を行うに際して、仏教が思想的背景となったことが知られる。

3　新羅

新羅では五、六世紀代に属する塔址は、考古学的には顕著ではなく、文献上は国家的護国寺院とされる皇龍寺の創建前史として、造成が行われたことなどが記されている。

いずれも後代の再埋納であるが、七世紀代の舎利関係遺物を含む出土例としては、皇龍寺木塔址と芬皇寺模塼石塔が知られる。

皇龍寺址木塔（慶尚北道慶州市）

『三国史記』『三国遺事』では善徳女王一四年（六四五）に慈蔵律師の建議で建立した九層の木塔としてみえる。この塔は一三世紀代に元によって焼かれるまでに何次にもわたる重修を受けているが、そのうち統一新羅の景文王代の八七一年に行われた大規模な重修に経緯を記した方形舎利函が出土している。これに伴って出土した遺物については、黄寿永氏による収拾経緯の報告と考察があるが、青銅製の装飾を主体として、三国時代の遺物を含むことが知られている。(65) 皇龍寺の木塔址出土遺物としては他に、塔の心礎石の下部から出土した一群がある。すなわち、人の骨粉を入れた唐代の白磁壺・青銅壺・銅鏡・金製太環式耳飾・勾玉などの玉類などがあり、層位的にも攪乱を受けていないことから、塔の建立時の遺物と考えられている。これらの遺物は塔を建築する際の地鎮具とされてきたが、近年では舎利荘厳具として捉える見方が出されるとともに、種類的に古墳出土品と類似することが指摘されている。(66)

芬皇寺址模塼石塔（慶尚北道慶州市）

芬皇寺は『三国史記』巻第五・新羅本紀第五には善徳女王三年（六三四）に創建されたという記述がみられる。新羅でも、もっとも古い寺院の一つであり、発掘調査では塔の周囲に三基の建物址が確認されているが、模塼石塔は当初から存在したとみられている。(67) ただし、現状では三層であるが、建築当初はさらに多層であったことがわかっている。一九一五年にこの塔の二層目から石函が発見され、その中から舎利盒をはじめとした遺物が出土した。

その中には崇寧重宝などの高麗時代の遺物があり、舎利石函などの遺物は高麗時代の重修の際に埋納されたものとみられる。ただし、ガラス製小壺の破片は創建当初の舎利容器とされ、その他の出土遺物では耳飾り破片・勾玉などの玉類なども創建時の埋納品とみられている。このように芬皇寺模塼石塔出土舎利関係資料は高麗時代の重修時と創建時の遺物とが混在することがわかっている。

感恩寺址石塔（慶尚北道月城郡）

三国を統一した文武王の追福を祈願するために神文王二年（六八二）に創建されたことが『三国遺事』にみえる。現状では東西二基の塔が存在しており、そのうち西塔では一九五九年の解体復元中に三層塔身上面に長方形の舎利孔があることがわかり、そこから金銅製の方形舎利函が発見された。その中には金銅製殿閣形舎利容器が置かれており、そこから水晶製舎利瓶が発見され、これに伴い銅製匙・銅製鋏などの統一新羅時代と推定される遺物が出土した。一九九六年には東塔からも同時期の金銅製方形舎利函および荘厳具が出土した(68)。

これらのように七世紀代に創建されたとされる新羅寺院と塔址およびとそれに伴う舎利に関係する遺物を瞥見してきたが、後代の重修に伴う再埋納品もあり、創建当時の埋納状態が知られるものは少ない。ただし、再埋納品のなかには当初の遺物が混在しており、そこには耳飾りや勾玉に典型化される古墳副葬品が存在することが指摘されており(69)、七世紀代の新羅における舎利埋納の特徴となっている。

以上のように南北朝期と朝鮮三国時代を中心とした寺院址および関連遺跡における塔の有無に関係する知見を概観した。これらの造塔行為の背景となる信仰については節を改めて考察したい。

第四節　東アジアの初期造塔に関する信仰とその展開

南朝寺院址に関しては伽藍配置の類型が論じられるまでの具体的資料の蓄積はないが、少なくとも、塼や石刻などの図像資料によって、伽藍には多層の木塔が造立されていたことが推定されている。また、いまだ遺跡の性格については諸説があるにしろ、蓮華文軒丸瓦の出土から仏教的施設の可能性が高い施設が、王城である建康すなわち南京の周縁の丘陵で発見されており、立地に関する特質の一端が知られた。舎利関係遺物については、詳細はわからないが、伽藍に関係する遺物としては塑像があり、これによって建物内部が荘厳されていたとみられる。

発掘調査された北魏初期の造塔の特質については、その一つとして宣武帝の妃である霊太后胡氏が造立した永寧寺に象徴される皇帝とその一族による国家的寺院としての属性があげられる。北朝期の鄴南城寺院址で検出された塔址については、造塔の詳細は不明であるが、規模や都城との位置的関係からみて、同様に東魏・北斉の皇帝権力と関わる国家的寺院とみられる。

北朝における造塔の史的背景として、実際の寺院遺構の他に北魏を中心とした小型石塔に関しては銘文の検討から、亡親や亡き親族などに対する追福と浄土などへの生天および現在の父母・親族などの現世利益のために発願されたことがわかっている(70)。

北朝の造像銘のなかで、とりわけ願目に関わる語句の研究では、造像と発願の対象が父母・親族および自身であり、造像者である民衆の関心が自身の家庭や家族がその中心であると論じられている。そのなかでも、この時期の造像の主要な目的は亡親に対する祈願であると端的に指摘されている。すなわち、このような現実的生活での実際的利益を追求する願目は、たとえば北朝代に属する一〇二七例（そのうち有紀年は六八四例）の造像記を分析した李静傑氏などの研究を参照すると、神亀元年（五一八）の段階で「現世安吉」などの語がみえ、北魏代から隋・唐代にいたる造像記における願目の特質とされている(71)。

参考として隋・唐代の造像銘においても、願目に関わる語句の意味としては、造像と発願の対象が父母・親族および自身であり、造像者である民衆の関心が自身の家庭や家族がその中心とみられている。北朝と同様に、隋・唐の造像の主要な目的も、やはり亡親に対する祈願であると考えられている(72)。その祈願の内容を隋・唐代の造像銘一四五六の例から抽出した結果として、平安・平安相見・百病除・平善・無滅・無滅障・安楽自在・登福慶・合家無病・無諸滅障・永無滅障・悪滅禍消・福寿延長・富貴・兄弟相見・蠱魅得恙・家内鬼神不安・遼東行・臨終無痛・流放早環・天旱蒙沢・一切行人平安孝養・早得相見・適官早帰などの語があげられている。このような語のなかでもとくに出現頻度が高く、もっとも強い願望として記されているのが、「平安」であることが強調されている。

この他に伽藍建築の石塔そのものが残存しない場合も、造塔銘によって造塔の経緯や発願内容がわかる場合があり、このような像塔銘の資料としては長慶寺銘文塼では僧が国家の鎮護のために造塔しており、北魏における国家的な仏教信仰実修の具体相の一面を伝えている。

いっぽう、朝鮮三国時代では、百済の王室祈願寺院での造塔の様相が明らかになってきており、六世紀代には亡親や亡息の追福のために造塔されたことが知られ、あわせて、これまで文献を中心とされてきた飛鳥寺の造塔についても、百済寺院址の舎利埋納遺物などの考古資料によって検討できるようになった。

百済王室祈願寺で行われた造塔に関して、その目的は王族による亡親・亡子などの追福であることは疑いないが、造塔を含む造寺という行為に対しては、真身舎利が感応を通じて徳のある人に現れるという仏典の内容から、舎利感得の主体者を威徳王は、自らを古代の聖王たる転輪聖王に比し、そのことによって百済王室の安定を祈願したという政治的な意義を見出そうとする説もある(73)。

このような亡親などに対する造塔・造寺は高句麗でも行われており、その実例が四九一年に死んだ長寿王の陵墓とみられる伝・東明王陵とこれに伴う寺院とみられる定陵寺址との関係である。長寿王陵では墳墓の造営や祭祀を行うに際して、仏教が思想的背景となったことが知られる。

以上のような出土文字資料・造像銘などの物質資料を主体とした検討からは、概観した五、六世紀代の東アジアの造塔・造寺およびこれを含む行為に対して、史書・文献にみえる個人の一般的な発願とは別に主体者とその目的から、以下のように大別し、類型化できよう。

Ⅰ　皇帝およびその一族による造塔・造寺

①国家的事業

②亡親らのための追福――伽藍としての造塔

Ⅱ　貴族・民衆・僧などによる造塔・造寺

①亡親らのための追福――小規模石塔を含む

②社会の安寧祈願

③僧の焼身などに対する供養

これらを既述の東アジア地域の造塔・造寺に適用させてみると、永寧寺はⅠの①に該当する。文献史料にはみえず、詳細は不明であるが、鄴南城址で発見された塔址も都城遺跡である鄴城址との位置や規模から考えて、同様に国家的事業としての造寺に伴う造塔を想定してよい。また、朝鮮三国時代では新羅の皇龍寺がその典型となる。

Ⅰ―②の亡親や亡き親族のための造塔・造寺として、北魏では馮太后の追福のために、その墓である永固陵に接して、孝武帝が造立した思遠仏寺があげられる。ここでは実際に発掘調査によって塔を伴う寺院とみられる遺構が確認されている。南朝では追福に伴う寺院や塔がいまだ考古学的に確認された例はないが、すでにふれたように文献上では梁の武帝が亡父母のために造立した大愛敬寺が知られる。

いっぽう、Ⅱ―①と類型化したように、南北朝期には皇帝やその一族のみならず、一般民衆も亡き親族などの追福のために仏像を造り、追福を祈願したことは、先学による造像銘の研究により明らかであるが、同様の意味をもつものとして北朝の石塔がある。すなわち、亡き親族の追福を祈願して造られた小規模な石塔であり、とくに北魏代に特徴的な追善の行為である。また、敦煌地域の北涼でも独自の型式の石塔の造立が知られることから、このような石塔の造立による追福が北朝の時期には地域的に展開していたことが知られる。

Ⅰ―②に関しては、同時期の東アジアでは陵山里寺址や王興寺址の塔址で出土して舎利埋納具の銘文によって、百済の王や王族によって亡親や亡子のために塔が造立され、追福が行われていたことが明らかになった。また、説話的な内容であるが、新羅・感恩寺も文武王の追福が目的であるとされる。

Ⅱ―②は皇帝をはじめとした為政者またはそれに属する階層ではなく、民衆や僧などが、社会の安寧を祈願して造塔を行った事例であり、北魏・長慶寺銘文塼の内容がこれを示している。

Ⅱ―③は北斉代の安陽・霊泉寺刻銘のみえる僧の焼身に対する供養のための造塔であり、管見では他に例をみない。この事例について、管見では詳細な検討を知らないが、一般論として焼身は仏教の供養および布施・喜捨の行為の一つであり、焼身供養の内容が記された仏典としては『法華経』薬王菩薩本事品、『金光明経』捨身品、『涅槃経』聖行品、『華厳経』入法界品、『大智度論』釈初品中舎利弗因縁などがあるとされる。ただし、梁・唐・宋代に編纂された『高僧伝』でとりあげられた二〇ほどの焼身供養の事例は『法華経』薬王菩薩本事品によっているとされる。[74]このことからすると、南北朝期の焼身供養の所依経典は『法華経』薬王菩薩本事品とみられる。[75]ここでは以下のように焼身供養が説かれており、要約すると以下のとおりである。[76]すなわち、一切衆生喜見菩薩（以下、喜見菩薩）が『法華経』の説法を聴聞して悟りを開き、如来と『法華経』を供養しようと発願して、種々の香や香油を千二百歳にわたって飲み、自らの神通力をもって火を点じて身を焼き、光明はあまねく八十億恒河沙の世界を照らし、千二百歳にしてその身がつきた。ひとたび、焼身供養した喜見菩薩は再び日月浄明徳如来の世に生まれ、如来に詣でた際に涅槃の近いことを告げられ、法と如来の舎利を付嘱し、舎利塔の造立を命じられた喜見菩薩は、如来の入滅の後、香木を薪として仏身を焼いた後、舎利を集めて宝瓶を作り、八万四千の塔を起《た》て、供養のために自らの臂を燃やすこと七万二千年、無数の人に菩提心を起こさせた。臂がないことを嘆く人々に対して、喜見菩薩が誓願を発すと両臂が還復した。この喜見菩薩は今の薬王菩薩であるとされる。

このような焼身供養は日本では奈良・平安時代にその記述がみられる。[77]いっぽう、中国の事例のなかでは、安陽・霊泉寺刻銘が『法華経』に基づく焼身供養である可能性が高いが、そうであるならば、いっそう、その実修についての信仰史的な位置づけが必要であろう。

以上で述べてきた東アジアにおける五、六世紀の造塔およびこれを含む造寺の意味と背景の類型化を通して、それらとの比較によって、日本古代の初現期寺院である飛鳥寺の文献上の記述内容や遺構・遺物の特徴をいっそう明らかにすることができる。すなわち、この時期に南北朝および百済でみられた亡親や亡き親族に対する追福のための造塔・造寺は日本の初現期寺院である飛鳥寺の創建記事にはみられない。古代仏教伝来のうえで強い影響を受けた百済の王や王族による造塔・造寺の一つの目的であった亡親や亡子などの追福が飛鳥寺の造営記事には認められないことを指摘し、百済の王室祈願寺といわれる王興寺址・弥勒寺址の塔址出土舎利関係遺物と飛鳥寺塔址出土遺物との比較が可能になったことを受けて、筆者は双方の種類や属性を検討した(78)。そのうち、ここでの考察に必要な部分のみを再掲し、飛鳥寺の東アジア的位置づけを補完する根拠としたい。

まず、百済から将来された舎利を納めたとされる飛鳥寺跡塔心礎から出土した遺物には、勾玉・管玉・子玉などの玉類、金環、銀環、金、銀の延板・小粒、金銅製飾金具類、青銅製馬鈴、蛇行状鉄器、挂甲、刀子、雲母片などであり、これらが古墳出土遺物と類似することは、すでに定説となっている(79)。この遺物の属性については、舎利に関する荘厳具または供養品とするほかに、地下式心礎石の上面という出土位置を勘案すると、立柱に際する鎮壇などの儀礼に用いられたとする見方が示されている(80)。同様の結論は飛鳥寺塔址出土遺物の配置状態の復原的考察からもなされており、遺物が置かれた後に心柱が立てられたとは考えがたいという想定から、これらの遺物は立柱儀礼に伴うものとする説が出されている(81)。

いっぽう、百済王室祈願寺の舎利遺物では、陵山里寺塔址からは、金銅板仏片、仏像や僧の塑像、小環を繋いだ金製装飾、銀製釧、銀製細環、玉類などが出土している(82)。

王興寺塔址からは金製頸飾り、金板被炭木頸飾り、金鈴、金糸、金箔、金板などの金製品、銀製心葉形銙板、銀製帯金具(鉈尾)などの装身具、花形雲母装飾の付いた鉄芯冠帽、硬玉製丁子頭勾玉を含み、ガラス製丸玉を主体とした各種の玉類、玉璧、常平五銖などの中国製品のほかに鉄刀子、銅箸、琥珀製獣形装飾品などが出土した(83)。弥勒寺西塔址からは銀製冠飾り、銀製銙帯金具、金製小板、金製耳飾り、金塊、金粉、ガラス玉、青銅盒、鉄刀子、真珠玉などが出土している(84)。

これらの百済王室祈願寺出土舎利遺物に共通する特徴は、冠帽や装飾品、帯金具、玉類など武寧王陵を典型とする百済王陵や古墳の副葬品がみられることである。新羅の塔址出土遺物も同様の指摘があることはすでにふれたとおりであるが、いずれも七世紀代に下る事例である。このように王興寺址などの百済王室祈願寺と飛鳥寺址の塔心礎出土遺物は、百済の事例が時期的には早く創始し、双方ともに古墳出土遺物が含まれるという共通点があることから、この点においても、飛鳥寺の創建には百済の王室祈願寺の影響があったことがわかった[85]。そして、すでにみたように造塔および舎利の荘厳または供養のために、高位階層の人々によって喜捨されたものと推定される（本書第二部第一、二章）。

以上の観点から、同時代の東アジアのなかで飛鳥寺を位置づけると、中国の南北朝および朝鮮三国のうち百済では追福のための造塔が行われていたのに対し、文献記述の上では飛鳥寺は追福の目的をもたないことが特色である。いっぽう、舎利関係遺物の種類からは先行する百済の王室祈願寺の様相と酷似する。すなわち、造塔と舎利の荘厳または供養に関しては、百済の直接的な系譜を引くことが明らかである。すなわち、『日本書紀』の記述によって百済の影響が断じられてきた飛鳥寺の創建については、造塔の行為と信仰に関しては、南北朝や百済とは異なる記載内容がみられるのに対し、舎利の荘厳または供養の方法に関しては百済の直接の系譜を引くことを明らかにした。

結　語

本章では南北朝期とそれに併行する時期の東アジアに造塔を中心とした考古学的知見とそれに関する史料・文献との相関から、各地域の造塔・造寺について地域ごとに整理し、それらとの比較によって日本古代における草創期寺院である飛鳥寺の造寺記事の位置づけや舎利関係遺物・造塔の意味についての考察を行った。

地域の相対化による検討という論説としての属性上、記述の重複を避けるため、あえて文末に内容の整理は行わないが、結論としての知見を強調するならば、五、六世紀代の東アジアの造塔・造寺行為に対して、主体者とその目的から類型化を行うことによって、地域と時期ごとの特質を示した。その結果として北魏では皇帝や皇族が主体となる造塔・造寺が盛行するとともに、そのいっぽう民間では亡親などの追福のために小規模な石塔の造立が行われていた。また、南北朝期には宅地などを喜捨して寺院とすることも行われたことを示した。また、皇帝や皇族による造寺の契機としては、南朝とくに梁代に顕著なように、亡親の追福を目的とする場合があることが指摘されている。このことに加えて百済王室の造立になる寺院から出土した舎利容器などの銘文には、梁と同様に亡親や亡子の追福を祈願する内容が記されており、このような造寺に対する思想が百済にもたらされた結果として、亡き親族に対する追福を目的とした造寺が行われることになったとする見解があり、本章でもこれを支持した。

そして、このような同時期の東アジアの造塔・造寺の類型的な知見と比較すると、飛鳥寺の造営は『日本書紀』の記述では捨宅寺院的な要素が認められるが、亡親などの追福を祈願して造立されたという内容はみられない。いっぽうで、塔心礎出土遺物は類型的には百済・王興寺木塔址や弥勒寺西塔址出土遺物と近く、百済の系譜にあることは確実である。以上のように本章では飛鳥寺の造立に関して『日本書紀』の記事編述の傾向と考古資料の示す知見という両面から、同時期の東アジアにおける造塔・造寺の知見と比較して位置づけた。

注

（1）李漢祥「百済王興寺木塔址一括遺物の性格と意義」（『東アジアの古代文化』一三六、二〇〇八年）。

（2）李漢祥「金工史からみた百済王興寺の舎利荘厳具」（鈴木靖民編『古代東アジアの仏教と王権――王興寺から飛

鳥寺へ――』勉誠出版、二〇一〇年）。
（3）李漢祥「王興寺址木塔と弥勒寺址石塔舎利荘厳の比較」（『歴史と談論』五四、二〇〇九年）〔ハングル文献〕。
（4）山本孝文「百済古墳の副葬品と王興寺舎利荘厳具」（鈴木靖民編『古代東アジアの仏教と王権――王興寺から飛鳥寺へ――』〈前掲注2〉）。
（5）周炅美『中国古代仏舎利荘厳研究』（一志社、二〇〇三年）〔ハングル文献〕。
（6）周炅美「百済の舎利信仰と弥勒寺址出土舎利荘厳具」（円光大学校馬韓百済研究所編『円光大学校馬韓百済研究所学術大会集　大発見舎利荘厳　弥勒寺の再照明』円光大学校馬韓百済研究所、二〇〇九年）〔ハングル文献〕。
（7）梁銀景「中国仏教寺院の検討を通してみた百済泗沘期仏教寺院の諸問題」（『百済研究』五〇、二〇〇八年）〔ハングル文献〕。
（8）近藤浩一「百済・威徳王の寺院建立と孝思想――陵山里寺院・王興寺よりみた東アジア仏教文化交流の一側面――」（『京都産業大学日本文化研究所紀要』一八、二〇一三年）。他に百済寺院と孝の思想および東アジアの王陵の建物構成についての研究を整理したものとしては、下記の論考がある。李炳鎬『百済仏教寺院の成立と展開』（社会評論アカデミー、二〇一四年）〔ハングル文献〕二一七～二三三頁、李炳鎬『百済寺院の展開と古代日本』（塙書房、二〇一五年）九八～一〇四頁。
（9）何利群「北朝至隋唐時期仏教寺院的考古学研究――以塔、殿、院関係的演変為中心――」（『石窟寺研究』二〇一〇年刊）〔中国語文献〕。
（10）賀雲翱「六朝都城仏寺和仏塔的初歩研究」（『東南文化』二〇一〇年第三期）〔中国語文献〕。
（11）諏訪義純「梁代建康の仏寺と武帝の建立」（『中国南朝仏教史の研究』法藏館、一九九七年）。
（12）徐平芳「中国舎利塔基考述」（『伝統文化与現代化』一九九四年第四期）〔中国語文献〕。
（13）楊泓「中国古代和韓国古代的仏教舎利容器」（『考古』二〇〇九年第一期）〔中国語文献〕。
（14）袁泉「舎利安置制度的東亜化」（『敦煌研究』二〇〇七年第四期）〔中国語文献〕。

(15) 佐川正敏「日本古代木塔基壇の構築技法と地下式心礎、およびその東アジア的考察」（『東北学院論集　歴史と文化』四〇、二〇〇六年）。
(16) 岡本敏行「日本古代における仏舎利の奉安――舎利容器と舎利荘厳具――」（鈴木靖民編『古代東アジアの仏教と王権――王興寺から飛鳥寺へ――』〈前掲注2〉）。
(17) 大橋一章「飛鳥寺の発願と造営集団」（『早稲田大学大学院文学研究科紀要』第3分冊〈42〉、一九九六年）。
(18) 鈴木靖民「王興寺から飛鳥寺へ――飛鳥文化の形成――」（鈴木靖民編『古代東アジアの仏教と王権――王興寺から飛鳥寺へ――』〈前掲注2〉）。
(19) 本書第二部第一、二章。
(20) 南京市文物研究所・中山陵管理局・南京大学歴史系考古専業「南京鍾山南朝建築遺存一号壇発掘簡報」（『文物』二〇〇三年第七期）〔中国語文献〕。
(21) 張学鋒「論南京鍾山南朝壇類建築遺存的性質」（『文物』二〇〇六年第四期）〔中国語文献〕。
(22) 賀雲翺「南京鍾山二号寺遺址出土瓦当初探」（『東亜考古論壇』〔韓国・忠清文化財研究院編〕創刊号、二〇〇五年）〔ハングル文献〕、賀雲翺「南京鍾山二号寺遺址出土南朝瓦当及南朝上定林寺関係研究」（『考古与文物』二〇〇七年第一期）〔中国語文献〕。
(23) 賀雲翺「南京独龍阜東出土南朝石塔構件的初歩研究」（『華夏考古』二〇一〇年第四期）〔中国語文献〕。
(24) 王志高・王光明「南京紅土橋出土的南朝泥塑像及相関問題研討」（『東南文化』二〇一〇年第三期）〔中国語文献〕、賀雲翺「六朝都城仏寺和仏塔的初歩研究」（前掲注10）。
(25) 賀雲翺「南朝善業泥仏像鑑賞」（『収蔵家』二〇〇一年第六期）〔中国語文献〕。
(26) 河北省文物局文物工作隊「河北定県出土北魏石函」（『考古』一九六六年第五期）〔中国語文献〕。
(27) 中国社会科学院考古研究所『北魏洛陽永寧寺　一九七九―一九九四年考古発掘報告』（中国大百科全書出版社、一九九六年）、銭国祥「北魏洛陽永寧寺と塔基壇の発掘と研究」（『東北学院大学論集　歴史と文化』四〇〈前掲注

15〉）。

(28) 大同市博物館・山西省文物工作委員会「大同方山北魏永固陵」（『文物』一九七八年第二期）〈中国語文献〉、王雁卿「北魏永固陵陵寝制度的幾点認識」（『山西大同大学学報』〈社会科学版〉二二―四、二〇〇八年）〈中国語文献〉。

(29) 『水経注』巻一三・漯水

羊水又東注于如渾水、乱流径方山南、嶺上有文明太皇太后陵、陵之東北有高祖陵。二陵之南有永固堂、堂之四周隅雉、列榭階欄及扉戸、梁壁、椽瓦、悉文石也。…（中略）…、有思遠霊図、図之西有斎堂、南門表二石闕（後略）…

(30) 『魏書』巻一一四・釈老志第二〇

（太和元年三月）又於方山太祖営塁之処、建思遠寺。

(31) 岡村秀典・向井佑介編「北魏方山永固陵の研究――東亜考古学会一九三九年収集品を中心として――」（『東方学報　京都』八〇、二〇〇七年）、向井佑介「北魏平城時代の仏教寺院と塑像」（『仏教芸術』三一六、二〇一一年）。

(32) 大同市博物館「大同北魏方山思燕仏寺遺址発掘報告」（『文物』二〇〇七年第四期）〈中国語文献〉。

(33) 岡村秀典・向井佑介編「北魏方山永固陵の研究――東亜考古学会一九三九年収集品を中心として――」（前掲注31）。

(34) 中国社会科学院考古研究所・河北省文物考古研究所鄴城考古工作隊「河北臨漳県鄴南城遺址勘探与発掘」（『考古』一九九七年第三期）〈中国語文献〉。

(35) 中国社会科学院考古研究所・河北省文物考古研究所鄴城考古工作隊「河北臨漳県鄴南城朱明門遺址的発掘」（『考古』一九九六年第一期）〈中国語文献〉。

(36) 中国社会科学院考古研究所・河北省文物考古研究所鄴城考古工作隊「河北臨漳県鄴城東魏北斉仏寺塔基的発現与発掘」（『考古』二〇〇三年第一〇期）〈中国語文献〉、朱岩石「鄴城遺跡趙彭城東魏北斉仏寺跡の調査と発掘」（『東北学院大学論集　歴史と文化』四〇、〈前掲注15〉）、中国社会科学院考古研究所・河北省文物考古研究所鄴城考古工作隊「河北臨漳県鄴城遺址趙彭城北朝仏寺遺址的勘探与発掘」（『考古』二〇一〇年第七期）（中国語文献）、中国社会科学院考古研究所・河北省文物研究所鄴城考古工作隊「河北臨漳県鄴城遺址趙彭城北朝仏寺二〇一〇～二〇一一年発掘」（『考古』二〇一三年第一二期）（中国語文献）、朱岩石・何利群・沈麗華「鄴城仏寺的興衰」（『中国文化遺産』二〇一三年第六期）（中国語文献）。

(37) 中国社会科学院考古研究所・河北省文物考古研究所鄴城考古工作隊「河北臨漳県鄴城遺址北呉庄仏教造像埋蔵坑的発現与発掘」（『考古』二〇一二年第四期）（中国語文献）。

(38) 遼寧省文物考古研究所・朝陽市北塔博物館編『朝陽北塔——考古発掘与維修工程報告』（文物出版社、二〇〇七年）（中国語文献）。

(39) 王元林「北魏中小型造像石塔的形制与内容——以甘粛庄浪出土卜氏石塔為中心——」（雲崗石窟研究院編『二〇〇五年雲崗国際学術検討会論文集』研究巻、文物出版社、二〇〇六年）（中国語文献）。

(40) 村田治郎「北魏の千仏小石塔」（『国宝』二―一〇、一九三九年）、村田治郎『支那の仏塔』（冨山房、一九四〇年）、西川寧「北魏天安元年石塔銘について」「北魏天安元年曹天度造塔銘について」（『西川寧著作集』一・中国書法叢考一、二玄社、一九九一年）（初出は一九四二年）。

釈読に関しては、注（40）（41）を参照し、異見のある字は未釈とした。

この石塔は中国では所在地の名をとって崇福寺千仏石塔と呼ばれることが多い。

(41) 史樹青「北魏曹天度造千仏石塔」（『文物』一九八〇年第一期）（中国語文献）、韓有富「北魏曹天度造千仏石塔塔刹」（『文物』一九八〇年第七期）（中国語文献）、胡順利「談北魏曹天度造千仏石塔題銘釈文」（『文物』一九八三年第七期）（中国語文献）、王妙珍「北魏曹天度九層石塔析疑」（『黒河学刊』二〇一一年第二期）（中国語文献）、葛鋼・葛世民「北魏曹天度石塔考」（『文物世界』二〇〇八年第四期）（中国語文献）、呂樹芝「北魏曹天度造千仏石塔」（『歴史教学』一九八二年第一期）（中国語文献）。

(42) 王元林「北魏中小型造像石塔的形制与内容——以甘粛庄浪出土卜氏石塔為中心——」（前掲注39）。

(43) 以上の三例は、松原三郎『中国仏教彫刻史研究　増訂版』(吉川弘文館、一九六六年)、松原三郎『中国仏教彫刻史論』(吉川弘文館、一九九五年)。

(44) 陳炳応「北魏曹天護造方石塔」(『文物』一九八八年第三期)〔中国語文献〕。

(45) 松原三郎『中国仏教彫刻史研究　増訂版』『中国仏教彫刻史論』(前掲注43)。

(46) 北涼石塔の総体的な位置づけに関しては、下記文献参照。曽布川寛・岡田健責任編集『世界美術大全集　東洋編3　三国・南北朝』(小学館、二〇〇〇年)、久野美樹『中国の仏教美術――後漢代から元代まで』(東信堂、一九九九年)。

(47) 北涼石塔の図像や所依経典などの詳細な研究としては下記があり、本章の記述もこれらによった。殷光明「北涼石塔述論」(『敦煌学輯刊』一九九八年第一期)〔中国語文献〕、殷光明『北涼石塔研究』(覚風仏教芸術文化基金会、二〇〇〇年)〔中国語文献〕、桐谷征一「中国における石刻経の濫觴　北涼石塔」(中華仏学研究所・聖厳博士古稀記念論集刊行会編『聖厳博士古稀記念論集――東アジア仏教の諸問題』山喜房佛書林、二〇〇一年)。

(48) 王銀田「北魏平城的仏寺――従日本東京書道博物館蔵北魏長慶寺神麕四年造塔記談起――」(『学習与探索』二〇一〇年第三期)〔中国語文献〕、王銀田・殷憲「北魏平城長慶寺造塔磚銘考略」(『山西大同大学学報〈社会科学版〉』二五―一、二〇一一年)〔中国語文献〕。

(49) 佐藤智水「華北石刻史料の調査――南北朝時代の造像史料から――」(『唐代史研究』七、二〇〇四年)。

(50) 鍾暁青「安陽霊泉寺北斉双石塔再探討」(『文物』二〇〇八年第一期)〔中国語文献〕。
なお、この西塔の年代および銘文を後世の偽作とする説(曹汛「走進年代学」『建築師』一〇九、二〇〇四年)があったが、上記論文で銘文の書体・語句の歴史性、石塔の形態などに対して、北朝から唐代までの近隣にある紀年銘資料との比較検討が行われ、石塔・銘文ともに北斉代のものであることが確認されている。

(51) 常盤大定・関野貞『中国文化史蹟』七巻(法藏館、一九七五年)、北京図書館金石組編『北京図書館蔵中国歴代石刻拓本匯編』第三冊(中州古籍出版社、一九八九年)〔中国語文献〕、仲威『中国碑拓鑑別図典』(文物出版社、二〇一〇年）〔中国語文献〕。

(52) 邑義については下記論文を参照した。佐藤智水『北魏仏教史論考』（岡山大学文学部、一九九八年）、佐藤智水「中国における初期の「邑義」について（上）」「中国における初期の「邑義」について（中）――銘文編一（北魏孝文帝・宣武帝期）」（『仏教文化研究所紀要〈龍谷大学〉』四五、四六、二〇〇六、二〇〇七年）。上記二〇〇七年の佐藤論文では資料として挙例されているが、偽作に関する注意が必要なことが指摘されている。

(53) 国立扶余博物館編『陵寺――扶余陵山里寺址発掘調査進展報告書』（国立扶余博物館、二〇〇〇年）〔ハングル文献〕。

(54) 国立扶余博物館・国立扶余文化財研究所編『百済王興寺』（国立扶余博物館・国立扶余文化財研究所、二〇〇八年）〔ハングル文献〕、金台植「扶余王興寺址昌王銘舎利具に関する考察――舎利函銘文を中心に――」（『文化史学』二八、二〇〇七年）、李道学「〈王興寺址舎利器銘文〉の分析を通してみた百済威徳王代の政治と仏教」（『韓国史研究』一四二、二〇〇八年）〔ハングル文献〕。国立扶余文化財研究所編『王興寺址Ⅲ――木塔址・金堂址発掘調査報告書』（国立扶余文化財研究所、二〇〇九年）〔ハングル文献〕、国立扶余文化財研究所編『王興寺址Ⅳ』（国立扶余文化財研究所、二〇一二年）〔ハングル文献〕。

(55) 国立文化財研究所編『益山弥勒寺址石塔舎利荘厳』（国立文化財研究所建築文化財研究室、二〇一四年）〔ハングル文献〕。

(56) 小泉顕夫「平壌清岩里廃寺址の調査」（『昭和十三年度古蹟調査報告』朝鮮古蹟研究会、一九四〇年）。

(57) 斎藤忠「昭和十四年度に於ける朝鮮古蹟調査の概要――平壌大同郡林原面上五里高句麗建築跡の調査――」（『考古学雑誌』三〇―一、一九四〇年）。

(58) 金日成総合大学『東明王陵とその付近の高句麗遺跡』（金日成総合大学出版社、一九七六年）〔ハングル文献〕。

(59) 永島暉臣慎「集安の高句麗遺跡」（読売テレビ放送編『好太王碑と集安の壁画古墳』木耳社、一九八八年）。

(60) 金正基「高句麗定陵寺址および土城里寺址発掘報告と考察」（『仏教芸術』一〇、一九九一年）〔ハングル文献〕、

千田剛道「高句麗・百済の王陵付属寺院」（『奈良文化財研究所紀要』二〇〇七年度、二〇〇七年）。

(61) 田村晃一「高句麗の寺院址に関する若干の考察」（佐久間重男教授退休記念中国史・陶磁史論集編集委員会編『中国史・陶磁史論集――佐久間重男教授退休記念』佐久間重男教授退休記念中国史・陶磁史論集編集委員会、一九八三年）。

(62) チョン・ジェホン『東明王陵に対する研究』（社会科学出版社、一九九四年）〔ハングル文献〕。

(63) 東潮・田中俊明『高句麗の歴史と遺跡』（中央公論社、一九九五年）。

(64) 永島暉臣慎「集安の高句麗遺跡」（前掲注59）。

この他に長寿王陵を漢王墓にあてる論者もある。東潮『高句麗考古学研究』（吉川弘文館、一九九七年）。なお、近年の高句麗王陵の比定論については、下記の文献で整理されている。チョン・ホソプ「高句麗積石塚の被葬者に関する再検討」（『韓国史研究』一四三、二〇〇八年）〔ハングル文献〕、チョン・ホソプ「高句麗壁画古墳の現況と被葬者に対する検討」（『民族文化研究』四九、二〇〇八年）〔ハングル文献〕。

(65) 黄寿永「新羅皇龍寺九層塔誌」（『考古美術』一一六、一九七二年）〔ハングル文献〕、黄寿永「新羅皇龍寺九層木塔刹柱本記とその舎利具」（『東洋学』〈壇国大学校東洋学研究所〉三、一九七三年）〔ハングル文献〕。

(66) 周炅美「皇龍寺九層木塔の舎利荘厳再考」（『歴史教育論集』四〇、二〇〇八年）〔ハングル文献〕。

(67) 趙由典・南時鎮「新羅寺院跡の発掘――芬皇寺跡の発掘」（『仏教芸術』二〇九、一九九三年）、国立慶州文化財研究所編『芬皇寺――発掘調査報告書』（国立慶州文化財研究所、二〇〇五年）〔ハングル文献〕。

(68) 金載元・尹武炳『感恩寺址発掘調査報告書』（乙酉文化社、一九六一年）〔ハングル文献〕、国立慶州文化財研究所『感恩寺――発掘調査報告書』（国立慶州文化財研究所、一九九七年）〔ハングル文献〕、国立文化財研究所『感恩寺址西三層石塔』（国立文化財研究所、二〇〇五年）〔ハングル文献〕。

(69) 周炅美「皇龍寺九層木塔の舎利荘厳再考」（前掲注66）。

(70) 佐藤智水「北朝造像銘考」（『史学雑誌』八六―一〇、一九七七年）、久野美樹「造像背景としての生天、託生西

方願望――中国南北朝期を中心として――」（『仏教芸術』一八七、一九八九年）、佐藤智水『北魏仏教史論考』（前掲注52）、倉本尚徳「北朝・隋代の無量寿仏・阿弥陀像銘――特に『観無量寿経』との関係について――」（『仏教史学研究』五二―二、二〇一〇年）など。

(71)　李静傑「仏教造像碑尊像彫刻」（『敦煌学輯刊』一九九六年第一期）〈中国語文献〉、李静傑「仏教造像碑分期与分区」（『仏学研究』一九九七年臨時増刊号、故宮博物院、一九九七年）〈中国語文献〉、李静傑「仏教造像碑」（『敦煌学輯刊』一九九八年第一期）〈中国語文献〉など。

(72)　李暁敏「造像記　隋唐民衆仏教信仰初探」（『鄭州大学学報』〈哲学社会科学版〉二〇〇七年第一期）〈中国語文献〉。

(73)　周炅美「国王の真身舎利供養とその政治的含意」（鈴木靖民編『古代東アジアの仏教と王権――王興寺から飛鳥寺へ――』〈前掲注2〉）。

別の角度から、筆者も王興寺舎利銘文にみえる舎利の奇瑞の主体が威徳王であり、これは『阿育王経』や『魏書』釈老志にみえる阿育王、すなわちアショカ王の事績を意識した内容であると述べた（本書第二部第一章参照）。

(74)　林鳴宇「焼身供養略攷」（『東洋文化研究』〈学習院大学〉七、二〇〇五年）。

(75)　焼身供養に関しては、下記論考を参照。沼義昭「薬王菩薩の御本地――焼身供養をめぐって――」（『立正大学文学部論叢』一〇二、一九九五年）、林鳴宇「焼身供養略攷」（前掲注74）。

(76)　『妙法蓮華経』巻第六・薬王菩薩本事品第二三（大正新脩大蔵経第九巻五三頁上段～五四頁上段）

為一切衆生喜見菩薩及衆菩薩諸声聞衆。説法華経。是一切衆生喜見菩薩楽習苦行。……又飲瞻蔔諸華香油。満千二百歳已。香油塗身。於日月浄明徳仏前。以天宝衣而自纏身。灌諸香油。以神通力願。而自然身。光明遍照八十億恒河沙世界。…（中略）…其身火燃千二百歳。過是已後其身乃盡。一切衆生喜見菩薩。作如是法供養已。命終之後。復生日月浄明徳仏国中。…（中略）…栴檀為積。供養仏身。而以焼之。火滅已後。収取舎利。作八万四千宝瓶。以起八万四千塔。…（中略）…即於八万四千塔前。然百福荘厳臂。七万二千歳而以供養。令無数求声聞衆無量阿僧祇人発阿耨多羅三藐三菩提心。皆使得住現一切色身三昧。爾時諸菩薩天人阿修羅等。見其無臂憂悩悲哀。而作是言。此一切衆生喜見菩薩。是我等師。教化我者。而今焼臂身不具足。于時一切衆生喜見菩薩。於大衆中立此誓言。我捨両臂。必當得仏金色之身。若実不虚。今我両臂還復如故。作是誓已自然還復。

なお、『法華経』薬王菩薩本事品に基づく焼身供養に関しては、下記文献参照。沼義昭「薬王菩薩の御本地――焼身供養をめぐって――」（前掲注74）。林鳴宇「焼身供養略攷」（前掲注75）。

（77）辻善之助『日本仏教史』第一巻（岩波書店、一九四四年）。

（78）本書第二部第一章および第二部第二章。

（79）奈良国立文化財研究所編『飛鳥寺発掘調査報告』（奈良国立文化財研究所、一九五八年）、辻秀人「日本古墳時代の副葬品と飛鳥寺塔の舎利荘厳」（『東北学院大学論集　歴史と文化』四〇、二〇〇六年）。

（80）佐川正敏「日本古代木塔基壇の構築技法と地下式心礎、およびその東アジア的考察」（前掲注15）。

（81）岡本敏行「日本古代における仏舎利の奉安――舎利容器と舎利荘厳具――」（前掲注16）。

（82）国立扶余博物館編『陵寺――扶余陵山里寺址発掘調査進展報告書』（前掲注53）。

（83）李漢祥「百済王興寺木塔址一括遺物の性格と意義」（『東アジアの古代文化』一三六、二〇〇八年）、および注（54）を参照。

（84）周炅美「百済の舎利信仰と弥勒寺址出土舎利荘厳具」（前掲注6）および注（55）を参照。

（85）鈴木靖民「百済王興寺の舎利容器・荘厳具と飛鳥寺――飛鳥文化の源流――」（『東アジアの古代文化』一三六、二〇〇八年）。

終章

本章では、本書の各論を内容によって一定のまとまりとして再整理し、金石文の検討から導き出された五世紀から八世紀を中心とした東アジアの宗教とその信仰の具体相および祭儀や儀礼についての地域的特色とその変容を相対化し、包括的に論述することにより、本書の結論としたい。

第一節　東アジアにおける日本古代の祖先祭祀と仏教信仰

1　奈良時代以前の碑文にみる宗教と信仰

日本古代の碑文のなかには仏教を主とした宗教信仰と思想が、その基盤や背景となっている例が多く知られている。しかしながら、とくに奈良時代およびそれ以前に限ると、地域における宗教やその信仰が及ぼした実態を示す内容は多くない。

そのような古代碑文の典型としては、上野三碑として知られる三基の碑がある。いうまでもなく、山ノ上碑・多胡碑・金井沢碑の三碑であり、これらは七、八世紀の地域社会の様相を具体的に示している、とくに山ノ上碑と金井沢碑は地域における宗教文化の実修に関する内容を含むことで知られる。本書では、これらの碑文内容について、語句の出典論的検討を行ったうえで、そこに内包される宗教と信仰について論究した。以下に各論での論点を整理することによって、七、八世紀の東国の在地社会における宗教の実態を示すとともに日本古代における宗教実修の実相を示す。

2 在地社会における儒教と仏教の具体的様相

日本古代の石碑のなかでも時期的にさかのぼる山ノ上碑文を対象として、従来は仏教信仰として捉えられがちであった立碑の宗教的、思想的意味について、墓に伴う立碑という観点と碑文の「母為」の語から孝の思想に立脚した検討の必要性を示した。これに対して、次に中国古代の文献にみえる「立碑」の例を参照し、加えて「母為」(「為母」)の語の用例を引いて、山ノ上碑の立碑は亡母のためになされた孝思想に基づく行為であることを述べた。そして、このような立碑行為の意味を儒教および孝において位置づけるために、『礼記』『論語』『孝経』などを参照し、山ノ上碑文のなかでも主要な内容を示す「母為記定文」が、一般的な語の組み合わせではなく、儒教の喪葬に関する経書の語を背景としており、「母」に続く系譜の明示は、日本古代の金石文にみえるのと同様な系譜の称揚であるとともに儒教的な祖先の顕示であると考えた。

このような山ノ上碑文の内容からは、立碑者である僧・長利が母のために立碑し、そのことによって母を頌したという個人的な次元での孝の発露がみてとれる。これに対し、金井沢碑では「七世父母」「現在父母」という直接の父母だけでなく、祖先に対しても孝養を尽くすために、「三家子孫」が立碑しており、個人の孝から、集団としての孝、すなわち祖先祭祀へという変化がみられる。山ノ上碑では碑文には仏教的な文言はなく、立碑者が僧であるという点で仏教と儒教とが混淆しているといえる。また、金井沢碑は『盂蘭盆経』を典型とした祖先祭祀を説いた仏典に依拠する祖先祭祀の内容をもつ碑が儒教的な立碑という行為をとっており、この点で、山ノ上碑からの系譜を引きつつも、金井沢碑では祖先祭祀が集団として展開した内容へと変容したことを指摘した。

本論では、これまで文章の短さから、踏み込んだ考究が難しいとされてきた山ノ上碑文に対して、立碑そのものの意味を中国古代史料にみえる事例を参照することによって確認するとともに、経書などの用例を参照して「母為」と関連する「為母」および「記定文」などの語を儒教および孝の思想との関係において位置づけた。

3　祖先信仰と在地社会の様相

神亀三年（七二六）に立碑された金井沢碑を対象として、在地社会の仏教と祖先崇拝について検討するために、碑文にみえる「七世父母」「現在父母」「誓願」などの語に対して、出典論的な検討を行い、「七世父母」「現在父母」はこれまで説かれているように『盂蘭盆経』に基づくと考えられる。同様に「誓願」に関しても『日本書紀』などにみえる例から現世利益的な内容であるが、「天地誓願」の語は仏典や『日本書紀』にはみられず、金井沢碑の特有の語であることを確認した。

そして、このような「天地誓願」の語を時期的に近い東アジアの事例と対照検討すると、三国時代の新羅の金石文には天に盟誓する行為が記されており、また、百済と統一新羅の文献には天地神祇への祭祀がみられることを示した。これらの点と新羅系渡来集団の居住地域となったと考えられる金井沢碑の人文的立地環境を勘案すると、彼らの保持した文化的、思想的影響のもとで撰文され、立碑されたことを想定した。

いっぽう、天地に対して誓願を行うという同様の行為そのものは、管見では古代の東アジアの金石文や文献からは探し出すことができなかった。このことから金井沢碑文にみえる天地への誓願という行為は、古代祭祀や信仰のなかでもすぐれて固有性をもつことを論じた。

4　地域における仏教信仰の実相

日本古代の石碑のなかでも金井沢碑文は祖先信仰とともに地域における仏教信仰の実態を示す資料として重要である。この碑文の内容に関しては、とくに思想や信仰の観点からなされた先行研究を瞥見し、仏教と祖先崇拝については論じられ、「誓願仕奉」の語に関わる願目やその対象が碑文内容の中心となるにもかかわらず、これまでふれられることがなかった。

そこで金井沢碑文にみえる「七世父母」の語に着目し、この語が用いられており、かつ同時代の所産である隋・唐代の仏教造像記について、対照検討のために典型例を瞥見した。それに際して、近年、中国の研究者によってなされた北朝から隋・唐代にいたる造像記の内容の集成的かつ統計的な研究によりながら、頻出語句やその変遷などを参照した。それらによると隋・唐代には「平安」とこれを含む語をはじめとして、「願身保全」「福徳」「願百病除」「永無災鄣（障）」などから、はては「終之時無□苦痛」など現世利益からさらには現実社会での利得や希求を願目としていることを示した。

これを踏まえて金井沢碑文の仏教信仰を検討してみると、隋・唐代の造像記にみえる願目が記されていないことをあげた。金井沢碑文では「天地誓願仕奉」の語があるのにもかかわらず、その「誓願」の内容、すなわち願目が記されていない。このような内容および記載法は奈良時代の写経題跋や造像記にみえ、それら同時代の「誓願」の系譜にあるものと考えた。しかしながら、天に対して誓願する事例は六世紀代の新羅碑文に現れるのに対し、「天地」を誓願の対象とする類例は日本古代だけでなく、前後の時期を含めた東アジアでも知られていない。これについては金井沢碑文の立碑に新羅系渡来集団が関与したとみられていることを重視し、新羅碑文にみえる天に対する盟誓の要素があることを想定した。

以上の観点から、金井沢碑文の内容は発願者である知識の歴名が記されており、仏教信仰の実修を示すとともに北朝代造像銘に始まり、隋・唐代造像記にも頻出する「為七世父母」「現在父母」という誓願の対象が記されており、祖先祭祀を基本としつつも、それらの対象に発願する内容、すなわち願目が示されていない。また、金井沢碑文は「誓願仕奉」の語の使用から奈良時代写経題跋や造像記の系統にあるが、それらには現れない「天地誓願仕奉」すなわち天地に対して誓願する内容がある。これは新羅碑文にみえる天に対する盟誓や百済の天地に対する祭儀などの古代の朝鮮半島に由来する祭祀要素が立碑者である新羅系渡来集団によって持ち込まれ、仏教的祖先信仰と融合したことによって生じたと推定した。

第二節　朝鮮三国時代の仏教と魏晋南北朝からの影響

1　百済舎利信仰の系譜と波及

百済最後の王都となった扶余の陵山里寺址の木塔址から出土した石製舎利龕には「百済昌王十三季太歳在丁亥妹兄公主供養舎利」という銘文が刻されており、これによって、昌王一三年すなわち、威徳王代の五六七年に妹兄公主が舎利を供養したことがわかった。同じく扶余・王興寺塔址から出土した舎利容器には青銅製外龕には銘文が刻まれており、一行五字ずつで、最後の行のみ四字で構成されていた。現状において銘文は「丁酉年二月十五日百済王昌為亡王子立刹本舎利二枚葬時神化為三」と釈読されている。銘文の釈意について、すでに発表されている見解を整理すると「丁酉年二月一五日に百済王昌（威徳王）が、亡き王子のために刹（塔）を立てた。本（この）舎利は埋納した時は二枚であったが、神力によって化し、三（枚）となった」と解されている。

いっぽう七世紀代の王室寺院である弥勒寺址の西塔から出土した遺物に関しては、南朝・梁の武帝が揚州の長干寺の阿育王塔を改修した際の諸人の喜捨を参照して、起塔儀礼に参与した供養人たちが自身の所持品を奉安したとみられている。このような見方を参考にすると、日本列島からの将来品である硬玉製勾玉や雲母装飾付冠など特定階層以上の所持品を含む王興寺塔址出土舎利供養具は、王族を含む上位階層によって喜捨された舎利供養具であると考えられる。

このような百済の王室祈願寺の舎利供養品のあり方を参考とするならば、百済から仏舎利・僧・寺院建築工人・瓦工・画工などの工人の移入によって創建したと記される飛鳥寺塔跡の埋納品については、従来、説かれてきたようにそれまでの伝統的、在来的な古墳出土品との共通性のみならず、同様に古墳出土遺物と類似する埋納品が百済の王興寺址や弥勒寺址などの王室祈願寺院から出土していることと、王興寺址と飛鳥寺出土品のなかに雲母片という時期的にも地域的にもきわめて特殊でありながら、共通する遺物があることから、飛鳥寺址塔心礎埋納品の系譜が百済の王室寺院にたどれると考定した。

2　百済王室祈願寺と飛鳥寺の造寺思想の系譜

次に陵山里寺址出土舎利龕銘文と王興寺址出土舎利容器銘文にみえる百済王室祈願寺と飛鳥寺創建記事にみえる

造寺思想に関して、同時期の東アジアの造寺思想のなかで相対的に位置づけを行うことによって、飛鳥寺創建記事の特質を論じた。そのために中国南北朝時代の造寺に関して顕著である特質として、亡親などに対する追福のための造寺と捨宅寺院の記事をあげた。そして、飛鳥寺の創建記事には四天王寺の創建譚とともに戦争に勝利することを要件とした誓願と捨宅寺院としての属性という二つの特徴があることを確認した。

このような飛鳥寺の創建記事は、銘文にみえる百済王室祈願寺の亡親などに対する追福のための造寺とは異質であり、百済からの直接的な影響のみを受けて創建記事が構成されているのではないことを証した。そして、これまで百済の影響のみが説かれてきた飛鳥寺の創建記事に関しては、造寺においてもっとも重要となる目的や思想的背景の点で百済の影響を受けていないことを論じた。出土文字資料を用いて『日本書紀』の記述内容を検証するという試みであり、記事そのものの内容を問題とする際に必要となる記事構成要素の特質を明らかにするとともに、編纂意図に近づくための基本的な方法を示した。

3　舎利容器銘文と舎利関係遺物の相関的検討

いっぽうでは舎利容器銘文と舎利関係遺物の相関的検討の目途として、百済・弥勒寺西塔址出土舎利奉迎記（以下、舎利奉迎記と略す）の内容を理解するために、文章に用いられている語句の所依経典に関する見解を整理し、語句からは南朝から百済経由で日本列島、あるいは百済から日本列島への仏典の系譜が論じられていることを示した。あわせて、同じく出典論による語句の系譜について私見を付し、使用された語句による仏教信仰の傾向としては舎利に関する内容が多いことを指摘した。

このような舎利に関係する語について、百済王室祈願寺として時期的に先行する王興寺址出土の舎利容器銘文にみえる舎利奇瑞譚とも比較し、舎利奉迎記はたんに舎利の奇瑞や霊異を示したのではなく、あくまでも百済王后の舎利奉迎に帰結する内容であることを確認した。以上のように舎利奉迎記にみえる仏教語が百済から日本列島への系譜が論じられていることに対して、舎利奉迎記に先行する王興寺塔址から出土した遺物を検討し、丁字頭勾玉に象徴される日本列島からの将来品の存在と王興寺塔址と飛鳥寺塔址の出土品に共通する雲母から、双方の出土遺物の共通性を示すことによって、百済王室祈願寺の飛鳥寺造営に関する影響の系統性を指摘した。

4 出土文字資料の出典とその属性

扶余・羅城の東側から検出された寺院である陵寺の下層から出土した陵山里木簡のうち、とくに仏教関係の内容とされる三〇五号木簡をとりあげ、書写された語句の出典論的な検討を経た後、木簡の文章の内容や属性についての考察を行った。

三〇五号木簡に書写された「宿世」「結業」「同生」の語句は、単一の経典に依拠したのではなく、諸経典に広く用いられる一般的な仏教語を接続させて構成されていることを明らかにした。また、「同生」を含む「同生一処」の語については、典拠となる経典が比較的限定されることをも示した。

このような一般的な複数の仏教語を用いて単純な短文を構成している点と、日本古代における類似の仏教語を記した習書木簡の存在から、習文（習書または文章の練習）を目的とした木簡であると断じた。加えて、これらの語が連続して、有意の文脈で用いられる文例は『大正新脩大蔵経』所収経典における用例では認めがたく、この木簡の書写には複数の経典に対する知識ないし教学が、その背景として存在したことを論じた。

陵山里三〇五号木簡は仏典に依拠する仏教語によって、短文を構成した習書木簡であって、その背景には仏典に関する知識または教学があったことは間違いない。これを証したことによって、木簡に書写された仏教語が依拠する仏典、およびそれらを収蔵した施設が存在したことを想定することができる。すなわち、昌王銘石製舎利龕の出土から、百済王が関与したことが判明し、百済王室の祈願寺ともされる陵山里寺址築造以前に、後に都城となる泗沘の城域の内ないし周辺にはすでに仏典の知識をもち、教学を行う人的または空間的な要素が存在し、それが後に陵寺として整備される施設の背景となったと考えられる。

第三節　朝鮮三国時代における王陵と宗教文化

1　高句麗仏教の系譜

高句麗において行われた仏教の系統性を示すものとして、本書では高句麗時代に制作された仏像の造像銘を検討した。具体的には延嘉七年金銅仏光背銘と平原王一三年（五七一）と推定される景四年辛卯銘金銅仏銘（以下、景四年辛卯銘と略す）を対象として北朝の造像銘などと比較検討を行った。

延嘉七年金銅仏光背銘に関しては、銘文の語のうちとくに仏名経にみえる「第廿九因現義仏」の仏名に着目し、このような語を含む銘文資料について、仏名信仰およびそれを可視化した千仏信仰の観点から高句麗と北朝の例をあげて検討した。千仏信仰は個々の所依経典に基づいており、その実修が千仏の表現や仏名の書写であるから、併行する時期の中国の南朝では千仏の表現が顕著でないという事実と照らし合わせると、『賢劫経』の示す信仰を具現化した延嘉七年金銅仏銘文に現れた高句麗の千仏信仰は北朝の系譜を引くことは自明である。

また、延嘉七年金銅仏光背銘には「高麗国楽浪東寺」とあり、ここにみえる「高麗国」はいうまでもなく高句麗であり、「楽浪」は王都である平壌城の美称あるいは雅名であるから、仏名経典に依拠する千仏信仰が、高句麗の中心部で行われていたことが知られた。

いっぽう、平原王一三年（五七一）と推定される景四年辛卯銘にみえる内容から、高句麗の仏教の系譜に関しては、比丘・道須と那婁をはじめとした善知識たちが、ともに無量寿像一軀を造り、亡き師・父母が心中で生生し、常に諸仏・善知識に見え、弥勒に見えることを願い、共に一所に生し、仏に見え、法を聞くことを願う、という内容が記されていることを論じた。

同時代の中国では弥勒と無量寿仏または西方浄土、釈迦と無量寿仏または西方浄土などの混淆がみられる北朝の造像銘や観音と無量寿仏または西方浄土、釈迦と無量寿仏または西方浄土、釈迦と弥勒などの信仰の混淆がみられる南朝造像銘と類似するが、とくに景四年辛卯銘にみえる弥勒と無量寿仏との混淆は、北朝仏教の影響を受け、その系譜上にあることが想定される。ただし、景四年辛卯銘では造像者の心中に生生を願うという内容の願文は、南北朝造像銘にはみられず、高句麗独自の来世観と考えられる。このような考定に大きな誤謬がないならば、北朝に系譜を引く仏教信仰を受容した高句麗では独自の来世観が混淆した仏教信仰の地域的展開がなされていたことが考えられる。

このように高句麗と中国南北朝期の考古・美術資料とそこにみえる文字資料によって、高句麗仏教の系譜が北朝にもとめられることを明らかにした。

2　高句麗王の勲績と守墓に関わる思想

本書では広開土王碑文にみえる立碑目的である守墓に関する語句について、漢代祠堂の石刻文や経書と対照検討し、広開土王一代の勲績と守墓役を後世に伝示するという碑の機能は来観者に墓の保全を顕示することにあることを示した。なおかつ先行研究において、広開土王碑文の語句や文章は『詩経』『左伝』『孟子』『史記』『漢書』『三国志』などを典拠とし、広開土王の勲功を称えるにふさわしい語句や文章を選んで撰文されていることが明らかにされている。

このような研究に基づき広開土王碑文にみえる守墓に関する「先王」の「教」や「遷就山陵於是立碑銘記勲績以示後世焉」などの語句や内容に着目した。そして、これらが経書や祖先の墓を保全することを記した漢代墳墓の石刻文にみえることから、広開土王碑文の守墓が孝の思想を背景としていることを論じた。

さらに広開土王碑文にみえる守墓に関係する語として「守墓」「洒掃」「富足」「制令」などをあげ、これらの出典の検討から、これらの語が経書や史籍において、礼に関する用例が多いことを示し、祖先王の陵墓を永劫に保全するという広開土王碑の立碑目的が儒教的な出典による傾向があることを示した。

そして、守墓と文脈上で関係する勲績記事について、これまでの研究による論点を整理し、広開土王が実現した支配領域としての解釈が主であって、勲績そのものの文化史的な意義は問われてこなかったことを確認するとともに石刻文書として中国史書や漢代碑文との相関的研究を示し、そのような方法の有効性を例証した。

これをもとに中国の石刻や史書にみえる事例によって、後漢代を中心として南北朝頃には、墓主の生前の頌徳や勲績の顕彰を碑などに刻すことが盛行していた事実を示した。そして、このような後漢代を中心とした墓主に対する立碑による頌徳や顕彰は、儒教倫理の浸透や文学の展開などを思想的基盤とした人物評論の盛行とそれに伴う自己表現および自己主張があったとされている。その背後には後漢代に行われた郷挙里選の選挙科目である察挙の一つとして、前漢代より行われていた孝を主体とした世評による官吏登用である孝廉選ないしは挙孝廉と呼ばれる官吏登用制度が展開し、それに起因して肉親のための墳墓造営は孝の美名を得る手段となったのであり、その一環として、やはり後漢代の石刻などに記された亡親や祖先あるいは師の墓などに対する立碑と墓の保全行為が位置づけられると考えた。

これに対して、広開土王陵に対する立碑は、祖先や亡親に対する孝の発露ではあっても、後漢代の立碑とは質的に異なり、祖先王に対する広開土王個人の孝にとどまらず、これを介して高句麗王陵の未来永劫の整備と保全を期したのであって、高句麗王陵の完整された姿こそは、とりもなおさず高句麗国の永劫の保全とそこに象徴される繁栄の継続性を可視的に顕揚する手段であり、この次元において立碑者である個人の現実社会での立身や出世を祖先への孝の称揚として可視化した後漢代の墓碑とは異なる高句麗独自の立碑の意味があると論じた。

3　王陵と造墓思想の変容

金銅仏の光背銘が示す高句麗と中国北朝の仏教文化との関連性は高句麗王陵の造営にも現れている。広開土王碑文に現れる高句麗王の属性に関しては広開土王碑の永楽二〇年の記事には、軍事的君主である「王」の特性・道義性が強調され、宣揚される場合には「太王」として姿を表すとされるように、広開土王碑文の一般的な語である「王」や「太王」に関しても、用いられる状況によって属性が変化することを認識する必要がある。このことを踏まえて、広開土王碑文に用いられた「先王」が「教」するなどの経書に依拠する語と内容から、広開土王陵の造営思想が儒教的な孝、すなわち亡親に対する追孝に基づいたものであることを示した。

このような論点に基づき、広開土王碑と広開土王陵の造営思想である儒教的な追孝に対して、伝・東明王陵と定陵寺址の関係は明らかに仏教に基づいた追福であることを対置的に示した。このことから長寿王陵に比定される伝・東明王陵が、広開土王陵の候補とされている太王陵や将軍塚のいずれにも時期的に遅れるという築造順序を確認したうえで、広開土王碑と広開土王陵の関係に示される儒教的な追孝から長寿王陵と定陵寺址の存在形態に明らかなように仏教の追福へと、高句麗王陵の造営思想が変化していることを明らかにした。そして、このような陵墓と寺院を近接して配置するという形態は、先行研究で指摘されているように北魏の文明皇太后の墓である永固陵および思遠仏寺との関係と類似し、その時代的背景としては、孝文帝の昭皇后が高句麗人であることも含めて、伝・東明王陵の築造時期である五世紀後半から末頃には北魏との緊密な通交があったことを重要視する必要があろう。

以上のように二節にわたって広開土王碑立碑の意味とその内容および高句麗王陵との関係を論じ、五、六世紀の高句麗の王族は少なくとも文化史的・思想史的な側面から中華世界的な儒教的礼俗の影響を享受していたことを論じた。

第四節　東アジアにおける祭祀の系譜と展開

1　動物供犠にみる祭祀と祭儀の系譜

殺牛祭祀に関する研究史を瞥見し、これまでの議論を統括するとともに、言及されなかった論点を抽出した。すなわち、新羅と古代日本の殺牛祭祀についての事実提示と各々の特色を提示し、とくに新羅においては、金石資料である冷水碑と鳳坪碑にみえる殺牛祭祀と古代日本における牛馬を屠って神を祀る祭祀を例示した。

次に東アジアにおける殺牛祭祀を示す史書・文献と考古資料のなかで、新羅と古代日本の殺牛祭祀を検討するうえで参照すべき事例をあげた。とくに文献にみえる中国古代の牛の犠牲や殺牛行為に関しては儀礼に伴う犠牲の他にも、奢侈品・贅物としての殺牛行為、病気平癒や墳墓に対する祭祀、謝礼・褒賞としての殺牛、誓約に伴う殺牛、民間祭祀に伴う殺牛などのように狭義の儀礼ではない行為に際して殺牛行為が行われることを例示した。また、漢民族以外では夫余や党項などの殺牛を瞥見した。牛角の利用については漢代に后土神を祀るに際して用いられている例などを示した。いっぽう、仏典では殺牛行為は破戒行為、人間の業、あるいは卑賤な仕事として位置づけられていたことを示した。考古資料としては、先秦時代の盟書にみえる牛の犠牲や新羅古墳から出土する牛角や角杯を示した。とくに新羅の牛角やそれを用いた角杯は牛が殺された場合にしか入手できない牛角の属性から、これらの利用は殺牛と深く関連していることを述べた。

これらと対照して東アジアのなかで新羅の殺牛祭祀を検討すれば、斑牛が犠牲として用いられ、天に対する盟誓が行われることが特色であることを示した。日本古代の殺牛祭祀については、『日本霊異記』の殺牛記事に関して「斑牛」の記述がみえ、これを飼育していた人物が渡来系であることから、中国古代に発する殺牛祭祀の直接の系譜を引くのではなく、斑牛を殺して天に誓う新羅の祭儀の要素の一部を受け継ぎながらも、牛の肉を溝口に置いて蝗の害を防ぐことや祈雨のために牛馬を殺して諸社の神を祀ることに示されるように、在来の信仰習俗として取り込まれたと考えた。

2　霊山と山岳にみる東アジアの祭祀と信仰

東アジアの祭祀のなかで、もう一点、その比較による系譜性の考察が可能な課題として、霊山を対象とした山岳信仰をあげ、概括的に論じた。中国と朝鮮半島の山岳信仰の対象となった霊山は非常に多く、また、山に対するあるいは山を拠り所とする信仰は時代を超えて行われ、また信仰内容も儒・仏・道の三教のみならず在地の信仰などが混淆していることが多いため、研究の論点は多岐、多様に及ぶ。それに対し、本論では、そのなかでも、とりわけ筆者が関心をもっている東アジアの地域間交渉・交流に関わる側面を中心とした視点から、いくつかの中国および朝鮮半島の霊山を抽出して類例として整理した。

中国古代の山岳信仰に関して『山海経』の記述にみられる祭祀形態と信仰内容は、これまでの研究において、むしろ山神に対する地域的な信仰とされていることを示した。

次に中国五岳の筆頭であり、秦の始皇帝以来の皇帝たちが封禅の儀式を行ったことで知られる泰山について、始皇帝による最初の封禅の有様を記した刻石には、すでに「泰山」の語が用いられていた。また、泰山は「大山」「太山」として、後漢代の銅鏡の銘文にもみられ、「玉英」「澧泉」などの語とともに神仙思想の霊山として銘されるべき存在であったことがわかる。

神仙思想から展開した道教に関わる事例として、とくに唐代の詩作における天台山の描写と表現について、中国文学の最近の研究に導かれながら、とくに天台山をとりあげた詩の多い孟浩然の作品について瞥見した。科挙試験に落第した後に登拝した彼は、神仙的な言辞をふんだんに用いて道教的霊山としての天台山を描写したのである。

次に五台山は、古代から中世の日本僧たちが、巡礼を熱望した文殊菩薩の聖地であった。ここに登拝した僧たちのなかには詳細な記録を残した場合があり、とくに円仁は九世紀前半の五台山について活写している。その記録には彼に先んじること十余年、五台山の一庵に住した日本僧の姿が記されていたり、金銭の使い方などの実社会との関わりなど、記録に残りにくい歴史の場面が散りばめられている。

その後、平安時代の末に円仁の日記を携えて入宋した成尋は日本を出発する時から詳細な記録を残した。それによって出航地として九州西北部の離島である「壁島」（加部島）の歴史地理的意味が推し量られ、また、乗船していた中国人船頭たちや渡来者の子孫などから、当時の日中交渉の具体的な様相を知ることができる。

その後、鎌倉時代の僧である古源邵元は中岳・嵩山の碑石に刻むことによって、達意の文章を今に伝えている。

廬山は四世紀初めに慧遠が観仏三昧による阿弥陀信仰を奉じた名山として知られる。これを、およそ一〇〇年後の高句麗壁画古墳の墨書の分析から復原される初期無量寿経による阿弥陀仏国土を中心とした信仰とは依拠経典が異なっており、別系統の阿弥陀信仰が四、五世紀の東アジアに展開していたことが想定された。

いっぽう、朝鮮半島における山岳信仰が金石文の記載から確実に知られるのは、三韓在地の信仰ではなく、漢代の楽浪郡に属する県治に伴う秥蟬神祠碑の内容であり一世紀末の後漢代の山川神の祭祀が行われていたことがわかる。

その後、三国時代以降に山岳祭祀が盛行した新羅では、国家祭祀において唐の祭祀体系を元にしながらも、名山大川に対する祭祀が行われ、かつ王京や地域の境、国境を大山によって守るという、独自の祭祀の体系によっている。

このように東アジア地域史や地域交渉史の視点を中心として、時代を追いながら、中国および朝鮮半島における霊山と山岳信仰について、主要な霊山をとりあげて、相対的に位置づけてみた。

3　東アジアにおける造塔・造寺と日本古代の初期寺院

以上で論じたことを含め、対象を特化した祭儀行為の地域的特質とその変容として五、六世紀代の東アジアの仏教の実修に関して、近年の考古資料の発見により、比較検討が可能となった造塔行為について、主体者とその目的から類型化を行うことによって、地域と時期ごとの特質を示した。その事例として北魏では皇帝や皇族が主体となる造塔・造寺という行為が盛行するとともに、いっぽう民間では亡親などの追福のために小規模な石塔の造立が行われていた。別の側面として、南北朝期には宅地などを喜捨して寺院とすることも行われたことを示した。また、皇帝や皇族による造寺の契機としては、南朝のとくに梁代に顕著なように、亡親の追福を目的とする場合があることが指摘されている。このことに加えて百済王室の造立になる寺院から出土した舎利容器などの銘文には、梁と同様に亡親や亡子の追福を祈願する内容が記されており、このような造寺に対する思想が百済にもたらされた結果として、亡き親族に対する追福を目的とした造寺が行われることになったとする見解があり、本論でもこれを支持した。

以上のような東アジアにおける五、六世紀の寺院建立の意味に関して、造塔・造寺という信仰行為を媒介として、以下のように大別し、

Ⅰ　皇帝およびその一族による造塔・造寺

①国家的事業

②亡親らのための追福——伽藍としての造塔

Ⅱ　貴族・民衆・僧などによる造塔・造寺

①亡親らのための追福——小規模石塔を含む

②社会の安寧祈願

③僧の焼身などに対する供養

として類型化した。

そして、このような類型化をもとに同時代の東アジアのなかで飛鳥寺を位置づけると、南北朝期には私宅を喜捨

する捨宅寺院が広く行われていたことに関連して『日本書紀』では崇峻天皇元年（五八八）に百済から僧と技術者が派遣され、飛鳥の真神原の地にあった飛鳥衣縫造祖樹葉の邸宅を壊して法興寺（飛鳥寺）の造営が始められたとあり、編纂の過程では捨宅寺院の類型であるとして記述されている。

南北朝期および朝鮮三国時代には国家的事業および亡親などの追福のために造塔・造寺が行われているなかで、高句麗と百済では追福のための造塔が行われていたのに対し、飛鳥寺は追福の目的をもたないのに対し、舎利関係遺物の種類からは先行する百済の王室祈願寺の様相と酷似する。すなわち、造塔と舎利の荘厳または供養に関しては、百済の直接的な系譜を引くことは明らかである。以上のことから、同時代の東アジアの初期造塔の系譜からみると、『日本書紀』の記述によって百済の影響が論じられてきた飛鳥寺の創建については、さきにふれた崇峻天皇元年にみえる捨宅寺院的な記述のほかに、推古天皇元年（五九三）に法興寺（飛鳥寺）の創建に際しては、厩戸皇子の四天王寺の創建の誓願と同時に蘇我馬子が物部守屋との戦いに勝利した際には仏寺を建立することを誓い無事に勝利したので、飛鳥の真神原の地に寺を建てたとあり、これに示されるように造塔の行為と信仰に関しては、南北朝や百済とは異なる記載内容がみられるのに対し、舎利の荘厳または供養の方法に関しては百済の直接の系譜を引くことを明らかにした。

第五節　金石文にみる東アジアの宗教と信仰

前節までで本書の各論を再整理したが、これをもとにして、金石文から知られる八世紀代までの東アジア地域の宗教と信仰を相関的に再構成することによって、本書の終章を閉じることとしたい。

まず、本書の起点として八世紀以前の日本古代における創始期の金石文の検討から、地方とくに東国における宗教や文化の様相を明らかにした。具体的には金井沢碑には天地に誓願するという内容がみられることが特徴である。これを南北朝から隋・唐代に併行する時期の東アジアの金石にもとめると、六世紀代の古新羅の碑文に、天に対して盟誓するという内容があることを指摘した。このことと金井沢碑の周辺は奈良時代に朝鮮半島に由来する渡来系の人々が集住していた地域であることを勘案すると、天に対する誓願の思想的背景として、新羅系渡来集団の存在があることを想定した。

このような日本古代の祖先祭祀の系譜を考究する材料として、一九九〇年代以降の発掘調査で明らかになった百済王室祈願寺の知見を参照することが可能となった。すなわち、百済の王室では六世紀代には陵寺や王興寺のように近親者のために造塔を行っており、七世紀代には王や后の身体の不滅を含めた造塔が行われていたことが明らかになった。

いっぽう、古代東アジアにおける朝鮮半島と日本の仏教の特質に関して、その展開期を中心として明らかにした。そして、六世紀半ばの百済では王族を中心として舎利信仰が盛行しており、その具体的な内容としては舎利の奇瑞や霊験を含む。このような舎利信仰は南朝の梁・武帝の時に伝訳された『阿育王経』に依拠し、『梁書』百済伝に中大通六年（五三四）と大同七年（五四一）の二度にわたって遣使し、涅槃経義・毛詩博士・工匠・画師らを賜ったことがみえていることから、百済と直接の交渉があったことから、梁で盛行した阿育王に対する信仰に基づいていると考えられる。

関連して、日本古代における草創期の寺院の様相と系譜を検討するために、一九九〇年以降に明らかになってきた百済の王族と関係する寺院址で出土した舎利容器などの出土文字資料との検討によって、『日本書紀』にみえる法興寺すなわち飛鳥寺の創建記事の編述にみられる特質を考察した。その結果、六世紀代中頃の陵山里寺址や王興寺址といった百済王室祈願寺の塔址が亡き親族の追福を目的とし、七世紀後半の弥勒寺西塔は、大王陛下の年寿が久しく、仏法が弘通し、衆生を教化することと、王后の身体が不滅であり、永く子孫に福利があり、衆生とともに仏道を成さんことを願うために造られたとされる。これに対し、『日本書紀』にみえる飛鳥寺の記事は創建に際して厩戸皇子らが戦勝を誓願する記述と飛鳥衣縫造祖樹葉の邸宅を壊しての造営が始められたという内容がある。これらの記述の双方ともに同時代の百済王室祈願寺にみえる造塔・造寺の目的とは異なる。すなわち、『日本書紀』飛鳥寺創建譚は、銘文にみえる百済王室祈願寺の亡親などに対する追福のための造寺とは異質であり、百済からの直接的な影響のみを受けて創建記事が編述されたのではないことを論じた。

さらに、造塔や舎利に関する信仰については、同時期の東アジアの造塔・造寺の類型的な知見と比較すると、飛鳥寺の造営は『日本書紀』の記述では捨宅寺院的な要素が認められるが、亡親などの追福を祈願して造立されたという内容はみられない。いっぽうで、塔心礎出土遺物は類型的には百済・王興寺木塔址や弥勒寺西塔址出土遺物と近く、百済の系譜にあることは確実である。以上のように、本書では飛鳥寺の造立に関して『日本書紀』の記事編述の傾向と考古資料の示す特質という両面から、同時期の東アジアにおける造塔・造寺の知見と比較して位置づけた。

このような六、七世紀の百済王室を中心とした仏教信仰の内容と比することができるのが、金石文から知られる同時期の高句麗の仏教の様相である。延嘉七年金銅仏光背銘には「高麗国楽浪東寺」とあり、ここにみえる「高麗国」はいうまでもなく高句麗であり、「楽浪」は王都である平壌城の美称あるいは雅名であるから、仏名経典に依拠する千仏信仰が、高句麗の中心部で行われていたことが知られた。

高句麗の仏教の系譜に関しては、比丘・道須と那婁をはじめとした善知識たちが、ともに無量寿像一軀を造り、亡き師・父母が心中で生生し、常に諸仏善知識に見え、弥勒に見えることを願い、ともに一所に生し、仏に見え、法を聞くことを願う、という内容を記した平原王一三年（五七一）と推定される景四年辛卯銘にみえる信仰内容からも考察することができる。

同時代の中国では弥勒と無量寿仏または西方浄土、釈迦と無量寿仏または西方浄土などの混淆がみられる北朝の造像銘や観音と無量寿仏または西方浄土、釈迦と無量寿仏または西方浄土、釈迦と弥勒などの信仰の混淆がみられる南朝造像銘と類似するが、とくに景四年辛卯銘にみえる弥勒と無量寿仏との混淆は、北朝仏教の影響を受け、その系譜上にあることが想定される。ただし、景四年辛卯銘では造像者の心中に生生を願うという内容の願文は、南北朝造像銘にはみられず、高句麗独自の来世観と考えられる。

いっぽう、墓やその造営や保全に関わる祭祀や信仰と仏教との相関は、後漢代の石祠堂題記などにみえる墓の保全による祖先への孝の現世における顕示という行為との類型的同一性から、広開土王碑と広開土王陵の造営思想が儒教的な追孝であることを論じ、これに対して、長寿王陵と推定される伝・東明王陵と近接して建立された定陵寺址の関係は明らかに仏教に基づいた追福であることを対置的に示した。また、このような儒教的な追孝と仏教的な追福の淵源は、いずれも中国思想に求められ、それらが高句麗に移入され、高句麗の墓制と融合して一定の在地化を経て、墓や寺院塔など実際の構築物として顕在化したものと考える。

ここまでみてきたような仏教や儒教と関連する信仰や思想とその発露たる墓や碑文などの考古資料の他には、新羅の金石文や古代日本の史料にみえる牛を殺す祭祀など、習俗としての祭祀行為があり、系譜関係を中心に考察し、これらと対照して東アジアのなかで新羅の殺牛祭祀を検討すれば、斑牛が犠牲として用いられ、天に対する盟誓が行われることが特色であることを示した。日本古代の殺牛祭祀については、『日本霊異記』の殺牛記事に関して「斑牛」の記述がみえ、これを飼育していた人物が渡来系であることから、中国古代に発する殺牛祭祀の直接の系譜を引くのではなく、斑牛を殺して天に誓う新羅の祭儀の要素の一部を受け継ぎながらも、牛の肉を溝口に置いて蝗の害を防ぐことや祈雨のために牛馬を殺して諸社の神を祀ることに示されるように、在来の信仰習俗として取り込まれたと考えた。

いっぽう霊山を対象とした山岳信仰に関しては、東アジア地域史や地域交渉史の視点を中心として、時代を追いながら、中国および朝鮮半島における霊山と山岳信仰について、いくつかの霊山について、考古学的知見も含めて相対的に位置づけ、中国古代に淵源をもつ霊山に対する祭祀の東アジアにおける展開様相を具体的に示した。

三国時代以降で山岳祭祀が盛行したのは新羅においてである。新羅の国家祭祀は唐の祭祀体系を元にしながらも、名山大川に対する祭祀が行われ、かつ王京や地域の境、そして、国境を大山によって守るという独自の体系と思想によっているとされる。

以上、本書での各論の論点を編成して金石文から知られる八世紀以前の東アジア地域に相関する信仰と宗教に関する流れのなかで若干の展望を提示して総論の結としたい。

まず、八世紀代以前の東国の金石文から追福を主体とした祖先崇拝と仏教僧にみられる儒教的追孝の存在を指摘し、仏教的および儒教的信仰と思想の地域的展開の様相を示した。

その史的背景として、南北朝から隋・唐代にかけて展開するのが祖先崇拝を伴う仏教信仰であり、亡き親族などに対する現世利益的な願目を記した銘文を伴う造像が盛行するとともに、それを淵源として、在地的変容を受けた仏教信仰が日本古代にも八世紀代の東国地域においてみられる。

　また、南北朝期に盛行した追福を伴う造塔・造寺などの作善行為の存在とその展開と関連して、百済の寺院址出土の銘文資料からは、百済王室が主体となって造立した塔は亡き王族の追福を目的としていることが判明し、これは南朝・梁の仏教信仰の系譜であることを示した。すなわち、飛鳥寺創建の同時代的状況として、亡き親などの追福のために造塔・造寺を行う中国南朝から百済という仏教信仰の系譜がある。これに対し、日本古代の草創期寺院である法興寺すなわち飛鳥寺の創建記事には、このような要素がみられず、編述に際して百済王室祈願寺の造塔・造寺に関わる思想と信仰が取り入れられていない。いっぽう、陵墓の近辺に寺院を造立するという北魏の追福は、定陵寺と伝・東明王陵にみられるように高句麗に移入されたものとみられる。さらに五、六世紀の東アジアの造塔の相対的な比較を行い、北朝から高句麗、南朝・梁から百済という少なくとも二つの系統の造寺を伴う追福の思想と信仰があったことを述べた。今後も当該時期の仏教の展開過程の検証には、追福の思想が鍵となろう。

　南北朝期とくに北朝では仏名経類に依拠し、これを図像化した千仏信仰が盛行し、高句麗仏像の銘文からは、これが高句麗に流入していることが知られる。これを踏まえて、東アジアの千仏信仰と日本古代の仏名信仰との関わりが論じられる資・史料の出現が期待される。

　このように仏教や儒教の地域的展開を呈する同時期において行われる祭儀として動物供犠をとりあげ、そのなかでも東アジア各地で行われた殺牛を伴う祭祀と儀礼は、中国における展開とは別に新羅や古代日本での独自の展開があることを示した。同様に霊山の信仰は地域ごとに多様に展開し、それは教義によってたつ体系的な宗教とは異なる位相を示すことを具体的に論じた。

　以上のように、本書では東アジア各地域の金石文を相関的に検討することによって、従来とは異なる視点と次元から宗教と儀礼・祭祀について相関的な位置づけを行った。

初出・原題一覧

序　章　新稿

第一部

第一章　原題と同じ（『鷹陵史学』三七、二〇一一年）

第二章「金井沢碑にみる祖先祭祀の史的特質」（『日本宗教文化史研究』一七―二、二〇一三年）

第三章　新稿

第二部

第一章「百済・王興寺址舎利容器銘文にみえる舎利の奇瑞と系譜」（松藤和人編『考古学は何を語れるか』同志社大学考古学シリーズ刊行会、二〇一〇年）

第二章　原題と同じ（『鷹陵史学』三九、二〇一三年）

第三章　新稿

第四章「陵山里百済木簡にみる仏教語」（『佛教大学アジア宗教文化情報研究所研究紀要』三、二〇〇七年）

第三部

第一章　原題と同じ（『歴史学部論集』〈佛教大学〉三、二〇一三年）

第二章　新稿
第三章　原題と同じ（『歴史学部論集』〈佛教大学〉四、二〇一四年）
第四章　原題と同じ（『歴史学部論集』〈佛教大学〉二、二〇一二年）

第四部

第一章「東アジアにおける殺牛祭祀の系譜――新羅と日本古代の事例の位置づけ」（『歴史学部論集』〈佛教大学〉一、二〇一一年）
第二章「中国・朝鮮の霊山――地域史・交渉史の視点を中心として――」（第20回国民文化祭越前町実行委員会編『シンポジウム山と地域文化を考える資料集』第20回国民文化祭越前町実行委員会、二〇〇五年）
第三章　新稿
終　章　新稿

※なお、初出論文の論旨に変更はないが、本書に掲載するに際しては、大幅に加筆・修正を行い、かつ、初出時以降に発表された論文・著書に関しては、論旨に関するものについて注として追加した。

図出典

第二部第一章

図1―1、2　国立扶余文化財研究所編『王興寺址Ⅲ――木塔址・金堂址発掘調査報告書』（国立扶余文化財研究所、二〇〇九年）〔ハングル文献〕

3　国立扶余博物館・国立扶余文化財研究所編『百済王興寺』（国立扶余博物館・国立扶余文化財研究所、二〇〇八年）〔ハングル文献〕

4　崔孟植「陵山里百済古墳出土装飾具に関する一考」（『百済文化』二七、一九九八年）〔ハングル文献〕

第二部第三章

図1　国立文化財研究所編『益山弥勒寺址石塔舎利荘厳』（国立文化財研究所建築文化財研究室、二〇一四年）〔ハングル文献〕

2　国立扶余文化財研究所編『王興寺址Ⅲ――木塔址・金堂址発掘調査報告書』（国立扶余文化財研究所、二〇〇九年）〔ハングル文献〕

第三部第四章

図1　金日成総合大学『東明王陵とその付近の高句麗遺跡』（金日成総合大学出版社、一九七六年）〔ハングル文献〕

2　大同市博物館・山西省文物工作委員会「大同方山北魏永固陵」（『文物』一九七八年第二期）〔中国語文献〕

あとがき

文系・理系を問わず、研究者やそれを志す人たちには理想とし、より具体的に言えば憧憬の対象となる先行研究者の論文や著作がある。私の場合、その一つは師である森浩一氏（一九二八～二〇一三、同志社大学名誉教授）による「古墳時代後期以降の埋葬地と葬地——古墳終末への遡及的試論として——」（森浩一編『論集　終末期古墳』塙書房、一九七三年。初出は一九七〇年）であった。この論文は文献史料と考古資料の各々の特質と限界とを知悉したうえで、双方を巧みに用いて、古墳時代の終焉について文化史的な考察を行った内容であり、古代史と考古学を総合した古代学を提唱した著者の学問の心髄を示している。整然とした論理構成だけでなく、それを綴った文章も、簡にして要を得ており、論文でありながら、名編という言葉がふさわしいほどに美しい。

考古学・古代史の研究を志して以来、かなわないまでも、この論文のように文献史料と考古資料を総合して展開する方法を目指してきた。その後、日本列島・朝鮮半島・中国を対象とした古代東アジアの地域間交渉を終生のテーマとし、現在にいたるまで百数十回に及ぶ海外調査を行い、朝鮮半島や中国の遺跡を踏み、博物館を訪れるにいたった。この間に本書でとりあげた遺跡の多くを実地に踏査し、出土遺物・所蔵資料を実見することができた。各地で遺跡を踏査し、遺物を熟覧するなかで、当然のことながら漢字で記された資料の数量に圧倒されるとともに、自ずと考古資料とともに文字を記した物質資料の実見を重ねることとなった。個人的には、その間、大学図書館と博物館に勤務し、文献と実物資料にふれる機会があったことが幸いであった。その後、教員として奉職した現在の大学は仏典だけでなく、日本・東洋関係の史料や図書を豊富に所蔵しており、日常的にそれらに親しむことができた。

この間、発掘調査によって得られたいわゆる出土文字資料遺物も、年ごとにその数を増しており、文字の釈読だけでなく、遺構の属性や出土状況などの考古学的分析が求められるようになってきた。

このような近年における文字資料の学術的状況のなかで、これまで主として文献や文字の研究者が行ってきた金石文に関しても、考古学を基盤とした研究の必要性も生じてきたと考えるにいたった。その後、東アジアの壁画墓や日本古代の墨書土器の研究を行うなかで、個別の文字資料の実見と出土遺跡あるいは所在地の踏査を重ね、関連する史書・仏典と比較・検討し、折にふれて論考として発表してきた。

当初は本来の目的に伴う派生的な研究であったが、金石文や出土文字資料に関する宗教や信仰に立脚した文化史的研究が存外に行われていないことから、興味と関心が増幅していき、いつのまにか一書を編めるまでになっていた。このようにして成立した内容をもとにし、文献史学者の精密な文献的研究とは異なる視点から、東アジア地域を横断的に捉え、かつ考古・美術・文献などの多様な資料を検討することによって相対的な問題提起を行うことを試図して、本書を刊行するにいたった。

大学院生時代に中国思想史、日本・中国考古学、日本古代・中世史その他の多様な研究者から直接に教えを乞うたことは、本書が成立する背景となっている。一々の尊名をあげることはしないが、日本と西洋の史学史を丹念に説き起こしてくださり、あるいは、古代・中世の聖徳太子信仰に関する文献を初歩から手ほどきしていただき、また道教経典である『道蔵』の難解極まる文章と格闘する考古学専攻の学生を温かい眼差しで飽くことなく説明していただいた諸先生のご指導は、今も折にふれて思い出す。結実などという言葉には遠く及ばないにしても、これらのご指導のもとに、三〇年以上も経た後に本書が生まれたことだけは間違いない。

目先のことだけを追いかける現代社会において、いわゆる文系学問の必要性が取りざたされる昨今、日常とは異なる長期的な活動である人文科学の存在意義を、今回の小著の刊行であらためて実感するとともに、世俗的な時間の流れとは異なる次元で、事実を探求しようとする思考体系が、個としての人間にも社会にも必要不可欠であることが広く認識されることを望みたい。

刊行物の構成部分はすべて機能をもっており、個人的な謝辞や感懐は不要と考えている。そのいっぽうで本書の成立にいたる学問的な系譜や方法論の形成過程を示すことは必要と考え、あとがきではこれを中心に記し、あえて本書の編集・刊行に関わった方々のお名前をあげることはしなかった。ただ、専門書の出版をいくども経験するうちに、それらの編集がきわめて高度な学術的作業であり、これを担う出版社の存在は、地域の文化力の根源となっているだけでなく、日本の知的所産を支えていることをあらためて感じたことを文末に記しておきたい。

門田誠一

二〇一五年校了の日に

付記　本書は平成二七年度佛教大学出版助成を受けて刊行した。

索　引

凡例
・索引は事項（文献名・書名等を含む）、地名・遺跡名（歴史的地名を含む）、人名（歴史的人名・研究者名等）に分類した。
・索引語彙は五十音順に配列した。ただし、漢字の地名・遺跡名および人名に関しては、外国の事例も日本語の音読みの順で示した。また、難読の書名・地名等は慣用的な読みに従って配列し、(　) 内に読みを付した。

事項索引（文献名・書名等を含む）

あ行

か行

さ行

た行

な行

は行

ま行

や行

ら行

地名・遺跡名（歴史的地名を含む）

あ行

か行

さ行

た行

な行

は行

ま行

や行

ら行

人名（歴史的人名・研究者名等）

あ行

か行

さ行

た行

な行

は行

ま行

や行

ら行

わ行

【著者略歴】

門田　誠一（もんた　せいいち）

1959年大阪府生まれ。同志社大学大学院文学研究科修士課程修了、博士（文化史学）。学校法人同志社埋蔵文化財委員会調査主任、佛教大学専任講師、助教授を経て現在、佛教大学歴史学部教授。
主要著作に、『海の向こうから見た吉野ヶ里遺跡――卑弥呼の原像を求めて――』（共著、社会思想社、1991年）、『海からみた日本の古代』（新人物往来社、1992年）、『はんこと日本人』（「日本を知るシリーズ」、大巧社、1997年）、『海でむすばれた人々――古代東アジアの歴史とくらし――』（同朋舎出版、2001年）、『旅する考古学――遺跡で考えた地域文化――』（昭和堂、2004年）、『古代東アジア地域相の考古学的研究』（学生社、2006年）、『文学のなかの考古学』（思文閣出版、2008年）、『よくわかる考古学』（共編著、ミネルヴァ書房、2010年）、『高句麗壁画古墳と東アジア』（思文閣出版、2011年）など。

東《ひがし》アジア古代《こだい》金石文《きんせきぶん》研究《けんきゅう》

二〇一六年　一月一〇日　初版第一刷発行

著　者　門田誠一

発行者　西村明高

発行所　株式会社　法藏館
京都市下京区正面通烏丸東入
郵便番号　六〇〇―八一五三
電話　〇七五―三四三―〇〇三〇（編集）
　　　〇七五―三四三―五六五六（営業）

装幀者　山崎　登

印刷・製本　亜細亜印刷株式会社

ISBN 978-4-8318-7445-0　C3022